Florian Heiko Kreuchauff

FRAKTALE DOPPEL-BOOM-ZYKLEN UND QUERSCHNITTSTECHNOLOGIEN

Theorie, Empirie und Politikimplikationen am Beispiel der Nanotechnologie

Fraktale Doppel-Boom-Zyklen und Querschnittstechnologien

Theorie, Empirie und Politikimplikationen am Beispiel der Nanotechnologie

von
Florian Heiko Kreuchauff

KIT Scientific Publishing

Dissertation, Karlsruher Institut für Technologie (KIT)
Fakultät für Wirtschaftswissenschaften, 2015

Tag der mündlichen Prüfung: 8. Mai 2015
Referenten: Prof. Dr. Ingrid Ott, Jun.-Prof. Dr. Marten Hillebrand

Impressum

KIT Scientific Publishing

Karlsruher Institut für Technologie (KIT)
KIT Scientific Publishing
Straße am Forum 2
D-76131 Karlsruhe

KIT Scientific Publishing is a registered trademark of Karlsruhe Institute of Technology. Reprint using the book cover is not allowed.

www.ksp.kit.edu

Print on Demand 2016

ISBN 978-3-7315-0436-8
DOI 10.5445/KSP/1000049667

Fraktale Doppel-Boom-Zyklen und Querschnittstechnologien: Theorie, Empirie und Politikimplikationen am Beispiel der Nanotechnologie

Zur Erlangung des akademischen Grades eines

Doktors der Wirtschaftswissenschaften
(Dr. rer. pol.)

von der Fakultät für Wirtschaftswissenschaften
des Karlsruher Instituts für Technologie (KIT)

genehmigte

Dissertation
von
Dipl.-Wi.-Ing. Florian Heiko Kreuchauff

Institut für Volkswirtschaftslehre (ECON)
Lehrstuhl für Wirtschaftspolitik

Referent: Prof. Dr. Ingrid Ott
Korreferent: Jun.-Prof. Dr. Marten Hillebrand

Tag der mündlichen Prüfung: 8. Mai 2015

Abstract

For a majority of knowledge-intensive technology sectors, empirical studies reveal a characteristic double boom structure of research activities. After an initial increase of patent and publication activities within a new field, a phase of declining growth begins. Research activities drop, only to rise again after a certain period. As a reason for this interim weakening the literature presumes a disillusionment among economic actors, since technology inherent potentials for value creation may not be exploited promptly. The present study questions this assumption. Instead, it is argued that a so called general purpose technology might cause the pattern by replacing its techno-economic predecessor.

General purpose technologies (GPTs) are used across all industries, have high dynamics in terms of long-term developments and contribute to sustainable economic growth. They affect aggregate productivity, welfare and employment. For instance, since the 1970s there has been an ongoing penetration of sectors with information and communication technologies. Nanotechnology is considered the most promising successor. An analysis based on patents and publications shows that nanotechnology exhibits all constituent peculiarities of a GPT.

The present study extends two quantitative GPT growth models in terms of the gradual growth and subsequent diffusion of a fundamental cross-technology knowledge base. Both with perfect foresight of actors as well as with uncertainty regarding future developments the extensions result in a cyclical growth of the considered technologies. For two consecutive GPTs the suspected double boom pattern occurs. Thus, the stylized facts of knowledge-intensive technology sectors do not necessarily imply an stage of disillusionment, but can be interpreted as fractal continuation of a GPT diffusion pattern on a lower level of aggregation: Technological activities are structured self-similarly.

The potentials of a new GPT are partly offset by welfare reducing externalities, arising from the various interdependencies of sectors. These justify regulatory interventions, in particular to counteract transitory slowdowns of productivity growth. Appropriate measures include public funding for basic research as well as support of natural diffusion processes through standardizations, through human capital formation and by providing institutionalized coordination mechanisms with platform character.

Zusammenfassung

Für die Mehrzahl wissensintensiver Technologiezweige zeigen empirische Studien eine charakteristische Doppel-Boom-Struktur an Forschungsaktivität. Nach einem erstmaligen Ansteigen von Patent- und Publikationsaktivitäten in einem neuen Technologiefeld setzt eine Phase rückläufigen Wachstums ein. Die Forschungsaktivitäten brechen zunächst ein, um nach einer gewissen Dauer erneut zuzunehmen. In der Literatur wird als Grund für diese zwischenzeitliche Abschwächung eine Ernüchterung der Wirtschaftsakteure vermutet, wenn technologieinhärente Wertschöpfungspotenziale sich nicht zeitnah erschließen lassen. Die vorliegende Arbeit stellt diese Annahme in Frage. Stattdessen wird diskutiert, ob möglicherweise eine sogenannte Querschnittstechnologie ihren techno-ökonomischen Vorläufer ablöst.

Als Querschnittstechnologien bezeichnet man solche Technologien, die über alle Branchen hinweg Verwendung finden, eine hohe Dynamik im Sinne langfristiger Fortentwicklungen aufweisen und damit ein anhaltendes Wirtschaftswachstum tragen. Sie beeinflussen aggregierte Produktivität, Wohlstand und Beschäftigung. So erfolgt seit den 1970er-Jahren eine Durchdringung der Sektoren mit Informations- und Kommunikationstechnologien. Als aussichtsreichster Nachfolgekandidat gilt die Nanotechnologie. Eine Analyse anhand von Patenten und Publikationen zeigt, dass die Nanotechnologie alle konstituierenden Charakteristika einer Querschnittstechnologie aufweist.

Die vorliegende Arbeit erweitert zwei quantitative Wachstumsmodelle der Querschnittstechnologie-Forschung hinsichtlich des graduellen Wachstums und der nachfolgenden Diffusion einer fundamentalen Wissensbasis, die allen Technologien zugrunde liegt. Die Erweiterung führt sowohl unter perfekter Voraussicht der Akteure als auch unter Unsicherheit hinsichtlich zukünftiger Entwicklungen zu einem zyklischen Wachstum der betrachteten Technologien. Für zwei aufeinander folgende Querschnittstechnologien entsteht das vermutete Doppel-Boom-Muster. Die stilisierten Fakten wissensintensiver Technologiezweige deuten daher nicht notwendigerweise eine Ernüchterungsphase an, sondern können als fraktale Fortsetzung des Diffusionsmusters auf einer niedrigeren Aggregationsebene interpretiert werden: Die technologischen Aktivitäten sind selbstähnlich strukturiert.

Den Potenzialen der neuen Querschnittstechnologie stehen wohlfahrtsmindernde Externalitäten gegenüber, die aus Verflechtungen der Sektoren entstehen. Diese legitimieren regulatorische Eingriffe, um insbesondere einer vorübergehenden Verlangsamung des Produktivitätswachstums entgegen zu wirken. Geeignete Maßnahmen umfassen die öffentliche Förderung von Grundlagenforschung sowie die Unterstützung natürlicher Diffusionsprozesse durch Standardisierungen, durch Humankapitalausbildung und durch die Bereitstellung institutionalisierter Koordinationsmechanismen mit Plattformcharakter.

„What have all those computers been doing?“

David Romer, in Baily und Gordon (1988)

„During the last dozen years or so economists have shown that the production, diffusion, and use of new knowledge are more important for the growth of output per head than is the accumulation of physical capital.

It seems safe to say that this discovery occasioned more surprise among economists than among educated men generally.

The differential surprise is an instructive example of how damaging to the understanding professional knowledge can sometimes be.“

Jacob Schmookler (1965)

Inhaltsverzeichnis

Abbildungsverzeichnis

Tabellenverzeichnis

Abkürzungsverzeichnis

ABS	Antiblockiersystem
AH	Aghion und Howitt (1998) / Aghion und Howitt (2009)
AS	Applikationssektor
BGP	Balanced Growth Path (engl.), zu deutsch: gleichgewichtiger Wachstumspfad
BMBF	Bundesministerium für Bildung und Forschung
BT	Bresnahan und Trajtenberg (1995)
CE	Combustion Engine (engl.), zu deutsch: Verbrennungsmotor
CERN	Conseil Européen pour la Recherche Nucléaire (franz.), zu deutsch: Europäische Organisation für Kernforschung
CL	Carlaw und Lipsey (2006a)
CNT	Carbon Nanotubes (engl.), zu deutsch: Kohlenstoffnanoröhren
DAE	Digitale Agenda für Europa
DPMA	Deutsches Patent- und Markenamt
DIM	Dual Inducement Mechanism (engl.), zu deutsch: bilateraler Anreizmechanismus
EPO	European Patent Office (engl.), zu deutsch: Europäisches Patentamt
EPS	Endproduktsektor
EPÜ	Europäisches Patentübereinkommen
EU	Europäische Union
FS	Facilitating Structure (engl.), zu deutsch: im weitesten Sinn Wirtschaftsstruktur
GPP	General Purpose Principle (engl), zu deutsch: Fundamentalprinzip
HT	Helpman und Trajtenberg (1998a)
ICB	Industry Classification Benchmark (engl.), zu deutsch: Branchenklassifikation börsennotierter Unternehmen
IKT	Informations- und Kommunikationstechnologie(n)
INPI	Institut national de la propriété industrielle (franz.), zu deutsch: französisches Patentamt
IPC	International Patent Classification (engl.), zu deutsch: Internationale Patentklassifikation
IPR	Intellectual Property Rights (engl.), zu deutsch: Rechte des geistigen Eigentums
ISI	Fraunhofer-Institut für System- und Innovationsforschung
ISIC	International Standard Industrial Classification (engl.), zu deutsch: Internationale Standardklassifikation der Wirtschaftszweige
KMU	Kleine und mittlere Unternehmen

NACE	Nomenclature statistique des Activités économiques dans la Communauté Européenne (franz.), zu deutsch: Statistische Systematik der Wirtschaftszweige in der Europäischen Gemeinschaft
NPL	Nicht-Patent-Literatur
OST	Observatoire des Sciences et des Techniques (franz.)
PATSTAT	EPO Worldwide Patent Statistical Database (engl.), zu deutsch: Kommerzielle Patentdatenbank des EPO
PSD	Productivity Slowdown (engl.), zu deutsch: verlangsamtes Produktivitätswachstum
QT	Querschnittstechnologie
RAC	Research Arbitrage Condition (engl.), zu deutsch: Forschungsarbitrage-Bedingung
RBC	Real Business Cycle Theory (engl.), zu deutsch: Theorie realer Konjunkturzyklen
SE	Strukturalistisch-Evolutionäre (Dekomposition)
TAB	Büro für Technikfolgen-Abschätzung beim Deutschen Bundestag
TC	Technological Coherence (engl.), zu deutsch: Technologische Kohärenz
TEP	Techno-Economic Paradigm (engl.), zu deutsch: Techno-ökonomisches Paradigma
TRIPS	Agreement on Trade-Related Aspects of Intellectual Property Rights (engl.), zu deutsch: Übereinkommen über handelsbezogene Aspekte der Rechte des geistigen Eigentums der WTO von 1994
USPTO	United States Patent Office (engl.), zu deutsch: U.S.-amerikanisches Patentamt
WIPO	World Intellectual Property Organization (engl.), zu deutsch: Weltorganisation für geistiges Eigentum
WTO	World Trade Organisation (engl.), zu deutsch: Welthandelsorganisation
ZEW	Zentrum für Europäische Wirtschaftsforschung
ZPS	Zwischenproduktsektor

Symbol- und Parameterverzeichnis

Symbol	Verwendung in Abschnitt 3.1
a	Applikationssektor
A	Menge aller Applikationssektoren
c	Grenzkosten der Produktion
C^a, C^g	Forschungskosten im Anwendungssektor / im Basissektor
g	Basissektor
R^a, R^g	Reaktionsfunktion des Anwendungssektors / des Basissektors
$S(A)$	Problem des Sozialen Planers
T_a	Technologieniveau im Anwendungssektor
$\overline{T}$	Vektor der Technologieniveaus T_a
V^a	Maximierte Nettoprofitfunktion des Anwendungssektors
w	Preis der Basistechnologie
X^a	Hicks'sche Nachfrage der Applikationssektoren
z	Technologieniveau im Basissektor
Π^a, Π^g	Bruttoprofite im Anwendungssektor / im Basissektor

Symbol	Verwendung in Abschnitt 3.2 und 5.2
a	Parameter
$\mathcal{A}$	Vermögenswerte der Haushalte
b	Niedrigstmöglicher Arbeitseinsatz pro Endprodukteinheit (= min b_i)
b_i	Arbeitseinsatz pro Endprodukteinheit der i-ten QT
c	Parameter
C	Konsum
D	Komponentenindex
E	Gesamtausgaben der Haushalte
ε_u	Grenznutzenelastizität
g	Wachstumsrate des Outputs
G_{real}	Realoutput (inputseitig)
G_{nom}	Nominaloutput (inputseitig)
$\mathcal{H}$	Hamilton-Funktion
i	Index der Anzahl Querschnittstechnologien
j	Index der Anzahl Komponenten
k	Phasenindex
$\mathcal{K}$	Gesamtkosten
L	Arbeitsangebot

Symbol	Verwendung in Abschnitt 3.2 und 5.2, Fortsetzung
m	Anzahl verfügbarer Querschnittstechnologien
n	Anzahl verfügbarer Komponenten
$p(j)$	Preis der Komponente j
p_Q	Endproduktpreis
Q	Finaler Output
r	Zinsrate
s	Laufvariable des Integrals
t	Zeitindex
T_i	Zeitpunkt des Erscheinens der i-ten QT
$\mathcal{T}$	Gesamtsteueraufkommen
U	Nutzen
v	Firmenwert der Komponentenhersteller
w	Nominale Lohnrate
$x(j)$	Menge der Komponente j
z	Laufvariable des Integrals
α	Dixit-Stiglitz-Parameter
Δ_1	Dauer der Phase 1
Δ_2	Dauer der Phase 2
Δ	Lebensdauer einer Querschnittstechnologie
θ	Wachstumsrate der Produktivität im Endproduktsektor
λ	Produktivitätsparameter
μ	Lagrange-Multiplikator
ξ	Parameter
π	Nominale Profitrate der Komponentenhersteller
$\tilde{\Pi}$	Realprofite
ρ	Zeitpräferenzrate
τ	Profitsteuersatz
χ	Gesamtmenge eingesetzter Komponenten / Gesamtarbeitseinsatz
ω	Reallöhne

Symbol	Verwendung in Abschnitt 3.3
A	Produktivität
n	Arbeitseinsatz in Forchung
L	Arbeitsangebot
p	Preis des Zwischenprodukts
t	Zeit- / Intervallindex
w	Lohnrate
x	Menge der Zwischenprodukte / Arbeitseinsatz zur Herstellung derer
Y	Finaler Output
α	Produktionselastizität
Δ	Länge der Entwicklungsphase
γ	Wachstumsparameter der Produktivität
λ	Poisson-Ankunftsrate von Entwicklungserfolgen
μ	Poisson-Ankunftsrate von Innovationen
π	Produktivitätsadjustierte Profitrate
Π	Profitrate
ω	Produktivitätsadjustierte Lohnrate

Symbol	Verwendung in Abschnitt 3.4 und 5.3
a	Wissenszufluss in der Anwendungsforschung
A	Gesamtwissensbasis der Anwendungsforschung
B	Binomialverteilung
c	Konsum
$E(X)$	Erwartungswert einer Zufallsvariable X
f	Wahrscheinlichkeitsdichte
F	Ausfallwahrscheinlichkeit / Adoptionswahrscheinlichkeit
g	Wissenszufluss in der Grundlagenforschung
G^a	Tatsächlich nutzbare Gesamtwissensbasis der Grundlagenforschung
G^{av}	Erfolgreich implementierte Gesamtwissensbasis der Grundlagenforschung
G^p	Potentiell nutzbare Gesamtwissensbasis der Grundlagenforschung
h	Standard-Hazard-Funktion
j	Parameter der Binomialverteilung
k	Parameter der Binomialverteilung
m	Parameter der Binomialverteilung / Gesamtzahl Individuen
n_1	Anteil Sektoren in Phase 1
n_2	Anteil Sektoren in Phase 2
N	Gesamtzahl Adoptierender
p	Entwicklungsparameter
q	Adoptionsparameter
r_c	Ressourcenverwendung im Konsumsektor
r_a	Ressourcenverwendung im Anwendungsforschungssektor
r_g	Ressourcenverwendung im Grundlagenforschungssektor
R	Konstantes Ressourcenangebot
t	Zeitindex
u	Laufvariable des Integrals
v	Parameter zur Kalibrierung
α	Parameter für abnehmende Grenzproduktivität der Ressourcen
β	Parameter für abnehmende Grenzproduktivität der Ressourcen
δ	Obsoleszenz-Parameter der Grundlagenforschung
ε	Obsoleszenz-Parameter der Anwendungsforschung
η	Parameter der Gammaverteilung
Γ	Verteilungsfunktion der Gammaverteilung
θ	Gleichverteilte Zufallsvariable: Unsicherheit Forschungsergebnisse
ϑ	Betaverteilte Zufallsvariable: Ausmaß technologischer Schocks
λ	Betaverteilte Zufallsvariable: Auftreten technologischer Schocks
μ	Parameter der Spilloveraufteilung
ν	Parameter der Gammaverteilung
σ	Parameter für abnehmende Grenzproduktivität der Ressourcen
ϕ	Kumulierte Binomialverteilung

Organisation der Arbeit

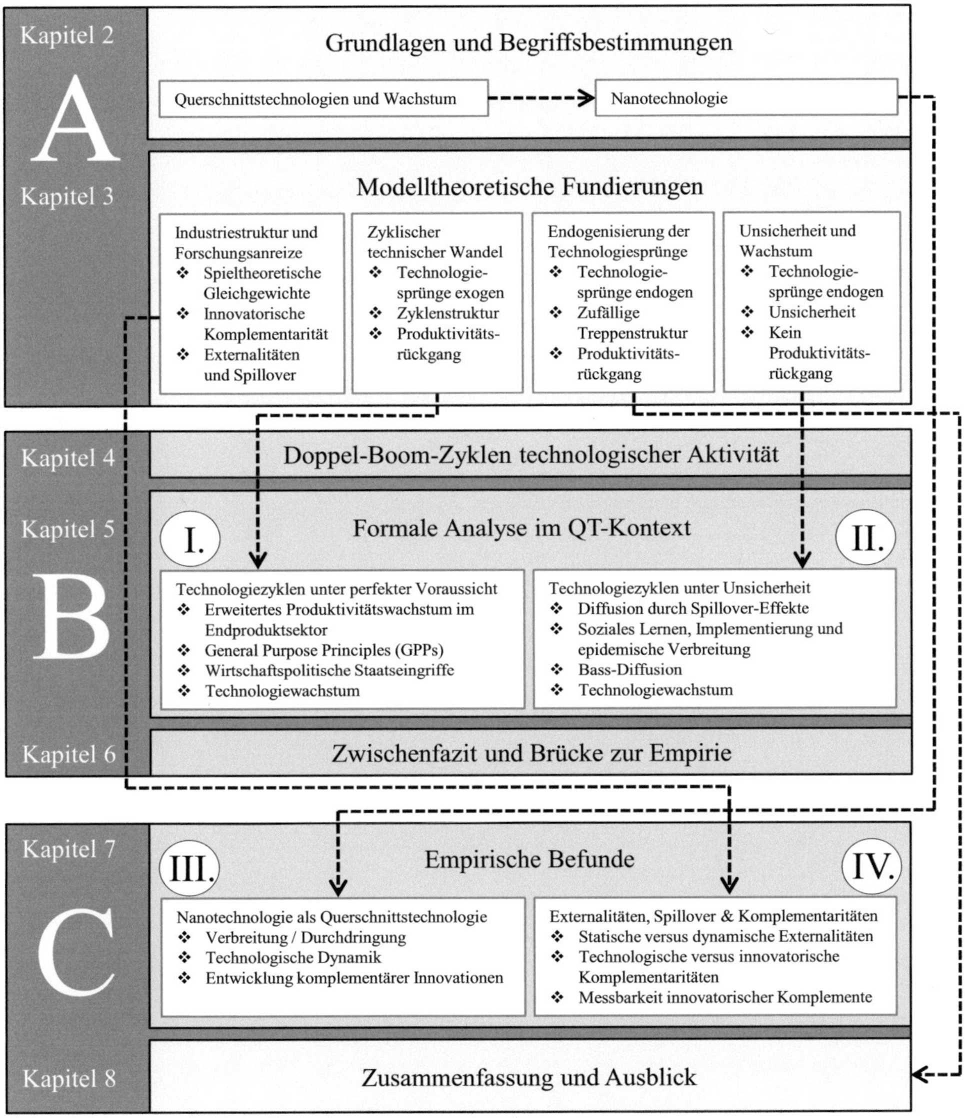

Abbildung 1: Organisation der Arbeit

1 Einleitung

Forschungs- und wissensintensiven Technologien (z.B. optische Datenspeicher, integrierte Schaltkreise, immobilisierte Enzyme) werden große Potenziale zur Entwicklung neuer oder verbesserter Prozesse, Produkte und Dienstleistungen zugeschrieben. Für die Mehrzahl solcher wissensintensiver Technologiezweige zeigen empirische Studien in den vergangenen 40 Jahren eine typische Doppel-Boom-Struktur von Forschungs- und Entwicklungsaktivitäten. Nach einem mehrjährigen Anstieg von jährlichen Patent- und Publikationszahlen in einem Feld setzt eine Phase rückläufigen Wachstums ein. Die Aktivitäten gehen deutlich zurück, um nach wenigen Jahren unvermittelt wieder zuzunehmen.

In der Literatur wird als Grund für diese vorübergehende Abschwungphase vermutet, die forschenden Wirtschaftsakteure könnten enttäuscht sein, weil sich die erhofften Wertschöpfungspotenziale nicht zeitnah erschließen lassen. Typische Problemstellungen der Frühphasenentwicklung hätten demnach eine Desillusionierung zur Folge. Die vorliegende Arbeit stellt diese Annahme in Frage. Stattdessen wird diskutiert, ob möglicherweise eine sogenannte Querschnittstechnologie ihren techno-ökonomischen Vorläufer ablöst.

Als Querschnittstechnologie (QT) werden vor allem die Dampfmaschine, die Elektrizität und die moderne(n) Informations- und Kommunikationstechnologie(n) (IKT) angesehen. Von einer einzelnen radikalen Innovation profitieren dem Konzept zufolge unzählige komplementäre Entwicklungen. In der Summe beeinflussen Querschnittstechnologien über ganze Dekaden hinweg aggregierte Produktivität, Wohlstand und Beschäftigung. Die sozioökonomischen Implikationen sind gegebenenfalls ebenso gravierend wie die ökonomischen. Das Erscheinen einer neuen Querschnittstechnologie ist zudem mit wirtschaftspolitischen Handlungsgeboten verknüpft: So haben wechselseitige Abhängigkeiten der Innovationsträger pareto-suboptimale Forschungsaufwendungen zur Folge.

Das QT-Konzept ist auch 20 Jahre nach den ersten formalen Modellen in der Wissenschaft nicht unumstritten. Ungeachtet dessen erfährt es breite Unterstützung und Anwendung in der politischen Realität: So möchte beispielsweise die deutsche Bundesregierung mit der Hightech-Strategie 2020 eine Vorreiterrolle bei globalen Herausforderungen einnehmen. Als Innovationsmotor Nr. 1 in Deutschland setzt das Bundesministerium für Bildung und Forschung (BMBF) dabei vor allem auf weitere Fortschritte der IKT: Mehr als 80 % der Innovationen der für Deutschland wichtigsten Anwendungsfelder Automobil, Medizintechnik und Logistik seien bereits jetzt IKT-getrieben (BMBF, 2010a).

Auf EU-Ebene findet sich die Digitale Agenda 2020 (DAE) der Europäischen Kommission, die die IKT-Förderung in den Fokus politischer Bemühungen rückt. Investitionen in IKT seien verantwortlich für rund die Hälfte des europäischen Produktivitätswachstums der vergangenen

Jahre.[1] Und die IKT-Revolution scheint noch nicht vorbei zu sein. Nobelpreisträger Paul Krugman erinnert in seinem Blog bei der NewYork Times an die Befunde von David (1990), der eine etwa 25-jährige Verzögerung zwischen Einführung des Mikroprozessors und merklicher Wachstumswirkungen konstatierte: Ein nicht unerheblicher Teil des langwelligen Produktivitätsschubs könne noch ausstehen.[2]

Ein ähnliches Wachstumspotenzial wird der Nanotechnologie attestiert (BMBF, 2010b, 2011). Manche Quellen gehen davon aus, dass 2014 bereits 15 % der weltweit produzierten industriellen Wirtschaftsgüter direkt von nanostrukturierten Erzeugnissen abhängen werden (Lux Research, 2007). Die aus der Mikroelektronik erwachsene Nanotechnologie transformiert unser Verständnis von Materialeigenschaften radikal – noch während die Digitalisierung der IKT fortdauert. Nicht wenige erwarten, dass die Nanotechnologie die IKT langfristig als wichtigsten Produktivitätstreiber ablöst (Wonglimpiyarat, 2005).

In diesem Kontext möchte die vorliegende Arbeit die folgende Forschungslücke schließen: Können die empirisch beobachtbaren Doppel-Boom-Zyklen technologischer Aktivität in wissensintensiven Technologiezweigen auch Folge des Übergangs von der IKT zur Nanotechnologie sein? Kann anhand modelltheoretischer Analysen für zwei aufeinander folgende Querschnittstechnologien ein Doppel-Boom-Muster technologischer Aktivitäten gezeigt werden? Ist ein solches Muster auch auf Makroebene empirisch beobachtbar? Und sollte die Nanotechnologie auf Basis anerkannter Indikatoren als Querschnittstechnologie betrachtet werden? Falls diese Fragen positiv zu beantworten sind, deuten die stilisierten Fakten wissensintensiver Technologiezweige nicht notwendigerweise eine Ernüchterungsphase an, sondern könnten als Fortsetzung des Diffusionsmusters auf niedrigeren Aggregationsebenen interpretiert werden. Die technologischen Aktivitäten wären demnach selbstähnlich strukturiert.

Den Potenzialen der Querschnittstechnologie stünden dann verschiedene Formen des Marktversagens gegenüber. So ergeben sich negative Externalitäten, die aus den wechselseitigen Abhängigkeiten zwischen Grundlagen- und Anwendungssektoren entstehen. Zudem ist mit einer vorübergehenden Verlangsamung des Produktivitätswachstums zu rechnen.

Neu ist die Betonung einer QT-übergreifenden fundamentalen Wissensbasis als teilweise öffentliches Gut. Die Bereitstellung dieses Gutes ist kostenintensiv. Seine Verbreitung unter den Marktakteuren erzeugt außerdem Transaktionskosten, die nicht internalisiert werden. Alle diese Formen des Marktversagens legitimieren wirtschaftspolitischer Eingriffe. Die Arbeit leistet einen Beitrag zur Formulierung geeigneter Maßnahmen. Diese umfassen die öffentliche Förderung von Grundlagenforschung sowie die Unterstützung natürlicher Diffusionsprozesse durch Standardisierungen, durch Humankapitalausbildung und durch die Bereitstellung institutionalisierter Koordinationsmechanismen mit Plattformcharakter.

Organisation der Arbeit und Übersicht behandelter Forschungsfragen

Abbildung 1 skizziert die Organisation der Arbeit. Teil A, der den aktuellen Stand der Forschung beschreibt, gliedert sich in die zwei Kapitel 2 und 3, die sich den Grundlagen des QT-Konzepts beziehungsweise modelltheoretischen Fundierungen widmen.

Kapitel 2 ist untergliedert in den Abschnitt 2.1, der sich mit Querschnittstechnologien befasst, und in den Abschnitt 2.2, der die Nanotechnologie im Speziellen beleuchtet. Kapitel 3 erläutert

[1] Vgl. http://ec.europa.eu/enterprise/sectors/ict/index_en.htm (letzter Aufruf: 14. Juni 2014). Evaluationsmodelle zur Innovationsbewertung finden sich beispielsweise bei Vuijlsteke et al. (2007).

[2] Siehe http://krugman.blogs.nytimes.com/2013/10/11/the-ict-revolution-isnt-over/ (letzter Aufruf: 14. Juni 2014).

die bedeutenden modelltheoretischen Arbeiten zu ökonomischen Implikationen von Querschnittstechnologien. Zunächst legt in Abschnitt 3.1 ein spieltheoretisches Modell von Bresnahan und Trajtenberg (BT) die typische Marktstruktur und die wechselseitigen technologischen Abhängigkeiten der Akteure formal dar. Das darauffolgende Modell des Abschnitts 3.2 von Helpman und Trajtenberg (HT) wechselt auf die Makro-Perspektive und zeigt, wie durch die zeit- und ressourcenaufwendige Entwicklung von Zwischenprodukten eine technologische Zyklenstruktur, anfängliche Produktivitätsrückgänge sowie Lohnschwankungen formalisiert werden können. Abschnitt 3.3 endogenisiert den Ankunftszeitpunkt neuer Querschnittstechnologien gemäß der Überlegungen von Aghion und Howitt (AH). Das letzte vorgestellte Basismodell in Abschnitt 3.4 geht auf Carlaw und Lipsey (CL) zurück. Es kommt gänzlich ohne Aspekte dynamischer Optimierung aus, da verschiedene Formen der Unsicherheit die Akteure zwingen, ihre Konsumwahl auf Erfahrungswerte der Vorperioden zu stützen.

Teil B, der modelltheoretische Erweiterungen erörtert, führt mit Kapitel 4 zunächst in die zentrale Fragestellung der Arbeit ein: Sind die empirisch beobachtbaren Doppel-Boom-Zyklen der Forschungsaktivität in wissensintensiven Technologiezweigen wirklich Ausdruck technisch bedingter Schwierigkeiten und folgender Ernüchterung der Wirtschaftsakteure? Oder können die stilisierten Fakten auch durch eine emergente Querschnittstechnologie verursacht werden, die ihren techno-ökonomischen Vorläufer ablöst?

Kapitel 5 erörtert diese Frage mittels modelltheoretischer Modifikationen. Abschnitt 5.1 begründet dabei zunächst die Wahl der zu modifizierenden Basismodelle HT und CL. Deren Erweiterung erfolgt in den Abschnitten 5.2 beziehungsweise 5.3. Ausgangspunkt ist für beide Fälle die Einführung eines graduellen Wachstums der fundamentalen Wissensbasis. Diese verbindet die aufeinander folgenden technologischen Regime. Folgende Fragen werden im Rahmen der Arbeit aufgeworfen und beantwortet:

- Fragekomplex I: Technologiezyklen unter perfekter Voraussicht
  Die Modifikation des HT-Basismodells erörtert, ob die Grundstruktur des Modells auch periodische Schwankungen *technologischer* Aktivität erzeugen kann – in Abgrenzung zur zyklischen Entwicklung des Outputs.

  - Produktivitätswachstum im Endproduktsektor
    Das graduelle Wachstum der fundamentalen Wissensbasis wird im Endproduktsektor zunächst als exogenes Produktivitätswachstum modelliert. Welche Implikationen birgt dies für ökonomische Kennziffern wie Produktivität, Löhne, Profite und gesamtwirtschaftlichen Output?

  - General Purpose Principles
    Welchen Beitrag zur Erklärung des Produktivitätswachstums können die Nichtrivalität von Ideen und Learning-By-Doing-Effekte leisten? Können sogenannte *General Purpose Principles* (GPPs) als öffentliche Wissensgüter eine technologieübergreifende Wissensakkumulation operationalisieren?

  - Wirtschaftspolitische Staatseingriffe und Finanzierung
    Sofern Learning-by-Doing nicht als alleiniger Treiber des Wachstums einer fundamentalen Wissensbasis betrachtet wird, wie können wirtschaftspolitische Eingriffe modelliert werden, die die Wissensproduktion und -verbreitung stimulieren? Wie werden diesc im Modell finanziert?

- Fragekomplex II: Technologiezyklen unter Unsicherheit
  Die Modifikation des CL-Basismodells erörtert, ob auch bei herrschender Unsicherheit der Akteure die sektorale Diffusion von Grundlagenwissen zu zyklischen Entwicklungen des Forschungsoutputs auf der Makroebene führen kann.

  - Mehrphasen-Diffusion mit QT-Implementierungsstufe
    Wie wirkt die Einführung einer Diffusion des Grundlagenwissens mit QT-typischer Implementierungsphase auf die Sektorenoutputs? Können die abrupten Reallokationsprozesse des Basismodells abgeschwächt werden?

  - Bass-Diffusion ohne QT-Implementierungsstufe
    Alternativ kann bei der Diffusionsmodellierung auf die Implementierungsstufe verzichtet werden. Führt die einfachere Annahme der Abhängigkeit des Adoptionsverhaltens vom bislang realisierten Diffusionsstadium ebenfalls zu einer Zyklenstruktur des Technologiewachstums?

Kapitel 6 fasst die Ergebnisse der modelltheoretischen Erweiterungen zusammen und stellt das resultierende Muster zyklischer Forschungsaktivitäten ersten empirischen Ergebnissen gegenüber. In weltweiten Patententwicklungen zeigen sich seit 1980 zwei aufeinander folgende anwachsende Wellen, die von IKT und Nanotechnologie getragen zu sein scheinen. Ein überwiegender Anteil der in der Literatur benannten wissensintensiven Technologiezweige profitiert zudem nachweislich sowohl von IKT-Komponenten als auch von Fortentwicklungen der Nanotechnologie.

TEIL C ist der Empirie gewidmet. Übergeordnete Frage des Kapitels 7 ist, ob die Nanotechnologie als Querschnittstechnologie gelten und folglich den Implikationen des Konzepts unterworfen werden kann. Nach der Vorstellung der Datenbasis in Abschnitt 7.1 beleuchten die Abschnitte 7.2 und 7.3 die folgenden Fragekomplexe III beziehungsweise IV:

- Fragekomplex III: Zur Identifikation von Querschnittstechnologien
  Wie lassen sich auf Basis von Patent- und Publikationsindikatoren die konstituierenden Eigenschaften einer Querschnittstechnologie abbilden? Welche Rolle spielen Vergleichstechnologien? Mit welchen Analysehindernissen ist umzugehen?

  - Verbreitung/Durchdringung
    Kann die Nanotechnologie eine ähnliche Anwendungsbreite aufweisen wie die als Querschnittstechnologie anerkannte IKT? Das hierfür zumeist verwendete Maß des Generality-Index ist in der Literatur nicht frei von Kritik. Lässt sich ein alternativer Indikator entwickeln? Ist bereits in diesem frühen Stadium der Nanotechnologie eine hohe Durchdringung verschiedenster wissenschaftlicher Disziplinen gegeben?

  - Technologische Dynamik
    Besteht ein langfristiges Entwicklungspotenzial der Nanotechnologie? Sind ähnliche Patent- und Publikationsanzahlen und -zitationsraten zu beobachten wie für die anerkannte Querschnittstechnologie IKT?

  - Entwicklung komplementärer Innovationen
    Durchdringen nanotechnologische Entwicklungen zunehmend alle Kernbereiche der Wirtschaft? Wachsen die neu besetzten Felder überdurchschnittlich stark?

- Fragekomplex IV: Externalitäten, Spillover und innovatorische Komplementaritäten
  Der Abschnitt komplementiert die empirischen Analysen im Hinblick auf innovatorische Komplementaritäten. Ausgangspunkt der Überlegungen ist die Überführung der QT-typischen Marktstruktur in ein Innovationsnetzwerk.

  - Innovatorische Komplementarität ohne dynamische Externalitäten
    Kann eine differenzierte Kategorisierung von (Wissens-)Spillover-Effekten unter Umständen auch dann eine Legitimation regulatorischer Eingriffe liefern, wenn keine technologischen Externalitäten vorliegen? Wie passen die in Fragekomplex I erörterten GPPs in die neue Kategorisierung?

  - Messbarkeit innovatorischer Komplementaritäten
    Lassen sich erste Indikatoren innovatorischer Komplementarität für Patente formulieren? Inwieweit lässt sich die Unterscheidung zwischen Grundlagenforschung und angewandter Entwicklung innerhalb einer konsistenten Datenbasis abbilden?

Das abschließende Kapitel 8 fasst die wichtigsten Erkenntnisse der Arbeit zusammen. Die Reflexion erörtert, welche Implikationen die zyklische Struktur technologischer Aktivität für wirtschaftspolitische Erfordernisse hat. Aktuelle Entwicklungen machen deutlich, dass für die Nanotechnologie Ähnliches droht wie für die Digitalisierung: Deutschlands fällt im internationalen Wettbewerb um Querschnittstechnologien erneut zurück. Das Kapitel diskutiert, welche langfristigen wirtschaftspolitischen Maßnahmen geeignet sind, um diesem Trend entgegenzuwirken, in welche regulatorischen Bezugssysteme diese Maßnahmen eingebettet sein sollten und wie mit einem temporären Rückgang technologischer Aktivität umzugehen ist. Ein Ausblick auf zukünftige Forschungsansätze schließt die Ausführungen ab.

TEIL A
Stand der Forschung

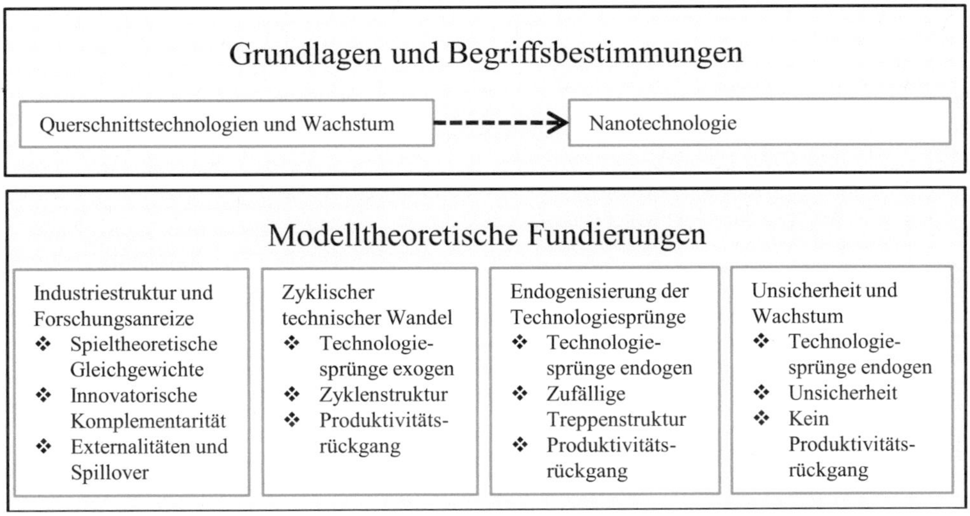

2 Grundlagen und Begriffsbestimmungen

Der Aufbau des vorliegenden Kapitels ist in zwei Abschnitte unterteilt. Zunächst wird das QT-Konzept aus den Kontexten der Innovationsforschung, der Theorie langer Konjunkturwellen und der ökonomischen Wachstumstheorie abgeleitet. Es folgt eine Definition der konstituierenden Eigenschaften und die Zusammenfassung der aus der Empirie bekannten Fakten. Besonderes Augenmerk liegt auf dem initial verlangsamten Produktivitätswachstum als Folge des gesamtwirtschaftlichen Anpassungsprozesses. Daneben machen die vielfältigen Effekte von QT-Innovationen deutlich, dass von einem umfassenden Wandel sogenannter techno-ökonomischer Paradigmen gesprochen werden kann.

Bezugnehmend auf die Literatur wird ein Analyserahmen der Wirtschaftsstrukturen für die weitere Arbeit vorgestellt. Inwieweit diese Strukturen durch das Auftreten einer Querschnittstechnologie transformiert werden, hängt vom jeweils vorrangig betroffenen Paradigma ab. Ausgehend von einer Klassifizierung bisher identifizierter Querschnittstechnologien werden sogenannte Generische Funktionen eingeführt, die die Unterscheidung von Paradigmen erlauben. Es zeigt sich, dass insbesondere die Elektrifizierung und das Informationszeitalter als strukturwandelnd im Sinne des QT-Konzepts verstanden werden können. Abschließend werden in der Literatur diskutierte potenziell zukünftige Querschnittstechnologien vorgestellt.

Den aktuell aussichtsreichsten QT-Kandidaten stellt die Nanotechnologie dar. Sie verspricht, das Materialparadigma grundlegend zu verändern. Ihr widmet sich der zweite Abschnitt dieses Kapitels. Nach einer einleitenden Definition werden die Potenziale der Miniaturisierung vorgestellt und der emergente Querschnittscharakter anekdotisch verdeutlicht. Ein Überblick über die historische Entwicklung skizziert ein typisches QT-Charakteristikum: Die Wurzeln der Nanotechnologie liegen in der Mikroelektronik und damit in der Vorläufer-QT – der IKT. Ausgewählte Applikationen erlauben einen Blick auf aktuelle Entwicklungspfade und deren künftige Marktpotenziale. Abschließend werden mögliche Hemmnisse der Diffusion sowie sozioökonomische und ökologische Herausforderungen aufgezeigt.

2.1 Querschnittstechnologien

Als Auslöser gesamtwirtschaftlich strukturwandelnden Fortschritts und langwelliger Zyklen ökonomischen Wachstums werden heute sogenannte Querschnittstechnologien (englisch: *General Purpose Technologies*, kurz GPTs) identifiziert.

Definition 2.1 (Querschnittstechnologien, QT). Querschnittstechnologien stellen radikale Innovationen dar, die auf Basis ihrer breiten Anwendbarkeit in beinahe allen Sektoren der Wirtschaft und über alle Wertschöpfungsstufen hinweg fortwährende inkrementelle Erweiterungen, Implementierungen sowie organisationale Neuordnungen nach sich ziehen. Ihr ökonomischer und sozioökonomischer Einfluss erstreckt sich über mehrere Dekaden.

Im deutschen Sprachgebrauch finden sich als synonyme Begriffe Mehrzweck-/Vielzwecktechnologien (siehe beispielsweise OECD, 2000), oder gar Allzwecktechnologien (van de Kerkhof und Ziegler, 2006), die jeweils auf einer einzelnen Basisinnovation oder Basistechnologie beruhen (Mensch, 1975; Wydra, 2010).

Die am häufigsten genannten Querschnittstechnologien sind die Dampfmaschine, die Elektrizität und die IKT (Field, 2008). Daneben existiert eine Vielzahl von Technologien und Technologie-(Sub-)feldern, denen ebenfalls ein Querschnittscharakter attestiert wird.[3] Die Klassifikation als Querschnittsinnovation ist damit selten unumstritten.[4]

2.1.1 Entwicklung im Kontext der Wachstumstheorie

Mitte der 1980er-Jahre erlebte die Wachstumstheorie durch Arbeiten von Romer (1986) und Lucas (1988) einen Aufschwung. Statt der zuvor betonten Akkumulation der traditionellen Produktionsfaktoren Arbeit und Kapital als Quelle ökonomischen Wachstums rückten technologische Aspekte in den Blickpunkt der Betrachtung.[5] Das sogenannte Solow-Residuum (Solow, 1957) als Ergebnis der empirischen Wachstumszerlegung hatte zwar bereits lange zuvor für zusätzliche Einflussfaktoren sensibilisiert und die Betrachtung technologiegetriebenen Wachstums erforderlich gemacht.[6] Dieses konnte bis dato jedoch nur als exogener Faktor in den Bezugsrahmen neoklassischer Standardmodelle nach Solow (1956) und Swan (1956) eingebettet werden.

Der Ausgangspunkt der *endogenen* Wachstumstheorie war einerseits Romers Idee der Wissensakkumulation (Romer, 1986) und andererseits Lucas' Ansatz der Humankapitalexternalitäten (Lucas, 1988). Beide zielten letztlich auf technologische Übertragungseffekte, sogenannte *Spillover*, und damit einhergehend auf steigende Skalenerträge. Die Modelle markierten den Beginn einer Reihe von Erweiterungen, die der Bedeutung technologischen Fortschritts für gesamtwirtschaftliche Ergebnisse Rechnung trugen. Sie erfüllten vor allem die Forderung nach Berücksichtigung von Profitanreizen privater Innovationsaktivitäten[7] (siehe beispielsweise Griliches und Schmookler, 1963 und Schmookler, 1966) durch die Implementierung industriestrukturbedingter Gewinne.

[3] Lipsey et al. (2005) identifizieren beispielsweise mehr als 20 Querschnittstechnologien und schließen dabei auch produktionsorganisatorische Revolutionen wie die Massenfertigung und Materialinnovationen ein (siehe auch beispielsweise Graham und Iacopetta, 2010).

[4] So sprechen beispielsweise Moser und Nicholas (2004) der Elektrizität als einer der meistgenannten Kandidaten den charakteristischen Einfluss einer Querschnittstechnologie ab.

[5] Eine wirtschaftshistorische Betrachtung *technologischer Kreativität* liefert Mokyr (1990). Eine neuere Referenz der Innovationsgeschichte ist Scotchmer (2005).

[6] Jorgenson (2005) liefert eine moderne Einführung mit gesondertem Fokus auf den neuzeitlichen Einfluss der Informationstechnologie auf das Output-Wachstum.

[7] Rosenberg (1976) widerspricht der hierbei vertretenen Auffassung, technologischer Fortschritt entstehe nahezu ausschließlich durch endogen bestimmte Profitmöglichkeiten. Vielmehr sei ein Großteil der Innovationsaktivitäten, wie beispielsweise wissenschaftliche Forschung, exogener Natur. Auf diesen Aspekt wird im Rahmen der modelltheoretischen Modifikationen des Kapitels 5 gesondert eingegangen.

Dass die Existenz monopolistischer Preismacht eine bedeutende Rolle für Forschungsaufwendungen spielte, hatte bereits Schumpeter (1912) betont. Den darüber hinaus beobachtbaren sozialen Innovationsmehrwert, der die Anreize der Privatwirtschaft übersteige, hatte Arrow (1962) angeführt.[8]

Kondratieff-Zyklen und Schumpeterianische Wellen

Schumpeter (1912) hatte bereits lange vor der Formalisierung der endogenen Wachstumstheorie ein Paradigma der *kreativen* oder *schöpferischen Zerstörung*[9] begründet. Kapitalistische Ökonomien seien geprägt von radikalen Innovationen zum Zwecke temporärer Monopolprofite, nachfolgenden Imitationen und einhergehender gesamtwirtschaftlicher Diffusion. Er griff die Ergebnisse von Kondratieff (1935) auf und bezeichnete dessen in westlichen Industrienationen beobachtete langwellige Konjunkturwellen von Kapitalinvestition und Produktion[10] als innovationsgetriebene *Kondratieff-Zyklen* (Schumpeter, 1939)[11].

Diese werden heute – sukzessive erweitert durch van Duijn (1983), Reati und Toporowski (2004), Korotayev und Tsirel (2010) und anderen – üblicherweise wie folgt abgegrenzt:

- 1. Zyklus (ca. 1790–1845): Dampfmaschine, Baumwolle – 1. Industrielle Revolution
- 2. Zyklus (ca. 1845–1895): Stahl, Eisenbahn – 2. Industrielle Revolution
- 3. Zyklus (ca. 1895–1945): Elektrotechnik, Stahl, Chemie
- 4. Zyklus (ca. 1945–1990): Automobil, Massenfertigung, Petrochemie
- 5. Zyklus (ab 1990): Informations- und Kommunikationstechnologien
- 6. Zyklus (ab 20xx): Nanotechnologie?[12]

Obwohl Schumpeters Konzept nicht unumstritten blieb (siehe beispielsweise Kuznets, 1940 oder neuerdings Silverberg und Verspagen, 2003) und im Zuge der Keynesianischen Revolution[13] in den Hintergrund gedrängt wurde, fand es trotz der schwierigen empirischen Belegbarkeit[14] prominente Fürsprecher. Angestoßen von Mensch (1975) etablierte sich die inzwischen ebenso gängige Bezeichnung *Schumpeterianische Wellen* als Folge unregelmäßig auftauchender ökonomisch

[8] Siehe vor allem Tirole (1988), Kapitel 10 für eine Gegenüberstellung privater und sozialer Innovationsanreize sowie resultierender Wohlfahrtsergebnisse in unterschiedlichen Industriestrukturen.

[9] Der Begriff selbst findet im angegebenen Werk noch keine Verwendung und wurde erst später von Schumpeter eingeführt (Schumpeter, 1946).

[10] Kondratieff (1935) hatte Oszillationen des Preis- und Zinsniveaus, der Handelsbilanzen sowie der Kohle- und Roheisenproduktion zugrunde gelegt.

[11] Schumpeter (1939) verknüpfte die drei bis dato beobachtbaren Wellen mit der Industriellen Revolution (1787–1842), einhergehend mit der Dampfmaschine, der Verbreitung der Eisenbahn (1843–1897) sowie dem Neo-Merkantilismus (seit 1898).

[12] Welche derzeit emergenten technologischen Innovationen einen sechsten Kondratieff einläuten könnten, ist nicht unumstritten. Nefiodow (2005) vermutet beispielsweise, dieser sei vor allem von zukünftig verstärkt nachfrageseitig getriebenen Entwicklungen des Gesundheitsmarktes geprägt.

[13] Die Keynesianische Globalsteuerung als Ursache des Nachkriegsbooms verdrängte Schumpeters Innovationsgedanken, der erst mit der ökonomischen Stagflation in den späten 1960er- und 1970er-Jahren wieder an Bedeutung im wissenschaftlichen Diskurs gewann (O'Hara, 1994).

[14] Metz (2011) liefert eine Zusammenfassung der Problematik empirischer Kondratieff-Wellenforschung. Er betont, dass langfristige Entwicklungen das Ergebnis stochastischer Prozesse seien, die sowohl endogenen als auch exogenen Schocks unterlägen. Letztere müssten in zukünftigen Arbeiten gezielt identifiziert und entsprechende Datenquellen adjustiert werden.

bedeutsamer Basisinnovationen.[15] Landes (1969), Rosenberg (1982) und Mokyr (1990) sahen in diesen die Ursache industrieller Revolutionen.

Von der stilisierten Wellentheorie zum formalen Wachstumsmodell

Aus dem Schumpeterianischen Paradigma kreativer Zerstörung entwickelten erstmals Aghion und Howitt (1992) ein formales Wachstumsmodell, das technologische Innovationen als fortwährende Qualitätssteigerungen gegenüber existierenden Produkten beschrieb. Die schöpferische Zerstörung manifestierte sich in der Verdrängung jeweiliger Vorgängerprodukte durch erfolgreich innovierende Marktentranten. Neben dieser vertikalen Form des technologischen Fortschritts hatten Judd (1985) und Romer (1987, 1990) Grundlagen gelegt für die innovationsbedingte horizontale Zunahme von Produktvarietäten.[16]

Schumpeterianische Wellen ließen sich mit dem neuerlichen analytischen Instrumentarium jedoch lange nicht abbilden. Dieses zentrale Problem betraf sowohl exogene Modelle neoklassischer Prägung als auch endogene Modelle zunehmender Produktvielfalt und -güte. Langfristig oszillierende oder generell heterogene Wachstumsraten des Outputs ließen sich nicht durch Modelle darstellen, die entweder ein konstantes Wachstum als balancierten Wachstumspfad (englisch: *Balanced Growth Path*, BGP) oder ein kontinuierlich anwachsendes oder abflachendes Wachstum ableiteten (Carlaw und Lipsey, 2006a).

Notwendig war demnach die Integration technologischer Schocks abseits inkrementeller Erweiterungen – verkörpert durch radikale Basisinnovationen oder „*macro inventions*“ (Mokyr, 1990).[17] Querschnittstechnologien sollten im Rahmen ihrer Einführung und Diffusion zwar über alle Wirtschaftszweige und Wertschöpfungsstufen hinweg im Aggregat produktivitätswirksam werden, jedoch anfänglichen Ineffizienzen unterliegen (Bresnahan und Trajtenberg, 1995). Schließlich gelang es Helpman und Trajtenberg (1998a,b) sowie Aghion und Howitt (1998) den wirtschaftshistorischen Beobachtungen von zyklischen Entwicklungen eine analytische Fundierung zu geben.

2.1.2 Konstitutierende Eigenschaften und stilisierte Fakten

Die historische Entwicklung des QT-Begriffs mündet in die derzeit vorrangig zitierte Abgrenzung von Lipsey et al. (2005)[18]:

[15] Nachfolgende Vertreter sind beispielsweise Freeman et al. (1982), die die Mechanismen der Diffusion – und weniger die Ausgangsinnovation selbst – als Treiber eines gesamtwirtschaftlichen Booms betonten, sowie Kleinknecht (1990). Aufgrund der zeitlichen Ballung dieser Basisinnovationen prägte Mensch (1975) die Begrifflichkeit des Innovationsclusters. Da der Clusterterminus aber häufig anderweitig belegt ist, wie beispielsweise in der Regionalökonomik als Agglomerationsmuster oder im Hinblick auf Marktsegmente als Anwendungscluster (Bresnahan und Yin, 2010), wird er in dieser Arbeit keine stetige Verwendung finden.

[16] Die wichtigsten Weiterentwicklungen der formal stark verwandten Ansätze stammten in der Folge von Grossman und Helpman (1991b, 1993), Rivera-Batiz und Romer (1991) und Aghion et al. (1998), die darüber hinaus eine Übersicht über die Schumpeterianischen Modelltheorie liefern.

[17] Die meisten endogenen Wachstumsmodelle verzichten bis heute auf eine explizite Unterscheidung zwischen solchen Mikro- und Makroinnovationen (Acemoglu, 2009).

[18] Das Konzept findet sich beinahe gleichlautend bereits bei Lipsey et al. (1998b). Den Unterschied markiert dort die zusätzliche Nennung Hicks'scher Komplementarität – neben technologischer Komplementarität. Letztere steht im Fokus der Abschnitte 3.1 und 7.3.1. Hicks'sche Bruttokomplementarität als direkte Folge technischer (Prozess-)Innovationen hat dagegen im QT-Kontext an Aufmerksamkeit verloren und wird in dieser Arbeit nicht vertieft diskutiert.

„*A GPT is a single generic technology, recognizable as such over its whole lifetime, that initially has much scope for improvement and eventually comes to be widely used, to have many uses, and to have many spillover effects.*" (Lipsey et al., 2005, S. 98)

Mit Ausnahme der eindeutigen Identifizierbarkeit findet sich eine annähernd gleichlautende Definition bereits bei Bresnahan und Trajtenberg (1995). Diese stützten ihre theoretischen Untersuchungen auf die folgenden formalisierbaren Charakteristika:[19]

Definition 2.2 (Konstituierende Eigenschaften von Querschnittstechnologien).

(1) hohe Verbreitung der Technologie
(2) hohe technologische Dynamik im Sinne andauernder Fortentwicklungen
(3) wachsende Anzahl an Komplementärinnovationen
(4) hohe innovatorische Komplementarität von Basis- und Anwendungssektoren

Neben diesen konstituierenden Eigenschaften lassen sich weitere stilisierten Fakten ableiten, in denen sich die ökonomischen Implikationen eines drastischen technischen Wandels manifestieren. Die folgenden Abschnitte stellen die wichtigsten dieser stilisierten Fakten vor.

Anfänglich verlangsamtes Produktivitätswachstum

Fortwährende komplementäre Innovationen emergenter Querschnittstechnologien erhöhen die Attraktivität der Adoption (Bresnahan und Trajtenberg, 1995). Neue Anwendungssektoren erschließen die Technologie. Diese durchdringt in der Folge mit zunehmender Lebensdauer alle Sektoren der Wirtschaft, sodass gesamtwirtschaftliche Effekte entstehen (Helpman und Trajtenberg, 1998a). Der Wandel des bestehenden techno-ökonomischen Systems führt dabei zu einer anfänglichen strukturellen Anpassungskrise (Freeman und Perez, 1988). Diesem stilisierten Fakt liegen Beobachtungen zugrunde, die sich insbesondere auf die jeweiligen Zeitalter der Elektrizität und der IKT beziehen. Für die IKT erlangte das sogenannte Solow-Paradoxon Bekanntheit:

„*You can see the computer age everywhere but in the productivity statistics.*"
(Solow, 1987)

Die oft Jahrzehnte währende Phase der Anpassung wirkt demnach zunächst verlangsamend auf das Produktivitätswachstum.[20] Man spricht vom *Productivity Slowdown* (PSD). Erst mit der Zeit

[19] Alle genannten Punkte reflektieren eine spezifisch zugrunde gelegte Industriestruktur. Einer monopolistisch geprägten Basisinnovation schumpeterianischer Prägung steht eine Vielzahl (anfangs potenzieller) Anwendungssektoren (1) gegenüber. Das dynamische Wechselspiel inkrementeller Weiterentwicklungen zwischen Basis- und Anwendungssektoren bedingt die Eigenschaften (2) und (3), die wiederum Folge einer wechselseitig vertikalen innovatorischen Abhängigkeit (4) sind. Eine analytische Darstellung dieser Charakteristika erfolgt in Abschnitt 3.1.

[20] Das zumeist verwendete Maß ist die Totale Faktorproduktivität (TFP), also der Teil des Wachstums, der nicht auf die eingesetzten physischen Inputs, insbesondere Kapital und Arbeit, zurückgeführt werden kann. Sie ist empirisch messbar als sogenanntes Solow-Residuum (Solow, 1956), das Abramovitz (1956, S. 11) als „*measure of our ignorance*" bezeichnete. Zwar wird die TFP häufig allein dem technischen Fortschritt zugeordnet. Sie hängt jedoch von weit mehr Faktoren ab und misst eher allgemein, wie effizient die vorhandenen Ressourcen eingesetzt werden. Die Beziehung zwischen technischem Wandel und Produktivitätsänderungen ist demnach nicht eindeutig, und die TFP als Indikator ist in diesem Zusammenhang nicht unumstritten (siehe beispielsweise Griliches, 1998; Lipsey und Carlaw, 2004 sowie Lipsey et al., 2005).

erfolgt ein Umschwung und ein überproportionales Output-Wachstum entsteht. Grundsätzlich existieren drei Erklärungsansätze für dieses wiederkehrende Muster, die Shea et al. (2011) zusammenfassen:[21]

1. Hornstein und Krusell (1996) verbinden mit dem PSD einen organisationalen Lernprozess. Firmen müssten den Umgang mit den radikal neuen Technologien erst erarbeiten. Die Einbettung in bestehende und die Etablierung gänzlich neuer Arbeitsabläufe koste Zeit. Bahk und Gort (1993) bemessen die Dauer dieses lernbedingten Anpassungsprozesses anhand US-amerikanischer Firmendaten auf deutlich mehr als zehn Jahre. Gordon (1996) kritisiert diesen Ansatz jedoch insbesondere im Hinblick auf die gewählte Datengrundlage.

2. Helpman und Trajtenberg (1998a), deren Modell in Abschnitt 3.2 besprochen wird, erklären das verlangsamte Wachstum durch den Mangel an komplementären Inputs. Diese Zwischenprodukte müssten erst ressourcen- und zeitaufwendig erforscht und produziert werden, was gleichzeitig verminderte Investitionen in anderen Teilen der Wirtschaft zur Folge hätte. Die Argumentation stützt sich unter anderem auf David (1990) respektive David (1991), der den mit der Einführung des elektrischen Dynamos assoziierten PSD auf ganze vier Dekaden bemisst.[22]

3. Helpman und Rangel (1999) sowie Jovanovic und Nyarko (1996) zielen wie Hornstein und Krusell (1996) ebenfalls auf spezifisches Technologiewissen ab, jedoch nicht auf ganzheitlich-organisationales, sondern auf personifiziertes. Verlangsamtes Produktivitätswachstum werde dann erklärbar durch die Obsoleszenz individueller Fähigkeiten im Umgang mit älteren Technologien.

Wirtschaftshistoriker betonen darüber hinaus, dass die Beschaffenheit der Wirtschaftsstruktur – also beispielsweise das vorhandene physische Produktions- und Humankapital sowie dessen Organisation, die Forschungsinstitutionen sowie darüber hinaus die politischen und institutionellen Rahmenbedingungen – Einfluss auf das Produktivitätswachstum ausüben. Sie fordern daher eine umfassendere Analyse (Lipsey et al., 2005).[23] Abschnitt 2.1.3 wird ein entsprechendes Bezugssystem darlegen.

Zur sektoralen Diffusion: Soziales Lernen versus Pfadabhängigkeit

Erklärungsansätze bezüglich des PSD, die wie in (1) und (3) einen Lernprozess zugrunde legen, finden sich vor allem auch bei Aghion und Howitt (1998) sowie bei Aghion und Howitt (2002). Diese sprechen von *sozialem Lernen*: Beschäftigte eines Sektors erlernen den Umgang mit der neuen Querschnittstechnologie durch den Kontakt mit Beschäftigten anderer Sektoren, die diese bereits verwenden. Die Folge ist eine S-Kurve der Marktdiffusion, wie sie n_2 in Abbildung 2.1(a)

[21] Frühere Ansätze, die auch kaum vermeidbare Messfehler diskutieren, finden sich beispielsweise bei Cullison (1989) und Baily und Gordon (1988).

[22] So mussten Produktionsstätten sowohl mit Einführung elektrischer Energiequellen als auch später im Zuge der Automatisierung und Computerisierung erst aufwendig umgerüstet werden (David, 1990).

[23] Lipsey et al. (2005, S. 111 f.) bezeichnen den PSD respektive den Produktivitätsbonus zwar insgesamt als „Mythos der Wachstumstheorie", meinen hierbei jedoch unter- respektive überdurchschnittliche Wachstumsraten *im Vergleich zur jeweiligen Vorläufer-QT*. Dass aber das Produktivitätswachstum zumindest für Länder nahe der Technologiegrenze langfristig konstant ist, ist hinreichend fundiert und wird von Modellen technischen Fortschritts, die zumeist einen balancierten Wachstumspfad als Steady State ableiten, überhaupt nicht hinterfragt (siehe beispielsweise Acemoglu, 2009 oder Barro und Sala-i-Martin, 2004). Tatsächlich wird mit dem QT-induzierten PSD ein anfänglich unterdurchschnittliches Wachstum assoziiert, bevor ein entsprechend überdurchschnittliches Wachstum diesen Abfall überkompensiert.

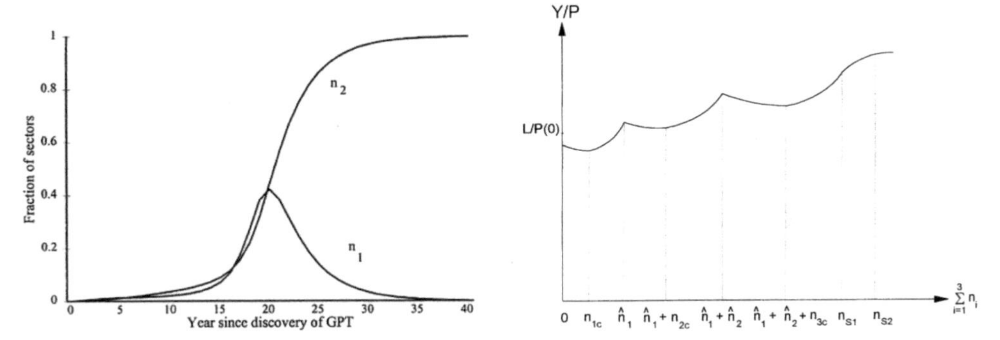

(a) Diffusion in Industriesektoren (b) Sektorale Wellen

Abbildung 2.1: (a) Marktdiffusion von Querschnittstechnologien durch soziales Lernen. Quelle: Aghion und Howitt (1998, S. 132). (b) Wellenförmige Entwicklung des Pro-Kopf-Einkommens durch sektoral sequenzielle Adoption. Quelle: Helpman und Trajtenberg (1998b, S. 105).

repräsentiert. Die Kurve stellt den Anteil der Sektoren dar, die zum jeweiligen Zeitpunkt die neue Technologie vollständig adoptiert haben.[24] Das logistische Wachstum ist dann der zunehmenden Verbreitung des Implementierungswissens geschuldet.[25]

Eine von Lernprozessen unabhängige Betrachtung der Diffusion formalisieren Helpman und Trajtenberg (1998b), die eine exogen gegebene Adoptionsfolge unterstellen und damit die Pfadabhängigkeit technischer Entwicklungen betonen. Sie unterscheiden grob zwischen solchen Sektoren, die früh adoptieren, und Nachzüglern, die jeweils erst mit Beginn der Aufschwungphase des vorgelagerten Sektors am technischen Fortschritt partizipieren. Abbildung 2.1(b) verbildlicht diese Sequenzialität und das resultierende Outputwachstum.[26] Als historisches Beispiel für einen Nachzügler nennen Helpman und Trajtenberg (1998b) den Telekommunikationssektor, der erst mit weit fortgeschrittener Computerisierung Investitionen in die Halbleitertechnologie unternahm.[27]

Bresnahan und Yin (2010) schließlich betonen, dass die Pfadabhängigkeit komplementärer technologischer Entwicklungen die Koordination der Entwicklungsbemühungen in Marktclustern erfordert. Sofern einige wenige Firmen einen hohen Einfluss auf die Entwicklungsrichtung eines solchen Clusters nehmen, entstehen Markteintrittsbarrieren, die wiederum einen gesamtwirtschaftlichen PSD verursachen können. Teile der angenommen heterogenen Nachfrage werden nicht bedient. Die Diversität der Nachfrage kann diesem wachstumshemmenden Effekt

---

24 n_l ist hingegen der Anteil jener Sektoren, die zwar bereits über die Technologie als solche verfügen, das nötige Implementierungswissen jedoch noch nicht besitzen. Dieses muss bei Aghion und Howitt (1998) in Übereinstimmung mit Helpman und Trajtenberg (1998a) erst erforscht werden. Vgl. hierzu die späteren Abschnitte des Kapitels 3.

25 Aghion und Howitt (2002, S. 313) sprechen aufgrund dieses logistischen Wachstums von einer „epidemischen" Verbreitung.

26 Dargestellt sind drei aufeinander folgende Technologien mit jeweils einer PSD-Phase und einer Aufschwungphase. An die drei Zyklen schließt sich eine Phase mit sektorübergreifender Produktentwicklung an. In dieser entsteht ein konkaver Verlauf hin zu einem stationären Punkt.

27 Eine Erklärung für dieses verlangsamte Adoptionsverhalten könnte in dem Anspruch an die Kompatibilität neuer Komponenten und die unveränderte Zuverlässichkeit des Gesamtsystems liegen, respektive in den drohenden Kosten der Instabilität der Netzstruktur während der Transformation (Braun und MacDonald, 1992). Rapider und damit unsicherer technischer Fortschritt in der Halbleitertechnologie, verbunden mit riesigen Kapitalinvestitionen, stellte demnach lange Zeit eher eine Gefahr für die Telekommunikationsbranche dar.

typischer QT-Clusterstrukturen jedoch mittelfristig entgegen wirken: Sie ist Anreiz für potentielle Marktentranten, ihre Ressourcen in alternative Entwicklungen zu allozieren.

Lohnunterschiede qualifizierter und unqualifizierter Arbeit

Verbunden mit der Einführungsphase einer Querschnittstechnologie steigt die Nachfrage nach qualifizierter Arbeit. Da der Umgang mit der neuen Technologie erst erlernt werden muss, steht diese anfangs nur in geringem Umfang zur Verfügung. Entsprechend steigt die relative Lohnrate speziell geschulter Arbeitskräfte. Dies gilt allgemein für technologischen Wandel und ist seit Nelson und Phelps (1966) sowie Griliches (1969) formal respektive empirisch fundiert. Jovanovic und Rousseau (2005) ergänzen die Empirie mit speziellem Fokus auf die Zeitalter der Elektrizität und der IKT als Querschnittstechnologien und finden Bestätigung für diesen relativen Lohnratenanstieg qualifizierter Arbeit.

Bresnahan (1999) sowie Bresnahan et al. (2002) widmen sich den Besonderheiten des Computerzeitalters für das Phänomen. Aghion und Howitt (2002) betonen, dass für Querschnittstechnologien Lohndifferenzen vor allem auf unterschiedlicher Anpassungsfähigkeit basieren. Unterschiede in den Löhnen wären damit nicht nur zwischen unterschiedlichen Qualifizierungsstufen erklärbar, sondern auch innerhalb derselben Bildungsgruppen.

Kapitalreallokation und Kapitalobsoleszenz

Jovanovic und Rousseau (2005) zeigen, dass Kapitalreallokationsprozesse für die Zeitalter der Elektrifizierung und der IKT besonders hoch ausfallen, unabhängig von der Messung anhand von Marktein- und Marktaustritten, anhand von Unternehmenszusammenschlüssen oder anhand dieser drei Reallokationsindikatoren gemeinsam. Mit den Umverteilungsprozessen geht auch die Obsoleszenz bisherigen Produktionskapitals einher. Dies wird nicht nur im anfangs verlangsamten Produktivitätswachstum sichtbar, sondern zeigt sich auch direkt am Wertpapiermarkt: Mehrjährige inflationsbereinigte Kursabfälle deuten auf den Einfluss einer Querschnittstechnologie hin.

Für die IKT sind solche Kursabfälle in den 1970er-Jahren nachweisbar[28], für die Elektrizität dagegen nicht. Letzteres könnte mit der wenig überraschenden Entwicklung der Technologie erklärt werden. Wahrscheinlicher scheint jedoch, dass IKT-Systeme und insbesondere Software eine völlig neue Art des Kapitals darstellten, das insbesondere nicht durch altes physisches Kapital hervorgebracht wurde.[29] Entsprechend hätten potenzielle Markteintritte von IKT-Firmen für bisherige Marktteilnehmer eine Gefahr dargestellt und deren Marktwert wäre gefallen.[30] Für die Elektrizität lässt sich eine gleichgeartete technologische Argumentation nicht führen.

Nachfrageschub, Zinserhöhungen und Handelsbilanzdefizit

Die Aussicht auf eine baldige Ausweitung sowohl der Produktionsmöglichkeiten auf der einen als auch der Konsummöglichkeiten auf der anderen Seite, ruft einen Nachfrageschub hervor. Da

[28] Jovanovic und Rousseau (2005) stützen sich auf die Daten von Wilson und Jones (2002) bezüglich des Cowles/S&P Stock Price Index, den sie um eigene Daten bis 2004 ergänzen.

[29] Hinweise hierauf finden beispielsweise Hobijn und Jovanovic (2001).

[30] Der Marktwert neuer Firmen müsste relativ zu bestehenden Marktteilnehmern folglich steigen. Marktführende Unternehmen müssten zudem im Durchschnitt jünger werden. Und Marktentranten sollten früher an die Wertpapiermärkte drängen. Dass junge Firmen mit dem Erscheinen einer neuen Querschnittstechnologie an Bedeutung gewinnen, lässt sich anhand dieser drei Indikatoren jedoch nicht zweifelsfrei konstatieren. Vgl. Jovanovic und Rousseau (2005) für eine umfassende Diskussion.

Firmen ihre Investitionen steigern, sind Zinserhöhungen in geschlossenen und Handelsbilanzdefizite in offenen Volkswirtschaften die Folge. Die Evidenz historischer Daten[31] in Bezug auf die jeweiligen Zeitalter der Elektrifizierung und IKT ist jedoch nicht eindeutig, wie Jovanovic und Rousseau (2005) anhand der USA erläutern.[32]

2.1.3 Struktureller Wandel und Generische Funktionen

Die Computerisierung in der Hochphase des IT-Zeitalters brachte nicht nur neue Produkte und Dienstleistungen. Sie wurde komplementiert durch radikale Neuorganisationen wie beispielsweise die Arbeitsplatzgestaltung qualifizierter Arbeit (Bresnahan et al., 2002). Der Einfluss von Querschnittstechnologien geht demnach über die rein technischen Aspekte der Innovation hinaus und betont einen gesamtwirtschaftlich umfassenden strukturellen Wandel. Dieser ist beispielsweise in Bezug auf die IKT eng mit den Begriffen der Wissensgesellschaft und Wissensökonomie verbunden (Carlaw et al., 2006). Die Relevanz einer breiteren Definition des QT-Konzepts erschließt sich insbesondere im Hinblick darauf, dass heterogene strukturelle Bedingungen – beispielsweise im internationalen Vergleich – unterschiedliche Wertschöpfungspotenziale des technischen Fortschritts nach sich ziehen, wie Bresnahan und Greenstein (2001) zusammenfassend für die IKT konstatieren.

Techno-ökonomische Paradigmen

Auf der Suche nach einer konzeptuellen Begrifflichkeit für diesen strukturwandelnden Fortschritt und für die resultierenden langwelligen Zyklen ökonomischen Wachstums bemerkte Perez (1983) bei der Untersuchung des vierten Kondratieffs:

> „*It is not easy to find the ideal term with which to convey the features of the phenomenon we are trying to describe.*“ (Perez, 1983, S. 361)

Sie sprach im Ergebnis von dem Wandel *techno-ökonomischer Paradigmen* (englisch: *Techno-Economic Paradigms*, TEP) oder *Styles*, die das stets wiederkehrende Kondratieff-Muster ökonomischer Entwicklungen begleiteten (siehe auch Dosi, 1982). Die Untersuchung des Zusammenhangs zwischen der Diffusion neuer Technologien und ökonomischem Wachstum machte für sie offenkundig, dass kein rein wirtschaftliches Phänomen zu betrachten war, sondern sozioökonomische und institutionale Systeme in komplexen Wechselwirkungen miteinander

[31] Jovanovic und Rousseau (2005) verwenden Daten des US Bureau of Economic Analysis (2004), des US Bureau of the Census (1975) sowie Ergebnisse von Kendrick (1961) und Berry (1988).

[32] Während der Elektrifizierung zwischen etwa 1890 und 1930 konnten die USA kaum Kapitalzuflüsse der anderen Industrienationen erwarten. Der Erste Weltkrieg und verschiedene Kolonialkriege ließen vor allem die europäischen Staaten noch weit mehr als Kreditnehmer auftreten. Amerika wies demnach Eigenschaften einer geschlossenen Volkswirtschaft auf. Entsprechend lässt sich während dieser Zeit – dem erwarteten Effekt eines Nachfrageschubs entgegengesetzt – ein Handelbilanzplus nachweisen. Für eine eher geschlossene Volkswirtschaft wäre dann aber auch ein hohes Zinsniveau zu erwarten. Dies ist jedoch ebenfalls nicht beobachtbar – was sich immerhin mit Blick auf das noch unterentwickelte Finanzsystem dieser Zeit erklären ließe. Für das beginnende IKT-Zeitalter zu Beginn der 1970er-Jahre findet sich dagegen das erwartbar hohe Handelsbilanzdefizit. Darüber hinaus zeigen beide QT-Zeiträume ein jeweils anwachsendes Verhältnis von Konsum zu Einkommen. Dieses läuft einer über den Gesamtbetrachtungsraum ab 1790 negativen Entwicklung entgegen und illustriert den Nachfrageschub.

standen. Erste Assoziationen dieser Art hatten Nelson und Winter (1982) formuliert, die als Ursache von Strukturwandeln den Wechsel technologischer *Regime* ausmachten.[33]

Definition 2.3 (Techno-ökonomisches Paradigma, TEP). Ein techno-ökonomisches Paradigma umfasst alle herrschenden Leitsätze, Fragestellungen und Methoden der technischen, politischen, gesellschaftlichen gesetzlichen und ökonomischen Sphäre, auf die ein QT-Regime mit Produkt-, Prozess-, Dienstleistungs- und Organisationsinnovationen direkt oder indirekt einwirkt. Boom-Perioden ökonomischen Wachstums treten auf, wenn ein sich wechselseitig verstärkendes Zusammenspiel zwischen technologischem, organisationalem, sozioökonomischem und institutionellem Wandel entsteht.

Das TEP-Konzept betont demnach neben der auslösenden Querschnittstechnologie die umgebenden Strukturen, die für den Entwicklungsprozess und die Wirkungen der Neuerung zumindest ebenso maßgeblich sind, wie die Technologie selbst. Diese Strukturen, die selbst einem transformativen Prozess unterworfen werden können, umfassen neben natürlichen und ökonomischen insbesondere politisch-regulatorische und soziale Rahmenbedingungen. Querschnittstechnologien stellen „*main carrier branches*" der Entwicklung dar (Freeman und Perez, 1988). Für den Fortgang der Arbeit wird ein entsprechendes Bezugssystem nützlich sein, das im Folgenden vorgestellt wird.

Ein TEP-Bezugssystem

Lipsey et al. (2005) verwenden ein eigens entwickeltes Bezugssystem, um historische QT-Regime und deren – vorrangig aus ökonomischer Sicht bewertete – Wirkungen strukturiert analysieren zu können.[34] Ihr Bezugssystem (im Original: (SE)-Dekomposition[35]) adressiert die Unzulänglichkeiten neoklassischer Produktionsfunktionen und erlaubt beispielsweise die differenzierte Betrachtung technologischen Wachstums bei gleichzeitigen Produktivitätsrückgängen. Der Begriff der Dekomposition meint zum einen die gesonderte Analyse des technologischen Wissens abseits der Kapitalgüter, die dieses verkörpern und verwenden, und zum anderen die Loslösung aller möglichen politischen Ideen von tatsächlich realisierten politischen Strukturen. Abbildung 2.2 verbildlicht diese Trennungen und die Wechselwirkungen, die Lipsey et al. (2005) beschreiben.[36] Im Zentrum steht dabei die sogenannte *Facilitating Structure*.[37]

[33] Ein dem techno-ökonomischen Paradigma äquivalentes Konzept meint auch die *Technosphäre*, die von Devezas und Corredine (2001) beschrieben wurde. Diese konzeptionalisieren ein *generationales Lernmodell*, das einen Diffusionsrhythmus evolutionsbiologischer Prägung unterstellt. Freeman und Louçã (2001) verbanden die wiederkehrenden ökonomischen Zyklen auch bereits mit dem Begriff strukturwandelnder technologischer *Revolutionen*.

[34] Der ursprüngliche Ansatz findet sich bereits in Lipsey et al. (1998a). Eine ähnliches Bezugssystem beschreiben Islam und Miyazaki (2010).

[35] SE steht hierbei für Strukturalistisch-Evolutionär. Der Begriff des Strukturalismus meint, dass die betrachteten ökonomischen Segmente nicht isoliert analysiert werden können, sondern erst durch ihre Verbindungen zu anderen Segmenten Bedeutung erlangen. Im Fokus stehen demnach nicht die Objekte selbst, sondern deren Wechselwirkungen untereinander, die eine Struktur bilden.

[36] Die schematisch einbezogenen wechselwirkenden Einflüsse werden nicht vertiefend wiedergegeben. Ausführliche Diskussionen des Basiskonzepts liefern Lipsey et al. (2005, S. 55 ff.).

[37] Der Begriff der Facilitating Structure entzieht sich einer direkten Übersetzung. Als zentrale Komponente des Strukturdiagramms *erlaubt* sie die Umsetzung natürlicher Ressourcen zu ökonomischen Outputs. Die Wirkungen dieses Prozesses umfassen dann unter anderema Produktion und Beschäftigung. Zutreffend wäre daher am ehesten ein Verweis auf den Charakter der *Ermöglichung*. Für die hiesigen Überlegungen wäre zudem die Übersetzung als *Wirtschaftsstruktur* hinreichend. Auf beide Adaptionen wird jedoch verzichtet.

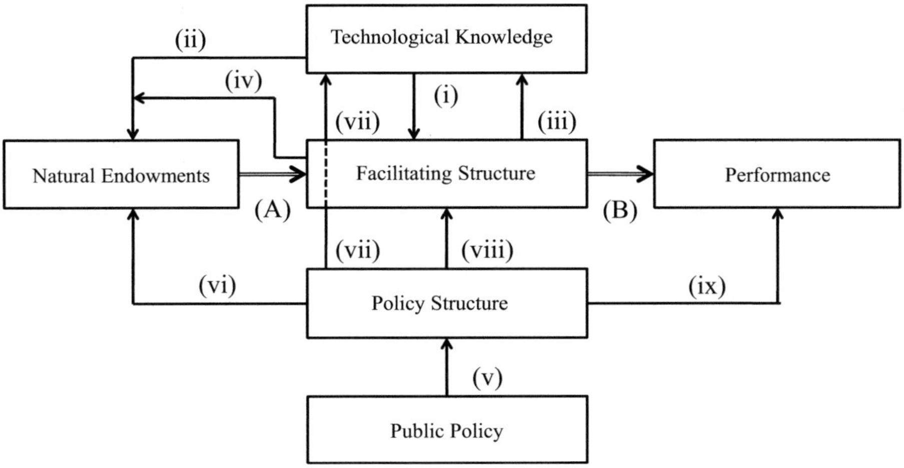

Abbildung 2.2: SE-Dekomposition nach Lipsey et al. (2005, S. 56).

Definition 2.4 (Facilitating Structure, FS). Die Facilitating Structure umfasst vor allem physisches Kapital und Humankapital einschließlich allen taziten Wissens. Darüber hinaus verkörpert sie auch private sowie öffentliche Forschungseinrichtungen, Bildungseinrichtungen, die physische sowie finanzielle und unternehmerische Organisationsstruktur, die geografische Lokation, Infrastruktur, die industrielle Konzentration sowie privatwirtschaftliche Finanzinstitutionen und -instrumente.

Das technologische Wissen – oder kurz die Technologie – wird bei Lipsey et al. (2005) als Menge aller Ideen verstanden, die technologiespezifisch wertschöpfend eingesetzt werden können.

Vereinfachend ausgedrückt führt eine exogen gegebene Ressourcenausstattung[38] durch Nutzung von Kapitalgütern, Humankapital und unter Berücksichtigung verschiedener (beispielsweise organisationaler und innovativer) Rahmenbedingungen zu mehrdimensionalen gesamtwirtschaftlichen Ergebnissen, die Output, Einkommen, dessen Verteilung, Beschäftigung und beispielsweise Umwelteffekte einschließen.

Modifikationen des TEP-Bezugssystems

Für diese Arbeit werden die folgenden konzeptionellen Modifikationen vorgenommen. Zunächst ist die Abgrenzung von allgemeinem Wissen und speziell *technologischem* Wissen bei Lipsey et al. (2005) nur insofern gegeben, als dass Letzterem ein ökonomischer Wertschöpfungszweck innewohnen muss. Da dies für alle innerhalb dieser Arbeit angestellten Überlegungen gegeben ist, kann auf die Betonung des *Technologie*-Aspekts, zumindest im obigen Sinn, verzichtet

[38] Lipsey et al. (2005) unterscheiden zwischen nutzbaren Ressourcen und solchen, denen keine ökonomisch relevante Funktion zukommt. Die Grenzen dieser Nutzbarkeit sind jedoch variabel und werden durch technologischen Fortschritt und politische Einflussnahme verschoben, wie die Wirkunspfeile in der Illustration andeuten.

werden.[39] Er ist insofern auch irreführend, als mit Technologien im weiteren Gang der Untersuchung – zumeist hinreichend unterscheidbare – Querschnitts-*Technologien* respektive deren Verkörperungen in Form physischen Kapitals, technologietypischer Prozesse oder zugehöriger Organisationsstrukturen assoziiert werden.[40] Folglich wird die allgemeinere Begrifflichkeit des *Wissens* Verwendung finden, das im ökonomischen Sinn wie folgt definiert wird:

Definition 2.5 (Wissen). Wissen wird sowohl als produziertes Gut als auch als spezifischer Input definiert, der zur Wertschöpfung beiträgt. Wissen kann akkumuliert werden, ist unerschöpflich, nicht rival in der Verwendung und nur bedingt ausschließbar. Wissen kann technologiespezifisch oder fundamental sein. Ist es fundamental, unterliegt es keiner Obsoleszenz. Wissen kann kodifiziert oder nur implizit verfügbar sein. Letzteres ist der Fall, wenn sich Wissen zwar in der individuellen oder organisationalen Praxis zeigt, die jeweiligen Akteure es aber dennoch nicht oder nur unzureichend formalisieren können. Man spricht dann von tazitem Wissen.

Eine Trennung des Wissensbestandes von der Facilitating Structure (in Abbildung 2.3 kurz FS) ist argumentativ nicht immer zweckmäßig. Ein nicht unerheblicher Anteil des Wissens ist taziter Art und somit im Humankapital sowie damit einhergehend organisational gebunden (vergleiche beispielsweise Grupp, 1998 und im QT-Kontext Hornstein und Krusell, 1996). Damit ist dieses Wissen – sei es technologiespezifisch oder fundamental – nicht mehr als eigenständiges Segment darstellbar. Der Ansatz, eine Trennung des abstrakten Wissensbegriffs und dessen Verkörperung beispielsweise in physischem Produktionskapital zu realisieren, kann dagegen weiterhin aufrechterhalten werden.

Abbildung 2.3 zeigt die auf den obigen Ausführungen basierende Modifikation des Konzepts. Die prinzipiellen Wechselwirkungen nach Lipsey et al. (2005) bleiben bestehen. Jene, die von der Modifikation betroffen sind, werden nachfolgend diskutiert:

(i) Neues Wissen beeinflusst die Facilitating Structure insofern, als beispielsweise neue Maschinen ermöglicht werden. Diese stellen eine Verkörperung technologiespezifischen Wissens unter Berücksichtigung und Nutzung fundamentaler Prinzipien dar. Das Wissen um den Zusammenbau und die Handhabung dieser Maschinen ist teils kodifizierbar, teils taziter Natur – und damit selbst Teil der Facilitating Structure, gebunden im Humankapital.

(iii) Umgekehrt wirkt auch die Facilitating Structure auf die Entstehung neuen Wissens. Zum einen erhöhen zusätzliche Forschungseinrichtungen die Forschungsrate, zum anderen vergrößert der Umgang mit vorhandenen Produktionsregimen sowohl das im Humankapital gebundene tazite Wissen als auch die Menge der Kodifizierungen.[41]

---

[39] Anders ausgedrückt: „*We need to keep in mind that technology is always and everywhere knowledge*" (Mokyr, 2002, S. 3).

[40] Beispielsweise kann ein Computer-Prozessor als die physische Verkörperung des Wissens um eine spezifische IKT-Komponente gesehen werden. Der zugehörige Herstellungsprozess ist dann ebenfalls ein IKT-spezifisches Produktionsverfahren und die jeweilige Unternehmensorganisation, die unter anderem auf den Anforderungen solcher Herstellungsprozesse fußt, mag ebenso IKT-spezifisch sein.

[41] Letzterer Aspekt wird für Kapitel 5 von besonderer Relevanz sein.

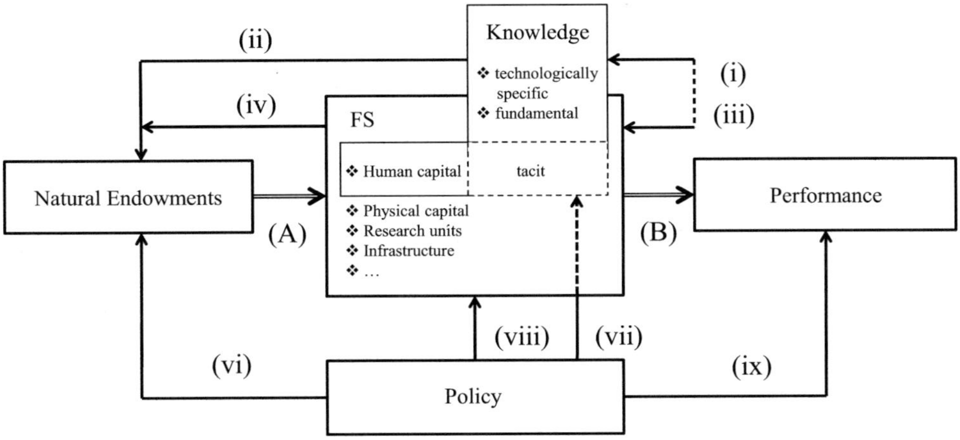

Abbildung 2.3: Modifizierte SE-Dekomposition auf Basis von Lipsey et al. (2005, S. 56). Quelle: Eigene Darstellung.

(v) Die Wirkungslinie von der Menge aller öffentlichen Politiken hin zur politisch realisierten Struktur in der Ursprungsabbildung kann prinzipiell weiterhin bestehen. Die Differenzierung zwischen diesen beiden Blöcken ist für die hiesigen Betrachtungen jedoch nicht erforderlich. Politisch regulatorische Einflüsse werden als exogen dargestellt.

(vii) Der staatliche Einfluss auf die Wissensbasis bleibt ebenfalls bestehen. Dieser umfasst beispielsweise Direktsubventionen wissenschaftlicher Grundlagenforschung oder staatliche Koordinationsmechanismen der Wissensdiffusion. Mittelbar kann auch die Schaffung geeigneter regulatorischer Rahmenbedingungen zur Steigerung der Anpassungsflexibilität genannt werden, um eine dynamisch effiziente Faktorallokation innerhalb der Facilitating Structure zu gewährleisten.

Klassen von Querschnittstechnologien

Lipsey et al. (2005) teilen Querschnittstechnologien in sechs Klassen ein. Die Klassen sind Ausdruck der primären Funktion der jeweiligen Innovation im historischen Kontext – von der Erzeugung, Umwandlung und Verteilung von Energie über die Organisation von Produktionsprozessen bis hin zur Bereitstellung physischer Transportmöglichkeiten. Tabelle 2.1 fasst die Klassen und die mehr als 20 ihnen zugeordneten Querschnittsinnovationen in einer Übersicht zusammen.[42]

Schon David und Wright (2003) bemerken, dass diese hohe Anzahl der wirtschaftshistorischen Bedeutung des Ursprungskonzepts nicht gerecht werde. Field (2008) hinterfragt, ob der jeweilige Einfluss tatsächlich immer signifikant für gesamtwirtschaftliche Produktivitäten war. Ausgehend von seiner Übersicht über bisher in der Literatur genannte Querschnittstechnologien

[42] Die meisten der genannten Technologien wurden bereits zurvor als Querschnittstechnologie charakterisiert. So sehen beispielsweise Rosenberg (1998) und Harris (1998) in der Fortentwicklung des Chemieingenieurwesens respektive im Internet als global produktivitätssteigerndes Kommunikationsnetzwerk jeweilige Querschnittsinnovationen. Manch andere Technologien, die zuvor Anerkennung fanden – wie der Laser als Werkzeug (Lipsey et al., 1998b) – wurden dagegen ausgeschlossen.

Tabelle 2.1: Hauptklassen von Querschnittstechnologien nach Lipsey et al. (2005, S. 133).

Klasse	Technologien
Materialtechnologien	Domestizierte Pflanzen, Bronze, Eisen, Biotechnologie, Chemie
Antriebstechnologien/ Energie	Domestizierte Tiere, Wasserrad, Dampfmaschine, Verbrennungsmotor, Generator
IKT	Schrift, Buchdruck, Computer, Internet
Werkzeuge	Rad
Transport	Domestizierte Tiere, Segelschifffahrt, Eisenbahn, Dampfschifffahrt
Organisation	Industrielle Fabrikation, Massenfertigung, *Lean Production*

zieht er in Zweifel, ob die konstituierenden Kriterien konsistent als Identifizierungsmerkmale verwendet wurden.[43]

Kapitel 7 wird eine der Forschungsliteratur entlehnte und spezifisch erweiterte Indikatorik vorstellen, um dieser Problematik zu begegnen und um die Identifikation emergenter Querschnittstechnologien für die Empirie zu operationalisieren.

Eine solche Kategorisierung wirft zudem die Frage nach definitorischen Abgrenzungen der Einzeltechnologien auf. Hierfür existiert in der Literatur der Begriff der *Generischen Funktion*.

Generische Funktionen

Die Forderung von Lipsey et al. (2005), eine Querschnittstechnologie müsse eine einzelne, generische und über die Gesamtlebensdauer als solche auch zweifelsfrei identifizierbare Technologiemenge sein, soll sicherstellen, dass ökonomische Analysen dieselben abstrakten Objekte referenzieren. Generische Funktionen[44] sind Ausdruck dieser Forderung. Sie lassen sich am ehesten anhand konkreter Querschnittstechnologien erläutern. So assoziieren Bresnahan und Trajtenberg (1995) mit der Dampfmaschine eine zugrunde liegende *kontinuierliche Drehbewegung* sowie mit integrierten Schaltkreisen oder Halbleitertechnologien die *Binärlogik* als Generische Funktion.

Field (2008) wiederum sieht auch diesen Anspruch der Eindeutigkeit als derzeit nicht erfüllt an. Beispielhaft führt er für die Elektrizität aus, dass keine einheitliche Verwendung vorherrsche. So sprächen Wright (2000), Gordon (2005), Crafts (2004) sowie Jovanovic und Rousseau (2005) von der *Elektrizität* als solche, Caselli (1999) und Lipsey et al. (2005) vom *Dynamo* oder *Generator*, Bresnahan und Trajtenberg (1995) vom *elektrischen Motor* und David und Wright (2003) von der *Elektrifizierung der Produktionssysteme*.[45]

---

[43] So bemerkt er beispielsweise, dass für viele der genannten Technologien gar keine umfassende sektorale Verbreitung angenommen werden kann. Ob dies allerdings disqualifizierend sein muss, steht für ihn ebenso zur Diskussion. Field (2008) argumentiert, dass einige *Single-Purpose*-Technologien ökonomisch bedeutsamer gewesen sein mögen als manche der genannten Querschnittsinnovationen.

[44] Synonym wird die Bezeichnung als *generelles Konzept* verwendet, siehe beispielsweise Bresnahan und Trajtenberg (1995).

[45] Ergänzend dazu kann auch die Halbleitertechnologie angeführt werden, die Bresnahan und Trajtenberg (1995) exemplarisch wählen. Die damit ermöglichten integrierten Schaltkreise und Prozessoren sind jedoch eher Teilkomponenten der Gesamt-IKT. Fiber-Optiken, Mikrowellenfunk und Kommunikationssatelliten als ebenfalls der IKT zugehörige Komponenten haben sich sogar schneller fortentwickelt als die Halbleitertechnologie selbst (Jorgenson, 2005).

Fields Kritik an der Gesamtauswahl wird in der Forschungsliteratur bisher kaum diskutiert.[46] Für den Fortgang der Arbeit ist sie in zweierlei Hinsicht von Relevanz: Zum einen sensibilisiert sie für die historische Reflexion. Die wichtigsten Implikationen des QT-Konzepts sind direkte Folge konkreter Annahmen, beispielsweise bezüglich der zugrunde liegenden Industriestruktur, bezüglich der sektoralen Verbreitung oder bezüglich anhaltender technologischer Dynamik. Sind diese Annahmen im historischen Kontext für die jeweils betrachtete Technologie strittig, dürfen faktische Entwicklungen nicht als Konsequenz des QT-Charakters gedeutet werden. Zum zweiten – und als direkte Folge dessen – können keine validen wirtschaftspolitischen Implikationen für zukünftige Technologien abgeleitet werden, deren Klassifizierung als Querschnittstechnologie nicht systematisch erfolgt ist.

Weitestgehende Einigkeit herrscht in der Literatur dahingehend, dass die jeweiligen Zeitalter der Elektrizität und der IKT jene Art von techno-ökonomischem Wandel hervorriefen, den Perez (1983) beschrieb. Sofern das Konzept der Schumpeterianischen Wellen weiterhin hinreichend Unterstützung erfährt, so ist das Konzept am ehesten mit diesen Querschnittstechnologien zu begründen. Die Elektrifizierung kann als ganzheitlicher technisch getriebener Wandel des Energieparadigmas verstanden werden – während die IKT einen Wandel des Informationsparadigmas zur Folge hat. Die Abschnitte 2.2 und 7.2 werden zunächst argumentativ beziehungsweise später empirisch darlegen, weswegen die Nanotechnologie als ebenfalls strukturwandelnde Querschnittstechnologie aufgefasst und identifiziert werden kann. Ihr Einfluss betrifft das Materialparadima.[47]

Generische Funktionen sind im Kontext techno-ökonomischer Paradigmenwechsel dann auf das Paradigma selbst zu beziehen. Tabelle 2.2 fasst dies zusammen.[48]

2.1.4 Zukünftige Querschnittstechnologiekandidaten

Lipsey et al. (1998b) nennen vier Technologiefelder, die als zukünftige Querschnittstechnologien in Frage kämen. Diese können auf die konstituierenden Eigenschaften und die Fähigkeit zum drastischen ökonomischen Strukturwandel hin untersucht werden:

- **Biotechnologie:** Lipsey et al. (2005) sehen in der Biotechnologie alle Kriterien erfüllt, die den Querschnittscharakter konstituieren. Lediglich die öffentliche Debatte um potenzielle technologische Risiken habe bislang eine schnellere Diffusion verhindert. Andere Autoren,

[46] Bresnahan (2010) begegnet der Kritik mit Verweis auf die Meriten des Konzepts im Rahmen der Untersuchung elementarer Zusammenhänge von drastischem technischem Fortschritt, Industriestrukturdesign, inhärenten Anreizen und Externalitäten, steigenden sozialen Skalenerträgen der Innovation und langfristigen Diffusionsprozessen. Ob und in welchem Maße diese Erkenntnisse auf die kursierenden Kandidaten übertragbar sind, wird von Bresnahan (2010) nicht explizit diskutiert. Die von ihm gesondert besprochenen Technologien – namentlich die Dampfmaschine, die Elektrizität, die IKT und das Chemieingenieurwesen – sowie der Verweis auf die obige Übersicht von Lipsey et al. (2005) und die dort aufgeführten organisationalen Innovationen lassen jedoch den Schluss zu, dass er der Einteilung weitestgehend folgt.

[47] Die Frage, ob sich die drei großen Kandidaten – die Dampfmaschine, die Elektrizität und die IKT – isomorph verhalten (Field, 2008), kann dann wie folgt beantwortet werden: Sie betreffen unterschiedliche Paradigmen und führen daher in den wenigsten wirtschaftshistorischen Indikatoren zu gleichlautenden Ergebnissen. Isomorphismus spielt aber ohnehin auch in formalen Modellen nur insofern eine Rolle, als eine Abbildung jener stilisierten Fakten stattfindet, die konstituierenden Charakter haben, wie die wiederkehrende Zyklenstruktur des Outputwachstums.

[48] Die Neuinterpretation der Klassen als techno-ökonomische Paradigmen findet ihre konzeptuelle Begründung in der Physik. Die klare Trennung von Materie, Energie und Information geht auf den Mathematiker und Begründer der Kybernetik, Norbert Wiener, zurück (Wiener, 1965) und bildet in der Physik ein Drei-Säulen-System. Transport (physischer Kapitalgüter und Arbeitskräfte) und Organisation (als Regelungssystem) addieren Raum- und Strukturkomponenten ökonomischer Aktivität. Ob Werkzeuge in diesem Kontext als ganzheitliches Paradigma gelten dürfen, kann bezweifelt werden. Sie sind vielmehr Verkörperungen spezifischer Technologien.

Tabelle 2.2: Hauptklassen von QT-Kandidaten als betroffene Paradigmen mit zugehörigen Generischen Funktionen. Quelle: Eigene Darstellung.

Paradigma	Generische Funktion	Beispiele einflussreicher (Sub-)technologien
Materialien	Bereitstellung chemischer, physikalischer & biologischer Eigenschaften	Domestizierte Pflanzen, Bronze, Eisen, Biotechnologie, Chemie, Nanomaterialtechnik
Energie	Energieerzeugung, -umwandlung & -verteilung	Domestizierte Tiere, Dampfmaschine, Verbrennungsmotor, Generator, Kernfusion
Information	Bearbeitung, Speicherung sowie Verbreitung von Information	Schrift, Buchdruck, Computer, Internet, Big Data
(Werkzeuge)	Manipulation der physischen Umwelt	Rad, Laser
Transport	Physischer Transport von Personen & Gütern	Domestizierte Tiere, Segelschifffahrt, Eisenbahn, Dampfschifffahrt, Automobil
Organisation	Regelung von Produktionsprozessen	Industrielle Fabrikation, Massenfertigung, *Lean* Produktion, Industrie 4.0

wie beispielsweise Nikulainen und Kulvik (2009), erkennen zu wenige Applikationsfelder, als dass eine hohe sektorale Durchdringung attestiert werden könnte. Hopkins et al. (2007) konstatieren, die Begrifflichkeit der biotechnologischen Revolution sei empirisch nicht haltbar.

- **Nuklearenergie:** Als Energieerzeuger der Zukunft wird die Kernenergie vor allem nach dem Tsunami und dem folgenden Reaktorunglück in Fukushima (2011) kritisch hinterfragt. WIN-Gallup International (2011) identifizierten bei einer entsprechenden Umfrage direkt nach dem GAU nur noch 21 von 47 Ländern, in denen sie nicht mehrheitlich abgelehnt wurde.[49] Unabhängig von der Bevölkerungsakzeptanz wäre das techno-ökonomische Potenzial als Querschnittstechnologie insbesondere dann gegeben, wenn Fusionsreaktoren zukünftig mehr Energie freisetzen würden, als ihr Betrieb verbraucht.[50] Von besonderer ökonomischer Relevanz würde sich die Technologie erweisen, wenn in der Folge zudem eine Miniaturisierung gelänge. Ein ganzheitlicher techno-ökonomischer Wandel des Energieparadigmas wäre dann anzunehmen. Da beides derzeit jedoch nicht absehbar ist, kann nicht von einer Querschnittstechnologie gesprochen werden.

- **Supraleiter:** Materialien, deren elektrischer Widerstand bei bestimmten Temperaturen auf null sinkt, werden als Supraleiter bezeichnet. Die technischen Potenziale sind vielfältig. Allerdings verhindern bestimmte Materialeigenschaften seit Jahrzehnten eine ökonomisch tragfähige Nutzung (Lipsey et al., 1998b). Selbst wenn diese – beispielsweise durch die Nanotechnologie – künftig überwunden werden sollten, ist die Entwicklung hin zur Querschnittstechnologie derzeit nicht absehbar.

- **Nanotechnologie:** Aussichtsreichster Kandidat als nahende Querschnittstechnologie ist die Nanotechnologie. Das folgende Kapitel beleuchtet sie näher.

[49] Eine Analyse der länderspezifischen Risikowahrnehmung auf Basis der WIN-Gallup-Daten findet sich bei Yamamura (2012). In Deutschland gaben fast drei Viertel der Befragten an, die Kernergie abzulehnen, 40 % aller Befragten sogar stark. Die deutsche Politik reagierte mit einer sofortigen Stillegung mehrerer Kraftwerke und dem generellen Ausstieg aus der Atomenergie bis 2022. Für die 132 Nuklearreaktoren der EU wurden Stresstests angeordnet, über deren Ergebnisse die EU-Kommission (2012) berichtete.

[50] Ob dies technisch tatsächlich realisierbar ist, könnte das ITER-Projekt ab 2025 beantworten. China, Europa, Indien, Japan, Südkorea, Russland und die USA arbeiten in diesem als Kooperationspartner an einem Testreaktor in Frankreich (Max-Planck-Institut für Plasmaphysik (IPP), 2010).

2.2 Nanotechnologie – Eine Querschnittstechnologie?

„[D]iese Technologie [stellt] die größte Revolution der Produktion in Aussicht, seit das erste Steinwerkzeug durch das Behauen von Feuersteinen geschaffen wurde.“

(OECD, 2000, S. 61)

Die Nanotechnologie[51] gilt als aussichtsreichster techno-ökonomischer Nachfolgekandidat der Informations- und Kommunikationstechnologien. Die Frage, inwiefern sie in ihrem jetzigen Entwicklungsstadium auch wie letztgenannte als Querschnittstechnologie – mit allen wirtschaftspolitischen Implikationen – gelten kann, ist jedoch bisher nicht befriedigend beantwortet worden. Für die Annäherung an diese Problemstellung und den weiteren Verlauf der Arbeit bedarf es zunächst einer definitorischen Abgrenzung des abstrakten Nanotechnologiebegriffs.

Der OECD Nanotechnology Report (Palmberg et al., 2009) listet fünf gebräuchliche Definitionen der Nanotechnologie auf. Diese sind in Gänze in Anhang B.1 dargestellt. Jene des Europäischen Patentamtes beispielsweise lautet stellvertretend:[52]

Definition 2.6 (Nanotechnologie 1/2). The term nanotechnology covers entities with a geometrical size of at least one functional component below 100 nanometers in one or more dimensions susceptible of making physical, chemical or biological effects available which are intrinsic to that size. It covers equipment and methods for controlled analysis, manipulation, processing, fabrication or measurement with a precision below 100 nanometers.

Für ein tiefergehendes Verständnis eignet sich darüber hinaus die ausführliche Beschreibung der Maßnahmen des 7. Rahmenprogramms der EU[53] zur Verbesserung der Wettbewerbsfähigkeit im Hinblick auf Nanowissenschaften, Nanotechnologien, Werkstoffe und neue Produktionstechnologien:

Definition 2.7 (Nanotechnologie 2/2). Der Begriff der Nanotechnologie umfasst sowohl das Wissen um Nanowissenschaften und -technologien, die Erzeugung neuer Werkstoffe und Komponenten als Ausgangspunkt verschiedenster Wertschöpfungsketten, die Ableitung komplementärer Produktionsprozesse und gegebenenfalls in der Folge ganzer Produktionslogiken als auch die Integration all dieser Nanoinnovationen in komplexen Endprodukten aller Branchen.

---

[51] Ob von *der* Nanotechnologie oder *den* Nanotechnologie*n* gesprochen wird, hängt in der hiesigen Arbeit vom jeweiligen Kontext ab. Singular und Plural werden synonym verwendet. Der Plural ist immer dann angezeigt, wenn die Vielfältigkeit der Anwendungen (in oft sektorübergreifenden Wertschöpfungsstufen), variierende Entwicklungs- und Produktionsansätze (*top-down*, *bottom-up*) oder unterschiedliche Disziplinen (Chemie, Physik, Materialwissenschaften) als Innovationstreiber betont werden sollen.

[52] Diese Definition liegt neuerdings auch der Abgrenzung der 2011 eingeführten Nano-Patentklasse B82Y innerhalb der Internationalen Patentklassifikation (IPC) zugrunde, die in diese Arbeit jedoch im Hinblick auf die verwendete Datenbasis (mit Stand 2010) keinen Eingang findet. Stattdessen wurde für die späteren empirischen Analysen des Kapitels 7 ein lexikalischer Suchterm verwendet, der mit den qualifizierenden Merkmalen der Definition konsistent ist. Abschnitt 7.1 wird diesen ausführlich erläutern.

[53] Vgl. Beschluss Nr. 1982/2006/EG des Europäischen Parlaments und des Rates vom 18. Dezember 2006, S. 17: http://eur-lex.europa.eu/LexUriServ/LexUriServ.do?uri=OJ:L:2006:412:0001:0041:DE:PDF (letzter Aufruf: 14. Juni 2014).

Insbesondere für die Ausführungen der modelltheoretischen Kapitel 3 und 5 wird diese umfassendere – wenn auch nicht immer trennscharfe – Definition maßgeblich sein.[54]

Warum so klein? – Potenziale der Miniaturisierung

Die Potenziale der zunehmenden Miniaturisierung von funktionalen Strukturen ergeben sich entlang dreier Anforderungsebenen (siehe beispielsweise Menz und Mohr, 1997): Erstens verlangen bestimmte Anwendungen, wie solche der Humanmedizin, zwingend Ausmaße im Mikro- bis Nanobereich, um beispielsweise minimalinvasiv zu operieren oder mit körpereigenen Systemen zu interagieren. Für bestimmte Instrumentarien in der Raumfahrt kann die minimierte Größe außerdem vorteilhaft in Bezug auf Gewichtsrestriktionen sein.

Ein zweiter Aspekt betrifft die gesteigerte Leistungsfähigkeit von Nanosystemen, die sich vor allem in der Transistortechnik zeigt. Drittens bedürfen hinreichend kleine Systeme weniger Rohstoffe und lassen sich, wie beispielsweise im Fall mikro- und nanoelektronischer Schaltungen, mittels lithographischer Methoden in parallelisierten Fertigungslinien kostengünstig und in großer Anzahl herstellen.

Das über diese drei Anforderungsebenen hinweg technisch wie ökonomisch weitreichendste Potenzial ergibt sich jedoch aus dem nanoskaligen Bereich selbst. In diesem gewinnen neben der elektromagnetischen Wechselwirkung die Oberflächenspannung sowie verschiedene Oberflächeneffekte zunehmend an Bedeutung, weil Nanoteilchen in Relation zum Volumen eine vergrößerte Oberfläche aufweisen. Zusätzlich verdrängen quantenmechanische Effekte die klassische Festkörperphysik und insbesondere -mechanik.

Diese Effekte bilden den Ausgangspunkt für die Entwicklung innovativer Nanoelektronik und -sensorik, für neuartige Anwendungen der Nanooptik, der Nanobeschichtung und -strukturierung sowie für gänzlich neustrukturierte Materialien mit frei manipulierbaren Eigenschaften. Die Nanotechnologie verspricht damit, Einfluss auf nahezu alle Bereiche der Wirtschaft zu nehmen, und besetzt zunehmend alle klassischen Anwendungsfelder.

Nanotechnologie als Querschnittstechnologie

Im Hinblick auf die obigen Ausführungen und die konstituierenden Kriterien des Abschnitts 2.1.2 wird bereits heute vermutet, dass die Nanotechnologie dem QT-Konzept zugeordnet werden kann. Kapitel 7 wird diese Frage empirisch mittels Patent- und Publikationsanalysen erörtern und diese Hypothese stützen. Anekdotische Evidenz für alle genannten Charakteristika – namentlich die hohe sektorale Verbreitung und Durchdringung aller wirtschaftlichen Kernfelder, die fortwährend hohe Entwicklungsdynamik sowie der damit einhergehende Anstoß komplementärer Innovationen in immer neuen Anwendungsbereichen – ist zweifelsohne gegeben:

Zunächst ist eine hohe sektorale Verbreitung schon technisch begründet. Die Möglichkeit, nanoskalige Strukturen gezielt zu manipulieren und damit bisher unerreichte Materialeigenschaften zu realisieren, führt zur Entwicklung neuartiger Konzepte der Nanomedizin, der Hochpräzisionsfertigung, der Brennstoffzellentechnologie, der organischen Photovoltaik und zahlloser

[54] Die Definition lässt sich auch innerhalb der SE-Dekomposition von Lipsey et al. (2005) verstehen: Das ganzheitliche Spektrum von Nano-Werkstoffen (2) über Zwischenprodukte bis hin zu integrierten Nano-Endprodukten (4) ist ebenso wie die zugehörigen Produktionsprozesse (3) Teil der FS, die durch neues Wissen (1) kontinuierlich erweitert wird. Dieses Spektrum weist bereits auf komplexe Wertschöpfungsketten hin.

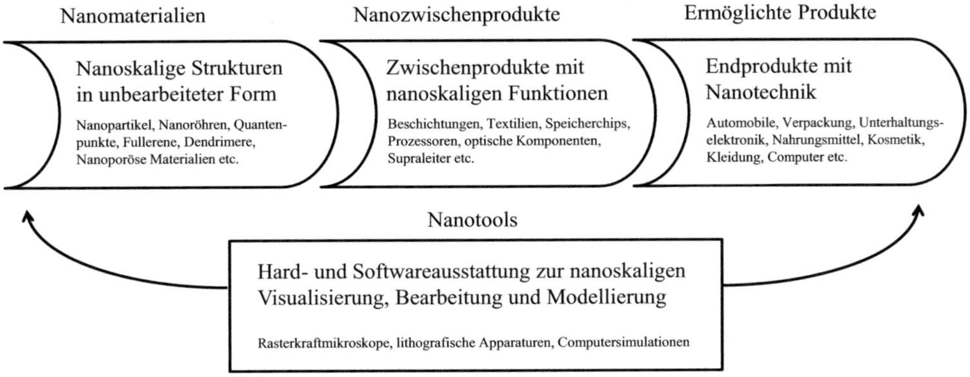

Abbildung 2.4: Nanotechnologische Wertschöpfungskette nach Lux Research (2007, S. 53).

weiterer Beispiele in unterschiedlichsten Anwendungsbereichen (Graham und Iacopetta, 2010). Langfristige Fortentwicklungspotenziale scheinen dabei weiterhin gegeben: Die Nanoelektronik ermöglicht nicht nur stetig höhere Integrationsdichten in der Halbleiterindustrie durch kontinuierlich verbesserte *top-down*-Verfahren. Inzwischen gestalten *bottom-up*-Ansätze – beispielsweise mittels chemischer Syntheseverfahren – ständig neue Moleküle, Materialien und Strukturen mit gezielt definierten Eigenschaften.

Dass die Nanotechnologie damit auch fortwährend Komplementärinnovationen in allen Bereichen der Wirtschaft anstößt sowie gänzlich neue Anwendungsfelder eröffnet, ist unstrittig. Ein Blick auf die Wertschöpfungskette in Abbildung 2.4 offenbart, wie kontinuierliche Rückkopplungsprozesse zwischen innovativen Ausgangsmaterialien, Zwischen- und Endprodukten sowie dem stetig verbesserten Instrumentarium entstehen (Youtie et al., 2008).

So ermöglichten Fortschritte in der Mikroskopie überhaupt erst die Forschung in nanoskaligen Größenordnungen, bevor die gewonnenen Erkenntnisse wiederum in der Mikroskopie selbst zu beachtenswerten Effizienzsteigerungen führten und gänzlich neue Möglichkeiten für Manipulatoren schufen (Palmberg und Nikulainen, 2006b). Entlang dieser wechselseitigen innovatorischen Komplementarität entstand die erstmalige technische Realisierung jener Grundidee Richard Feynmans, die dieses Jahr ihr 55-jähriges Jubiläum feiert. Der kommende Abschnitt fasst die historischen Ursprünge der Nanotechnologie zusammen und zeigt die enge Verflechtung mit ihrem techno-ökonomischen Vorläufer, der IKT.

2.2.1 Technische und historische Ursprünge

Eine Übersicht der historischen Meilensteine der Nanotechnologie liefern Palmberg und Nikulainen (2006a), denen Abbildung 2.5 entlehnt ist. Von Richard Feynmans Rede, „*There is plenty of room at the bottom*“[55] über Norio Taniguchi (1974) und die heute gebräuchliche Namensgebung dauerte es immerhin bis zum Jahr 1981, ehe im IBM Research Laboratory in Zürich das erste

[55] Transkripte finden sich als (Feynman, 1960) im Literaturverzeichnis sowie unter http://www.zyvex.com/nanotech/feynman.html (letzter Aufruf: 14. Juni 2014).

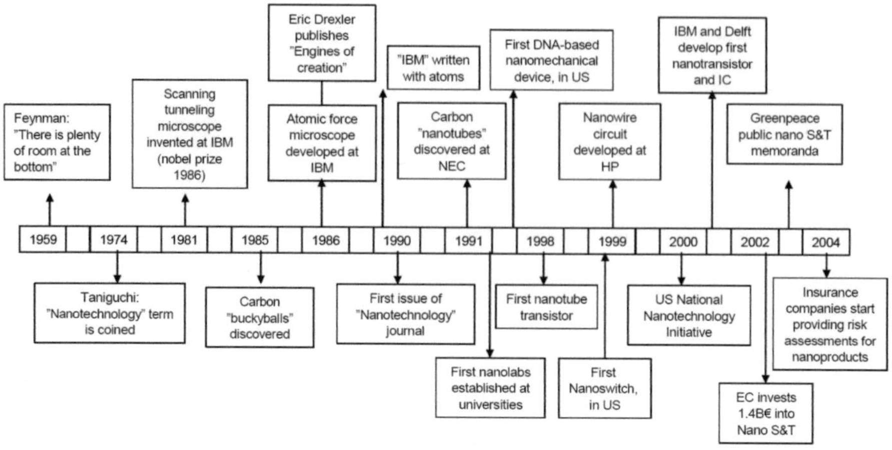

Abbildung 2.5: Historische Meilensteine der Nanotechnologie. Quelle: Palmberg und Nikulainen (2006a, S. 7).

Rastertunnelmikroskop (*Scanning Tunneling Microscope*, STM) in Betrieb genommen wurde. Schon fünf Jahre später folgte das Rasterkraftmikroskop (*Atomic Force Microscope*, AFM) und Eric Drexler veröffentlichte seine technischen Visionen von Nanorobotern in „*Engines of Creation*" (Drexler, 1986).[56] Das Werk inspirierte unzählige Forscher zur Auslotung theoretischer wie technischer Machbarkeiten. Als eine der wirkungsvollsten Demonstrationen technischer Machbarkeit erwies sich die gezielte Anordnung einzelner Atome zum IBM-Schriftzug 1989.

Prominent unter den Entwicklungen sind Fullerene (1985) sowie Kohlenstoffnanoröhren (1991), deren Verwendung in integrierten Schaltkreisen (ab 2003) die Informationstechnologie durch eine neuartige Nanoelektronik zu revolutionieren verspricht. Eine Auswahl willkürlicher Beispiele aktueller Applikationen komplementiert die folgenden Abschnitte.

Beginn des Nanozeitalters?

Die zeitliche Abgrenzung eines QT-Regimes ist, insbesondere das Ende jeder Ära betreffend, selten unstrittig. Jovanovic und Rousseau (2005) fixieren den Startpunkt einer QT-Ära auf jenen Zeitpunkt, zu dem die Diffusion der Technologie die 1 %-Hürde im Mediansektor der Wirtschaft überschreitet. Für die Elektrizität bestimmen sie diesen Punkt gemäß dem Anteil der Elektrizität an der insgesamt zugeführten Leistung (gemessen in PS) im produzierenden Gewerbe.[57] Als Endpunkt wählen sie den ungefähren Moment des Abflachens der Diffusionskurve im Mediansektor. Abbildung 2.6 verdeutlicht diese Ausführungen.

Ähnlich lässt sich auch die IKT anhand des wachsenden Anteils von IT- und Softwareausstattung am Gesamtkapital zeitlich abgrenzen. Dabei wird der Beginn der IKT-Ära auf 1971 fixiert, was mit der Einführung des 4004-Mikroprozessors der Firma Intel zusammenfällt (Mitroff, 2012). Ein Ende, also ein erneutes Abflachen der Diffusionskurve, ist schwer abzusehen.

[56] Das Buch ist frei verfügbar unter: http://e-drexler.com/p/06/00/EOC_Cover.html (letzter Aufruf: 14. Juni 2014).

[57] Aus historischer Sicht ist dieser Zeitpunkt durch den Bau des ersten hydroelektrischen Großkraftwerks an den Niagara-Fällen zwischen 1894 und 1896 gekennzeichnet.

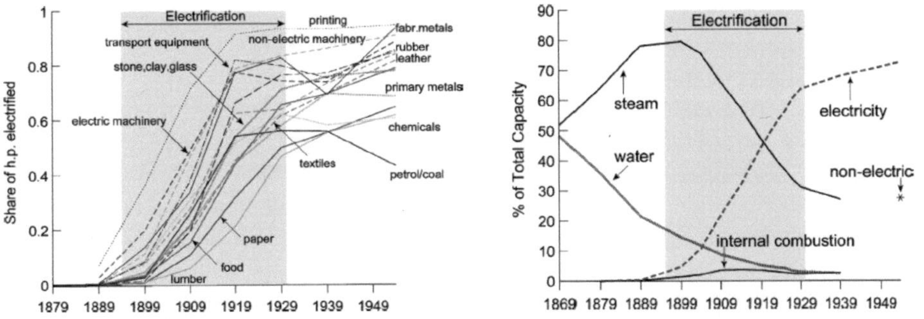

(a) Diffusion in Industriesektoren (b) Diffusion gesamt

Abbildung 2.6: Anteil der Elektrizität an der insgesamt zugeführten Leistung (gemessen in PS) im produzierenden Gewerbe in den USA zwischen 1890 und 1954. Quelle: Jovanovic und Rousseau (2005, S. 1188 u. S. 1190).

Doch nicht nur die Fixierung eines Endpunktes ist strittig. Auch die Wahl eines geeigneten Diffusionsmaßes erweist sich als schwierig, insbesondere im Hinblick auf die emergente Nanotechnologie. Die empirischen Ergebnisse des Kapitels 7 werden zeigen, dass der Startpunkt der Nanotechnologie unmittelbar bevor steht – bei Wahl der weltweiten Patentanteile als Diffusionsmaß (0.7 % im Jahr 2008). Prognosen des BMBF sprechen sogar von einem indirekten Anteil nanotechnologischer Produkte und Verfahren an der globalen Güterproduktion von bis zu 15 % bis 2015 (BMBF, 2011, S. 23)[58]. Befinden wir uns also längst im Nanozeitalter? Und falls ja, ist das Computerzeitalter beendet?

Von der Nischenanwendung zur Makroebene

Zweifellos sind die Übergänge techno-ökonomischer Regime fließend. Heutige Anwendungen der Nanotechnologie basieren auf Ergebnissen quantenphysikalischer Grundlagenforschung der 1920er- und 1930er-Jahre, auf der vor allem dem Maschinenbau zuzuordnenden Mikrosystemtechnik und inzwischen verstärkt auf der Chemie durch die *bottom-up*-Synthese spezifischer Moleküle. Die Mikroelektronik, die heute Strukturbreiten von etwa 32 nm erreicht (TAB, 2011, S. 21), ist längst zur Nanoelektronik geworden, für die Strukturbreiten < 100 nm qualifizierend sind. Jedoch werden in der Halbleiterindustrie auch weiterhin dieselben grundlegenden *top-down*-Verfahren angewandt wie seit Jahrzehnten. Rechnergestützte Entwürfe von Schaltstrukturen werden als geometrische Daten optisch, genauer photolithographisch, auf einkristalline Silizium-Wafer übertragen.[59] Stetige Prozessinnovationen haben die realisierbaren Strukturbreiten daher immer weiter schrumpfen lassen.

[58] Das BMBF weist jedoch ausdrücklich darauf hin, dass der Einsatz von Nanotechnologie in Endprodukten kaum überprüfbar ist. Statistiken dieser Art sind also – ebenso wie jene zu Marktpotenzialen (siehe Folgeabschnitt 2.2.2) – mit Vorsicht zu genießen. Hinsichtlich der Nutzung nanotechnologischer Produkte in Haushalten gestaltet sich die Messung ebenfalls unmöglich, sodass ein entsprechendes Diffusionsmaß derzeit ausscheidet.

[59] Physikalisch begrenzend hinsichtlich der Strukturbreite ist letztlich nur die Wellenlänge des Lichts, wobei die jeweilige Photonenquelle auch im Wellenlängenbereich unterhalb des sichtbaren Lichts (380 nm bis 780 nm) arbeiten kann. Optische Verfahren schließen also beispielsweise die sogenannte Synchrotronstrahlung ein, die Wellenlängen bis 0.1 nm (= 1 Ångström = 10^{-10} m) erlaubt, was in etwa der Größenordnung von Atomradien entspricht.

Die in diesen Größenordnungen auftretenden quantenmechanischen Effekte sind für die Industrie teils willkommene Türöffner (Stichwort: „*enabling technologies*"), teils aber auch problematisch. Jedenfalls sind es allein diese Effekte, die eine wirkliche Differenzierung der Nano- von der Mikroelektronik ermöglichen. Der Querschnittscharakter impliziert, dass sich Nachfolgeregime jeweils auf die geschaffenen Voraussetzungen des Vorläufers stützen. Eine perfekte technologische Unterscheidbarkeit kann also nie gegeben sein. Wie die aus der Elektrizität hervorgegangene Nachrichtentechnik die moderne IKT hervorbrachte, so sind auch viele Entwicklungen der Nanotechnologie – auch über elektronische Aufgaben hinaus – den Fortschritten der Computerisierung zu verdanken.

Noch allgemeiner lässt sich feststellen: Bedeutsame Entdeckungen sind in der Realität kaum exogene technologische Schocks, wie häufig konzeptionell vereinfacht modelliert.[60] Vielmehr entspringen sie oft wachsender Erfahrung im Umgang mit bestehenden technischen Möglichkeiten, der fundamentalen Wissensbasis und den Gegebenheiten des herrschenden Regimes insgesamt (Mokyr, 2010). Aktuelle Forschungsarbeiten verorten den Ursprung neuer Querschnittstechnologien daher in einzelnen Nischenanwendungen (Cantner und Vannuccini, 2012): Hat das derzeitige Regime alle Nischen der wirtschaftlichen Wertschöpfung besetzt, steigt die Wahrscheinlichkeit, dass sich aus einer dieser Nischen eine Keimzelle des Nachfolgeregimes entwickelt.

2.2.2 Marktpotenziale

Die gezielte Manipulation nanoskaliger Strukturen erlaubt grundlegende Änderungen physikalischer, chemischer und biologischer Materialeigenschaften und erobert dadurch sukzessive alle Technikfelder und Wirtschaftsbereiche. Eine erschöpfende Darstellung in der Entwicklung befindlicher oder bereits angedachter Applikationen wäre daher kaum zu überschauen. Übersichten beispielsweise über die Bemühungen des weltweiten Technologievorreiters USA liefern Drexler et al. (2007); einen Einblick in die Fortschritte und Aussichten Deutschlands geben BMBF (2010b) sowie BMBF (2011).

Betrachten wir exemplarisch die häufig zitierten Kohlenstoffnanoröhren (englisch: *Carbon Nanotubes*, CNTs): Graphit-artige Lagen von Kohlenstoff offenbaren, angeordnet in ein- oder mehrwandigen Zylinderstrukturen, je nach Aufbau und Dotierung entweder eine hohe elektrische Leitfähigkeit, Halbleiter- oder sogar Supraleitereigenschaften. Gleichzeitig bieten die Nanoröhren enorme Zugfestigkeiten und hohe Elastizitätsmoduln (Shea et al., 2011). Entsprechend vielfältig sind die Anwendungsmöglichkeiten und Marktpotenziale.[61]

Das BMBF rechnet anhand von Marktforschungsdaten der BCC Research mit einem Weltmarktvolumen von 1 Mrd. US-Dollar im Jahr 2014 und einer durchschnittlichen jährlichen Wachstumsrate von 56 % – allein für CNTs (BCC, 2010a; BMBF, 2011). Und Kohlenstoff-Nanoröhren stellen nur einen winzigen Ausschnitt der Palette an bislang industriell nutzbaren Nanomaterialien

[60] Kapitel 3 wird ein Modell mit exogenen Schocks (Abschnitt 3.2) sowie zwei mit endogenen Technologiesprüngen (Abschnitte 3.3 und 3.4) vorstellen. Die Modifikationen des Kapitels 5 basieren dann konsequenterweise ebenfalls auf beiden Ansätzen.

[61] Schnorr und Swager (2011) nennen Verwendungen als Elektroden, Superkondensatoren, Feldeffekttransistoren, als Katalysatoren in Brennstoffzellen, in Filtern, Membranen, Sensoren, in bioelektronischen und biomedizinischen Applikationen und auch im Rahmen rein mechanischer Aufgaben.

dar, die ihrerseits nur etwa 13 % des derzeitigen Weltmarktvolumens für Nanoanwendungen abdecken, wie das BMBF ausführt.

Seriöse Schätzungen sowohl des aktuellen als auch zukünftigen Marktpotenzials der *Gesamtheit* aller nanotechnologisch involvierten Wirtschaftsgüter variieren aufgrund der mitunter unüberschaubaren Fülle an Wertschöpfungsbeteiligungen enorm. Die Prognosen hängen dabei von der zugrunde gelegten Perspektive ab, mit der das Technologiefeld abgegrenzt wird. Gängig ist derzeit die Unterscheidung von Nanomaterialien, Nanobeschichtungen, Nanoanalytik und Nanostrukturierung.[62]

Das ökonomische Potenzial der Nanotechnologie ist mit Blick auf die Hebelwirkung als *enabling technology* jedoch noch weit höher anzusiedeln, als Summe der derart erhobenen Spartenwerte abzubilden vermögen. Indirekte Effekte durchdringen auf allen Ebenen die ökonomische Wertschöpfung (Paschen et al., 2003). Marktforscher prognostizieren daher, dass die Nanotechnologie im Jahr 2015 an einer weltweiten Wertschöpfung von bis etwa 2,6 Billionen US-Dollar maßgeblich beteiligt sein wird (Lux Research, 2007). Das BMBF nennt für 2015 sogar 3 Billionen US-Dollar Weltmarktvolumen (BMBF, 2011). Andere Quellen vermuten Werte zwischen 1 und 2,5 Billionen US-Dollar (Dana, 2011).

2.2.3 Implementierung und Diffusion

Hemmnisse der Diffusion betreffen vor allem die enormen Investitions- und Prozesskosten in Verbindung mit einem Mangel am benötigten Innovationskapital – insbesondere bei kleineren Firmen, die in frühen Wertschöpfungsstufen angesiedelt sind (Bozeman et al., 2008). Technisch gesehen besteht die größte Herausforderung in der Skalierung der Herstellungsprozesse nanskaliger Produkte auf eine Größenordnung der industriellen Nutzbarkeit. Der Weg von Laborergebnissen hin zu marktreifen Produkten ist speziell für die Nanotechnologie sehr weit. Darüber hinaus bestehen Vorbehalte und Unsicherheiten der Bevölkerung in Bezug auf Umwelt-, Gesundheits- oder Sicherheitsaspekte (Palmberg et al., 2009). Der folgende Abschnitt stellt einen kurzen Abriss der sozioökonomischen und ökologischen Implikationen eines denkbaren Nanozeitalters dar.

Ob diese Herausforderungen lediglich zu einem vorübergehendem PSD beitragen oder dazu führen, dass technisch aussichtreiche Nanoanwendungen durch rentablere Entwicklungen aus anderen Feldern mit früherer Amortisation substituiert werden, ist unklar. Jedenfalls blieb die Kommerzialisierung länger als erwartet beispielsweise hinter der Biotechnologie zurück, wie unter anderem Patentierungsquoten belegen (Darby und Zucker, 2005). Dies ist auch insofern

---

[62] Für die Gesamtheit aller *Nanomaterialien*, also vor allem von nanostrukturierten Metalloxid-/Metallpulver/-partikeln, Nanoröhren, -molekülen, Quantenpunkten und sonstigen Materialien wird mit Verweis auf BCC Research für 2015 ein Weltmarktvolumen von 20 Mrd. US-Dollar erwartet (BCC, 2010d) und mit Verweis auf die Freedonia Group ein ebensolches von bis zu 34 Mrd. US-Dollar im Jahr 2025 prognostiziert – mit durchschnittlichen jährlichen Wachstumsraten von 15 beziehungsweise 20 % (BMBF, 2011; Freedonia, 2010). Die Werte für *Nanobeschichtungen* (beispielsweise für Selbstreinigungseffekte, Verschleiß- und Korrosionsschutz) variieren zwischen 13 und 18 Mrd. US-Dollar für 2015/2016 (BCC, 2010c; BMBF, 2011). Die *Nanoanalytik*, die sich vorrangig auf die Mikroskopie bezieht, erreicht den Schätzungen zufolge bis 2014 immerhin über 3 Mrd. US-Dollar (BCC, 2010b; BMBF, 2011). Für den kaum überschaubaren Bereich der *Nanostrukturierung*, der unter anderem lithographische Verfahren (und damit vorrangig die Nanoelektronik), Nanooptiken und -aktorik umfasst, werden mit Blick auf entsprechende Daten von BCC Research und iRAP bereits 2008 Weltmarktvolumina von insgesamt mehr als 74 Mrd. US-Dollar ausgemacht – mit Wachstumsraten von 3 % bis 13 % p.a. (BCC, 2010c,d; BMBF, 2011; iRAP, 2009).

überraschend, als bis zur Mitte des ersten Millenium-Jahrzehnts bereits mehr als 60 Länder weltweit spezielle Förderprogramme zur Entwicklung der Nanotechnologie aufgesetzt hatten (Li et al., 2008; Roco, 2005).

2.2.4 Sozioökonomische und ökologische Herausforderungen

Die folgenden Abschnitte sollen illustrieren, dass ein PSD nicht die einzige Herausforderung darstellt, die Ökonomien im Rahmen voranschreitender nanotechnologischer Entwicklungen bevorsteht. Einführungen in die Thematik *sozioökonomischer und ökologischer* Herausforderungen liefern beispielsweise Wood et al. (2003), Roco und Bainbridge (2005) sowie Roco et al. (2010). Der hiesige Abschnitt erlaubt daneben auch einen konkreten Blick auf einige wenige ausgewählte Anwendungen.

Beschäftigungseffekte

Ob in lange etablierten Wirtschaftszweigen oder jüngeren Hightech-Industrien – Marktteilnehmer, die es versäumen, Kompetenzen hinsichtlich neuer nanoskaliger Materialien, Prozesse oder komplementärer Dienstleistungen zu etablieren und kontinuierlich zu erweitern, laufen Gefahr, langfristig verdrängt zu werden (Roco et al., 2010).[63] Die disruptive Technologie verursacht dabei negative Beschäftigungseffekte durch kostenintensive Reallokationsprozesse.[64]

Gleichzeitig werden neue Arbeitsplätze durch solche Firmen geschaffen, die es verstehen, sich durch Adoption der technologischen Möglichkeiten – zumindest temporäre – Nischenprofite mittels eigener Implementierungen zu sichern und sich damit Konkurrenzsituationen zu entziehen. Die technologische Dynamik verlangt dabei ein hohes Maß an innovativer Flexibilität. Erfolgreiche Anpassung bedeutet die fortwährende Generierung, Rekombination und Internalisierung neuen Wissens (Nonaka und Takeuchi, 1997). Der Diffusionsprozess mit individuellen, organisationalen und sektoralen Lernprozessen konstituiert damit nicht nur den QT-typischen PSD. Er hat auch eine gesteigerte Nachfrage nach qualifizierter Arbeit zur Folge und erhöht damit die relative Lohnrate speziell geschulter Arbeitskräfte.[65]

Humanmedizinische Aspekte von Nanopartikeln

Kucsko et al. (2013) berichten von der geglückten Entwicklung eines wenige Nanometer kleinen Diamant-Thermometers. Es könnte zukünftig Krebszellen in situ – also direkt im

---

63 Ein illustrierendes Beispiel liefert Wolfe. Er beschrieb 2004 in einem Artikel für das Forbes Magazine drei preisgekrönte Nano-Startups der US-Photovoltaik-Branche: Nanosolar, Konarka Technologies und Nanosys. Die beiden erstgenannten sind mittlerweile insolvent und aufgelöst. Einzig Nanosys hat sich durch den Aufbau eines Patentportfolios von mehr als 200 Anmeldungen zur Quantenpunkt-Herstellung und nachgelagerter Verarbeitungsprozesse langfristig etablieren können. Statt diese Nanostrukturen jedoch auf Dachziegel zu sprühen – um, wie es die Entwicklungsanstrengungen vorsahen, Solarenergie-Anwendungen zu realisieren – konzentriert sich die Firma heute auf die Weiterentwicklung hochmoderner Displays und ist dafür strategische Kooperationen unter anderem mit dem Massachusetts Institute of Technology (MIT) sowie mit dem Lawrence Berkeley National Laboratory eingegangen.

64 Vgl. Abschnitt 2.1.2, Acemoglu (2009, S. 490) sowie die grundlegende Diskussion in Aghion und Howitt (1994) zu Arbeitslosigkeit in Schumpeterianischen Wachstumsmodellen.

65 Zwar liegt die direkte Beschäftigungszahl deutscher Arbeitskräfte in der Nanotechnologie derzeit bei nur knapp über 60.000 (BMBF, 2011). Allerdings ist dieser Wert ein schwaches Maß für die Gesamtbeschäftigungswirkung in unzähligen nachgelagerten Wertschöpfungsstufen, in denen Marktteilnehmer künftig gefordert sein werden, geeignetes Implementierungswissen aufzubauen.

lebenden Organismus – diagnostizieren.[66] Solchen Chancen der Nanomedizin diametral gegenüber stehen die gesundheitlichen Risiken der Kleinstteilchen. Das diamantene Nanothermometer beispielsweise stellt in gesunden Zellen zwar keine Gefahr dar, da die kristalline Struktur mit einer extremen Reaktionsträgheit einhergeht. Aber welche Gesundheitsrisiken bergen Nanopartikel in anderen Anwendungen wie Lacken oder Sprays? Aufgrund ihrer geringen Ausmaße kann eine Aufnahme durch Einatmung, (unfreiwilligen) Verzehr oder – wie im Fall von nanotechnologisch erzeugten Kosmetika – über die Haut erfolgen. Das menschliche Blutgefäßsystem ermöglicht dann eine Wanderung und Verbreitung in alle Organe, wo irreparable Gewebeschäden nicht auszuschließen sind.

Insbesondere beschreiben Roblegg et al. (2006), dass Nanopartikel in der Lage sind, die Blut-Hirn-Schranke zu überwinden und mithin in das Gehirn vorzudringen. Sind die Partikel dann nicht hinreichend chemisch inert, könnte das Eindringen lebensbedrohend sein. Auch die zuvor beschriebenen Kohlenstoffnanoröhrchen werden zumindest verdächtigt, aufgrund ihrer Asbest-ähnlichen Fasergeometrie potenziell karzinogene Wirkungen auf das Lungengewebe zu haben (Reuning, 2009). Vorsichtsmaßnahmen ähnlich derer bei Verwendung von Asbest scheinen angezeigt, bis weitere Studien vorliegen.[67]

Umweltentlastungspotenziale und ökotoxikologische Aspekte

Die Materialwissenschaftler Llordés et al. (2013) berichten von einem mit chemisch synthetisierten Nanometalloxiden versetzten gläsernen Verbundwerkstoff, der ähnlich einer Jalousie verschiedene Lichtdurchlässigkeiten erlaubt.[68] Langfristig werden damit „intelligente“ Fensterscheiben möglich, die Räume im Sommer hell und gleichzeitig kühl halten können (oder bei Bedarf komplett abdunkeln), während im Winter die Strahlung der Sonne ungehindert als Heizung dienen kann.[69] Die resultierenden Energiesparpotenziale sind aus technischer Perspektive vielversprechend. Ob die Gesamtenergiebilanz jedoch positiv ausfällt, hängt insbesondere davon ab, ob die Massenproduktion energieeffizient realisiert werden kann.

Die exemplarisch gewählte energieeffiziente Bauinnovation des obigen Fensters macht deutlich, welche Klimaentlastungen allein veränderte Materialieneigenschaften zukünftig ermöglichen könnten. So positiv sich derartige Neuerungen auf den Umgang mit knappen Ressourcen aber

---

[66] Ein künstlich erzeugtes Quantenphänomen erlaubt die temperaturabhängige Überlagerung zweier Anregungszustände. Diese wiederum lassen sich bei Beschuss mit Laserlicht als Helligkeit der Reflexion messen, die bis auf < 0.01 °C genaue Rückschlüsse auf die Temperatur erlaubt. Nanoteilchen aus Gold könnten dann als Wärmeaktoren die identifizierten Tumorzellen minimal-invasiv durch präzise induzierte Hitze abtöten. Sollte es zukünftig möglich sein, auf diese Art Krebs und andere Krankheiten wirkungsvoll und nachhaltig bekämpfen oder gar heilen zu können, hätte dies langfristig kaum abschätzbare Auswirkungen auf das Bevölkerungswachstum, den demographischen Wandel und Gesundheitssysteme allgemein. Medizintechniker träumen von Nanorobotern, die eigenständig screenen, diagnostizieren und behandeln.

[67] Roller (2008, S. 200) sieht diesbezüglich erhöhten Forschungsbedarf. Die Vielfalt von Nano-Oberflächenbeschichtungen, die bereits in großem Umfang hergestellt würden, fordere, dem Hinweis karzinogener wie toxikologischer Wirkungen „rasch und intensiv“ nachzugehen.

[68] Die kovalenten Bindungen des amorphen Materials ermöglichen verschiedene Schaltzustände, die sich mittels angelegter elektrischer Spannungen regulieren lassen. So kann das spezielle Glas selektiv für unterschiedliche Wellenlängen eingestellt werden und beispielsweise nur die Wärmestrahlung des Infrarotbereichs blockieren, während das für menschliche Augen sichtbare Licht ungehindert passiert. Ebenso ist eine vollständige Verschattung möglich. Das zugrunde liegende Filterprinzip ist altbekannt. Neu ist die Möglichkeit der dynamischen Anpassung optischer Eigenschaften für einen glasartigen Verbundstoff.

[69] Klimaanlagen und Verschattungen könnten damit ebenso wie Rollläden zukünftig unnötig werden. Gleichzeitig würde der Einsatz elektrischen Lichts in verschatteten Räumen vermindert. Und mittels spezieller Sensorik für Temperatur und Stärke des Lichteinfalls ließen sich diese auch automatisch regulieren.

auswirken mögen, so unklar ist derzeit noch, welche toxikologischen Effekte Nanoteilchen in der Natur hervorrufen würden. Insbesondere langfristige Schäden sind dabei kaum abzusehen.[70]

Risikowahrnehmung der Bevölkerung

Die soziale Akzeptanz der Nanotechnologie im Hinblick auf die exemplarisch diskutierten gesundheitlichen und ökologischen Auswirkungen stellt eine wichtige Voraussetzung für die politische Durchsetzbarkeit technologiebezogener Entscheidungen dar, wie Ott und Papilloud (2008) betonen. In einer 2008 vom Bundesministerium für Risikobewertung veröffentlichten Studie wird zwar konstatiert, in der Verbraucherschaft sei zurzeit keine ausgeprägte Risikowahrnehmung gegenüber der Nanotechnologie gegeben. Gesundheits- und Umweltrisiken werden demzufolge bisher kaum registriert (Zimmer et al., 2008).[71]

Dem steht jedoch entgegen, dass ca. 50 % der deutschen Bevölkerung den Begriff der Nanotechnologie bislang gar nicht kennen oder mit ihm nichts Konkretes verbinden (Zimmer et al., 2008).[72] Sobald Belastungspotenziale für Mensch und Umwelt im Hinblick auf eine Exposition mit – und eventuelle Persistenz von – Nanostoffen eine gesteigerte Wahrnehmung erfahren, steigt die Relevanz der Risikokommunikation und damit die Notwendigkeit, die Öffentlichkeit aktiv in den Kommunikationsprozess einzubinden.

2.3 Fazit der Ausgangsüberlegungen

Für die Bewertung emergenter Querschnittstechnologien stellen die genannten sozialen (Auswirkungen auf Beschäftigungsniveau, Gesundheit beziehungsweise Lebenserwartung) ebenso wie die ökologischen Aspekte (Umweltbe- und -entlastung) neben den Indikatoren für materiellen Wohlstand (Auswirkungen auf Wirtschaftswachstum und Einkommensverteilung) zentrale Dimensionen dar.[73]

Für den Fokus dieser Arbeit sind vorrangig die folgenden *ökonomischen* Erkenntnisse dieses einleitenden Grundlagenkapitels von Bedeutung: Die konstituierenden Eigenschaften einer QT, die für die Nanotechnologie bereits anekdotisch diagnostiziert werden können, lassen eine zukünftige zyklische Struktur des gesamtwirtschaftlichen Produktivitätswachstums prognostizieren, sofern die sektorale Diffusion erwartungsgemäß voranschreitet. Treffen die Voraussagen von Ökonomen wie Praktikern zu, ist damit zu rechnen, dass die Wirtschaftsstruktur ganzheitlich und auf allen Wertschöpfungsebenen nachhaltig transformiert wird.

[70] Kommerziell gefertigte Nanopartikel aus Polystyrol beispielsweise, die bereits heute in alltäglich genutzten Produkten wie Kosmetika oder Reinigungsmitteln eingesetzt werden, können – einmal freigesetzt – die gesamte Nahrungskette durchlaufen und das Fressverhalten, den Stoffwechsel und die Fettverteilung bei Fischen beeinflussen (Cedervall et al., 2012).

[71] Deutsche Nanotechnologieunternehmen fürchten daher – anders als beispielsweise für die Gentechnik und Atomtechnologien – auch keine Abwehrhaltung der Bevölkerung (Ott et al., 2010).

[72] Inwieweit sich diese Wahrnehmung künftig ändert, ist schwer vorherzusagen. Das Büro für Technikfolgen-Abschätzung beim Deutschen Bundestag (TAB) erklärt mit Verweis auf eine Studie von Sal. Oppenheim, die Nanotechnologie werde zwar revolutionäre, jedoch kaum mit ihr selbst assoziierte Veränderungen unserer Produktlandschaft hervorrufen (Paschen et al., 2003).

[73] Kongruent hierzu fasst die Enquete-Kommission des Bundestags diese Leitindikatoren in einem neuheitlichen Wohlstandsmaß zusammen, das – technologieunabhängig – auch Staatsverschuldung, Bildungsniveau und eine freiheitlich-demokratische Grundordnung einschließt. Es wurde dem Bundestag 2013 als Empfehlung für eine zukünftig breitere Wohlstandsbewertung vorgelegt (Enquete-Kommission, 2013).

Technische Ursprünge der Nanoentwicklung finden sich vor allem in der Mikroelektronik. Ebenso findet sich der Ursprung binärer IKT-Logiken in der Elektrifizierung. Wirtschaftshistorisch ist offenkundig, dass Technologieregime sequenziell aufeinander aufbauen. Nachfolgeregime entstehen in den Nischen jeweiliger technologischer Wegbereiter. Aufgrund dieser Pfadabhängigkeit der Fortentwicklung ist aber auch nur wenig von einem TEP auf das nächste zu schließen. Die weitere Entwicklung der Nanotechnologie ist in vielen Bereichen ungewiss – auch wegen noch kaum absehbarer sozioökonomischer Implikationen. Sollte die Technologie tatsächlich ein neues Paradigma einläuten, muss vor allem ein grundlegendes Verständnis der QT-Implikationen für wirtschaftspolitische Handlungsempfehlungen zugrunde gelegt werden.

Die folgenden Kapitel werden daher zunächst ausgewählte formalanalytische Modelle der Literatur vorstellen und sie dann im Hinblick auf die zentrale Fragestellung dieser Arbeit erweitern: Sind die empirisch beobachtbaren Doppel-Boom-Zyklen wissensintensiver Technologiezweige gegebenenfalls Ausdruck eines strukturellen Wandels auf Makroebene? Und lassen sich Indizien in Theorie und Empirie finden, die darauf deuten, dass die Nanotechnologie der wahrscheinlichste Treiber dieses Wandels ist?

3 Modelltheoretische Fundierungen

Die im folgenden Kapitel vorgestellten modelltheoretischen Fundierungen stellen eine Auswahl der in der Literatur diskutierten formalisierten Modelle vor. Die Auswahl beschränkt sich auf jene Modelle, die für die weitere Arbeit von übergeordneter Bedeutung sind. Bresnahan und Trajtenberg (1995) liefern zunächst in Abschnitt 3.1 eine Mikrofundierung der Anreizstrukturen mit darauffußenden innovatorischen Komplementaritäten (Modell: BT). Deren Verständnis ist unabdingbar für die Diskussionen des Abschnitts 7.3.1 sowie für die dortige Ableitung einer geeigneten Indikatorik zur Messbarmachung ihrer Auswirkungen, zumal sie einen integralen Bestandteil der Legitimation wirtschaftspolitischer Eingriffe darstellen.

Helpman und Trajtenberg (1998a), deren Modell in Abschnitt 3.2 vorgestellt wird (Modell: HT), sowie Aghion und Howitt (1998) erarbeiten Wachstumsmodelle, die insbesondere den PSD innerhalb einer zyklischen Grundstruktur formalisieren. Letztere Arbeit erörtert dabei die Möglichkeit der Endogenisierung des Erscheinens neuer Querschnittstechnologien als Folge des Umgangs mit jeweiligen Vorgängern. Abschnitt 3.3 stellt sie in verkürzter Form dar (Modell: AH).

Inwieweit diese Erweiterung von Relevanz für die Wachstumsforschung ist, ist nicht unstrittig. Insbesondere Lipsey et al. (2005) sowie Carlaw und Lipsey (2006a) argumentieren in neueren Arbeiten, lediglich das Ausmaß eines Technologiesprungs sei bis zu einem gewissen Grad endogenisierbar, der Zeitpunkt jedoch nicht. Sie integrieren daher multiple Arten von Unsicherheit und heben vor allem die Annahme perfekter Voraussicht profit- und nutzenmaximierender Akteure auf. Abschnitt 3.4 widmet sich ihrer Arbeit (Modell: CL).

Die dargestellten Modelle in der Kurzbetrachtung

Hinsichtlich der betrachteten Modelle bestehen naturgemäß verschiedene Gemeinsamkeiten, aber auch Unterschiede, die dem jeweiligen Fokus geschuldet sind. In Bezug auf die Betrachtung einer oder mehrerer aufeinander folgender Querschnittstechnologien, die sich beispielsweise unterschiedlich stark auf ökonomisches Wachstum auswirken, ergibt sich ein erster solcher Unterschied.

Bresnahan und Trajtenberg (1995) erörtern lediglich eine repräsentative Querschnittsinnovation und wählen exemplarisch die Halbleitertechnologie, anhand deren Industriestruktur sie die wechselseitigen Anreizmechanismen des Konzepts erläutern. Auch innerhalb des dynamischen Wachstumsmodells von Helpman und Trajtenberg (1998a) mit aufeinanderfolgenden Produktionsregimen, die durch regelmäßige exogene Technologiesprünge ermöglicht werden, wird letztlich ebenfalls nur eine repräsentative Querschnittstechnologie betrachtet. Die Zyklen sind derart modelliert, dass jede neue Technologie ununterscheidbar von ihren Vorgängern ist.[74]

[74] Die resultierende durchschnittliche Wachstumsrate ist konstant und exogen.

Bei Aghion und Howitt (1998) wird diese Vereinfachung zumindest aufgeweicht, denn kreative Zerstörung hat nun unregelmäßige Wechsel der Technologien zur Folge. Die zeitlichen Ankunftsraten jedes Technologiesprungs sind von stochastischer Natur. Der jeweilige Sprung selbst hat jedoch dieselbe Wirkung auf das volkswirtschaftliche Wachstum wie seine Vorgänger. Insofern betrachtet auch dieses Modell letztlich nur eine einzige repräsentative Technologie. Das Modell von Carlaw und Lipsey (2006a) schließlich versucht diese Restriktion gänzlich zu umgehen. Jede neue Querschnittstechnologie verfügt über durch Zufall verursachte Unterschiede hinsichtlich der Stärke ihres jeweiligen Wachstumseinflusses und kann als einzigartig angesehen werden.

Was alle Modelle dagegen eint, ist die Beschränkung auf jeweils eine einzelne Querschnittstechnolgie zu jedem betrachteten Zeitpunkt. Eine mögliche Koexistenz wird nicht betrachtet.[75] Den Übergang von einem Technologieparadigma zum nächsten können Spillover-Effekte erzeugen, wie bei Aghion und Howitt (1998) sowie bei Carlaw und Lipsey (2006a).

Nur scheinbar identisch verhalten sich die Modelle hinsichtlich Anzahl und Gestalt modellierter Sektoren. Zu differenzieren ist bezüglich der Industriestruktur bei Bresnahan und Trajtenberg (1995), die zwischen Grundlagen- und Anwendungsforschung unterscheiden[76], und der Modellierung in Helpman und Trajtenberg (1998a) und Aghion und Howitt (1998) mit ebenfalls zwei Sektoren: einem produzierenden Endproduktsektor und einem zunächst auf reine Forschung beschränkten Zwischenproduktsektor, der erst ab einem bestimmten Zeitpunkt die von ihm entwickelten Komponenten produzieren und veräußern kann. Carlaw und Lipsey (2006a) unterscheiden schließlich drei Sektoren: Grundlagenforschung, Anwendungsforschung und Konsum.

Die Aufteilung der Ressourcen in Helpman und Trajtenberg (1998a) gleicht der Aufteilung in Aghion und Howitt (1998). Der alleinige Inputfaktor Arbeit wird jeweils in der Entwicklung von neuen Zwischenprodukten und deren (späterer) Produktion eingesetzt. Dieser Arbeitseinsatz ist auf den vorgelagerten Zwischenproduktsektor beschränkt. Der Endproduktsektor benötigt lediglich dessen Komponenten zur Produktion des homogenen Endprodukts. Carlaw und Lipsey (2006a) beschränken sich ebenfalls auf eine einzige Ressource, spezifizieren diese jedoch nicht. Annahmegemäß ist sie jedoch begrenzt und muss zur Konsummaximierung in jedem Zeitpunkt optimal auf die drei Sektoren des Modells aufgeteilt werden.

Bei Bresnahan und Trajtenberg (1995) schließlich gehen lediglich die Forschungsergebnisse des jeweils wechselseitig nachgelagerten Sektors in die Optimierungskalküle der Innovationsproduktion ein und stellen damit einen Inputfaktor dar. Das Modell verzichtet auf eine Implementierung spezifischer Produktionsfunktionen und trifft lediglich Eigenschaftsannahmen zu den Profitfunktionen der Sektoren, die sich an den Kosten der Entwicklung und Produktion des jeweiligen Innovationsguts orientieren. Insbesondere sind weder Kapital noch Arbeit explizit modellierte Ressourcen.

[75] Strenggenommen existieren bei Helpman und Trajtenberg (1998a) zwei Querschnittstechnologien gleichzeitig, wenn noch nicht hinreichend viele grundlegende Komponenten (wie beispielsweise Prozessoren) entwickelt sind, um die jeweils neuere Technologie (in diesem Beispiel die IKT) produktivitätssteigernd in der Endproduktion einzusetzen. Diese zeitliche Überschneidung oder Koexistenz gilt jedoch nur im Hinblick auf die *sektorübergreifende* Betrachtung von Forschung und Produktion. Letztere „wartet“ auf die Inputs der Forschung zur jeweils neuen Technologie. Koexistenz *innerhalb* von Forschung oder *innerhalb* von Produktion ist dagegen ausgeschlossen. Lipsey et al. (2005, S. 477 ff.) sowie Carlaw und Lipsey (2011) diskutieren eine Erweiterung des in Abschnitt 3.4 vorgestellten Basismodells mit mehreren aktiven Technologien. Im Rahmen der dortigen Darstellungen wird dieser Aspekt erörtert.

[76] Bei Bresnahan und Trajtenberg (1995) existiert genau genommen eine Vielzahl an Applikationssektoren, die sich in jeder Hinsicht identisch verhalten. Sie werden hier vereinfachend zur Anwendungsforschung zusammengefasst, insbesondere weil kein Fokus auf die horizontale Externalität des Marktgrößeneffekts gelegt wird.

Bresnahan und Trajtenberg (1995) schaffen naturgemäß auch keine Plattform für die Endogenisierung des initialen Innovationssprungs, der ein neues Technologieregime einläutet. Der Fokus liegt auf der Herleitung eines spieltheoretischen Gleichgewichts[77] innerhalb einer einzigen repräsentativen Querschnittstechnologie. Ein Übergang zu Nachfolgeinnovationen findet nicht statt. Helpman und Trajtenberg (1998a) modellieren diesen zyklischen technologischen Wandel respektive dessen Zeitpunkt als exogen. Lediglich die Komplementärinnovationen im Zwischenproduktsektor folgen Profitanreizen der Akteure.

Ein zumindest semiendogenes Auftreten einer neuen Querschnittstechnologie analysieren Aghion und Howitt (1998), die zwar keine Forschung in Richtung neuer Technologieparadigmen erlauben, jedoch deren unregelmäßige Emergenz als Begleiterscheinung der Erfahrung im Umgang mit der jeweils aktuellen Querschnittstechnologie erklären. Carlaw und Lipsey (2006a) schließlich lassen die Technologiesprünge wiederum zufällig auftreten. Die Produktivität des Innovationsschubs ist allerdings abhängig von der erreichten Stufe des Grundlagenforschungswissens, die endogen bestimmt wird.

Solche stochastischen Komponenten sind vor allem im Modell von Carlaw und Lipsey (2006a) anzutreffen. Einzig bei Aghion und Howitt (1998) findet sich noch bezüglich des Zeitpunkts des Technologiesprungs eine Wahrscheinlichkeitsfunktion. Helpman und Trajtenberg (1998a) und Bresnahan und Trajtenberg (1995) modellieren dagegen unter perfekter Voraussicht, wenngleich letztgenannte aufgrund der wechselseitigen Abhängigkeit in den Entscheidungsprozessen spieltheoretische Aspekte berücksichtigen.

3.1 Industriestruktur und Forschungsanreize

Bresnahan und Trajtenberg (1995) konkretisierten erstmals den vagen Begriff wachstumstreibender Querschnittstechnologien anhand expliziter Eigenschaften. Sie betonten dabei insbesondere innovatorische Komplementaritäten zwischen vertikal verbundenen Innovatoren. Diese führen zu einem wechselseitig positiven Einfluss der jeweiligen Forschungsproduktivitäten. Die *enabling technology* als Ursprungsinnovation ruft demnach eine Vielzahl von Folgeinnovationen in Anwendungssektoren (AS) hervor, deren fortschreitende Entwicklungen wiederum Anreiz zur Verbesserung der Basistechnologie bieten. Der resultierende Feedback-Mechanismus oder *Dual-Inducement*-Mechanismus (DIM) führt zu steigenden Skalenerträgen und gesamtwirtschaftlich rapidem technischen Fortschritt.

Die wechselseitige Abhängigkeit erweist sich im zugehörigen Modell aber auch als Hindernis wohlfahrtsmaximalen Wachstums. So ergeben sich Problematiken der Koordination: Komplementäre innovatorische Aktivitäten verteilen sich über die gesamte Wirtschaft. Profitmaximierende Akteure sehen sich mit hohen Unsicherheiten und asymmetrischer Informationsverteilung konfrontiert (Arrow, 1962), was ihre eigenen Forschungsergebnisse, die Erschließung aller technologischen Möglichkeiten insgesamt sowie über mehrere Dekaden hinweg und den zumeist sequenziellen Aufbau der diversen Entwicklungspfade betrifft.

Modelltheoretisch fußen diese Koordinationsschwierigkeiten auf einer dezentralen Industriestruktur, die auch als Technologiebaum bezeichnet wird (Goos und Ott, 2005). In dieser führen

[77] Bresnahan und Trajtenberg (1995) leiten in einem dynamischen Spiel ein Markov-perfektes Gleichgewicht von Forschungsintensitäten her. Dies stellt eine Variante des teilspielperfekten Nash-Gleichgewichts dar, innerhalb dessen jedes Teilspiel von den Ergebnissen der vorigen Spiele abhängig ist.

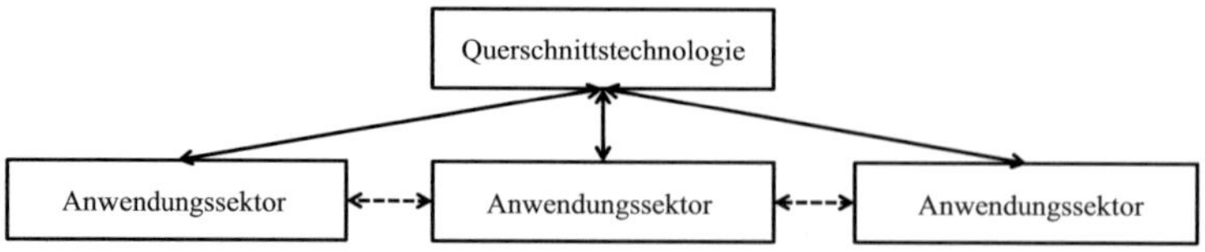

Abbildung 3.1: Charakteristische Querschnittstechnologie-Industriestruktur. Eigene Darstellung in Anlehnung an Bresnahan und Trajtenberg (1995, S. 87).

die Marktmechanismen immer zu pareto-ineffizienten Forschungsintensitäten der sektorweise aggregierten Akteure. Dies hat ein Wohlfahrtsergebnis zur Folge, das als „*too little, too late*" zusammengefasst werden kann (Bresnahan und Trajtenberg, 1995, S. 83). Abbildung 3.1 zeigt eine solche stiliserte Marktstruktur.

In der Darstellung wurde bewusst auf die Belegung des QT-Basissektors und der Anwendungssektoren mit der Halbleitertechnologie respektive deren Anwendungen in Computern, Automobilen oder Fernsehgeräten verzichtet. Die exemplarische Wahl selbiger durch Bresnahan und Trajtenberg (1995) erfüllt zwar ihren illustrativen Zweck. Im Hinblick auf die Ausführungen des Abschnitts 2.1.3 zu Generischen Funktionen und der Betrachtung zugehöriger Paradigmen wäre die – im Vergleich zum Halbleiter – umfassendere IKT mit breiter gewählten Wirtschaftszweigen als Anwendungssektoren ein geeigneteres Beispiel. Die durchgezogenen Linien illustrieren vertikale Abhängigkeiten und resultierende positive externe Effekte in Form innovatorischer Komplementarität. Die gestrichelten Linien stehen für eine zusätzliche horizontale Externalität zwischen den Anwendungssektoren. Im Folgenden werden die Kernaspekte des Modells dargestellt.

Innovatorische Komplementaritäten im spieltheoretischen Gleichgewicht

Betrachtet wird zunächst ein nicht-kooperatives One-Shot-Spiel. Die in Abbildung 3.1 dargestellte Industriestruktur geht von einer einzelnen Basisinnovation aus, die vielfältige komplementäre Anwendungen ermöglicht. Eine gegebene Anzahl strikt unterscheidbarer Sektoren der Wirtschaft stellt die Menge potenzieller Nutzer dieser neuen Möglichkeiten dar. Alle Anwendungssektoren (AS) betreiben eigene F&E und wählen ihre Forschungsintensität T_a dergestalt, dass

$$\max_{T_a} \quad \Pi^a(w, z, T_a) - C^a(T_a) \equiv V^a(w, z). \tag{3.1}$$

Dabei bezeichnet $\Pi^a(w, z, T_a)$ die Bruttoprofite des jeweiligen AS[78] in Abhängigkeit vom gewählten Forschungsniveau T_a, dem Qualitätsniveau z der verwendeten Basistechnologie sowie deren Preis w. Außerdem gelte $\Pi^a_Z > 0$, $\Pi^a_{T_a} > 0$ und $\Pi^a_w < 0$. Die Kosten der eigenen Forschung sind durch C^a gegeben. Sie folgen einer konvexen Funktion ($C^a_{T_a} > 0$, $C^a_{T_aT_a} > 0$).

[78] Π^a kann unterschiedlich interpretiert werden. Bresnahan und Trajtenberg (1995) nennen drei Extrembeispiele: (1) Sind kostenlose Verträge zwischen Anbietern und Nachfragern im AS vorausgesetzt, darf eine kostenminimale Industriestruktur mit vollständiger vertikaler Integration angenommen werden. In diesem Fall agiert der AS wohlfahrtsmaximierend für den Gesamtsektor. (2) Sind keine perfekten Verträge möglich und das Angebot monopolistischer Natur (wie auch der vorgelagerte Basissektor), entspricht Π^a als Produzentenrente einem Monopolprofit. (3) Wird das Angebot im AS dagegen von preisnehmenden Firmen mit konstanten Grenzkosten gestellt, ergibt sich die Produzentenrente zu $\Pi^a = 0$.

Bresnahan und Trajtenberg (1995) prägen den Begriff der innovatorischen Komplementaritäten.[79] Wissens- oder Technologie-Spillover zwischen den vertikal verbundenen Sektoren führen dazu, dass der Grenzprofit eigener Forschung im AS mit der Qualität der eingesetzten Basistechnologie steigt, sodass formal gilt:

$$\Pi^a_{zT_a} = \frac{\partial^2 \Pi^a}{\partial z \partial T_a} \geq 0. \tag{3.2}$$

Die Maximierung aus Gleichung (3.1) liefert als Lösung

$$T_a = R^a(w, z). \tag{3.3}$$

Die gewählte optimale Forschungsintensität im AS ist demnach durch eine Reaktionsfunktion gegeben, die vom Technologieniveau im Basissektor und vom Preis des zugehörigen Inputs abhängt. Wegen der angenommenen innovatorischen Komplementaritäten gilt $R^a_z > 0$. Damit werden Innovationen im Basissektor zur treibenden Kraft komplementärer Entwicklungen in den Anwendungssektoren.

Die zugrunde gelegte Industriestruktur geht von einem monopolistischen Basissektor und einem homogenen Querschnittsprodukt aus. Für den Basissektor ergibt sich damit zum einen ein Maximierungsproblem, das den Preis als Entscheidungsvariable verwendet, um eine optimierte Profitfunktion zu gewährleisten:

$$\Pi^g(z, \overline{T}, c) \equiv \max_w \quad (w - c) \sum_{a \in A} X^a(w, z, T_a), \tag{3.4}$$

Dabei bezeichnet $X^a(w, z, T_a)$ die Nachfrage nach dem homogenen Querschnittsgut[80], c entspricht den konstanten Grenzkosten der Produktion desselben, $\overline{T}$ dem Vektor der einzelnen Technologielevel T_a in jedem AS und A der Menge aller am Markt agierenden AS.[81]

Zum anderen optimiert der Basistechnologiesektor – analog wie die AS – seine Forschungsintensität auf Basis der gegebenen Technologieniveaus in den AS gemäß:

$$\max_z \quad \Pi^g(z, \overline{T}, c) - C^g(z) \tag{3.5}$$

und leitet aus dieser Maximierung eine analoge Reaktionsfunktion ab,

$$z = R^g(\overline{T}, c), \tag{3.6}$$

für die ebenfalls gilt: $R^g_{T_a}(\overline{T}, c) > 0$[82]

Die optimal anzustrebenden Forschungslevel aus Reaktionsfunktionen, $z = R^g$ und $T_a = R^a$, sind dann sogenannte *strategische Komplemente* (Bulow et al., 1985): Ihre wechselseitigen Abhängigkeiten begründen einen Dual-Inducement-Mechanismus.

[79] Abschnitt 7.3.1 diskutiert innovatorische Komplementaritäten im Detail. Für die hiesigen Überlegungen genügt es, sie als wechselseitige technologische Abhängigkeiten zu verstehen.

[80] Die Hicks'sche Nachfrage der Appliaktionssektoren nach dem Querschnittsinput ergibt sich gemäß Shephards Lemma als Ableitung der Ausgabenfunktion nach dem Preis, sodass $X^a(w, z, T_a) = -\Pi^a_w(w, z, T_a)$.

[81] Dabei ist A selbst eine Funktion von w und z und somit endogen.

[82] Der Beweis lässt sich auf Basis des Optimierungsproblems in Gleichung (3.4) mittels komparativer Statiken erbringen. Vgl. hierzu Bresnahan und Trajtenberg (1995, S. 104).

Sofern keine Kollusion angenommen werden muss und sich reine Marktlösungen ergeben, folgen aus dieser bilateralen Anreizstruktur (potenziell mehrere) Nash-Gleichgewichte[83] $\{\overline{T}^0, z^0\}$ der Form

$$\begin{aligned} T_a^0 &= R^a(z^0), \quad \forall a, \quad \text{sowie} \\ z^0 &= R^g(\overline{T}^g). \end{aligned}$$

Definition 3.1 (Wohlmeinender Diktator / Benevolenter sozialer Planer). Das Konzept des wohlmeinenden Diktators erlaubt es, ein soziales Optimum als theoretischen Referenzpunkt für die Beurteilung alternativer Allokationen zu konstruieren. Ein fiktiver Staatsplaner steuert dabei die Wirtschaftsakteure derart, dass ein Pareto-Optimum der individuellen Nutzen erreicht wird. Annahmegemäß ist der Planer vollständig informiert, rational und handelt benevolent, verfügt also über keine Eigeninteressen.

Im Vergleich zwischen dem bestmöglichen dezentralen Nash-Gleichgewicht, das sich bei der höchstmöglichen Anzahl von Applikationssektoren, A^0 ergibt, und einem sozialen Optimum, folgt wegen $w = c$ (ein fiktiver benevolenter Planer würde nach Grenzkosten bepreisen, um Wohlfahrtsverluste zu verhindern) zunächst $\Pi^g = 0$ und letztlich $z^* > z^0$, $T_a^* > T_a^0$, $\forall a$ sowie $A^* \supseteq A^0$. Dabei lösen z^*, T_a^* und A^* das folgende Problem des sozialen Planers:

$$\max_{z,T_a} \left[\sum_{a \in A} \Pi^a(c, z, T_a) - \sum_{a \in A} C^a(T_a) - C^g(z) \right] \equiv S(A), \tag{3.7}$$

mit

$$A^* = \underset{A}{\operatorname{argmax}} \quad S(A)$$

Das soziale Optimum führt also zu höheren Technologieleveln in Basis- und Anwendungssektoren als jedes dezentrale Gleichgewicht. Dies ist die direkte Folge des *Dual-Inducement*-Mechanismus und der zugrunde liegenden wechselseitigen innovatorischen Komplementaritäten. Insbesondere ist nicht die monopolistische Preismacht der Grund für die Pareto-Suboptimalität.[84]

[83] $\{0, 0\}$ ist dabei stets eine zulässige Lösung. Sind die jeweiligen Reaktionsfunktionen hinsichtlich der Forschungsintensitäten des wechselseitig vorgelagerten Sektors nicht konvex, ergibt sich außerdem mindestens eine innere Lösung. Darüber hinaus ist die Anzahl und die Ausprägung weiterer Gleichgewichtslösungen abhängig von der Anzahl teilnehmender Applikationssektoren sowie von der Betrachtung von Untermengen derselben, die zu bedingten Gleichgewichten führen.

[84] Betrachtet man andere Bepreisungsregeln, so zeigt sich:

$w > c$: Der Innovationsanreiz für den Basissektor ist hoch. Die AS-Anreize zur Forschung sind dagegen gering, weil der monopolistische Basissektor sich die potenziellen Gewinne Π^a aneignet.

$w = c$: Für den Ansatz des sozialen Planers gilt $\Pi^g = 0$, also gibt es keinen Anreiz zur Innovation im Basissektor.

w_a : Bei perfekter Preisdiskriminierung greift der Basissektor die komplette Wohlfahrt ab. Es kommt zu keiner Innovation in den AS.

Ergo ist die Wahl der Bepreisungsregel nicht maßgeblich für die Pareto-Ineffizienz der Forschungslevelallokation.

Dynamische Betrachtung

Bis hierher fokussieren die Betrachtungen allein auf die Mechanismen der wechselseitigen innovatorischen Abhängigkeit und die mit ihnen verbundenen Koordinationsmängel zwischen Basissektor und AS-Sektoren. Wird auf Basis dieser Erkenntnisse ein dynamisches Oligopol eingeführt (vergleiche Maskin und Tirole, 1987), kann gezeigt werden, wie sich das technologische Niveau der Gesamtwirtschaft im Zeitablauf verändert.[85]

Zunächst wird auf die Betrachtung eines einzelnen AS eingeschränkt. Er wählt in Periode t[86] seine Forschungsintensität T_t für ein gegebenen Qualitätsniveau des QT-Sektors z_{t-1}, das in der Vorperiode festgelegt wurde. In der Folgeperiode entscheidet der QT-Sektor – auf Basis des aggregiertes Technologieniveaus im AS T_t – über seine Forschungsaufwendungen und erzeugt eine neue Technologiestufe z_{t+1}. Die jeweiligen Entscheidungen finden demnach zeitlich versetzt statt.

Zukünftige Profite auf Basis der realisierten Technologieniveaus werden diskontiert. Auch in der dynamischen Perspektive lässt sich dabei für jeden beliebigen Diskontfaktor ein eindeutiges und dynamisch stabiles Gleichgewicht ableiten, wie Maskin und Tirole (1987) zeigen. Die langfristigen Gleichgewichtsniveaus T^e und z^e sind dabei positiv abhängig von der Höhe des Diskontfaktors. Das bedeutet: Sind künftige Gewinne einer stärkeren Diskontierung unterworfen, fallen die gleichgewichtigen Technologieniveaus in beiden Sektoren höher aus.[87]

Legitimation wirtschaftspolitischer Eingriffe und Internalisierungskonzepte

Das Basismodell von Bresnahan und Trajtenberg (1995) hat weitreichende Implikationen. Eine dezentral organisierte Wirtschaft wird Schwierigkeiten haben, die mit Querschnittstechnologien assoziierten Wachstumsmöglichkeiten vollständig auszuschöpfen, da die neuartige Basistechnologie aufgrund der innovatorischen Komplementaritäten zwischen den innovierenden Akteuren zu wenig Anreiz bietet, um zu wohlfahrtsoptimalen Forschungsaufwendungen zu führen.

Dies legitimiert wirtschaftspolitische Eingriffe. In der dynamischen Formulierung kann der Diskontsatz als das Resultat institutioneller Rahmenbedingungen angesehen werden. Er wird damit zum wirtschaftspolitischen Instrument, um Informationsflüsse zwischen den Sektoren im Rahmen institutioneller Arrangements zu erleichtern. In der Realität wird der Informationsfluss durch staatliche Grundlagenforschung, durch Subventionen privater F&E, durch gewerbliche Schutzrechte wie Patente – zwecks Internalisierung der externen Effekte auf Kosten temporärer Monopole – sowie durch die Koordination individueller Entscheidungen im Rahmen von Diskussionsplattformen vereinfacht. Der Markt selbst kann durch Kooperationsverträge oder auch durch vertikale Integration reagieren. Hierbei kommen der Wirtschaftspolitik die Aufgaben der Vertragssicherheit beziehungsweise des Wettbewerbserhalts zu.

Implikationen für die Identifikation von Querschnittstechnologien

Eine wechselseitige vertikale Externalität zwischen Basis- und Anwendungssektoren ist die direkte Folge der innovatorischen Komplementaritäten. Sie hat ein bilaterales *Moral-Hazard*-Problem zur

---

85 Die folgende verkürzte Darstellung des dynamischen Spiels folgt Goos und Ott (2005).

86 Die Periodenlängen bemessen sich an der Zeit, die verstreicht, um die nächste Qualitätsstufe im QT-Sektor oder im AS-Sektor zu erreichen.

87 Der Diskontfaktor lässt sich außerdem als Maß dafür interpretieren, wie leicht es den Sektoren fällt, die weitere technische Entwicklung vorherzusagen. Je höher der Diskontfaktor, umso leichter fällt demnach die Prognose. Ist der Diskontfaktor dagegen niedrig, herrscht hohe Unsicherheit und die sukzessiven Technologiesprünge fallen geringer aus – was auch langfristig niedrigere Gleichgewichtsniveaus nach sich zieht.

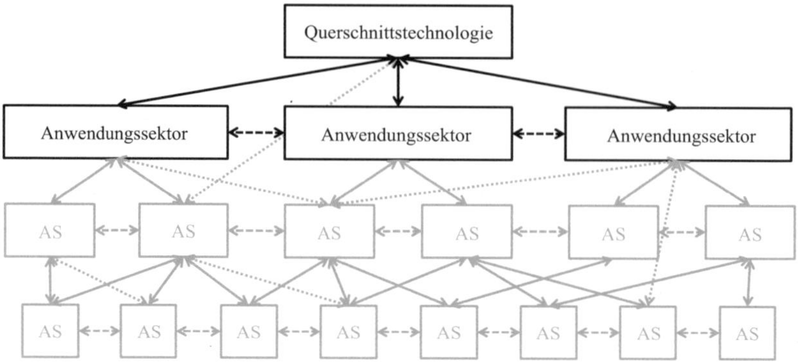

Abbildung 3.2: Erweiterte Querschnittstechnologie-Industriestruktur auf Basis von Bresnahan und Trajtenberg (1995, S. 87), vgl. Abbildung 3.1.

Folge: Der Basissektor macht seine Innovationstätigkeit von der Möglichkeit zur Abschöpfung der resultierenden wirtschaftlichen Ergebnisse in den nachgelagerten Anwendungssektoren abhängig. Jeder Grenzkostenaufschlag, der einen Anreiz zur Innovation darstellt, führt aber, wie gezeigt, direkt zu einer Divergenz zwischen dezentralem sozialen Optimum und Marktlösung. Der Anreiz zur Anwendungsforschung ist suboptimal gering.

Zusätzliche horizontale Externalitäten ergeben sich zudem aufgrund der Anwendungs- und damit Sektorenvielfalt: Mehr Nachfrager der Querschnittstechnologie bewirken ein höheres Technologielevel im Basissektor und damit höhere Innovationsrenten in den einzelnen Anwendungsbereichen. Diese profitieren demnach von einer hohen Anzahl *Schwestersektoren* (Bresnahan und Trajtenberg, 1995). Dieser horizontale externe Effekt ist indirekt auch auf die vertikale innovatorische Komplementarität zurückzuführen, er geht jedoch nicht einher mit technologischen Wissensspillovern.

Eine erhöhte Anzahl von nachgelagerten Anwendungssektoren ist dennoch von Relevanz für die Messbarmachung innovatorischer Komplementaritäten im Rahmen empirischer Forschung. Für reale Querschnittstechnologien sollte schon in frühen Entwicklungsphasen ein hoher Grad an komplementären Entwicklungen beobachtbar sein, die einander gegenseitig anstoßen und strategische Interaktion in vertikal verbundenen Gliedern der Innovationsketten verursachen. Abbildung 3.2 erweitert daher die von Bresnahan und Trajtenberg (1995) entwickelte Marktstruktur auf mehrere Stufen. Abschnitt 7.3.1 wird diese Erweiterung vertieft diskutieren und einen ersten Ansatz zur Messbarmachung innovatorischer Komplementaritäten ableiten.

3.2 Zyklischer technischer Wandel

Dieser Abschnitt stellt das Grundmodell von Helpman und Trajtenberg (1998a) dar.[88] Das Modell stellt im weitesten Sinne ein Schumpeterianisches Wachstumsmodell dar: Technischer Fortschritt,

[88] Auf die Erweiterungen um mehrere Industriesektoren und auf die Trennung von qualifizierter und unqualifizierter Arbeit wird mit Blick auf den Fokus der Arbeit verzichtet. Abschnitt 5.3 wird gesondert auf Diffusionsprozesse eingehen.

verkörpert durch eine wachsende Anzahl innovativer Zwischenprodukte, entsteht endogen durch Forschungsanreize und -erfolge. Dabei werden jedoch keine bereits am Markt bestehenden Produkte und deren Anbieter verdrängt. Insofern findet auf (Zwischen-)Produktebene keine kreative Zerstörung statt. Dafür lösen technologische Regime, hier neue Querschnittstechnologien mit höherem Produktivitätsgrad, in regelmäßigen Zyklen die jeweils vorherigen ab.

Das Modell ist insofern am ehesten mit jenen von Grossman und Helpman (1993), Kapitel 3, und dem *Lab-Equipment*-Modell von Rivera-Batiz und Romer (1991) verwandt und somit der Klasse solcher Modelle zuzuordnen, die sich mit wachsender Produkt- respektive Inputvielfalt beschäftigen. Ein vollständig endogenes Modell ist es letztlich nicht, die Einführung einer neuen Querschnittstechnologie erfolgt stets nach vordefiniertem Takt. Dies stellt den größten Kritikpunkt des Ansatzes dar.

Zyklenablauf, Industriestruktur und Produktion

Jeder neue Zyklus, also jedes neue technologische Regime, erhöht den Output. Dabei beteht jeder Zyklus aus zwei Phasen nicht notwendigerweise gleicher Dauer, Δ_1 respektive Δ_2.[89] Abbildung 3.3 skizziert einen solchen Zyklus. Mit Beginn der ersten Phase erscheint eine neu zu erforschende Querschnittstechnologie i, für die umgehend die Entwicklung zugehöriger Komponenten beginnt. Diese entstehen durch die Forschungsanstrengungen profitorientierter Entrepreneure in einem Zwischenproduktsektor. Ist eine hinreichende Anzahl[90] an Komponenten verfügbar, wird die neue Technologie vom Endproduktsektor adoptiert und es beginnt Phase 2.[91]

Die Unterteilung in zwei Phasen, die sich hinsichtlich Produktivität und Wachstum unterscheiden, schafft die Grundlage für das stilisierte Faktum des PSD, der mit den Anpassungskosten der Einführungsphase einer neuen Querschnittstechnologie assoziiert wird.[92] Output und Produktivität nehmen in der ersten Phase des Basismodels ab. Erst nach Erreichen einer kritischen Masse an komplementären Zwischenprodukten schöpft die neue Technologie in Phase 2 ihr Wachstumspotenzial aus.

Im Endproduktsektor erfolgt ein Zusammenbau $x_i(j)$ von Komponenten $j \epsilon [0, n_i]$ der zum gegebenen Zeitpunkt produktivsten Querschnittstechnologe i. Die Anzahl verfügbarer Komponenten

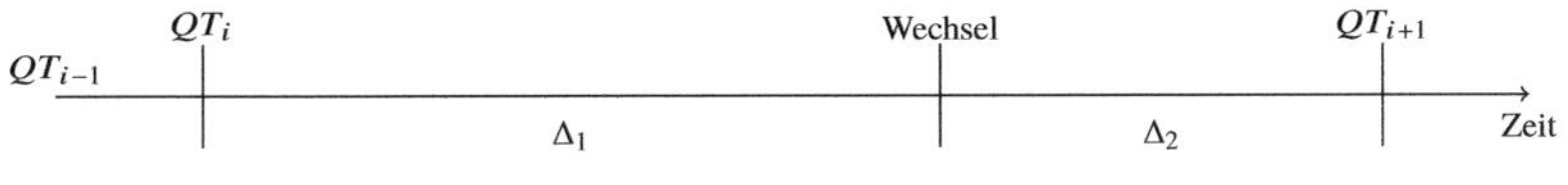

Abbildung 3.3: Stilisierter Ablauf eines Querschnittstechnologie-Zyklus. Quelle: Eigene Darstellung.

[89] $\Delta_1 = \Delta_2$ stellt sogar einen sehr unwahrscheinlichen Spezialfall dar.

[90] *Hinreichend* bedeutet hier, dass die Anzahl neuer Komponenten in Kombination mit dem neuen Technologieregime inhärenten Produktivitätsniveau niedrigere Stückkosten erzeugt als das alte Regime.

[91] Helpman und Trajtenberg (1998a) erläutern auch den Fall einer dritten Phase. Diese beschreibt den Fall ausgeschöpfter und damit beendeter Komponentenentwicklung vor Erscheinen einer neuen Querschnittstechnologie. Dieser Fall erlangt mit Erweiterung des Basismodells in Abschnitt 5 Bedeutung und wird dort diskutiert.

[92] Vgl. hierzu die Ausführungen des Abschnitts 2.1.2 sowie die von Solow (1987) stammende Bemerkung zur IKT.

ist n_i, was der Gesamtzahl derzeit bereits entwickelter Zwischenprodukte entspricht.[93] Die Produktionsfunktion des finalen Outputs ergibt sich gemäß

$$Q_i = \lambda^i D_i, \qquad \lambda > 1 \tag{3.8}$$

$$D_i \equiv \left[\int_0^{n_i} x_i(j)^\alpha dj\right]^{1/\alpha}, \qquad \text{mit} \quad j \in [0, n_i], \quad 0 < \alpha < 1, \tag{3.9}$$

wobei λ^i das Produktivitätsniveau beschreibt und D_i einen Komponentenindex darstellt.[94] Eine größere Vielfalt an Zwischenprodukten sorgt dabei für eine Externalität, die auf der Größe des Marktes basiert: Gehen mehr Varietäten in die Endproduktion ein, steigt der Output überproportional.[95] Jede Varietät wird durch einen einzelnen Anbieter produziert, dessen Erfindung sie darstellt und der dafür ein Ausschließlichkeitsrecht mit unendlicher Laufzeit erhält.

Die Nachfrage des Endproduktsektors nach dem Zwischenprodukt j ergibt sich gemäß[96]

$$x_i(j) = \frac{p_i(j)^{-1/(1-\alpha)} D_i}{\left[\int_0^{n_i} p_i(j)^{-\alpha/(1-\alpha)} dj\right]^{1/\alpha}}, \tag{3.10}$$

wobei $p_i(j)$ den Preis der Komponente j bezeichnet und $\left[\int_0^{n_i} p_i(j)^{-\alpha/(1-\alpha)} dj\right]^{1/\alpha}$ den Preisindex aller Komponenten verkörpert. Der Produktionsprozess des Zwischenprodukts erfordert annahmegemäß eine Arbeitseinheit pro erstellter Komponente. Deshalb ergeben sich die Grenzkosten als Arbeitslöhne w der Produktion. Da alle Komponentenhersteller profitmaximierend bepreisen, folgt mit der obigen Preisabsatzfunktion ein einheitlicher Preis für alle Komponenten von

$$p_i(j) = p = \frac{1}{\alpha} w. \tag{3.11}$$

Der Faktor $\frac{1}{\alpha} > 1$ stellt den Grenzkostenaufschlag dar, den die zugrunde liegende Marktstruktur bei der Preissetzung erlaubt. Die resultierenden Profite der Zwischenprodukthersteller sind folglich positiv und im Gleichgewicht werden alle Komponentenvarietäten in der gleichen Menge verwendet ($x_i(j) = x_i$). Damit folgt:

$$D_i = n_i^{\frac{1-\alpha}{\alpha}} \chi_i, \qquad \text{mit} \qquad \chi_i = n_i x_i \tag{3.12}$$

χ_i erhält hierbei eine Doppelfunktion. Durch den Aufwand einer Arbeitseinheit pro produzierter Komponente steht χ_i nicht nur für die Gesamtmenge der in der Endproduktion eingesetzten Zwischenprodukte, sondern darüber hinaus für den Gesamtarbeitseinsatz des wirtschaftlichen

93 Dabei entspricht n formal einem Kontinuum anstelle einer natürlichen Zahl.

94 Dieser gestaltet sich analog zum Konsumindex in Grossman und Helpman (1991a), Kapitel 3.

95 Dieser *Love-for-Variety*-Effekt ist auch insbesondere in Konsumentenpräferenzen modellierbar. Dort wie hier erlaubt er die Einführung monopolistischer Konkurrenz als Marktstruktur (Chamberlin, 1933) und somit Grenzkostenaufschläge, siehe Dixit und Stiglitz (1977) sowie Spence (1976). Ein erstes Modell findet sich bei Dasgupta und Stiglitz (1980).

96 Vgl. für dieses und folgende Ergebnisse die Herleitungen des Anhangs A.1 sowie hier im Speziellen Grossman und Helpman (1991a, S. 45 f.). Die Substitutionselastizität zweier beliebiger Kmponenten ist stets $\epsilon = 1/(1-\alpha)$, ebenso ergibt sich eine konstante Preiselastizität der Nachfrage in Höhe ϵ.

Produktionsprozesses.[97] Normiert auf den Gesamtoutput ergibt sich der Arbeitseinsatz pro Endprodukteinheit

$$b_i \equiv \frac{\chi}{Q_i} = \lambda^{-i} n_i^{-\frac{1-\alpha}{\alpha}}. \tag{3.13}$$

Wechsel des Produktionsregimes

Produzenten im Endproduktsektor, der annahmegemäß von vollständiger Konkurrenz geprägt ist, minimieren die Stückkosten des finalen Outputs Q. Dies determiniert die Wahl der im Produktionsprozess Verwendung findenden Querschnittstechnologie – aus m verfügbaren[98] – und insofern auch den Zeitpunkt des Wechsels von einem Produktionsregime in das nächste. Die resultierenden Stückkosten sind gleichbedeutend mit dem Preis des Endprodukts p_Q:

$$p_Q = \frac{1}{\alpha} wb, \qquad \text{mit} \qquad b = \min_{1 \leq i \leq m} b_i \tag{3.14}$$

Entscheidend für einen Wechsel des technologischen Regimes ist demnach der minimale Arbeitseinsatz pro Endprodukteinheit, b, der vom Produktivitätsniveau λ^i und der Anzahl zu einem bestimmten Zeitpunkt verfügbarer Komponenten n_i abhängig ist. Wenn hinreichend viele Komponenten für eine neue Querschnittstechnologie entwickelt wurden und die neuen Stückkosten die vorherigen unterschreiten, sobald also $b_{i+1} < b_i$ gilt, folgt

$$n_{i+1} > \lambda^{-\frac{\alpha}{1-\alpha}} n_i, \qquad \text{mit} \qquad 0 < \lambda^{-\frac{\alpha}{1-\alpha}} < 1 \tag{3.15}$$

und Phase 2 beginnt mit der Verwendung der neuen Komponenten in der Endproduktion.

Profitanreize und Forschung im Zwischenproduktsektor

Die Anbieter der Zwischenprodukte erhalten nun auf Basis der in den Produktionsprozess eingehenden Menge jeder Varietät x_i einen Profitzufluss[99] in Höhe

$$\pi_i = \frac{(1-\alpha) w b_i Q_i}{\alpha n_i}. \tag{3.16}$$

Sofern die Monopolstellung eines jeden Komponentenherstellers, wie im Modell angenommen, von unendlicher Dauer ist, kann dieser Profitstrom unendlich fortgeschrieben werden. Der Firmenwert entspricht dann dem Wert der abgezinsten Profitzuflüsse:

$$v_i(t) = \int_t^{\infty} \exp\left(-\int_t^s r(z)dz\right) \pi_i(s) ds, \tag{3.17}$$

---

[97] Das Modell berücksichtigt im Endproduktsektor keinen Arbeitseinsatz, anders als bei Rivera-Batiz und Romer (1991). In dieser Hinsicht ist es näher an Grossman und Helpman (1991a), die jedoch keinen Endproduktsektor modellieren, sondern Konsumentenpräferenzen und damit D als Konsumindex abbilden.

[98] Querschnittstechnologien erscheinen annahmegemäß in einer geordneten Rangfolge, beginnend mit $i = 1$.

[99] Anbieter älterer Technologien können ihre Komponenten dagegen nicht mehr absetzen, selbst wenn sie den Preis auf Stückkostenniveau senken. Mangelnde Koordination der atomistischen Anbieter hinsichtlich der Preispolitik bedeutet für den Komponentenindex $D_i = 0$, weswegen keine Nachfrage nach veralteten Technologien besteht.

mit $r(z)$ als Zinsrate zum Zeitpunkt z. Die Maximierung des Firmenwerts in jedem Zeitpunkt t mit der Hamilton-Jacobi-Bellman-Gleichung[100] liefert die *No-Arbitrage*-Bedingung

$$\frac{\pi_i}{v_i} + \frac{\dot{v}_i}{v_i} = r. \tag{3.18}$$

Diese Bedingung muss zu jedem beliebigen Zeitpunkt und für jede Varietät des Zwischenprodukts erfüllt sein.

Über den Lebenszyklus einer Querschnittstechnologie hinweg folgt die Komponentenentwicklung – und damit die Entstehung neuer Firmen – einem Wachstumsprozess, der einzig von der Anzahl der eingesetzten Arbeitskräfte abhängt. So sorgen über das Zeitintervall dt l_i Arbeitseinheiten für die Entstehung von $(a\dot{n})dt$ neuen Zwischenprodukten am Markt – mit a als fixem Parameter. Da jede dieser Komponenten einen Gegenwartswert von v_i hat, bedeuten l_i Arbeitseinheiten im Intervall dt einen Wertzufluss $v_i l_i / a$ im selben Intervall. Die Kosten hierfür ergeben sich mit der Lohnrate gemäß wl_i. Übersteigen die Forschungsaufwendungen den im Voraus bekannten Gegenwartswert der späteren Zuflüsse, gilt also $wl_i > v_i l_i / a$, so findet keine Forschung statt. Wenn ein langfristiges Gleichgewicht erreicht werden soll, darf umgekehrt $wl_i < v_i l_i / a$ nicht gelten, da sonst unendliche Profite möglich wären.

Damit der Markt der Komponentenentwicklung freien Zutritt ermöglicht, muss gelten:

$$wa \geq v_i, \tag{3.19}$$

wobei wachsende Komponentenzahlen ($\dot{n} > 0$), die positiver Forschungsaufwendungen bedürfen, die Gleichheit beider Terme voraussetzt.

Die Gesamtheit der Arbeitseinheiten ist auf L beschränkt. Nachfrage nach Arbeit erwächst einerseits aus der Entwicklung neuer Komponenten und andererseits aus der Produktion jener Komponenten, die im derzeitigen technologischen Regime in der Endproduktion Verwendung finden.[101] Da $\dot{n}_i = l_i / a$ (für positive Zuflüsse an neuen Komponenten) und $b_i = \chi_i / Q_i$ folgt mit m Querschnittstechnologien und Arbeitsmarkträumung:

$$a \sum_{i=1}^{m} \dot{n}_i + \sum_{i=1}^{m} b_i Q_i = L \tag{3.20}$$

---

[100] Vgl. insbesondere Acemoglu (2009, S. 240 ff.) zur Theorie optimaler Steuerungen ('*optimal control*'). Diese beschäftigt sich mit Optimierungssproblemen, bei denen mindestens eine Nebenbedingung durch eine Differentialgleichung gegeben ist. Die meisten ökonomischen Modelle, darunter alle Wachstumsmodelle, sind mittelbar optimale Steuerungsprobleme mit unendlichem Zeithorizont, was sich durch Unsicherheit bezüglich des Endpunkts legitimiert. Profitmaximierende Individuen beispielsweise verfügen zwar über perfekte Voraussicht hinsichtlich zukünftiger Gewinne, können jedoch den Zeitpunkt ihres Ablebens nicht antizipieren. Dies stellt das kanonische Standardmodell dar.

[101] Der Endproduktsektor verbraucht dagegen keine Arbeitsleistung. Hierin liegt ein weiterer grundsätzlicher Unterschied zum Lab-Equipment-Modell von Rivera-Batiz und Romer (1991): Dort findet Arbeit nur in der Endproduktion Verwendung, während die Entwicklung neuer Inputvarietäten ausschließlich unter Einsatz erzeugter Endprodukte erfolgt. Ebenso verhält es sich im Schumpeterianischen Basismodell, siehe insbesondere Aghion und Howitt (1992), Grossman und Helpman (1991a) und Aghion et al. (1998): Hier werden unter Aufbringung von Endprodukten Qualitätssteigerungen der Inputvarietäten generiert.

Konsum

Konsumentscheidungen über die Menge an Endprodukten werden von nutzenmaximierenden Konsumenten unter Budgetrestriktionen alloziert. Dabei wird hinsichtlich der intertemporalen Präferenzen eine logarithmische Nutzenfunktion angenommen. Die zu maximierende Zielfunktion der Konsumenten nimmt also zu jedem Zeitpunkt t folgende Gestalt an:[102]

$$\int_t^\infty \log C(s) \exp(-\rho s)\, ds \tag{3.21}$$

Künftiger Nutzen wird mit der Rate der Zeitpräferenz ρ kontinuierlich abgezinst. Die Maximierung der intertemporalen Nutzenfunktion unter Berücksichtigung der Budgetrestriktion in jedem Zeitpunkt t liefert die Euler-Gleichung:[103]

$$\frac{\dot{C}(t)}{C(t)} = r(t) - \frac{\dot{p}_Q(t)}{p_Q(t)} - \rho \tag{3.22}$$

Da im Gleichgewicht $C = Q$ gilt und die Gesamtausgaben der Haushalte auf $E = p_Q Q = 1$ normiert werden, muss gelten:

$$\frac{\dot{Q}(t)}{Q(t)} + \frac{\dot{p}_Q(t)}{p_Q(t)} = 0 \qquad \Longrightarrow \qquad r(t) = \rho \quad \forall t \tag{3.23}$$

Phase 1: Verlangsamtes Produktivitätswachstum

Die beiden Phasen unterscheiden sich insbesondere hinsichtlich der endogenen Variablen n, also der Anzahl verfügbarer Komponenten, und der Lohnrate w. Die Veränderung beider Größen in Phase 1 gestaltet sich wie folgt: Da sich zu Beginn eines jeden Zyklus ein neues technologisches Regime i ankündigt, beginnen Innovatoren mit profitversprechenden Forschungsanstrengungen.[104] In der Entwicklung beschäftigte Arbeitskräfte erzeugen kontinuierlichen Output in Form neuer Zwischenprodukt-Blaupausen. Dieser Forschungsoutput ist annahmegemäß nicht mit Unsicherheit behaftet.[105] Während die Anzahl der mit Querschnittstechnologie i kompatiblen Komponenten gemäß

$$\dot{n} = \frac{1}{a}\left(L - \frac{\alpha}{w}\right), \qquad \text{mit} \qquad w \geq \frac{\alpha}{L}, \qquad \text{für} \qquad t \in [T_i, T_i + \Delta_1) \tag{3.24}$$

[102] Zur Maximierung exponentiell diskontierter Nutzenfunktionen mit unendlichem Planungshorizont vgl. Acemoglu (2009, S. 253 ff.), hierin insbesondere Theorem 7.13 und 7.14.

[103] Das vollständige Optimierungsproblem ist in Anhang A.1 dargestellt. Insbesondere finden sich hier die Herleitung der Euler-Gleichung mittels der Hamilton-Funktion in Gegenwartswerten sowie Ausführungen zur Transversalitäts- und No-Ponzi-Bedingung.

[104] Diese Forschung verspricht nicht sofort Profite, da die Neuentwicklungen bis zum Regimewechsel nicht in die Zwischenproduktion eingehen. Entrepreneure antizipieren jedoch zukünftige Gewinne der produktiven zweiten Phase des Zyklus. Der Zeitpunkt der Entwicklung ist dabei keine entscheidungsrelevante Variable, da die Forschungskosten mit der Zinsrate steigen und somit der Nettogegenwartswert der Investition in allen Zeitpunkten gleich hoch ausfällt.

[105] Die Annahme wird im vorliegenden Modell wie folgt gerechtfertigt: Die Voraussetzung eines Forschungskontinuums von Firmen, deren idiosynkratische Forschungsrisiken unabhängig voneinander sind, führt zum starken Gesetz der großen Zahlen. Es besteht keine Unsicherheit im *Aggregat* – das arithmetische Mittel tatsächlicher Forschungserfolge konvergiert gegen den Erwartungswert. Haushalte, die Portfolios der Firmen halten, diversifizieren damit ihr Risiko und agieren letztlich risikoneutral. Vgl. Acemoglu (2009, S. 428 und S. 435).

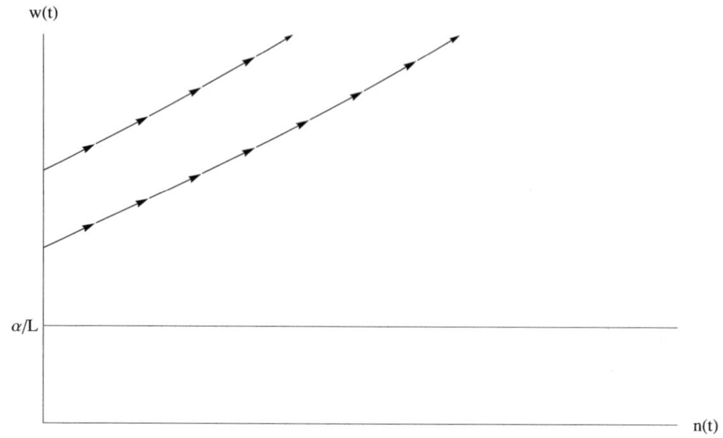

Abbildung 3.4: Lohnratenentwicklung in Phase 1, basierend auf eigenen Berechnungen. Parameter: $\alpha = 0.5$, $a = 1$, $L = 1$, $\rho = 0.025$ nach (Helpman und Trajtenberg, 1994).

steigt, entwickelt sich die Lohnrate nach

$$\frac{\dot{w}}{w} = \rho, \qquad \text{für} \qquad t \in [T_i, T_i + \Delta_1). \tag{3.25}$$

Die Komponentenentwicklung des vorherigen Regimes $i - 1$ wird dagegen mit Beginn des neuen Zyklus, also zum Zeitpunkt T_i, vollständig gestoppt. Die Anzahl der zu diesem Zeitpunkt verfügbaren Blaupausen verbleibt auf ihrem Maximalniveau $n_{i-1}(T_i)$. Jedoch werden diese Altkomponenten auch weiterhin in der Fertigung verwendet, bis durch die Erforschung hinreichend vieler Komponenten des Nachfolgeregimes die bisherigen Stückkosten in der Endproduktion unterboten werden. Die Differentialgleichungen zur zeitlichen Entwicklung der Lohnrate (3.25) und Zwischenprodukte (3.24) haben folgende Lösung:

$$w(t) = w(T_i)\exp(\rho(t - T_i)), \qquad \text{für} \qquad t \in [T_i, T_i + \Delta_1) \tag{3.26}$$

$$n_i(t) = \frac{L}{a}(t - T_i) - \frac{\alpha}{\rho a w(T_i)}[1 - \exp(-\rho(t - T_i))], \qquad \text{für} \qquad t \in [T_i, T_i + \Delta_1) \tag{3.27}$$

Abbildung 3.4 zeigt den Verlauf der Lohnrate mit wachsender Anzahl an Komponenten in Phase 1. Dabei sind die zulässigen Trajektorien[106] jene, die einen Ordinatenabschnitt jeweils oberhalb der minimalen Lohnrate $\underline{w} = \frac{\alpha}{L}$ aufweisen. Höhere Trajektorien resultieren folglich aus höheren initialen Lohnraten zu Beginn des Zyklus.

Phase 2: Aufschwung

Phase 2 beginnt, sobald die Stückkosten des neuen technologischen Regimes jene der in der Produktion befindlichen Komponenten des vorherigen Regimes unterbieten. Wie aus

106 Für zulässige Trajektorien muss gelten: $w \geq \frac{\alpha}{L}$. Dies stellt sicher, dass keine rückläufige Entwicklung bei den Komponentenzahlen ($\dot{n} < 0$) ermöglicht – und damit indirekt auch kein negativer Arbeitseinsatz erlaubt – wird, vgl. Gleichung 3.24. Darüber hinaus startet jeder Zyklus annahmegemäß mit $n_i(T_i) = 0$ Komponenten.

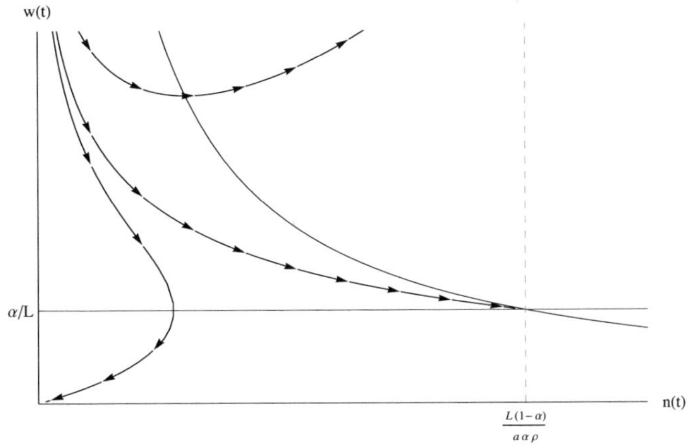

Abbildung 3.5: Lohnratenentwicklung in Phase 2, basierend auf eigenen Berechnungen. Parameter: $\alpha = 0.5$, $a = 1$, $L = 1$, $\rho = 0.025$.

Gleichung (3.15) ersichtlich, hängt der Zeitpunkt des Phasenübergangs insbesondere von der Anzahl inzwischen verfügbarer Komponenten ab. Mit Beginn der zweiten Phase wird der Input des Endproduktsektors ausschließlich aus Zwischenprodukten der neuen Querschnittstechnologie rekrutiert. Die Entwicklung neuer Komponenten schreitet während der Phase weiter voran. Die Differentialgleichungen, die das Wachstum der Lohnrate sowie der Anzahl neuer Komponenten beschreiben, lauten nun:

$$\dot{w} = \rho w - \frac{1-\alpha}{a n_i}, \qquad \text{für} \qquad t \in [T_i + \Delta_1, T_{i+1}), \tag{3.28}$$

respektive

$$\dot{n}_i = \frac{1}{a}\left(L - \frac{\alpha}{w}\right), \qquad \text{mit} \qquad w \geq \frac{\alpha}{L}, \qquad \text{für} \qquad t \in [T_i + \Delta_1, T_{i+1}). \tag{3.29}$$

Eine grafische Veranschaulichung dieses Differentialgleichungssystems stellt Abbildung 3.5 dar.

Erneut repräsentiert die horizontale Isokline bei $\underline{w} = \frac{\alpha}{L}$ die untere Schranke der Lohnrate, auf der $\dot{n} = 0$ gilt und keine Forschung betrieben wird. Die durchgezogene monoton fallende Isokline entspricht einer zeitkonstanten Lohnrate, also allen Tupeln (n, w), für die $\dot{w} = 0$ gilt. Die drei exemplarisch gewählten Pfeilkurven zeigen die zeitliche Entwicklung bei unterschiedlichen Ausgangsniveaus der Lohnrate.[107]

Die mittlere Trajektorie ist ein konvergierender Sattelpfad, der in den Schnittpunkt der beiden Isoklinen mündet. In diesem stationären Punkt (englisch: *Steady State*) gilt $\overline{n}_i = \frac{(1-\alpha)L}{a\alpha\rho}$. Wäre

[107] Prinzipiell erfüllen alle Punkte auf den gezeigten Trajektorien (ebenso wie alle Punkte auf den unendlich vielen nicht gezeigten Trajektorien) sowohl die statischen Gleichgewichtsbedingungen zu jedem beliebigen Zeitpunkt als auch die intertemporalen Differentialgleichungen. Allerdings sind alle Pfade oberhalb des Sattelpfads mit einer unendlichen Mehrung der Anzahl an Komponenten – bei gleichzeitig unendlich wachsender Lohnrate – verknüpft. Dies bedeutet langfristig jedoch gegen null konvergierende Profite, wie Gleichung (3.16) zeigt. Ebenso können – in einem Modell mit unendlichem Zeithorizont – alle Pfade unterhalb des Sattelpfads kein langfristiges Gleichgewicht sein. Sie führen ultimativ zu negativen Forschungsausgaben.

der Endzeitpunkt eines jeden Zyklus nicht vorhersehbar, so würde der Sattelpfad die einzig langfristig mögliche Gleichgewichtstrajektorie darstellen, die zu einem Steady State führt. Da im Modell jedoch von determiniert endlichen Planungshorizonten hinsichtlich der Lebensdauer jedes Querschnittstechnologieregimes ausgegangen wird, ist bei perfekter Voraussicht prinzipiell jede Trajektorie zulässig.

Ein vollständiger Zyklus

Um beide Phasen zu verknüpfen, wird ein langfristiges Gleichgewicht gesucht, bei dem jeder Zyklus dem vorherigen gleicht:

Definition 3.2 (Langfristiges Gleichgewicht bei zyklischem techn. Wandel). Im langfristigen Gleichgewicht des Zyklenmodells entsprechen sich die jeweiligen Lohnraten und die maximalen Anzahlen der Komponenten am Ende jedes Technologieregimes. Formal beschreibt das langfristige Gleichgewicht damit einen Fixpunkt im (w, n)-Raum. Durch die Produktivitätszunahme im Endproduktsektor wächst das Volkseinkommen mit jedem Zyklus.

Somit strebt das Modell, wie die meisten Wachstumsmodelle auf Basis technischen Fortschritts, also einen gleichgewichtigen Wachstumspfad (BGP) an.[108] Dabei liegt folgende Definition zugrunde:

Definition 3.3 (Balanced Growth Path, BGP). In Modellen technischen Fortschritts beschreibt ein gleichgewichtiger/balancierter Wachstumspfad eine Trajektorie, für die das Pro-Kopf-Einkommen mit konstanter Rate wächst. Für Modelle technischen Fortschritts kann synonym der Begriff des stationären Zustands/Steady State verwendet werden (Acemoglu, 2009, S. 65 ff.).

Ein Zyklus beginnt, wie in Abbildung 3.3 gezeigt, mit dem Erscheinen einer neuen Querschnittstechnologie i. Alle vorherigen Entwicklungsanstrengungen für neue Komponenten der $(i-1)$ten Technologie werden zu diesem Zeitpunkt beendet, $n_{i-1}(T_i)$ verbleibt als maximale Anzahl der Komponenten des vorherigen Regimes. Investoren alloziieren ihre Forschungsaufwendungen nun in der neuen Technologie. Die Abbildungen 3.6 und 3.7 zeigen die Entwicklung von $n_i(t)$ respektive $\pi_i(t)$ über mehrere Zyklen und deren Phasen hinweg.

Dabei sind insbesondere die Profite so lange null, bis mit Wechsel der Produktionstechnologie zum Zeitpunkt $T_i + \Delta_1$, also mit Beginn der 2. Phase des ersten gezeigten Zyklus, die Anwendung des neuen technologischen Regimes im Endproduktsektor geringere Stückkosten aufweist. Dies induziert einen Sprung auf ein positives Profitniveau, das mit Beginn des produktiven Einsatzes der neuen Zwischenprodukte jedoch über die gesamte 2. Phase hinweg durch die wachsende

108 Ein solcher BGP erzeugt hier über die Gesamtdauer der identischen Zyklen gleiche Wachstumsraten. Ein gleichgewichtiger Wachstumspfad setzt zwingend perfekte Voraussicht der intertemporal nutzen- und profitmaximierenden Akteure der Volkswirtschaft voraus. Diese Annahme ist insbesondere kritisch im Hinblick darauf, dass die Entwicklung von Querschnittstechnologien sich über ganze Dekaden erstreckt. Carlaw und Lipsey (2006b), deren Modell im folgenden Abschnitt besprochen wird, weichen von diesem Schema ab und erlauben Unsicherheit über zukünftige Entwicklungen.

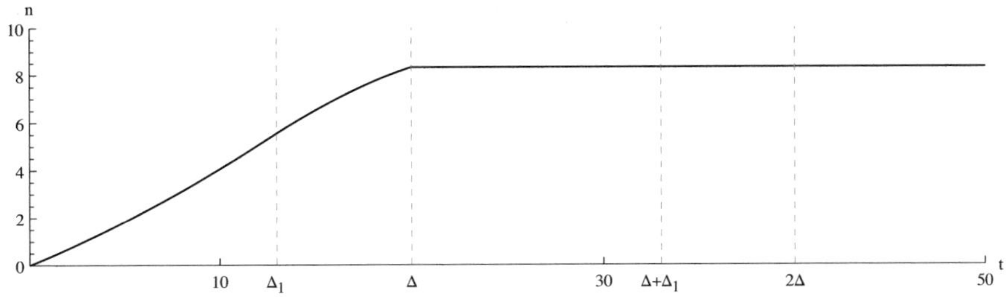

Abbildung 3.6: Zeitlicher Verlauf der Komponenten, basierend auf eigenen Berechnungen. Parameter: $\alpha = 0.5$, $a = 1$, $L = 1$, $\rho = 0.025$.

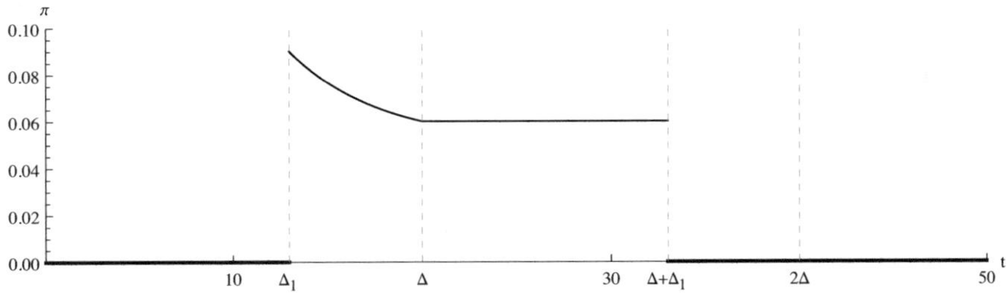

Abbildung 3.7: Zeitlicher Verlauf der Profitrate, basierend auf eigenen Berechnungen. Parameter: $\alpha = 0.5$, $a = 1$, $L = 1$, $\rho = 0.025$.

Komponentenzahl abnimmt, da wegen Gleichung (3.14) und (3.16) sowie der Normierung $E = p_Q Q = 1$

$$\pi_i = \frac{(1-\alpha)wb_iQ_i}{\alpha n_i} = \frac{(1-\alpha)p_QQ_i}{n_i} = \frac{(1-\alpha)}{n_i}. \tag{3.30}$$

Erst wenn wiederum eine neue Technologie erscheint, also zum Zeitpunkt T_{i+1}, und keine weiteren Komponenten der i-ten Querschnittstechnologie entwickelt werden (sondern jene der $(i+1)$ten), wird das Abfallen der Profite gestoppt. Sind erneut hinreichend viele solcher $(i+1)$ten Komplmentärinputs verfügbar und wechselt das Produktionsregime, fallen die Profite der Hersteller der i-ten Komponenenten auf null.

Die Ableitung eines langfristigen stationären Gleichgewichts mittels numerischer Simulation[109] führt auch zu einer über alle Zyklen hinweg gleichförmigen Entwicklung der nominalen Lohnraten, die in Abbildung 3.8 gezeigt wird.

Output, Reallöhne und Faktoreinsatzrelation

Der Realoutput bemisst sich inputseitig an den Profiten der Zwischenprodukthersteller und an den Löhnen der Arbeitskräfte. Da zu jedem Zeitpunkt n Komponenten in der Endproduktion verwendet werden, erhalten n Hersteller die jeweiligen Profite aus Gleichung (3.30). Mit dem

[109] Der Simulationsablauf wird in Anhang A.1 dargelegt.

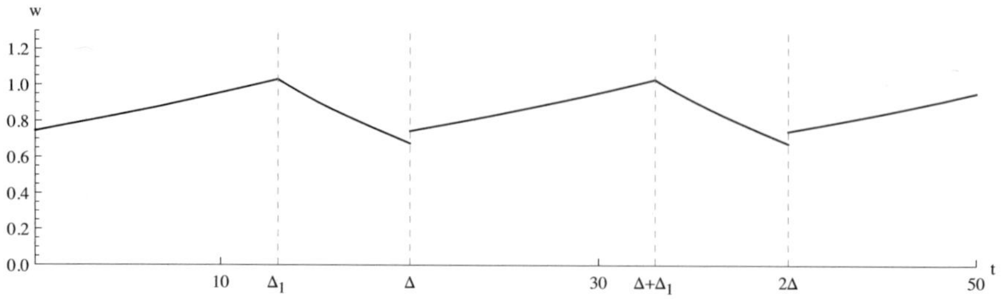

Abbildung 3.8: Zeitlicher Verlauf der Nominallöhne, basierend auf eigenen Berechnungen. Parameter: $\alpha = 0.5$, $a = 1$, $L = 1$, $\rho = 0.025$.

Preis des Endprodukts sowie mit der Normalisierung der Konsumausgaben in den Gleichungen (3.14) respektive $E = p_Q Q = 1$ folgt für den Nominaloutput

$$G_{nom}(t) = w(t)L + (1 - \alpha) \tag{3.31}$$

und für den Realoutput durch Normierung mit dem Preis des Endprodukts:

$$G_{real}(t) = \left(L + \frac{1-\alpha}{w(t)}\right) \alpha\lambda^k n_k(t)^{\frac{1-\alpha}{\alpha}} \quad \text{mit} \quad k = \begin{cases} i-1 & t \in [T_i, T_i + \Delta_1), \\ i & t \in [T_i + \Delta_1, T_{i+1}) \end{cases} \tag{3.32}$$

Da mit Beginn der Phase 1 die Lohnrate sprunghaft steigt, während die Anzahl der in der Endproduktion befindlichen Zwischenprodukte n_k auf dem Maximalniveau des vorherigen Technologieregimes verbleibt, sinkt der Realoutput ebenso sprunghaft. Dies ist auf die statische Ineffizienz der monopolistischen Konkurrenzsituation bei der Zwischenproduktherstellung zurückzuführen.

Das folgende kontinuierliche Wachstum der Löhne erzeugt ein weiteres kontinuierliches Fallen des Outputs. Erst in Phase 2 erfolgt ein Produktivitätswachstum, das ein positives Wachstum des Realoutputs über den Gesamtzyklus nach sich zieht. Dieses ist in Abbildung 3.9 dargestellt. Die Wachstumsrate eines solchen Zyklus beträgt

$$g = \frac{\dot{G}_{real}}{G_{real}} = \frac{\log \lambda}{\Delta}. \tag{3.33}$$

Über den ganzen Zyklus hinweg wächst eine Querschnittstechnologie also mit einer Rate (bei der Parametrisierung des gezeigten stationären Zyklus $g = 0.0203$), die sich ausschließlich aus Produktivität und Zykluslänge ergibt, wobei diese beiden genannten Faktoren im Modell von Helpman und Trajtenberg (1998a) exogene Parameter sind. Der resultierende durchschnittliche Wachstumspfad ist demzufolge auch nicht linear, wie Abbildung 3.9 vermuten lassen könnte, sondern stilisierten Fakten entsprechend exponentiell.

Reallöhne ergeben sich analog mit der Normierung des Realoutputs durch den Endproduktpreis:

$$\omega_i(t) = \frac{w(t)}{p_Q(t)} = \alpha b_i(t)^{-1} = \alpha\lambda^k n_k(t)^{\frac{1-\alpha}{\alpha}}, \quad \text{mit} \quad k = \begin{cases} i-1 & t \in [T_i, T_i + \Delta_1), \\ i & t \in [T_i + \Delta_1, T_{i+1}) \end{cases} \tag{3.34}$$

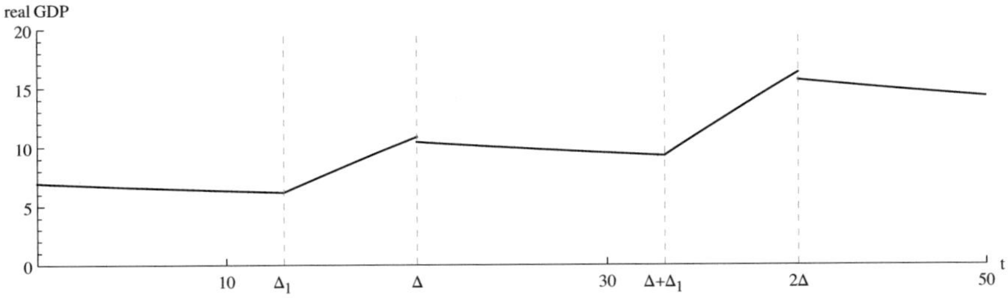

Abbildung 3.9: Zeitlicher Verlauf des Realoutputs, basierend auf eigenen Berechnungen. Parameter: $\alpha = 0.5$, $a = 1$, $L = 1$, $\rho = 0.025$, $\lambda = 1.5$.

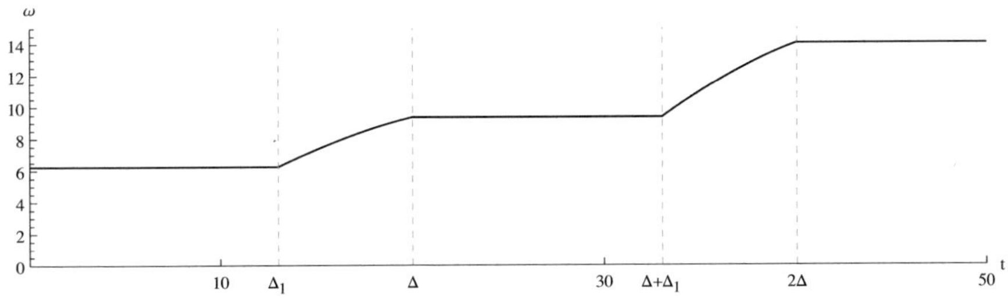

Abbildung 3.10: Zeitlicher Verlauf der Reallöhne, basierend auf eigenen Berechnungen. Parameter: $\alpha = 0.5$, $a = 1$, $L = 1$, $\rho = 0.025$, $\lambda = 1.5$.

Da mit Beginn eines jeden neuen Zyklus i auch die Entwicklung neuer komplementärer Zwischenprodukte beginnt, bleibt die Anzahl der Komponenten, die während Phase 1 in der Endproduktion Verwendung finden, n_{i-1}, konstant auf dem Höchststand, der mit Ende des jeweils letzten Zyklus erreicht wurde. Daher sind auch die Reallöhne in dieser 1. Phase konstant und steigen erst mit Beginn der 2. Phase, wie Abbildung 3.10 zeigt. Aufgrund der Stetigkeit von n sowie der Regimewechselbedingung (3.15) ist auch ω stetig.

Realprofite ergeben sich ebenso wie folgt:

$$\tilde{\Pi}_i(t) = \frac{(1-\alpha)\alpha\lambda^k n_k(t)^{\frac{1-\alpha}{\alpha}}}{w(t)}, \qquad \text{jeweils mit} \quad k = \begin{cases} i-1 & t \in [T_i, T_i + \Delta_1), \\ i & t \in [T_i + \Delta_1, T_{i+1}). \end{cases} \tag{3.35}$$

Die im Nenner auftauchende nominale Lohnrate verursacht folglich die Diskontinuität der Realprofite. Insgesamt nehmen jedoch auch diese über die Zyklen hinweg zu, wie aus Abbildung 3.11 deutlich wird.

Abschließend werden Faktoreinsatzrelation (Abbildung 3.12) und Arbeitsaufteilung (Abbildung 3.13) betrachtet. Aus Gleichung (3.31) ergeben sich bezüglich Ersterem direkt Arbeitsanteil und Profitanteil (gestrichelte Linie) des Nominalouputs, $w(t)L/(1-\alpha+w(t)L)$ respektive $(1-\alpha)/(1-\alpha+w(t)L)$. Dabei wird ersichtlich, dass der relative Anteil des Arbeitseinkommens während Phase 1 den Nominallöhnen entsprechend kontinuierlich ansteigt. Zudem findet dieser Arbeitseinsatz zunehmend in der Forschung statt. Erst nach Wechsel des Produktionsregimes überwiegt wieder der Arbeitseinsatz in der Herstellung.

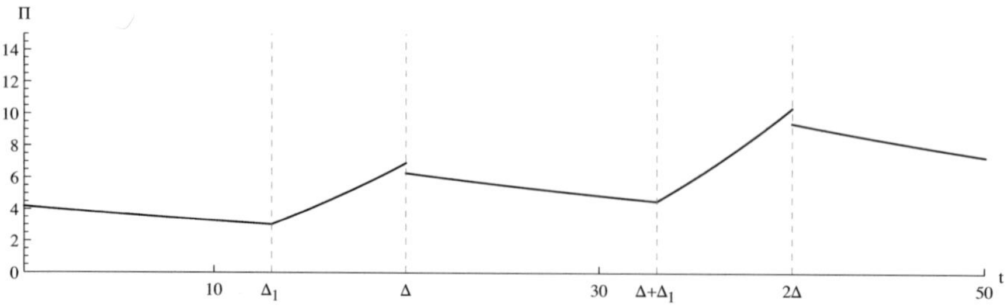

Abbildung 3.11: Zeitlicher Verlauf der Realprofite, basierend auf eigenen Berechnungen. Parameter: $\alpha = 0.5$, $a = 1$, $L = 1$, $\rho = 0.025$, $\lambda = 1.5$.

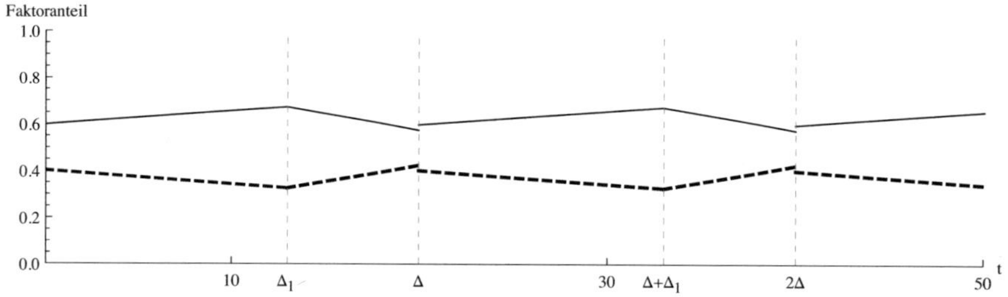

Abbildung 3.12: Zeitlicher Verlauf der Faktoreinsatzrelation, basierend auf eigenen Berechnungen. Gestrichelt: Profitanteil am Nominaloutput, durchgezogen: Arbeitsanteil am Nominaloutput. Parameter: $\alpha = 0.5$, $a = 1$, $L = 1$, $\rho = 0.025$, $\lambda = 1.5$.

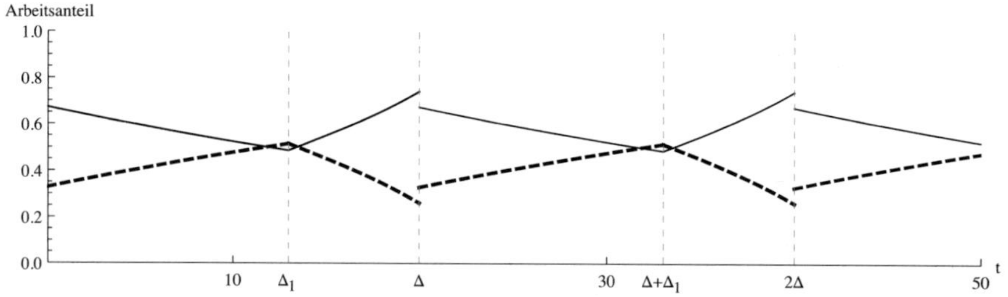

Abbildung 3.13: Zeitlicher Verlauf der Arbeitsaufteilung, basierend auf eigenen Berechnungen. Gestrichelt: Arbeitsanteil in der Entwicklung, durchgezogen: Arbeitsanteil in der Produktion. Parameter: $\alpha = 0.5$, $a = 1$, $L = 1$, $\rho = 0.025$, $\lambda = 1.5$.

3.3 Endogenisierung der Technologiesprünge

Aghion und Howitt (1998) übernehmen den Ansatz von Helpman und Trajtenberg (1998a), vereinfachen jedoch auf nur ein Zwischenprodukt, das zur Verfügung stehen muss, bevor neue QT-Endprodukte herstellbar sind. Dadurch verschwindet in erster Linie die Ableitung der bei Helpman und Trajtenberg (1998a) endogen bestimmten Komponentenzahlen. Der einzige Produktionsfaktor Arbeit kann weiterhin für F&E zur Entwicklung des implementierenden Zwischenprodukts oder für die Produktion des finalen Outputs verwendet werden.Das Modell lässt sich in zwei Teile zerlegen, die im Folgenden besprochen werden. Der erste beschreibt die Schumpeterianische Grundidee, der zweite implementiert den anfänglichen Produktivitätsrückgang. Die Darstellung folgt Aghion und Howitt (2009) und der dort angenommenen Cobb-Douglas-Produktionsfunktion.[110]

Schumpeterianische Wellen

Zunächst sei für den gesamtwirtschaftlichen Output folgende Cobb-Douglas-Produktionsfunktion angenommen.

$$Y_t = A_t F(x_t) = A_t x^\alpha, \qquad \text{mit} \quad \alpha \in (0, 1). \tag{3.36}$$

Dabei bezeichnet x sowohl die Menge des homogenen Zwischenprodukts als auch – unter angenommen linearer Produktionstechnologie – die dafür aufzuwendende Arbeit. Abhängig von der darüber hinaus in Forschung investierten Arbeit n kommt es mit einer Wahrscheinlichkeit von λn gemäß eines Poisson-Prozesses in unregelmäßigen exponentialverteilten Intervallen zu technischem Fortschritt. Innovationen finden dabei ausnahmslos im *Zwischenproduktsektor (ZPS)* statt, sind jeweils drastisch (und daher disruptiv[111]) und erhöhen auf Basis intertemporaler Spillover für alle Zeit die Produktivität (Aghion und Howitt, 1992). Diese steigt mit jeder Weiterentwicklung von A_t um den Faktor $\gamma > 1$ auf $A_{t+1} = \gamma A_t$.[112] Der Index $t = 0, 1, \ldots$ steht dabei jeweils für das zeitliche Intervall beginnend mit der t-ten Innovation. Zeit ist demnach kontinuierlich.[113]

Es herrscht Arbeitsmarkträumung bei exogen fixiertem Arbeitsangebot L:

$$L = n + x \tag{3.37}$$

Das zweistufige Optimierungskalkül möglicher Entrepreneure, das über die gewählten Forschungsintensitäten beziehungsweise den Arbeitseinsatz in der Produktion entscheidet, wird in Anhang A.2 erläutert.

Als zeitliche Entwicklung des Outputs lässt sich zeigen:

$$\begin{aligned} t = 0: \; & Y_0 = A_0 x^\alpha & \Longrightarrow \quad & \ln Y_0 = \ln A_0 + \alpha \ln x \\ t = 1: \; & Y_1 = A_1 x^\alpha = \gamma A_0 x^\alpha & \Longrightarrow \quad & \ln Y_1 = \ln \gamma + \underbrace{\ln A_0 + \alpha \ln x}_{\ln Y_0} \end{aligned}$$

Demnach wächst mit jedem Technologiesprung der logarithmierte Output um den Betrag $\ln \gamma$.

---

[110] In der Darstellung von Aghion und Howitt (1998), beruhend auf dem Schumpeterianischen Ausgangsmodell von Aghion und Howitt (1992), wird eine allgemeine Produktionsfunktion $Y_t = A_t F(x_t)$ mit positiven abnehmenden Skalenerträgen zugrunde gelegt.

[111] Vorherige Anbieter des Zwischenprodukts werden jeweils ersetzt. Als bestehende Marktteilnehmer haben sie aufgrund des Replacement-Effekts (Arrow, 1962; Tirole, 1988) einen geringeren Anreiz zur Innovation als die konkurrierenden Entranten, die Monopolmacht im Zwischenproduktsektor (ZPS) in $t + 1$ erlangen. Ein gegenläufiger Effizienzeffekt existiert nicht, zumal die Grenzkosten der Forschung – aufgrund der Linearität in n – konstant sind.

[112] Diese Art intertemporaler Spillover etablierte zuvor Romer (1990). Die Innovationsrenten des künftigen Monopolisten beschränken sich auf die Dauer bis zum nachfolgenden Fortschritt. Darüber hinaus erhält er für seine Aufwendungen keine Kompensation. Abschnitt 7.3.1 widmet sich unter anderem solchen abgeschlossenen Aktionen.

[113] Auf die Darstellung von Diskontierungsaspekten wird verzichtet.

Allgemein ausgedrückt gilt

$$\ln Y_{t+1} = \ln \gamma + \ln Y_t. \tag{3.38}$$

Die durchschnittliche Wachstumsrate ist dann gegeben als

$$g = \lambda n \cdot \frac{\dot{Y}}{Y} = \lambda n \cdot \frac{d \ln Y}{dt} = \lambda n \cdot \ln \gamma. \tag{3.39}$$

Das Ergebnis entspricht einer hinsichtlich der Stufenbreite stochastisch beeinflussten Treppenfunktion. Diese weist zunächst keine wachstumshemmenden Elemente auf.

Ein vereinfachtes Modell zyklischen Wandels

In einem zweiten Schritt soll nun eine Zwischenstufe integriert werden, die der Implementierungsphase bei Helpman und Trajtenberg (1998a) entspricht. Statt einer endogen bestimmten Anzahl von Zwischenprodukten, die zur Verfügung stehen muss, bevor die neue Technologie im Endproduktsektor Verwendung finden kann, vereinfachen Aghion und Howitt (2009) hierbei auf eine einzelne Komponente. Diese kann als implementierendes Gut verstanden werden.

Die Entwicklung dieses Implementierungsguts vollzieht sich nach dem Muster des vorherigen Abschnitts und ist nur abhängig von einer zuvor aufgetauchten Querschnittstechnologie. Bevor diese nicht bekannt ist, kann nicht mit der zugehörigen Entwicklung begonnen werden. Ist die Implementierung abgeschlossen, beginnt die zweite produktive Phase analog zum Basismodell des Abschnitts 3.2. Im Unterschied zur dortigen Formalisierung ist der jeweilige Anteil an Arbeit in Forschung und Produktion in den beiden Phasen aber nicht veränderlich (wie dort in Abbildung 3.13 gezeigt), sondern konstant über die Gesamtdauer der einzelnen Phasen. Abbildung 3.14 veranschaulicht dies.

In der anfänglichen Entwicklungsphase wird der endogen bestimmte Anteil n an Arbeit für die Forschung aufgewendet. In der zweiten Phase ist dies nicht mehr nötig: Die gesamte Arbeit wird in der Produktion alloziert. Der jeweilige Output der beiden Phasen für eine Querschnittstechnologie i ergibt sich wie folgt:

$$\begin{aligned} Y_i^{\Delta_1} &= A_{i-1}F(L-n), \\ Y_i^{\Delta_2} &= A_i F(L) = \gamma A_{i-1}F(L) \end{aligned}$$

Beginnt demnach ein neuer Zyklus durch eine neue Querschnittstechnologie $i+1$, fällt der Output zunächst um einen Betrag von

$$A_i[F(L) - F(L-n)].$$

Wie in der komplexeren Version des Modells bei Helpman und Trajtenberg ergibt sich ein Gleichgewicht über mehrere Technologien hinweg dann, wenn in jedem Zyklus dieselben Allokationsentscheidungen getroffen werden. Die in der Forschung aufgewendete Arbeit n ist dann während der Entwicklungsphasen konstant über der Folge $i, i+1, \ldots$.[114]

[114] Ebenso ist die produktivitätsadjustierte Lohnrate unabhängig vom herrschenden Technologiezyklus. Sie unterscheidet sich jedoch zwischen den Phasen, zumal beim Übergang von Phase 1 zu 2 auf Basis der optimierten Forschungsallokation des Entrepreneurs erneut die Research Arbitrage Condition – analog Gleichung (A.51) – gelten muss. Hieraus lassen sich erneut der Gleichgewichtsressourceneinsatz bestimmen, wie Anhang A.2 darlegt.

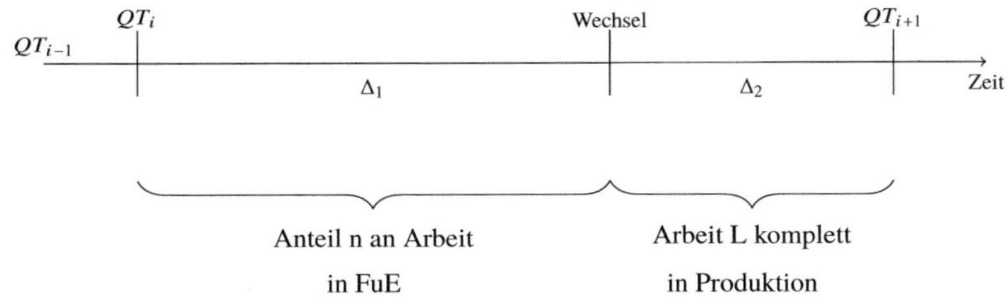

Abbildung 3.14: Stilisierter Ablauf eines Querschnittstechnologie-Zyklus im vereinfachten Modell mit jeweiliger Arbeitsaufteilung. Quelle: Eigene Darstellung in Anlehnung an Aghion und Howitt (2009, S. 202).

Die durchschnittliche Länge der zweiphasigen Wachstumszyklen hängt nun von zwei stochastischen Größen ab: zum einen der Ankunftsrate neuer Querschnittstechnologien und zum anderen von der Implementierungsdauer. Bei zeitstetiger Betrachtung folgen beide Ankunftsprozesse einer Exponentialverteilung.[115] Die Implementierungsdauer ist dabei endogen durch den Forschungseinsatz beeinflusst. Die Ankunftsrate – als Anzahl der erwarteten Entwicklungserfolge im Einheitsintervall – entspricht λn. Entsprechend ist der Erwartungswert der Verteilung und damit der Dauer von Phase 1 als Inverse dieser Frequenz durch $E(\Delta_1) = \frac{1}{\lambda n}$ gegeben.

Phase 2 beschreibt im Anschluss die Dauer bis zum Durchbruch einer neuen Querschnittstechnologie. Die zugehörige Ankunftsrate und damit der Parameter der Exponentialverteilung sei mit μ bezeichnet. Da erneut eine Exponentialverteilung der Zwischenankunftszeiten angenommen ist, ist der Erwartungswert der Dauer analog $E(\Delta_2) = \frac{1}{\mu}$. Für die Dauer des Gesamtzyklus folgt demnach:

$$E(\Delta_1) + E(\Delta_2) = \frac{1}{\lambda n} + \frac{1}{\mu} = \frac{\lambda n + \mu}{\lambda n \mu}, \tag{3.40}$$

so dass die Wachstumsrate des Outputs sich analog zu Gleichung (3.39) mit der Inverse dieser erwarteten Gesamtdauer ergibt:

$$g = \ln \gamma \cdot \frac{\mu \lambda n}{\mu + \lambda n}. \tag{3.41}$$

Der Frequenzterm der rechten Seite wächst mit n. Ein höherer Arbeitseinsatz in der Forschung verursacht demnach eine höhere Wachstumsrate, führt aber auch zu einem starkeren Produktivitätsrückgang, der sich – für den logarithmierten Output – gemäß $\ln F(L) - \ln F(L-n)$ ergibt.

[115] In Aghion und Howitt (2009) sind beide Ankunftsprozesse diskret modelliert und bestimmt durch eine jeweilige geometrische Verteilung für wiederholte unabhängige Bernoulli-Experimente mit Erfolgswahrscheinlichkeiten λn beziehungsweise μ – als diskretes Analogon zur stetigen Exponentialverteilung bei Poisson-Prozessen. Die Innovationswahrscheinlichkeit nach genau t Zeitschritten ergibt sich dann gemäß

$$\begin{aligned} P(\Delta = t) &= p(1-p)^{t-1}, \qquad t = 1, 2, \ldots \\ &= \begin{cases} \lambda n(1-\lambda n)^{t-1}, & \text{für den Beginn eines neuen Zyklus,} \\ \mu(1-\mu)^{t-1}, & \text{für den Entwicklungserfolg des Zwischenprodukts.} \end{cases} \end{aligned}$$

Der Erwartungswert der Phasendauer ist dann ebenfalls $E(\Delta_1) = \frac{1}{\lambda n}$ respektive $E(\Delta_2) = \frac{1}{\mu}$, mit Δ_k als jeweiliger Anzahl der Schritte bis zum Innovationserfolg.

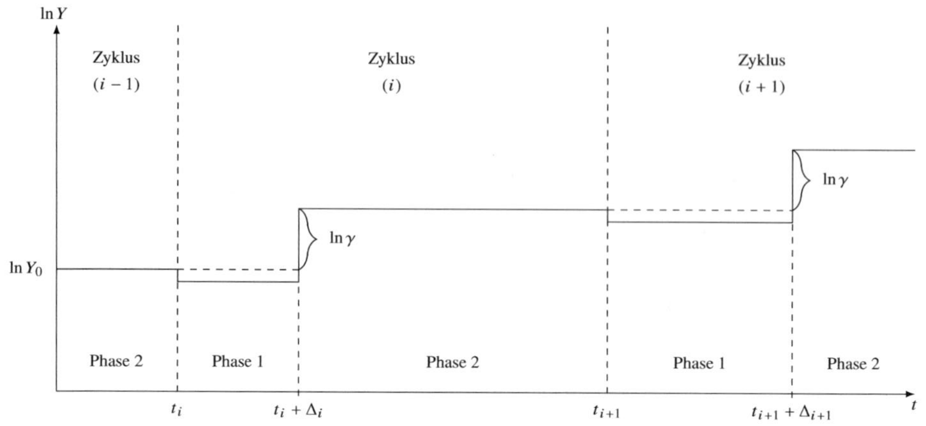

Abbildung 3.15: Zeitliche Entwicklung des Outputs bei endogenen Technologiesprüngen. Eigene Darstellung auf Basis der Ergebnisse in Aghion und Howitt (2009).

Abbildung 3.15 zeigt die resultierende Entwicklung des logarithmierten Outputs. Wie auch im komplexeren Modell von Helpman und Trajtenberg (1998a) kann eine sukzessive sektorale Diffusion als Erklärungsansatz dienen, weswegen empirisch ein verlangsamtes, aber positives Wachstum beobachtbar ist, während das Modell einen Rückgang der Produktivität prognostiziert.

3.4 Unsicherheit und Wachstum

QT-Modelle wie jenes von Helpman und Trajtenberg (1998a) fußen zumeist auf der neoklassischen oder Schumpeterianischen Wachstumstheorie und erweitern diese um anfängliche Produktivitätsrückgänge und komplementäre Zwischenprodukte, die auf das stilisierte Faktum der weiten Verbreitung in den Anwendungssektoren der Volkswirtschaft verweisen sollen. Die damit verbundenen Erweiterungen führen zu zusätzlicher Komplexität, die vor allem das Modell von Helpman und Trajtenberg (1998a) als Ausgangspunkt für spezifischere Fragestellungen schwer zugänglich macht. Die Vereinfachungen von Aghion und Howitt (1998) greifen diesen Kritikpunkt auf und erlauben darüber hinaus, wie gezeigt, die Endogenisierung des Erscheinens einer neuen Querschnittstechnologie. Die Vereinfachung geht jedoch offensichtlich zulasten der Reichhaltigkeit der Ergebnisse.

Carlaw und Lipsey (2006a) verzichten in ihrem Modell auf die Annahmen der meist auf stationäre Entwicklungspfade festgelegten Wachstumstheorie. Sie greifen jedoch ungeachtet dessen erfolgreich einige stilisierte Fakten der QT-Idee auf, die sich weder mit der neoklassischen noch der schumpeterianischen Wachstumslehre abbilden lassen. So erlauben die Autoren Unsicherheit der Akteure über zukünftige Entwicklungen und formulieren in der Konsequenz eine durch den Zufall zumindest mitgeprägte Entwicklung der Konsummöglichkeiten.

Die Integration Knight'scher Unsicherheit

Das Modell von Carlaw und Lipsey (2006a) erlaubt drei Arten Knight'scher Unsicherheit (Knight, 1921):

(1) So haben Agenten erstens keine Kenntnis über die zukünftige Entwicklung einer neuen Querschnittstechnologie. Diese Annahme reflektiert die Kritik, dass ökonomische Akteure in der Realität kaum abzusehen vermögen, welche zukünftigen komplementären Entwicklungen eine komplexe neue Technologie innerhalb kommender Jahrzehnte mit sich bringen wird. Sinnbildlich sei auf das – zugegebenermaßen nicht bestätigte – Zitat des IBM-Vorstands Thomas J. Watson verwiesen, der sich 1946 einen Weltmarkt für „vielleicht fünf" Heim-Computer vorstellen konnte. Mehr erschien ihm auch zukünftig unrealistisch.[116]

(2) Die ökonomischen Akteure haben darüber hinaus auch keine Sicherheit bezüglich des Ergebnisses ihrer eigenen Forschungsanstrengungen und sind auch nicht in der Lage, einem Set von möglichen Ergebnissen Wahrscheinlichkeiten zuzuordnen (Entscheidung unter Risiko).

(3) Die dritte Unsicherheit besteht im Hinblick auf den ganzheitlichen Wachstumsprozess. Sie ist begründet durch den Einfluss der zufällig aufeinanderfolgenden Querschnittstechnologien. Diese können sich hinsichtlich ihrer Produktivitätsimplikationen sowie ihrer jeweiligen Dauer stark voneinander unterscheiden.

Stochastische Einflüsse erzeugen folglich Unsicherheit der Akteure sowohl für die nahe als auch ferne Zukunft. Sie verhindern damit die Entwicklung eines langfristigen stationären Gleichgewichts, das weder in Form eines balancierten Wachstumspfads noch eines Steady States entstehen kann: Zwar existiert prinzipiell zu jedem Zeitpunkt ein *übergangsweises* Gleichgewicht insofern, als dass die Akteure jeweils (auf Basis der direkten Vergangenheit) Erwartungswerte der marginalen Produktivitäten der Inputs in verschiedenen Sektoren bilden. Diese Produktivitäten ändern sich jedoch kontinuierlich, teils zufällig, teils aufgrund von nicht-kalkulierten Spillover-Effekten.

Um das Modell zu veranschaulichen, wird im Folgenden dem Vorgehen von Carlaw und Lipsey (2006a) folgend zunächst ein vereinfachtes zeitdiskretes Zwei-Sektoren-Modell gezeigt, das aus (Anwendungs-)Forschungs- und Konsumsektor besteht. Danach endogenisiert die Einführung des Grundlagenforschungssektors das Erscheinen neuer Querschnittstechnologien im finalen Drei-Sektoren-Modell. Folgende Annahmen können vorausgeschickt werden:

Die in jedem Zeitpunkt t verfügbare Menge aggregierter Ressourcen R ist exogen sowie konstant und stellt den einzigen Produktionsfaktor dar. R wird vollständig auf die – anfangs zwei, später erweitert auf drei – Sektoren der Wirtschaft alloziert:

$$R_t = r_{c,t} + r_{a,t} + r_{g,t}. \tag{3.42}$$

Die drei Produktionsfaktoren $r_{c,t}$, $r_{a,t}$ und $r_{g,t}$ sind konsummaximierend zuzuordnende Entscheidungsvariablen der Optimierung, die die Produktivitäten der drei Sektoren bestimmen: Konsumgüter- (r_c), Anwendungsforschungs- (r_a) beziehungsweise Grundlagenforschungssektor (r_g). Der erstgenannte Sektor produziert in jeder Periode t Konsumgüter gemäß folgender Produktionsfunktion:

$$c_t = \mu A_{t-1}(r_{c,t})^{\alpha}, \qquad \text{mit} \qquad \alpha \in (0,1), \quad \mu \in (0,1). \tag{3.43}$$

A_{t-1} repräsentiert dabei einen Produktivitätsparameter, der das akkumulierte Wissen der Anwendungsforschung widerspiegelt. Ein zusätzlicher exogener Parameter μ teilt darüber hinaus

[116] Obwohl die so begründete Annahme langfristiger Unsicherheit nachvollziehbar und realistisch(er) erscheint, herrscht in den meisten Wachstumsmodellen perfekte Voraussicht.

einen Spillover-Effekt aus angewandter Forschung anteilig auf den Konsumsektor (μ) und auf den Grundlagenforschungssektor ($1 - \mu$) auf.

Zwei-Sektoren-Modell

Verzichtet man in einem ersten Schritt auf den Grundlagenforschungssektor, so gilt zunächst $r_{g,t} = 0$ und $\mu = 1$. Das in t verfügbare Anwendungswissen ergibt sich wie folgt:

$$A_t = a_t + (1 - \varepsilon)A_{t-1}, \qquad \text{mit} \qquad \varepsilon \in (0, 1). \tag{3.44}$$

Es setzt sich zusammen aus dem Wissenszufluss der jeweiligen Periode a_t und dem bisherigen Anwendungswissen A_{t-1}, wobei ein exogener Obsoleszenz-Parameter ε einen Teil des akkumulierten Wissens in jeder Periode abschreibt. Der Wissenszufluss a_t wiederum wird mittels des Produktionsfaktors $r_{a,t}$ im Anwendungsforschungssektor generiert:

$$a_t = \nu G^a_{t-1}(r_{a,t})^\beta, \qquad \text{mit} \qquad \beta \in (0, 1), \quad \nu \in (0, 1), \tag{3.45}$$

wobei der Produktivitätsparameter G^a an dieser Stelle noch exogen ist. Bei einer Erhöhung des Faktors G^a steigt die Produktivität der in der Anwendungsforschung eingesetzten Inputs, was in der Folge auch die Produktivität der im Konsumsektor eingesetzten Ressourcen erhöht. Die exogene Anhebung von G^a kann als technologischer Schock durch das Erscheinen einer neuen Querschnittstechnologie interpretiert werden.[117] Solange kein solcher Schock modelliert wird, bleibt G^a im Zeitverlauf invariant. Wie bereits in Gleichung (3.43) finden sich auch hier sinkende Grenzerträge der eingesetzten Ressource $r_{a,t}$. Die Parametrisierung hinsichtlich ν und β erfolgt zur Kalibrierung des Modells.

Ressourcen sind stets so auf die verschiedenen Sektoren des Modells aufgeteilt, dass der Konsum in jedem Zeitpunkt maximal wird.[118] Die Allokationsentscheidungen folgen demnach einem Optimierungskalkül[119], das Gleichheit der Grenzproduktivitäten der in den Sektoren eingesetzten Inputs erzwingt. Die direkt konsummindernde Wirkung einer marginalen Reallokation von Ressourcen – abgezogen aus dem Konsumsektor – muss ausgeglichen sein durch die indirekte Zunahme des Konsums aufgrund der erhöhten Produktivität A_{t-1} in Gleichung (3.43).

Die vereinfache Zwei-Sektor-Struktur führt langfristig zu stationären Gleichgewichten. Da G^a_t einen konstanten Wert darstellt, was dem Ausbleiben eines technologischen Durchbruchs im Grundlagenforschungssektor gleichgesetzt werden kann, konvergiert A_t irgendwann gegen einen Wert, für dessen Erhalt im Zeitablauf gerade so viele Ressourcen aufgewendet werden, um die Obsoleszenz des Anwendungswissens kompensieren zu können. An diesem Punkt findet kein Wachstum mehr statt, weder konsum- noch forschungsseitig.

Drei-Sektoren-Modell

Die Erweiterung auf drei Sektoren endogenisiert den Produktivitätsfaktor G^a_t. Dies geschieht grundsätzlich in gleicher Weise wie bei Aghion und Howitt (1998). In unregelmäßigen Abständen

---

[117] Ebenso zulässig ist sicherlich die Interpretation als erstmalige produktive Nutzbarmachung einer neuen Technologie, die erst hinreichend erforscht sein muss, bevor sie zur Anwendung kommen kann. Dies würde der 2. Phase bei Helpman und Trajtenberg (1998a) gleichkommen.

[118] Dies gilt im Zwei-Sektor-Modell ebenso wie im erweiterten Drei-Sektor-Fall.

[119] Ob bei der Allokation der Ressourcen ein benevolenter sozialer Planer angenommen wird oder preisnehmende Akteure des privaten Sektors, deren Profite mittels staatlicher Besteuerung konsummaximierend auf die Grundlagenforschung umverteilt werden, ist unerheblich.

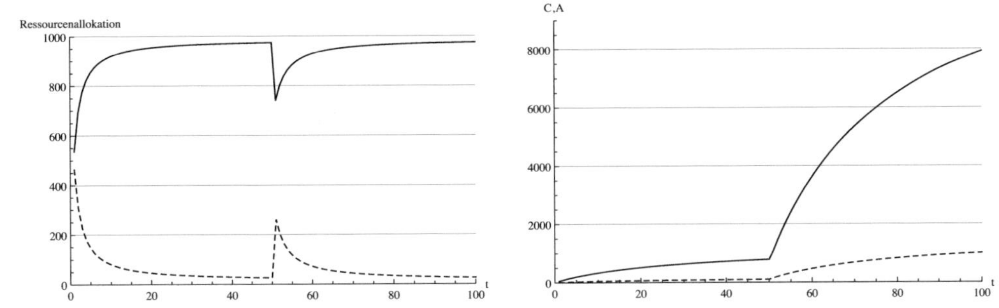

(a) Ressourcenallokation (b) Output

Abbildung 3.16: Zeitlicher Verlauf der Ressourcenallokation sowie resultierender Output des Konsum- und Anwendungsforschungssektors, basierend auf eigenen Berechnungen. Gestrichelt: Anwendungsforschungssektor, durchgezogen: Konsumsektor. Parameter: $\alpha = 0.3$, $\beta = 0.3$, $\nu = 1$, $\mu = 1$, $A_0 = 1$, $\epsilon = 0.02$, $R = r_{c,t} + r_{a,t} = 1000$.

entsteht aus akkumuliertem Wissen zufällig eine neue Querschnittstechnologie. Bei Carlaw und Lipsey (2006a) geht dieser Prozess in einem zusätzlichen dritten Sektor vonstatten, in dem in jeder Periode neues Grundlagenwissen g_t entsteht. Dieses wird zwar als *potenzielles* Grundlagenwissen G_t^p angehäuft, kann sich aber erst nach dem Durchbruch einer neuen Querschnittstechnologie als erhöhte Produktivität in der angewandten Forschung niederschlagen. Die Akkumulation des Wissens aus der Grundlagenforschung unterliegt direkten stochastischen Einflüssen. Zunächst gilt:

$$g_t = (1-\mu)A_{t-1}(\theta_t r_{g,t})^{\sigma}, \tag{3.46}$$
$$G_t^p = g_t + (1-\delta)G_{t-1}^p. \tag{3.47}$$

Die in jeder Periode neu bestimmte Zufallsvariable θ_t, die die Unsicherheit (2) über das kurzfristige Ergebnis der Forschungsanstrengungen reflektiert, entstammt dabei einer Gleichverteilung mit Erwartungswert von eins. Wann und wie stark sich die neue Technologie in der *tatsächlich nutzbaren* Grundlagenforschung G_t^a niederschlägt, ist darüber hinaus wie folgt bestimmt:

$$G_t^a = \begin{cases} G_{t-1}^a + \vartheta_t(G_t^p - G_{t-1}^a), & \text{für } \lambda \geq \lambda^*, \\ G_{t-1}^a, & \text{sonst.} \end{cases} \tag{3.48}$$

ϑ_t und λ_t sind ebenfalls periodische Zufallsvariablen. Sie entsprechen den Unsicherheiten (1) respektive (3) über langfristige Entwicklungen und entstammen jeweils verschiedenen Betaverteilungen auf dem fixen Intervall [0, 1] mit der Wahrscheinlichkeitsdichte[120]

$$f(x) = \begin{cases} \frac{(x)^{\nu-1}(1-x)^{\eta-1}}{Beta(\nu,\eta)} & \text{wenn } x \in [0,1], \\ 0, & \text{sonst.} \end{cases} \tag{3.49}$$

Überschreitet demnach λ_t einen bestimmten zu parametrierenden Schwellenwert λ^*, entsteht ein technologischer Schock. Die Stärke dieses Schocks hängt einerseits von der Differenz des

120 Die Verteilungsfunktion ergibt sich gemäß: $Beta(\nu, \eta) = \int_0^1 u^{\nu-1}(1-u)^{\eta-1}du = \frac{\Gamma(\nu)\Gamma(\eta)}{\Gamma(\nu+\eta)}$. Γ steht dabei für die Verteilungsfunktion der Gammaverteilung. Die Parameter ν und η werden in der Parametrierung derart gewählt, dass $\nu < \eta$ gilt, mit $\nu = 5$ und $\eta = 20$. Die Verteilung erzeugt Zufallsvariablen auf dem Intervall [0, 1] mit Erwartungswert $E(X) = \frac{\nu}{\nu+\eta} = \frac{1}{5}$.

angehäuften potenziellen Grundlagenwissens zum tatsächlich genutzten ab und andererseits von ϑ_t. Kommt es nicht zu einem solchen Schock, verbleibt das tatsächlich nutzbare Grundlagenwissen auf seinem Vorperiodenniveau.

Das nutzbare Grundlagenwissen geht, analog zum Zwei-Sektoren-Modell, in den periodischen Zufluss der Anwendungsforschung ein. Nunmehr wird dabei jedoch angenommen, der Produktivitätseffekt der Grundlagenforschung trete nicht zeitverzögert, wie in Gleichung (3.45), sondern direkt auf:

$$a_t = \nu G_t^a (r_{a,t})^\beta, \qquad \text{mit} \qquad \beta \in (0,1), \quad \nu \in (0,1). \tag{3.50}$$

A_t ergibt sich weiterhin gemäß Gleichung (3.44) gemäß

$$A_t = a_t + (1-\varepsilon)A_{t-1}, \qquad \text{mit} \qquad \varepsilon \in (0,1).$$

Damit folgt für den realisierten Konsum in Periode t:

$$c_t = \mu A_t (r_{c,t})^\alpha, \qquad \text{mit} \qquad \alpha \in (0,1), \quad \mu \in (0,1). \tag{3.51}$$

Auch hier sei auf den Unterschied zu Gleichung (3.43), nämlich die direkte zeitliche Wirkung der Anwendungsforschung auf den Konsum in derselben Periode hingewiesen.

Die Ressourcenallokation der Agenten zur Konsummaximierung in jeder Periode muss ohne Kenntnis der stochastisch bestimmten Einflüsse erfolgen. Die Zufallsvariablen θ_t, ϑ_t und λ_t sind daher für das Optimierungsproblem insoweit unerheblich, als dass sich die risikoindifferenten Agenten am Erwartungswert der jeweiligen Bestands- und Stromgrößen orientieren, die ohne Zufallseinfluss entstehen müssten. Für die in Periode t unbekannten Werte von G_t^a und g_t werden daher der erwartete Produktivitätsparameter $\tilde{G}_t^a$ respektive der erwartete Zufluss $\tilde{g}_t$ zur Optimierung herangezogen:

$$\tilde{g}_t = (1-\mu)A_{t-1}(r_{g,t})^\sigma, \tag{3.52}$$
$$\tilde{G}_t^a = \tilde{g}_t + (1-\delta)G_{t-1}^a. \tag{3.53}$$

Die Erwartungen für den Anwendungsforschungssektor und dessen periodische Zuflüsse ergeben sich entsprechend. Das Maximierungsproblem kann schließlich gemäß dynamischer Optimierung nach Bellman (1957) dargestellt werden:

$$\begin{aligned}
\max_{\{r_{c,t},r_{a,t},r_{g,t}\}} \quad & \tilde{c}_t = \mu \tilde{A}_t (r_{c,t})^\alpha \\
\text{u.d.N.} \quad & \\
& R = r_{c,t} + r_{a,t} + r_{g,t} \\
& \tilde{A}_t = \tilde{a}_t + (1-\varepsilon)A_{t-1} \\
& \tilde{a}_t = \nu \tilde{G}_t^a (r_{a,t})^\beta \\
& \tilde{G}_t^a = \tilde{g}_t + (1-\delta)G_{t-1}^a \\
& \tilde{g}_t = (1-\mu)A_{t-1}(r_{g,t})^\sigma
\end{aligned} \tag{3.54}$$

Hervorzuheben ist die Eliminierung der zeitlichen Verzögerungen zwischen der Erzeugung von Grundlagenwissen und dessen produktivem Einsatz im Sektor angewandter Forschung sowie zwischen der Erzeugung von angewandtem Wissen und dessen respektiver sofortiger

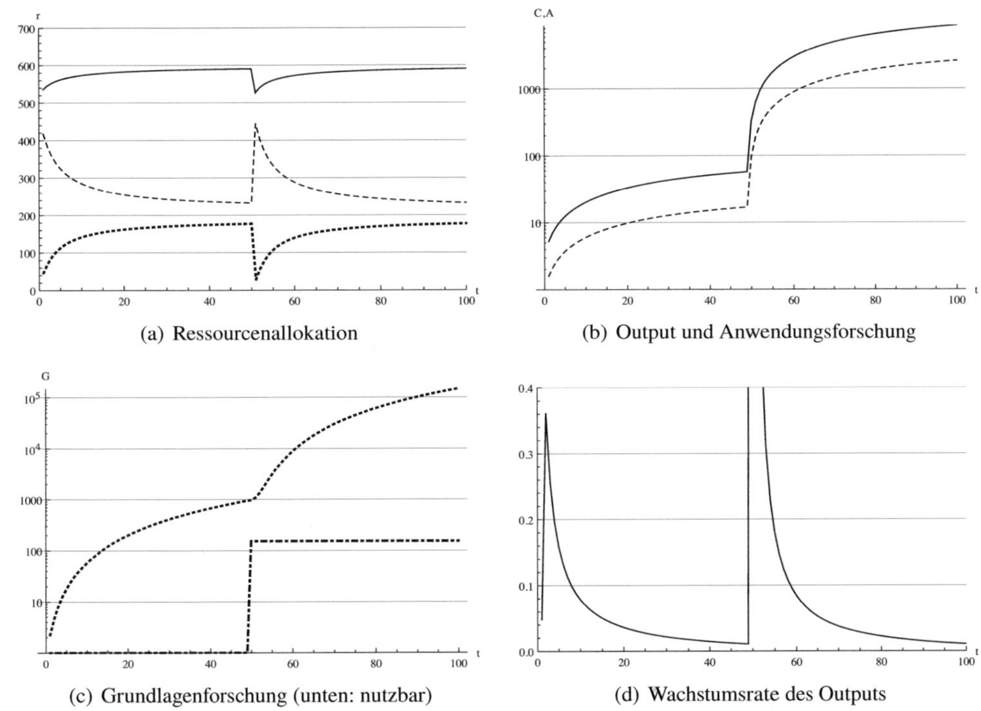

(a) Ressourcenallokation

(b) Output und Anwendungsforschung

(c) Grundlagenforschung (unten: nutzbar)

(d) Wachstumsrate des Outputs

Abbildung 3.17: Zeitlicher Verlauf der Ressourcenallokation (a), resultierender Output des Konsum- und Anwendungsforschungssektors (b) sowie des Grundlagenforschungssektors (c) und Wachstumsrate des Outputs (d), eingeschränkt auf einen Schock, basierend auf eigenen Berechnungen. Gestrichelt: Anwendungsforschungssektor, durchgezogen: Konsumsektor, gepunktet: Grundlagenforschungssektor. Parameter: $\alpha = 0.3$, $\beta = 0.3$, $\delta = 0.0001$, $\nu = 0.1$, $\mu = 0.5$, $\sigma = 0.3$ $A_0 = 1$, $G_0 = 1$, $\epsilon = 0.02$, $R = r_{c,t} + r_{a,t} + r_{g,t} = 1000$.

Einsatzfähigkeit im Konsumsektor.[121] Dies gilt nicht nur für die Erwartungshaltung der Akteure im Rahmen ihrer Allokationsentscheidungen, sondern auch für die tatsächliche Realisierung.

Die Zeitpräferenzrate der Agenten liegt annahmegemäß bei null. Jegliche Form von intertemporalem Trade-off des Nutzens wird somit ausgeschlossen, was die Komplexität des Modells deutlich senkt. Mit den Inputfaktoren als Entscheidungsvariablen bestimmen Agenten in jeder Periode ihre konsummaximierende Ressourcenallokation und gehen dabei von Erwartungswerten der tatsächlichen Produktivität der eingesetzten Inputs aus. Stationäre Gleichgewichte, wie im Zwei-Sektoren-Fall, werden nicht mehr realisiert. Agenten treffen Entscheidungen jeweils nur für die aktuelle Periode.

Die Abbildungen 3.17(a) bis 3.17(d) zeigen die resultierende Ressourcenallokation im Zeitverlauf sowie den Output des Konsum-, Anwendungs- und Grundlagenforschungssektors. Letztere Abbildung unterscheidet zwischen dem nutzbaren Anwendungswissen (unten) und dem potenziell

121 Lediglich der Spillover-Effekt der Anwendungsforschung auf den Grundlagensektor wird weiterhin – im Gegensatz zur Darstellung bei Carlaw und Lipsey (2006a) – mit einer zeitlichen Verzögerung inkorporiert. Auf diesen Aspekt wird in Anhang A.3 gesondert eingegangen.

nutzbaren Grundlagenwissen (oben). Dem Fokus der Arbeit entsprechend wird die Betrachtung erneut auf den Übergang zwischen zwei technologischen Regimen eingeschränkt.[122]

Zur zeitlichen Koexistenz mehrerer Querschnittstechnologien

Die vermeintlich größte Einschränkung der bisherigen Modellbetrachtungen betrifft die zeitliche Koexistenz und Interdependenz mehrerer Technologieregime. Lipsey et al. (2005, S. 477 ff.) führen an, nicht wenige der von ihnen diskutierten historischen Beispiele (vergleiche Tabelle 2.1 zu den QT-Hauptklassen) würden sich eher wechselwirkend komplementieren, als substitutiv zu konkurrieren. Dies sei unter anderem für die Elektrifizierung und die IKT offensichtlich.

Entsprechend erweitern sie das hier vorgestellte Modell um eine zusätzliche Querschnittstechnologie mit eigenem Anwendungs-, Grundlagenforschungs- und Konsumsektor und zeigen erste Ergebnisse. Sie betonen, dass sukzessive Modifikationen – wie beispielsweise die Inkorporation sowohl vertikaler Qualitätsinnovationen als auch horizontaler Varietätenvielfalt in einem Modell mit unterschiedlich geprägten Industriestrukturen – reale Diffusionsprozesse in komplexen heterogenen Gesamtsystemen zukünftig besser abzubilden vermögen, als es bisher der Fall sei. In Carlaw und Lipsey (2011) präsentieren sie hierzu erste ausführliche Ergebnisse. Variierende Stufen von Konkurrenz und Komplementarität sind dort bereits abgebildet. Allerdings gestaltet sich die Integration einer FS als Grundstruktur (vergleiche Abbildung 2.2) weiterhin schwierig.

Zweifellos sind die Übergänge zwischen den QT-Regimen fließend, wie Abschnitt 2.2.1 ausgeführt hat. Die Mikroelektronik als wichtigster IKT-Sektor wurde dort metaphorisch als Keimzelle der Nanotechnologie bezeichnet. Cantner und Vannuccini (2012) verorten entsprechend die Ursprünge neuer QT-Regime in bestehenden Technologiezweigen vorheriger Regime. Für die zentrale Fragestellung, ob die empirisch beobachtbaren Doppel-Boom-Muster wissensintensiver Technologiezweige Ausdruck eines techno-ökonomischen Paradigmenwandels – von der IKT zur Nanotechnologie – auf Makroebene sind, ist der Aspekt der Simultanität daher fraglos von Bedeutung. Die Erweiterungen des folgenden Kapitels 5 werden jedoch zeigen, dass bereits geringfügige Modifikationen der jeweiligen Basismodelle der Abschnitte 3.2 sowie 3.4 – in Kombination mit empirischer wie anekdotischer Evidenz zur Entwicklung der Nanotechnologie – Indizien für diese Vermutung liefern, ohne Wechselwirkungen auf Basis von Koexistenz zu betrachten.

3.5 Fazit der Basismodellbetrachtungen

Dieses Kapitel hat zwei grundlegende QT-Konzepte gegenübergestellt – jene mit und ohne Unsicherheit bezüglich technologischer Entwicklungen. Beide können unter ihren jeweiligen Bedingungen Implikationen bergen, die von Relevanz für das Verständnis langwelliger ökonomischer Wachstums- und Technologiezyklen sind. Darüber hinaus wurde mit der Betrachtung typischer QT-Industriestrukturen das Fundament zum Verständnis der wachstumstreibenden wie gleichermaßen potenziell -hemmenden Eigenschaft wechselseitiger innovatorischer Komplementarität gelegt.

Das folgende Kapitel wird die zentrale Frage dieser Arbeit aufwerfen. Erweiterungen der hier vorgestellten Wachstumsmodelle (Abschnitte 3.2 bis 3.4) bilden dann in Kapitel 5 die

[122] Carlaw und Lipsey (2006a) verwenden für ihr Modell zur Veranschaulichung stochastischer Einflüsse dagegen eine Vielzahl technologischer Schocks. Entsprechend ist in einer alternativen Darstellung des Basismodells in Anhang A.3 die Schockzahl hoch gewählt.

Grundlage der analytischen Argumentation. Die Kapitel 6 und 7 widmen sich der Empirie. Ein Verständnis des Abschnitts 3.1 und der innovatorischen Komplementaritäten wird dort von besonderer Relevanz sein.

TEIL B
Modelltheoretische Erweiterungen

Doppel-Boom-Zyklen technologischer Aktivität

Formale Analyse im QT-Kontext

I. Technologiezyklen unter perfekter Voraussicht
- Erweitertes Produktivitätswachstum im Endproduktsektor
- General Purpose Principles (GPPs)
- Wirtschaftspolitische Staatseingriffe
- Technologiewachstum

II. Technologiezyklen unter Unsicherheit
- Diffusion durch Spillover-Effekte
- Soziales Lernen, Implementierung und epidemische Verbreitung
- Bass-Diffusion
- Technologiewachstum

Zwischenfazit und Brücke zur Empirie

4 Doppel-Boom-Zyklen technologischer Aktivität

Für eine Mehrzahl wissensintensiver Technologiezweige wird in der Literatur eine charakteristische Doppel-Boom-Struktur der Forschungsaktivitäten nachgewiesen (Schmoch, 2007).[123] Vermutet wird, dass diese zyklische Struktur mit explizit *zwei* Boom-Phasen eine charakteristische Eigenschaft wissensintensiver Technologien ist. Die vorliegende Arbeit stellt diese Annahme in Frage. Stattdessen scheint eine Querschnittstechnologie ihren techno-ökonomischen Vorläufer abzulösen.

Abbildung 4.1 illustriert das beschriebene Doppel-Boom-Muster anhand jährlicher Patent- und wissenschaftlicher Publikationsanzahlen zwischen 1970 und 2002 für die beispielhaft gewählten Technologiefelder der Industrierobotik und immobilisierter Enzyme.

> „*the reasons for this pattern are unclear. To sum up, the evolution of technology cycles needs more reflection, in particular in the context of complex technologies.*“
>
> (Schmoch, 2007, S. 1001)

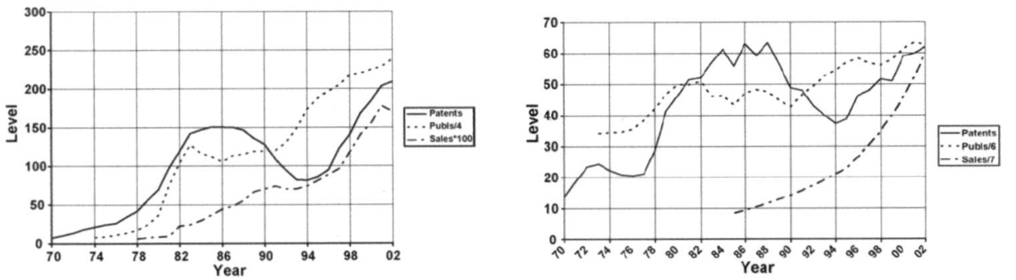

(a) Industrierobotik (b) Immobilisierte Enzyme

Abbildung 4.1: Technologieaktivität im Bereich der Industrierobotik (a) und immobilisierter Enzyme (b) (Patentanmeldungen, Publikationszahlen) sowie Umsatz in Deutschland zwischen 1970 und 2002. Quelle: Schmoch (2007, S. 1006).

Der Ablauf im Detail – Erklärungsansätze der Literatur

Der erste Boom gestaltet sich laut Schmoch (2007) wie folgt: Immense Aufwendungen sowohl im Bereich der Grundlagenforschung wie auch der industriellen Anwendbarkeit treiben die Mehrung

[123] Schmoch (2007) nennt diese Technologiezweige auch „Mesotechnologien“.

des technischen Wissens über Konzepte und Lösungen voran. Dabei sind diese Aktivitäten vor allem langfristig angelegt, kostenintensiv und mit einem hohen Unsicherheitsniveau behaftet. Es folgen unausweichlich technische Schwierigkeiten, die eine Weiterentwicklung vorerst behindern und typischerweise ein Abflachen der anfänglichen Euphorie verursachen.

Diese Desillusionierung wird früher oder später überwunden und es kommt zu einem zweiten Boom. Mit diesem entsteht ein höheres Maß an Sicherheit über den Ausgang der Forschungsanstrengungen, Märkte bilden sich, und die Entwicklung komplementärer Produkte und Prozesse im neuen Feld schreitet voran. Das Resultat ist ein für alle Technologiezweige gleichlaufendes Muster der Forschungs- und Entwicklungsaktivität: Ein Wellental trennt zwei aufeinander folgende Hochphasen.

Das Konzept der Desillusionierung impliziert dabei einen Zusammenhang, der in der Ökonomischen Psychologie unter dem Begriff des *Hype Cycles* bekannt ist (Linden und Fenn, 2003). Die Beurteilung neuer Technologien durchläuft demnach ein Stadium übermäßigen Enthusiasmus – gefolgt von unvermeidbarer Enttäuschung[124] – und mündet im besten Fall in eine immerhin positive, aber realistischere Einschätzung der technologischen Möglichkeiten und zu erwartenden ökonomischen Ergebnisse. Kritisch ist die mangelnde Konkretisierung der Hype-Kurve insbesondere im Hinblick auf die fehlende Achsenbeschriftung zu sehen. Ob Markt- oder Technologieentwicklung betrachtet werden, wird nicht einheitlich formuliert.[125]

Die langwelligen Doppel-Boom-Zyklen auf Kondratieff (1935) und damit auf Schumpeterianische Wellen (Freeman und Louçã, 2001) zurückzuführen, scheint wegen der konzeptionell ausgereifteren Theorie geeigneter. Schmoch (2007) führt einen Abgleich jedoch mit der Begründung nicht aus, die Makromodelle seien ungeeignet für Technologievorhersagen auf niedrigeren Aggregationsebenen. Allgemein eigneten sich eher nichtlineare, rekursive Modelle für die Abbildung der gesuchten Technologiewellen. Die Forschungsliteratur adressiere allerdings im Rahmen von Zyklentheorien zumeist Output- und Umsatzentwicklungen in Real Business Cycles (RBC) und weniger technologische Aktivitäten (Schmoch, 2007, S. 1001).[126]

Zwei passendere Theorien technologischer Doppel-Boom-Zyklen liefern Bhattacharjya (1996), der einen fortdauernden Wechsel von reiner Forschungs- und anwendungsorientierter Entwicklungsaktivität in Technologiezweigen analysiert, sowie Matsuyama (2001), der die zyklische Struktur technologischen Outputs als Ergebnis einer gesamtwirtschaftlichen Fluktuation zwischen Investitions- und Innovationsphasen modelliert.[127]

---

124 Die Enttäuschung der Akteure deutet hierbei implizit an, dass verlorene Kosten berücksichtigt werden. Gegebenenfalls ist auch ein Sicherheitsstreben unterstellt. Beides wäre zurückzuführen auf eine *begrenzte Rationalität* der forschenden Akteure. Das Konzept der begrenzten Rationalität entstammt der Neuen Institutionenökonomie. Bekannte Vertreter sind Simon (1959) sowie Gigerenzer und Selten (2002). Individuelle Entscheidungen erfolgen demnach nicht vollständig rational als Optimierung unter Nebenbedingungen, sondern berücksichtigen Emotionen, soziale Normen sowie Zeit- und Informationsmangel. Das Resultat ist eine Menge von Heuristiken. Entscheidungen unter perfekter Voraussicht sowie unter Unsicherheit sind dagegen rationale Entscheidungen.

125 Wie sich innerhalb der Modelle der folgenden Abschnitte zeigen wird, kann Innovationstätigkeit nicht grundsätzlich mit einer gleichlaufenden Outputentwicklung assoziiert werden.

126 Im RBC-Grundmodell (Kydland und Prescott, 1982), einem neoklassischen Wachstumsmodell unter Unsicherheit, sorgen aggregierte Produktivitätsshocks für makroökonomische Fluktuationen, vgl. beispielsweise (Acemoglu, 2009, S. 579 ff.).

127 Matsuyama (2001) kennzeichnet die beiden Phasen als Solow- respektive Romer-Regime und formalisiert deren Interdependenz als Wachstumstreiber. Erstgenanntes Regime ist geprägt von vollständigem Wettbewerb und Kapitalakkumulation, letzteres dagegen basiert auf monoplistischer Konkurrenz und folgt den neoschumpeterianischen Ansätzen von Romer (1987) sowie Rivera-Batiz und Romer (1991).

Insbesondere Bhattacharjyas Unterscheidung von *langfristiger* Grundlagenforschung und *kurzfristiger* Applikationsentwicklung (Bhattacharjya, 1996, S. 448) ist von besonderer Bedeutung, wenn das QT-Konzept als alternative Erklärung der Doppel-Boom-Zyklen herangezogen wird. Ein Beitrag der vorliegenden Arbeit besteht darin, die Idee einer langfristigen Akkumulation grundlegenden Wissens im QT-Konzept zu verankern.

Das QT-Konzept als alternative Erklärung

Nehmen wir an, Querschnittstechnologien wären verantwortlich für das Doppel-Boom-Muster. Es liegt nahe zu vermuten, dass zwei aufeinander folgende Regime jeweils eine Hochphase technologischer Aktivität zur Folge haben. Während ihrer Entwicklung durchdringen sie insbesondere wissensintensive Sektoren und stoßen dort komplementäre Innovationen an. Ein fraktales Diffusionsmuster entsteht:[128]

Definition 4.1 (Fraktale Muster). Wenn eine bestimmte Charakteristik bei wechselnder Skalierung unverändert bestehen bleibt und sich damit selbstähnlich wiederholt, spricht man von einem fraktalen Muster. Natürliche Beispiele für diese Skaleninvarianz finden sich bei Bäumen oder Blutgefäßen. Die Strukturen verfügen über eine statistische Selbstähnlichkeit.

Angenommen sei im Folgenden eine fraktale Fortsetzung des QT-Diffusionsmusters technologischer Aktivität. Dieses müsste demnach nicht nur in wissensintensiven Technologiezweigen, sondern insbesondere auf aggregiertem Niveau sichtbar sein. Das folgende Kapitel 5 wird dies modelltheoretisch untersuchen. Auch in der Realität müssten die Patent- und Publikationsaktivitäten zweier aufeinander folgender Querschnittstechnologien das Muster nachzeichnen. Kapitel 6 wird dies überprüfen und damit eine Brücke zur Empirie schlagen. Darüber hinaus müsste eine neue Querschnittstechnologie, die Nanotechnologie, den zweiten Boom eingeleitet haben. Kapitel 7 wird dies diskutieren.

Zunächst ist modelltheoretisch zu untersuchen, ob sich folgende stilisierte Fakten formal abbilden lassen:

1. Eine Querschnittstechnologie erzeugt ein Anwachsen technologischer Aktivität bis zu einem Höhepunkt. Nach dem Höhepunkt fällt die Aktivität wieder ab.
2. Für genau zwei Querschnittstechnologien entstehen genau zwei Hochphasen technologischer Aktivität. Laufen zwei Querschnittstechnologien sequenziell ab, ergibt sich ein Wellental zwischen ihnen.
3. Der zweite Boom erreicht ein höheres Maximalniveau als der erste Boom.

Wie sich zeigen wird, sind die ersten beiden Fakten modelllogisch bereits impliziert. Neu ist der Erklärungsbeitrag für ein Aufschaukeln entsprechend dem dritten stilisierten Fakt. Voraussetzung hierfür ist, dass das oszillierende Muster der Aktivität eine Wachstumskomponente enthält. Diese soll als Wissensbasis modelliert werden, die allen (Querschnitts-)Technologien zugrunde liegt. Sie ist damit fundamental – nicht technologiespezifisch –, so dass das enthaltene Wissen über alle Regime hinweg kontinuierlich akkumuliert wird. Es ist folglich zu allen

[128] Von der mathematischen Definition von Fraktalen über eine nicht ganzzahlige Hausdorff-Dimension wird abgesehen. Für den hiesigen Kontext ist das Verständnis der Begriffe Skaleninvarianz und Selbstähnlichkeit hinreichend.

Zeitpunkten produktivitätswirksam. Insbesondere findet keine schöpferische Zerstörung statt, die das Wissen obsolet werden lässt. Das Wissen ist zudem in prinzipiell allen Sektoren nutzbar, da es fundamentale Konzepte umfasst, die allgemeine Gültigkeit haben.

Wirtschaftspolitische Implikationen

Sofern das Doppel-Boom-Muster technologischer Aktivität auf zwei Querschnittstechnologien zurückgeführt werden kann, ist mit verschiedenen Formen des Marktversagens umzugehen. Zunächst folgen aus dem QT-Konzept jene Externalitäten, die Abschnitt 3.1 beschreibt. Darüber hinaus ergeben sich monopolistische Profite und damit statische Wohlfahrtsverluste, wie Abschnitt 3.2 gezeigt hat. Schließlich ist gesamtwirtschaftlich mit einem vorübergehenden PSD zu rechnen.

Neu ist darüber hinaus die Implementierung grundlegenden Wissens als teilweise öffentliches Gut. Dessen Charakteristiken der Nichtrivalität und nur bedingten Ausschließbarkeit werden in Abschnitt 5.2.2 vertieft. Die Bereitstellung dieses öffentlichen Gutes verlangt gegebenenfalls die Schaffung geeigneter Anreize oder die öffentliche Institutionalisierung der Wissensschaffung. Beides ist kostenintensiv. Ebenso erzeugt die Verbreitung des Wissens unter den Marktakteuren Transaktionskosten, die nicht internalisiert werden. Wie die modelltheoretischen Ausführungen außerdem zeigen werden, entstehen unter bestimmten Annahmen Stagnationsphasen, in denen die Entwicklung neuer Produkte zum Erliegen kommt.

Alle diese Formen des Marktversagens legitimieren wirtschaftspolitischer Eingriffe. Das folgende Kapitel wird daher auch geeignete Fördermaßnahmen zur Schaffung neuen Wissens sowie zur Unterstützung des Diffusionsprozesses aufzeigen. Schließlich wird abzuwägen sein, ob die Vorteile verkürzter Entwicklungszyklen nicht von den Nachteilen geringerer Anzahlen Nischen für potenzielle Nachfolgeregime überwogen werden.

5 Formale Analyse im Kontext von Querschnittstechnologien

Zentrale Frage dieses Kapitels ist, inwiefern sich auch in formalen QT-Modellen eine Doppel-Boom-Struktur technologischer Aktivität im Aggregat ableiten lässt – als Ausdruck des technischen Wandels durch zwei aufeinander folgende technologische Regime. Die Wirkungen dieses Wandels würden dann annahmegemäß mit zunehmender Verbreitung in Technologiezweigen auf niedrigerer Aggregationsebene messbar werden. Eine fraktale Struktur der beobachtbaren Technologieaktivität wäre die Folge. Dies hätte Konsequenzen für wirtschaftspolitische Handlungsimplikationen.

5.1 Modellwahl

Ausgangspunkt der Überlegungen ist die Einführung eines graduellen Wachstums der Menge an Grundlagenwissen. Dieses technologie-unspezifische Wissen verbindet die aufeinander folgenden QT-Regime. Am geeignetsten für entsprechende Erweiterungen erscheinen die Modelle von Helpman und Trajtenberg (1998a) und Carlaw und Lipsey (2006a). Das erstgenannte Basismodell verfügt bereits über eine mit der verfügbaren Produktionstechnologie assoziierte Trennung in zwei distinkte Phasen, die sich zyklisch wiederholen.

Die Grundstruktur des HT-Basismodells bietet darüber hinaus einen weiteren Vorteil. Sie erlaubt die Modellierung eines wirtschaftspolitischen Eingriffs. Normativ gesprochen liegt nahe, dass gerade in der Frühphase radikal neuer Technologien, deren Erschließung enormes gesamtwirtschaftliches Potenzial verspricht, langfristige und kostenintensive Anfangsinvestitionen getätigt werden müssen, soll dieses Potenzial ausgeschöpft werden. Da die Integration einer fundamentalen Wissensbasis als (zumindest teilweise) öffentliches Gut ein Marktversagen impliziert, kann ein wirtschaftspolitischer Eingriff legitimiert sein. Er wirkt zudem dem anfänglichen PSD entgegen und verkürzt somit die Anpassungsdauer beim Wechsel zwischen zwei Regimen. Die Modifikation des HT-Basismodells wird einen solchen Eingriff darstellen.

Schmoch (2007) betont als einen Grund der zwischenzeitlich rückläufigen technologischen Aktivität Unsicherheit der Akteure über den Ausgang der jeweiligen Forschungsanstrengungen. Im HT-Basismodell existiert jedoch annahmegemäß keine solche Unsicherheit. Zeitpunkte des Auftretens neuer Technologien, der Wechsel der Produktionsregime sowie das Ausmaß jeweiliger Produktivitätssteigerungen sind plan- und optimierbar.[129]

[129] Auch ist die Entwicklung komplementärer Zwischenprodukte in der Frühphase nicht kostenintensiver als bei fortgeschrittener Technologiereife. Tatsächlich sind Entrepreneure indifferent, wann sie innovieren, zumal die Entwicklungskosten mit der Zinsrate steigen und somit der Nettogegenwartswert der Investition in allen Zeitpunkten gleich hoch ausfällt (wie gleichermaßen in Abschnitt 3.2 formalisiert).

Wie in Abschnitt 3.4 beschrieben, assoziieren Lipsey et al. (2005) vor allem mit dieser Annahme die größte Kritik an den Querschnittstechnologie-Wachstumsmodellen erster Generation. Die mehrere Dekaden andauernden Fortentwicklungen neuer Technologien sowie deren hohe Komplexität sollten mit Unsicherheit über die Entwicklungspfade der Technologie allgemein, wie auch über die Erfolgswahrscheinlichkeiten eigener Forschungsbemühungen im Speziellen einhergehen. Auch deswegen wird als alternatives Bezugssystem in Abschnitt 5.3 zusätzlich das Modell von CL-Basismodell aufgegriffen. Erweitert um Diffusionsaspekte in Abschnitt 5.3.1 lassen sich ebenfalls zyklische Strukturen des Technologiewachstums abbilden, die in der Konsequenz auch eine wellenförmige Entwicklung des gesamtwirtschaftlichen Outputs anstoßen.

Die beiden Abschnitte 5.2 und 5.3 schließen jeweils mit einer Diskussion der Ergebnisse und Implikationen.

5.2 Technologiezyklen unter perfekter Voraussicht

Die Abbildung der Technologiezyklen im HT-Basismodell wird schrittweise modelliert: Zunächst erfolgt eine kontinuierliche exogene Steigerung der Produktivität des Endproduktsektors in Abschnitt 5.2.1. Diese wird in einem zweiten Schritt mit dem gesamtwirtschaftlich verfügbaren, produktiv einsetzbaren Wissen über fundamentale Prinzipien assoziiert. Learning-by-Doing-Effekte im Umgang mit bestehenden Technologieregimen können dann Produktivitätszuwächse zumindest anteilig erklärbar machen, wie Abschnitt 5.2.2 erläutert. Final werden diese Zuwächse in Abschnitt 5.2.3 vollständig durch wirtschaftspolitische Eingriffe im Sinne eines Science/Technology-Pushs[130] induziert. Die defizitäre Finanzierung dieses Eingriffs wird erst in der produktiven zweiten Phase des Modells durch die Besteuerung von Unternehmensprofiten – die mit dem späteren Demand/Market-Pull einhergehen – gedeckt.

5.2.1 Exogenes Produktivitätswachstum

Nehmen wir zunächst an, der Produktivitätsparameter λ wachse während der 1. Phase eines Querschnittstechnologie-Zyklus exponentiell mit der konstanten und vorerst exogenen Rate θ.[131] Für die anfängliche Produktivität $\lambda(T_i)$, sowie die Produktivität am Ende der 1. Phase $\lambda(T_i + \Delta_1)$ gelte:

$$\lambda(T_i + \Delta_1) = \lambda(T_i) \cdot \exp(\theta\Delta_1), \qquad \text{mit} \quad 1 < \lambda(T_i) < \lambda(T_i + \Delta_1). \tag{5.1}$$

Welche Auswirkungen hätte ein exogenes Wachstum von λ während der 1. Phase? Nehmen wir die Stationarität des Systems an, beginnt jeder Zyklus mit dem Endniveau der Anzahl Komponenten des vorherigen Zyklus, n_{max}. Die nominale Lohnrate sinkt sprunghaft auf das stationäre Ausgangsniveau $w(T_i)$. Ein kontinuierliches Ansteigen der gesamtwirtschaftlichen

[130] Dieser folgt einer linearen Inputlogik, wie sie Bush (1945) geprägt hat.

[131] Diese Annahme ist auch zu argumentieren: Acemoglu (2009, S. 415) betont mit Verweis auf Rosenberg (1976), dass viele Wirtschaftshistoriker die Meinung vertreten, ein nicht geringer Anteil des Wissenszuwachses in sowohl Grundlagenforschung wie auch Anwendungsentwicklung müsse exogener Natur sein. Fundamental neue Erkenntnisse entstünden demnach vor allem auch aus Neugier, weniger durch Profitstreben. Dem werde in der modernen Wachstumsliteratur entgegen gehalten, dass incentivierende Gewinnerwartungen technischen Fortschritt in weit höherem Maß vorantreiben: „*In hundreds of cases the stimulus was the recognition of a costly problem to be solved or a potentially profitable opportunity to be seized.*“ (Schmookler, 1966, S. 166), zitiert aus Acemoglu (2009, S. 415).

Produktivität bis auf ein neues Endniveau zum Produktionsregimewechsel bei $T_i + \Delta_1$ verursacht nun in erster Linie eine kürzere 1. Phase, also einen kürzeren Produktivitätsrückgang respektive *slump*, zumal λ nun in t zunimmt:

$$n_i(t) > \lambda(t)^{-\frac{\alpha}{1-\alpha}} n_{i-1}(t), \qquad \text{mit} \qquad 0 < \lambda(t)^{-\frac{\alpha}{1-\alpha}} < 1. \tag{5.2}$$

Der frühere Regimewechsel resultiert dabei aus dem sinkenden Arbeitseinsatz pro Outputeinheit[132]:

$$b_i(t) \equiv \frac{\chi(t)}{Q_i(t)} = \lambda(t)^{-i} n_i(t)^{-\frac{1-\alpha}{\alpha}}. \tag{5.3}$$

Wann der Regimewechsel stattfindet, ist ceteris paribus alleinig von θ abhängig und lässt sich für ein festes Endniveau der Produktivität simulativ bestimmen: Für eine beliebige Wachstumsrate ergibt sich mit der modifizierten Regimewechselbedingung (5.2) sowie den Gleichungen (3.26) und (3.27) in $t = T_i + \Delta_1$ die Lohnrate am Ende von Phase 1, $w(T_i + \Delta_1)$ sowie die zugehörige Anzahl Komponenten $n_i(T_i + \Delta_1)$. Mit dem ebenfalls resultierenden Δ_1 wird sodann mittels der Wachstumsgleichung (5.1) θ iterativ angepasst, bis das System gegen ein Tupel (θ, Δ_1) konvergiert.[133]

Da λ annahmegemäß nur in Phase 1 wächst, ist mit Beginn der Phase 2 das Endniveau der Produktivität erreicht. Die jeweils durchgängigen Linien in den Abbildungen 5.1 und 5.2 (Vergrößerung und Fokus) zeigen die Entwicklung des Realoutputs für diesen Fall. Dargestellt sind drei aufeinander folgende Zyklen. Der erste Zyklus erfolgt ohne Produktivitätssteigerung im Endproduktsektor. Nach Δ, also zum Zeitpunkt $T_i + \Delta$, beginnt ein zweiter Zyklus, dessen erste Phase ein konstantes exogenes Produktivitätswachstum erfährt. Dieses führt einerseits zu einer Verkürzung der 1. Phase, während derer das alte Produktionsregime fortgeführt wird, und andererseits zu einem positiven, wenn auch verlangsamten Realoutput*wachstum* statt einem -rückgang wie im Basismodell.

Um die Ergebnisse den Verläufen im Basismodell gegenüber zu stellen, wurden die ursprünglichen zeitlichen Entwicklungen des Realouputs in den jeweiligen stationären Basismodellen (mit $\lambda(t) = \lambda_0, \forall t$ beziehungsweise $\lambda(t) = \lambda_1, \forall t$) ebenfalls integriert: Die gestrichelte Linie beschreibt den Verlauf einer unveränderten Zyklusfolge für $\lambda = \lambda_0$, und die gepunktete Linie zeigt den Verlauf des Realoutputs im dritten stationären Zyklus mit konstantem $\lambda = \lambda_1$. Dieser Darstellung folgen alle weiteren Abbildungen des Kapitels.

Eine dritte Implikation – neben Verkürzung und positivem Wachstum der 1. Phase – betrifft das Auftreten einer dritten Phase im relevanten zweiten Zyklus. Für die exemplarisch gewählte Parameterkombination stoppt das Wachstum des Realoutputs zu einem Zeitpunkt $\Delta + \Delta_2 < 2\Delta$. Dies soll gesondert diskutiert werden.

132 Hieraus wird implizit auch klar, dass λ über alle Produktionsregime (und damit über alle Querschnittstechnologien hinweg) erhöht wird. Gesamtwirtschaftliche Produktivitätssteigerungen sind also unabhängig von der eingesetzten Technologie. Abschnitt 5.2.2 wird diese Annahme vertieft diskutieren.

133 Vgl. Anhang A.4 für einen detaillierten Simulationsablauf. Für die Darstellungen dieses Abschnitts wurde exemplarisch eine Erhöhung von $\lambda(T_i) = 1.5$ auf $\lambda(T_i + \Delta_1) = 1.75$ gewählt, da für beide Werte das Gesamtsystem ceteris paribus stationäre Zyklen erzeugt. Es gibt jedoch keinen Grund zu der Annahme, dass für alle anderen bei Helpman und Trajtenberg (1994) gezeigten Parameterkombinationen keine Konvergenz bezüglich des Fixpunkts besteht.

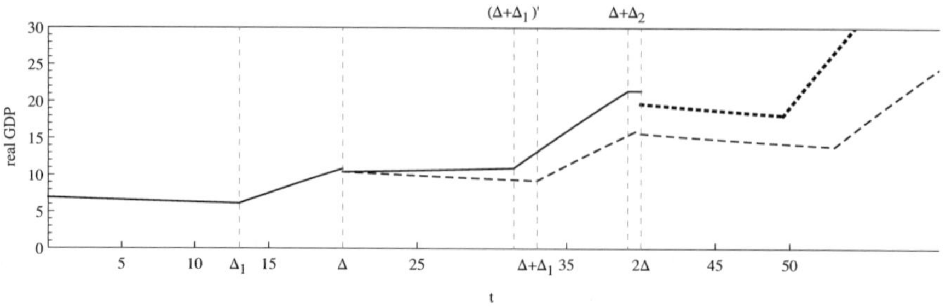

Abbildung 5.1: Zeitlicher Verlauf des Realoutputs bei exogenem Produktivitätswachstum in Phase 1, basierend auf eigenen Berechnungen. Parameter: $\alpha = 0.5$, $a = 1$, $L = 1$, $\rho = 0.025$, $\lambda_0 = 1.5$, $\lambda_1 = 1.75$, $\Theta = 0.013$.

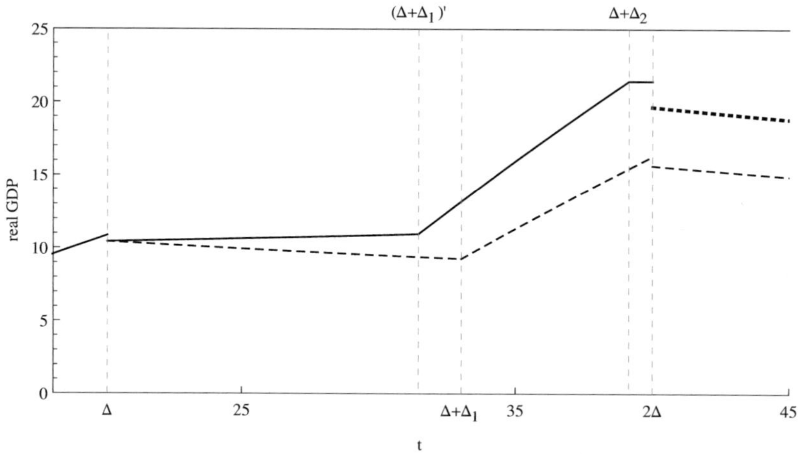

Abbildung 5.2: Zeitlicher Verlauf des Realoutputs bei exogenem Produktivitätswachstum in Phase 1 (Vergrößerung), basierend auf eigenen Berechnungen. Parameter: $\alpha = 0.5$, $a = 1$, $L = 1$, $\rho = 0.025$, $\lambda_0 = 1.5$, $\lambda_1 = 1.75$, $\Theta = 0.013$.

Phase 3 – Komponenten, Lohnrate und Endproduktpreis

Die Ausführungen des Abschnitts 3.2 hinsichtlich der Entwicklungen der Nominallöhne und Anzahl Komponenten im Basismodell vereinfachten die Darstellung eines vollständigen Zyklus durch das Ausblenden einer möglichen dritten Phase, die von Helpman und Trajtenberg (1998a) nur beiläufig behandelt wird. Diese entsteht für jene Trajektorien der Abbildung (3.5), die unterhalb des konvergierenden Sattelpfads liegen[134] und noch vor Ablauf des Zyklus, also vor $T_i + \Delta$, in die Isokline $\dot{n} = 0$ münden. Dort findet keine Komponentenentwicklung mehr statt und die Lohnrate verharrt auf ihrem Minimum bei $\underline{w} = \alpha/L$. Abbildung 5.3 veranschaulicht die zusätzliche Phase.

[134] Die exemplarisch gewählte und zur grafischen Darstellung verwendete Parametrisierung des Basismodells führte zu einer Trajektorie oberhalb des konvergierenden Sattelpfads und unterhalb der Isokline $\dot{w} = 0$. Daher sanken die Nominallöhne während Phase 2 monoton mit steigender Anzahl entwickelter Komponenten.

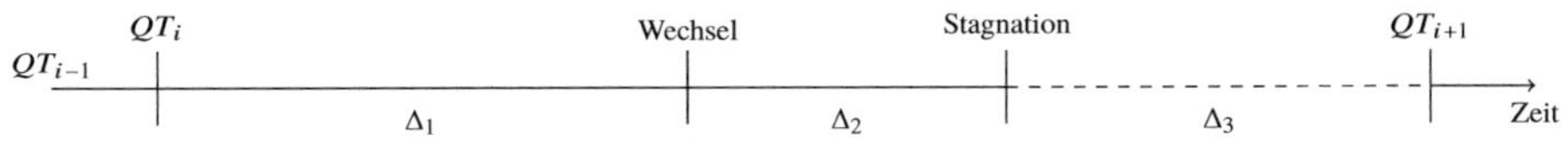

Abbildung 5.3: Stilisierter Ablauf eines Querschnittstechnologie-Zyklus mit Stagnationsphase. Quelle: Eigene Darstellung.

Die dritte Phase definiert also einen Zeitpunkt $\Delta_2 < \Delta$, zu dem Forschungstätigkeiten noch vor Auftauchen einer neuen Querschnittstechnologie beendet werden. Die Abbildungen 5.4 (Vergrößerung: 5.5) und 5.6 (Vergrößerung: 5.7) zeigen für diesen Fall die Entwicklung der Komponenten respektive Nominallöhne.

Die Anzahl der final erhaltenen Zwischenprodukte, im Bild bei $t = 2\Delta$, fällt dabei durch die kürzere Phasendauer geringer aus als im Basismodell, erreicht ihr Maximum dafür jedoch

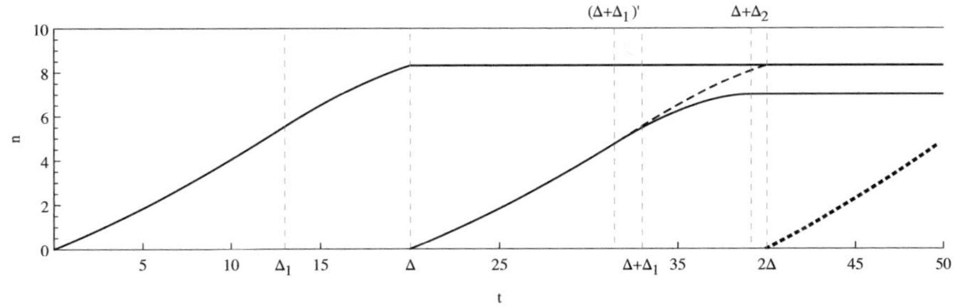

Abbildung 5.4: Zeitlicher Verlauf der Komponenten bei exogenem Produktivitätswachstum in Phase 1, basierend auf eigenen Berechnungen. Parameter: $\alpha = 0.5$, $a = 1$, $L = 1$, $\rho = 0.025$, $\lambda_0 = 1.5$, $\lambda_1 = 1.75$, $\Theta = 0.013$.

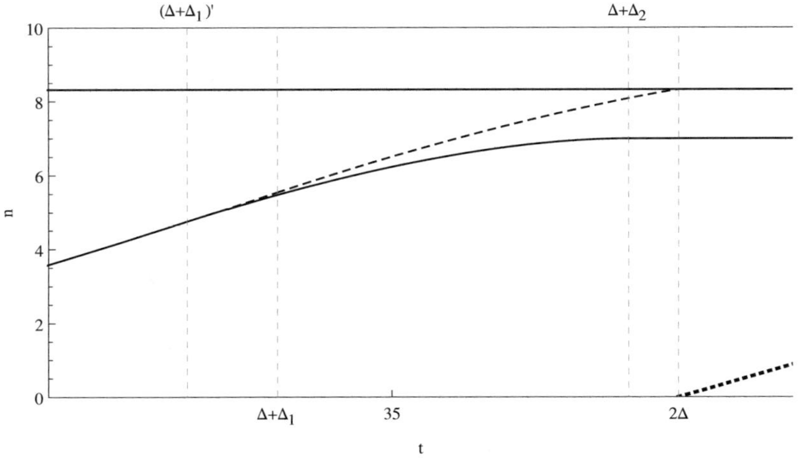

Abbildung 5.5: Zeitlicher Verlauf der Komponenten bei exogenem Produktivitätswachstum in Phase 1 (Vergrößerung), basierend auf eigenen Berechnungen. Parameter: $\alpha = 0.5$, $a = 1$, $L = 1$, $\rho = 0.025$, $\lambda_0 = 1.5$, $\lambda_1 = 1.75$, $\Theta = 0.013$.

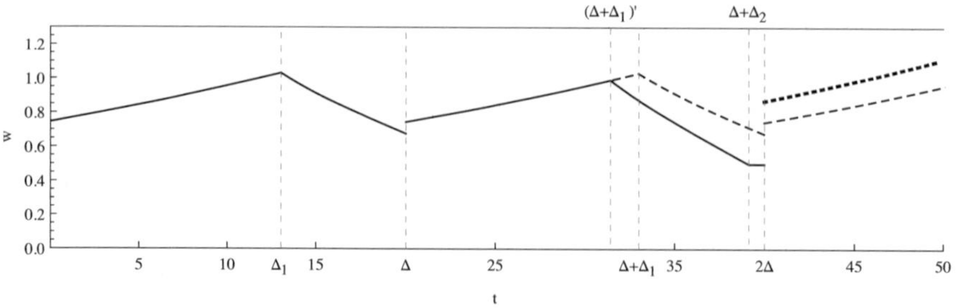

Abbildung 5.6: Zeitlicher Verlauf der Nominallöhne bei exogenem Produktivitätswachstum in Phase 1, basierend auf eigenen Berechnungen. Parameter: $\alpha = 0.5$, $a = 1$, $L = 1$, $\rho = 0.025$, $\lambda_0 = 1.5$, $\lambda_1 = 1.75$, $\Theta = 0.013$.

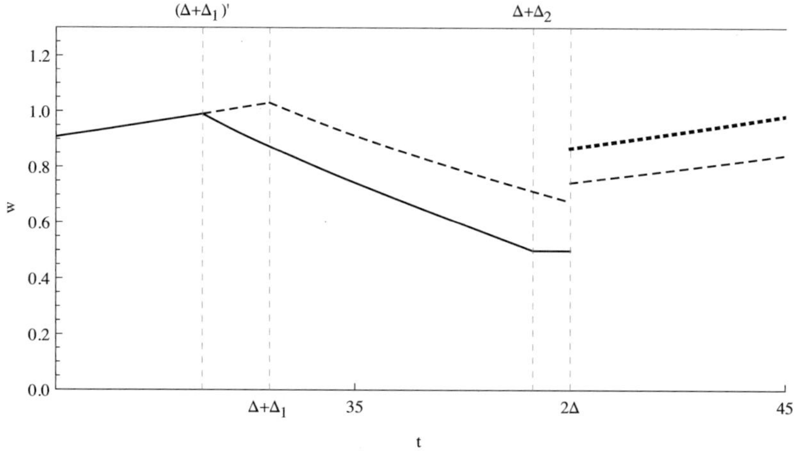

Abbildung 5.7: Zeitlicher Verlauf der Nominallöhne bei exogenem Produktivitätswachstum in Phase 1 (Vergrößerung), basierend auf eigenen Berechnungen. Parameter: $\alpha = 0.5$, $a = 1$, $L = 1$, $\rho = 0.025$, $\lambda_0 = 1.5$, $\lambda_1 = 1.75$, $\Theta = 0.013$.

früher. Die Nominallöhne erreichen ihr nunmehr verringertes Maximum ebenfalls früher, genauer mit Beginn der nun früher einsetzenden 2. Phase. Nach deren Ende verharren sie auf ihrem Minimum bis zum Beginn eines neuen (hier dritten) Zyklus. Geringere Löhne widersprächen der Annahme, dass das Komponentenwachstum ausschließlich positiver Natur sein kann, was Gleichung (3.24) für $w > \alpha/L$ impliziert.

Das modifizierte Verhalten der Komponentenzahlen und Löhne hat neben der bereits gezeigten Auswirkung auf den Realoutput Konsequenzen für alle weiteren Kennwerte des Modells, namentlich Endproduktpreis, Nominal- und Realprofite, Faktoreinsatzrelation und die Verteilung der Arbeitskräfte auf Produktion und Forschung. Diese sollen im Folgenden dargestellt und erläutert werden.

Der Endproduktpreis fällt nun deutlich schneller als im Basismodell, wie die Abbildung 5.8 (Vergrößerung: 5.9) zeigt. Auch er erreicht ein Minimum: Der Preis des finalen Outputs hängt direkt proportional mit der Lohnrate zusammen und umgekehrt proportional mit der Anzahl Komponenten, wie Gleichung (3.14) zeigt. Beide bleiben während der dritten Phase

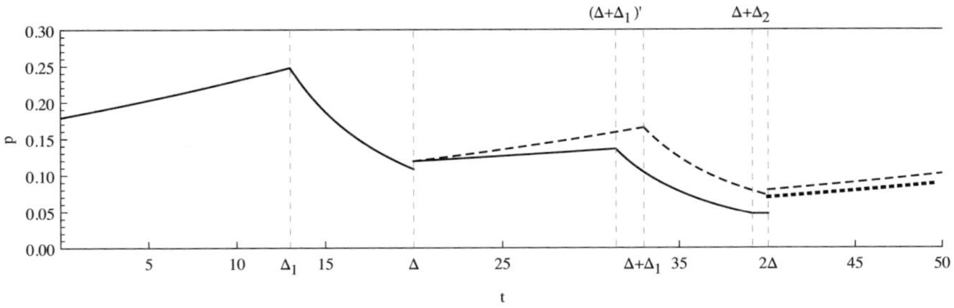

Abbildung 5.8: Zeitlicher Verlauf des Endproduktpreises bei exogenem Produktivitätswachstum in Phase 1, basierend auf eigenen Berechnungen. Parameter: $\alpha = 0.5$, $a = 1$, $L = 1$, $\rho = 0.025$, $\lambda_0 = 1.5$, $\lambda_1 = 1.75$, $\Theta = 0.013$.

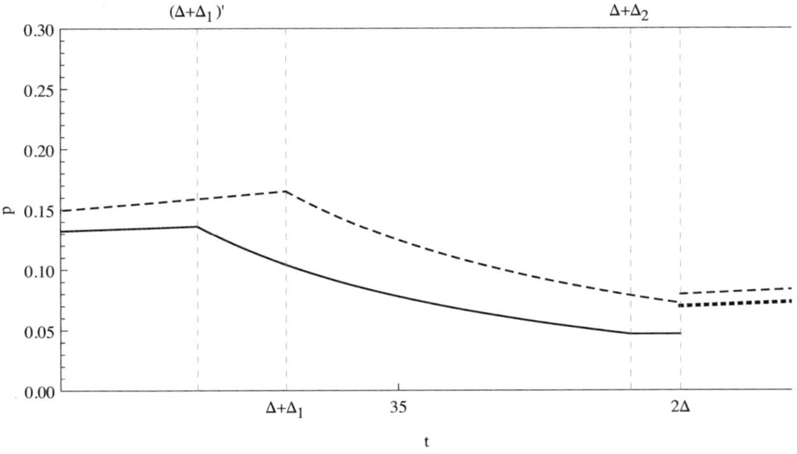

Abbildung 5.9: Zeitlicher Verlauf des Endproduktpreises bei exogenem Produktivitätswachstum in Phase 1 (Vergrößerung), basierend auf eigenen Berechnungen. Parameter: $\alpha = 0.5$, $a = 1$, $L = 1$, $\rho = 0.025$, $\lambda_0 = 1.5$, $\lambda_1 = 1.75$, $\Theta = 0.013$.

unverändert, und darüber hinaus wächst auch die gesamtwirtschaftliche Produktivität annahmegemäß ausschließlich in Phase 1.

Profite und Reallöhne

Die nominalen Profite der Zwischenprodukthersteller, in der Abbildung 5.10 (Vergrößerung: 5.11) für mehrere Zyklen dargestellt, sind mit dem exogenen Produktivitätswachstum nun aus Sicht der Entrepreneure wesentlich früher zu erwarten. Dies liegt in der vorgezogenen 2. Phase begründet, zu der ihre Inputs erstmalig produktiv genutzt werden können. Darüber hinaus kommt ihnen die geringere Maximalzahl Zwischenprodukte am Ende der 2. Phase zugute: Da die Gesamtprofite der Volkswirtschaft gleichmäßig (wegen gleicher Preise und gleicher Mengen wie im Basismodell) auf die Varietätenhersteller verteilt werden, ergibt sich ein weit höheres Endprofitniveau als für die Ursprungsszenarien mit $\lambda(t) = \lambda_0, \forall t$ beziehungsweise $\lambda(t) = \lambda_1, \forall t$.

Gemeinsam mit dem Endproduktpreis folgt für die Realprofite in der Abbildung 5.12 (Vergrößerung: 5.13) ein deutlich gesteigertes Niveau im Vergleich zum Ausgangsszenario. Statt eines Rückkangs in Phase 1 lässt sich außerdem ein stagnierendes bis geringfügig positives Wachstum

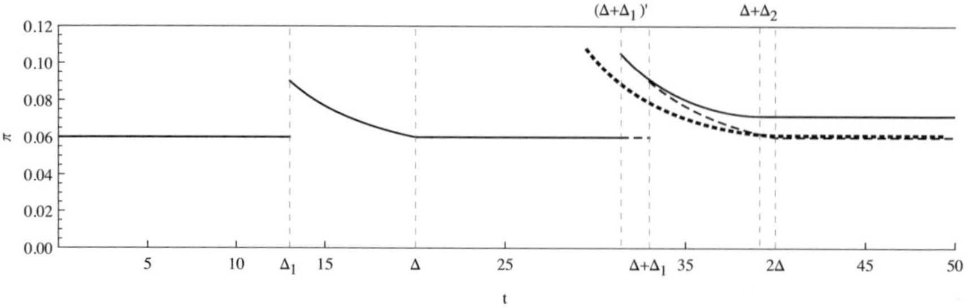

Abbildung 5.10: Zeitlicher Verlauf der Profitrate bei exogenem Produktivitätswachstum in Phase 1, basierend auf eigenen Berechnungen. Parameter: $\alpha = 0.5$, $a = 1$, $L = 1$, $\rho = 0.025$, $\lambda_0 = 1.5$, $\lambda_1 = 1.75$, $\Theta = 0.013$.

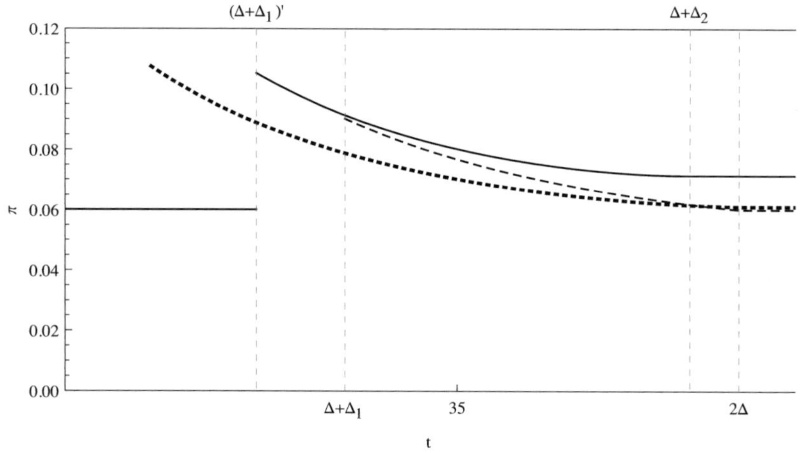

Abbildung 5.11: Zeitlicher Verlauf der Profitrate bei exogenem Produktivitätswachstum in Phase 1 (Vergrößerung), basierend auf eigenen Berechnungen. Parameter: $\alpha = 0.5$, $a = 1$, $L = 1$, $\rho = 0.025$, $\lambda_0 = 1.5$, $\lambda_1 = 1.75$, $\Theta = 0.013$.

beobachen. Dafür erreichen die Realprofite in Phase 3 ebenfalls ein Plateau, auf dessen Sockel sie bis zum Erscheinen einer neuen Querschnittstechnologie verbleiben. Es folgt absehbar ein – in Relation zu vorherigen Zyklenübergängen – starker Einbruch.[135]

Der zeitliche Verlauf der Reallöhne gestaltet sich gemäß der Simulationen in Abbildung 5.14 (Vergrößerung: 5.15) nun gleichmäßiger als in den Basismodellen. Dies gilt insbesondere für den Übergang zwischen Phase 2 des unveränderten Startzyklus und dem Auftauchen einer neuen Querschnittstechnologie (in der Abbildung bei $t = \Delta$). Zwar ist dieser auch für die Basisszenarien stetig, wie Gleichung (3.34) impliziert: Die Anzahl der Komponenten verbleibt bei Beginn des neuen Zyklus vorerst auf ihrem Maximalniveau, während der Exponent der gesamtwirtschaftlichen Produktivität sich erst beim Produktionsregimewechsel (wo wegen Gleichung (3.15) ebenfalls Stetigkeit gewährleistet ist) auswirkt, also zwischen Phase 1 und 2.

[135] Dieser Einbruch fällt jedoch im Basismodell für $\lambda(t) = \lambda_1$ relativ betrachtet sogar höher aus und ist folglich kein Artefakt des eingeführten exogenen Produktivitätswachstums. Vgl. hierzu Abbildung A.5 im Anhang.

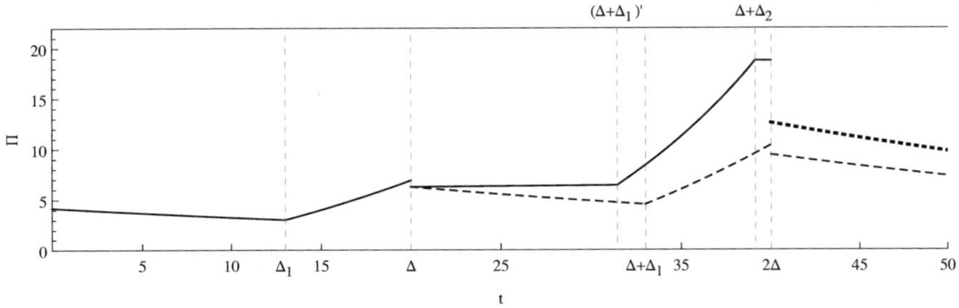

Abbildung 5.12: Zeitlicher Verlauf der Realprofite bei exogenem Produktivitätswachstum in Phase 1, basierend auf eigenen Berechnungen. Parameter: $\alpha = 0.5$, $a = 1$, $L = 1$, $\rho = 0.025$, $\lambda_0 = 1.5$, $\lambda_1 = 1.75$, $\Theta = 0.013$.

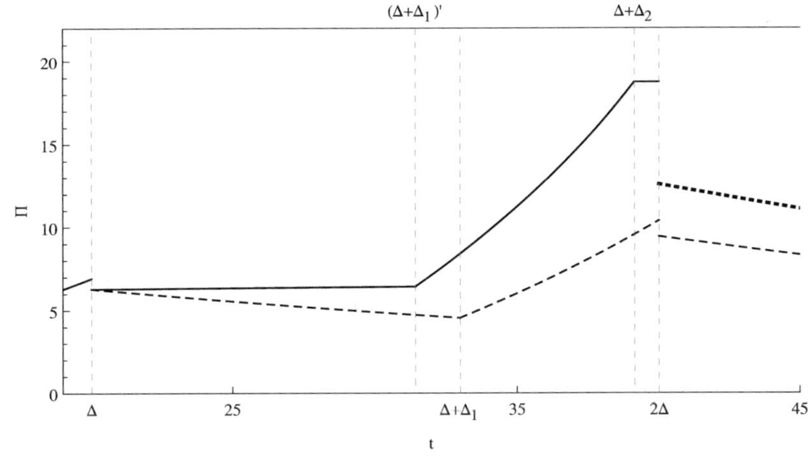

Abbildung 5.13: Zeitlicher Verlauf der Realprofite bei exogenem Produktivitätswachstum in Phase 1 (Vergrößerung), basierend auf eigenen Berechnungen. Parameter: $\alpha = 0.5$, $a = 1$, $L = 1$, $\rho = 0.025$, $\lambda_0 = 1.5$, $\lambda_1 = 1.75$, $\Theta = 0.013$.

Die Ankunft einer neuen Querschnittstechnologie gewährleistet demnach im modifizierten Modell einen geringeren Anpassungsschock für die auf Reallöhnen basierende Kaufkraft.

Weniger offensichtlich ist, dass beim Zyklenübergang auch weiterhin keine stetige Differenzierbarkeit gegeben ist. Obwohl die numerischen Approximationen der 2. Phase eine solche andeuten, verschwindet der in der Darstellung des Basismodells noch deutlich erkennbare Zyklenbruch nicht (vergleiche auch Abbildung 3.10). Im Verlauf der 2. Phase führt die Konkavität der Entwicklung dann erneut zu einem vorläufigen Maximalniveau, auf dem die Reallöhne bis zum Beginn eines neuen Zyklus verbleiben.[136]

[136] Da auch für den Übergang zwischen dem zweiten und dritten gezeigten Zyklus des modifizierten Modells Stetigkeit der Reallöhne gewährleistet bleibt, ließen sich die Abbildungen 5.14 und 5.15 auch über den Zeitpunkt $t = 2\Delta$ hinaus direkt fortführen. Da jedoch keine Annahmen über die Produktivitätsentwicklungen nachfolgender Zyklen getroffen wurden, könnte dieser Verlauf sowohl konstant (wie in den Ausgangsszenarien) als auch monoton steigend (wie in der Modifikation) ausfallen. Daher wurde auf eine fortgeführte Simulation verzichtet.

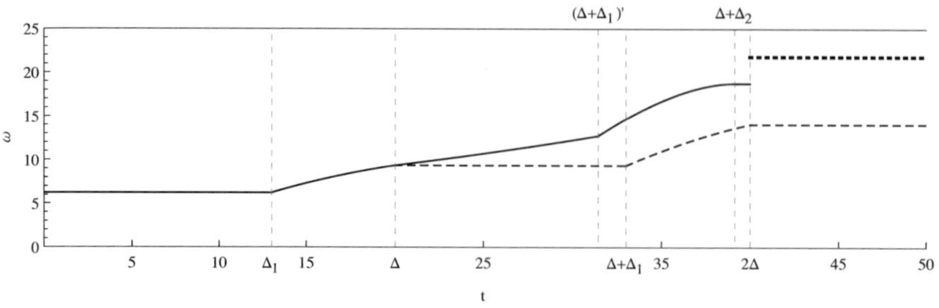

Abbildung 5.14: Zeitlicher Verlauf der Reallöhne bei exogenem Produktivitätswachstum in Phase 1, basierend auf eigenen Berechnungen. Parameter: $\alpha = 0.5$, $a = 1$, $L = 1$, $\rho = 0.025$, $\lambda_0 = 1.5$, $\lambda_1 = 1.75$, $\Theta = 0.013$.

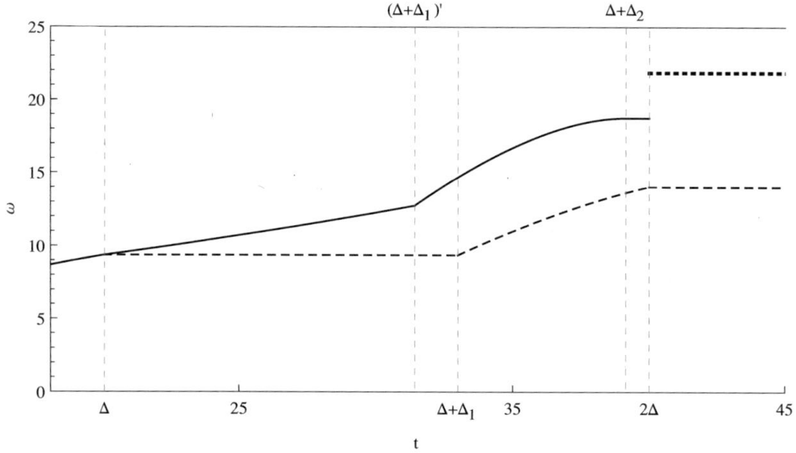

Abbildung 5.15: Zeitlicher Verlauf der Reallöhne bei exogenem Produktivitätswachstum in Phase 1 (Vergrößerung), basierend auf eigenen Berechnungen. Parameter: $\alpha = 0.5$, $a = 1$, $L = 1$, $\rho = 0.025$, $\lambda_0 = 1.5$, $\lambda_1 = 1.75$, $\Theta = 0.013$.

Faktoreinsatzrelation und Arbeitsaufteilung

Für die Faktorverwendung ergibt sich nur ein geringfügig anderes Bild als im Basismodell, wie Abbildung 5.16 (Vergrößerung: 5.17) zeigt. Bei der gewählten Parameterkombination fällt insbesondere das Zusammenfallen von Profitanteil (blau) und Arbeitsanteil (schwarz) in Phase 3 auf. Wo diese sich im Ursprungsszenario aufgrund sinkender Nominallöhne (siehe Abschnitt 3.2) aufeinander zubewegten, ist nun ein stationäres Gleichgewicht erreicht, in dem beide Faktoren jeweils hälftig eingesetzt werden.[137] Dies verursacht außerdem einen stärkeren Sprung zwischen den Zyklen: Es ist anzunehmen, dass sich ein Verlauf im Korridor zwischen den Ursprungsszenarien von λ_0 (gestrichelt) und λ_1 (gepunktet) einstellt, den die in Relation zum Basismodell gewachsene Differenz zwischen den Lohnraten beim Wechsel von alter zu neuer Querschnittstechnologie verursacht.

137 Insbesondere für abweichende Parametrisierung von α und L ergäben sich andere (bei gegebener Phase 3 ebenfalls konstante) Verhältnisse, sodass ein Zusammenfallen nicht zwangsläufig ist, sondern ein Artefakt der von Helpman und Trajtenberg (1998a) gewählten Werte.

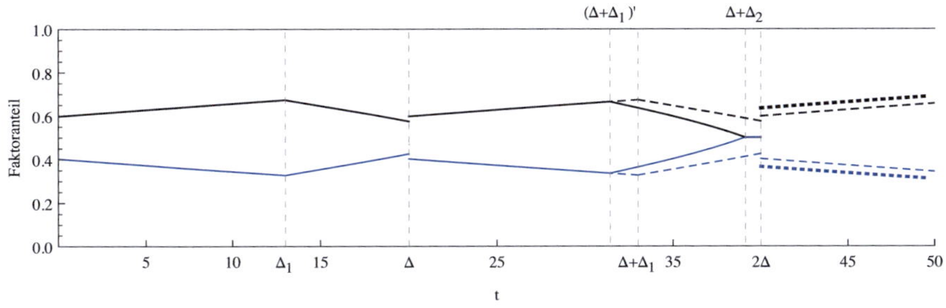

Abbildung 5.16: Zeitlicher Verlauf der Faktoreinsatzrelation – Profitanteil (blau), Arbeitsanteil (schwarz) – bei exogenem Produktivitätswachstum in Phase 1, basierend auf eigenen Berechnungen. Parameter: $\alpha = 0.5$, $a = 1$, $L = 1$, $\rho = 0.025$, $\lambda_0 = 1.5$, $\lambda_1 = 1.75$, $\Theta = 0.013$.

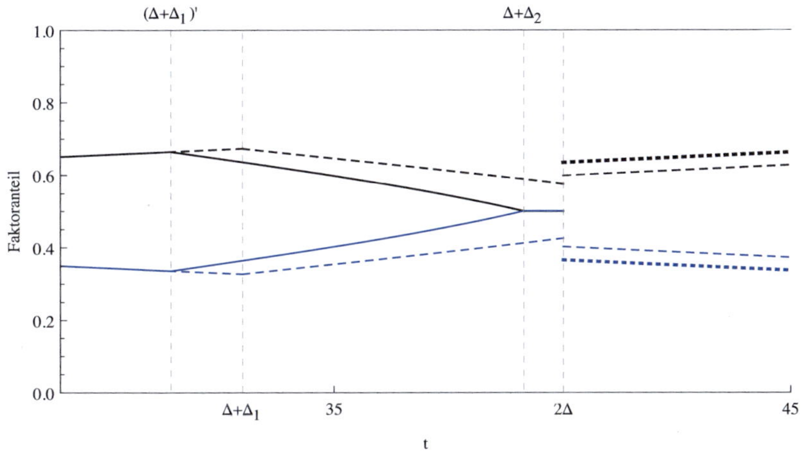

Abbildung 5.17: Zeitlicher Verlauf der Faktoreinsatzrelation – Profitanteil (blau), Arbeitsanteil (schwarz) – bei exogenem Produktivitätswachstum in Phase 1 (Vergrößerung), basierend auf eigenen Berechnungen. Parameter: $\alpha = 0.5$, $a = 1$, $L = 1$, $\rho = 0.025$, $\lambda_0 = 1.5$, $\lambda_1 = 1.75$, $\Theta = 0.013$.

Die Aufteilung der Arbeitskraft auf Forschung und Herstellung von Zwischenprodukten folgte im Basismodell einem zyklischen Muster, wie Abbildung 5.18 (Vergrößerung: 5.19) innerhalb des ersten unveränderten Zyklus erkennen lässt – und die Rückschau auf Abschnitt 3.2 des Ausgangsmodells bestätigt. Der frühere Beginn der produktiven zweiten Phase, in der mit zunehmender Anzahl verfügbarer Komplementärinputs auch mehr Arbeitseinsatz in der Produktion benötigt wird, lässt den blau dargestellten Produktionsanteil bis zur vollständigen Beschäftigung in ausschließlich diesem Sektor ansteigen. Entsprechend sinkt der Anteil an Arbeit in der Entwicklung auf Null.

Dies markiert den Beginn der 3. Phase, die durch das Ende der Entwicklungsbemühungen um neue Zwischenprodukte gekennzeichnet ist. Erst mit dem Beginn eines neuen Zyklus stellen sich wieder ausgeglichenere Verhältnisse ein, wie die Darstellung der Basisszenarien (gestrichelt beziehungsweise gepunktet nach $t = 2\Delta$) vorausahnen lässt – wobei zu Beginn ein größeres Ungleichgewicht erwartbar ist, als in den Basismodellen beobachtbar.

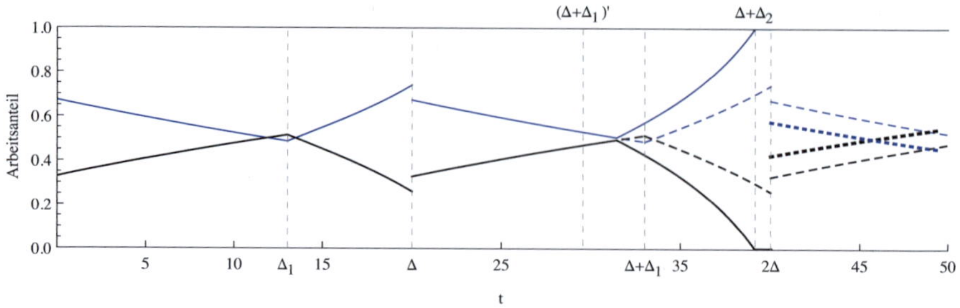

Abbildung 5.18: Zeitlicher Verlauf der Arbeitsaufteilung – Produktionsanteil (blau), Forschungsanteil (schwarz) – bei exogenem Produktivitätswachstum in Phase 1, basierend auf eigenen Berechnungen. Parameter: $\alpha = 0.5$, $a = 1$, $L = 1$, $\rho = 0.025$, $\lambda_0 = 1.5$, $\lambda_1 = 1.75$, $\Theta = 0.013$.

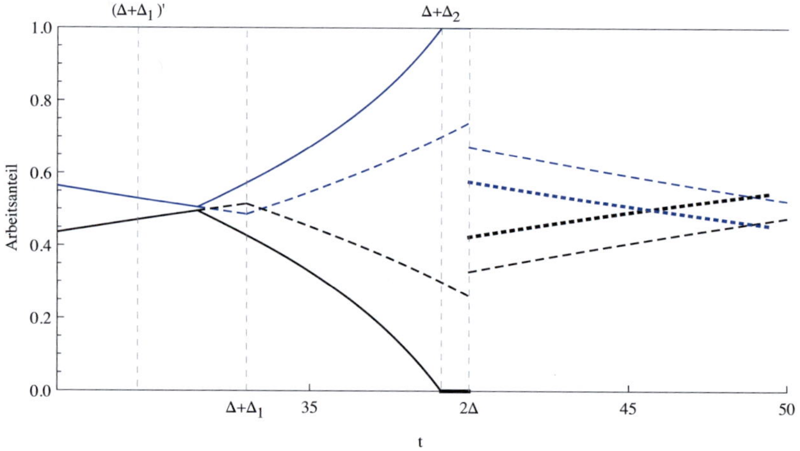

Abbildung 5.19: Zeitlicher Verlauf der Arbeitsaufteilung – Produktionsanteil (blau), Forschungsanteil (schwarz) – bei exogenem Produktivitätswachstum in Phase 1 (Vergrößerung), basierend auf eigenen Berechnungen. Parameter: $\alpha = 0.5$, $a = 1$, $L = 1$, $\rho = 0.025$, $\lambda_0 = 1.5$, $\lambda_1 = 1.75$, $\Theta = 0.013$.

5.2.2 Endogenisierung durch General Purpose Principles

Mit den bisherigen Vorüberlegungen ist die Voraussetzung für die Einführung einer technologieübergreifenden Wissensbasis geschaffen: λ kann nun entsprechend der Überlegungen des vorigen Abschnitts als Menge des gesamtwirtschaftlich verfügbaren, produktiv einsetzbaren Fundamentalwissens interpretiert werden. Diese Wissensbasis wird synonym mit GPPs assoziiert. *General Purpose Principles* (GPPs)[138] werden von Lipsey et al. (2005) als zumindest teilweise

[138] Eine analog zu Querschnittstechnologien denkbare Begrifflichkeit der *Querschnittsprinzipien* würde eine sektorale Verbreitung implizieren, die die Gefahr der Assoziation eines irreführenden Anwendungsfokus' birgt. Daher wird auf diesen Terminus verzichtet. Stattdessen wird im weiteren Verlauf stets das Akronym GPP verwendet oder von *Fundamentalkonzepten* oder *-prinzipien* gesprochen.

öffentliches Gut beschrieben, sind also nicht rival im Konsum und nur bedingt ausschließbar.[139] GPPs sind wie folgt zu definieren:

Definition 5.1 (General Purpose Principle, GPP). „*[A GPP is] a scientific or technological principle [. . .] that is not embodied in a distinct generic technology that is recognizable as such over its lifetime.*
[. . .] a concept suggesting that certain things might be done, but not a blueprint for doing them" (Lipsey et al., 2005, S. 99).

Folglich sind GPPs über alle Technologien und alle Produktionsregime hinweg produktivitätssteigernd, da die Menge des Wissens um *fundamentale* Konzepte zunimmt. Ein illustrierendes Beispiel für ein solches Prinzip ist die Anwendung mechanischer Gesetzmäßigkeiten bei der Verwendung eines Hebels. Genauso können alle Formen nicht technologiegebundener Prozessinnovationen sowie alle mathematischen und allgemein naturwissenschaftlichen Erkenntnisse als GPP interpretiert werden. Sie alle sind nicht technologiespezifisch und können demnach für das hiesig modifizierte Modell im jeweilig alten ebenso wie im neuen Produktionsregime produktivitätssteigernd angewandt werden.

Abbildung 5.20 visualisiert diese Überlegungen. Dargestellt sind jeweilige technologiespezifische Wissensbasen für die Nanotechnologie, die IKT und den Verbrennungsmotor. Fundamentales Wissen im Sinne obiger GPPs bildet in diesen stets technologieübergreifend den – mittig dargestellten – Ausgangspunkt der Strukturen.[140]

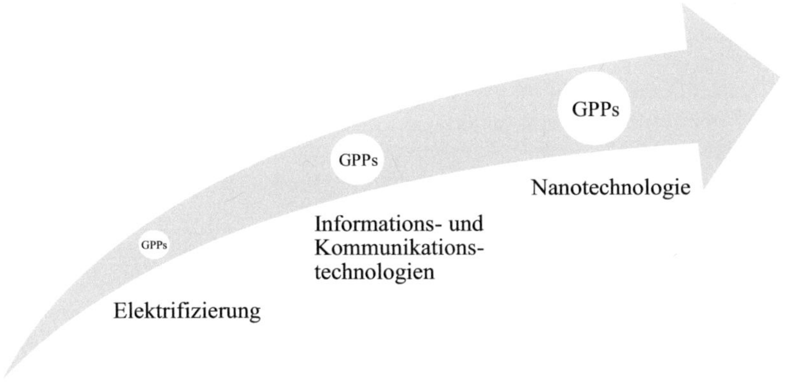

Abbildung 5.20: Wachsende Menge General Purpose Principles als technologieübergreifende Fundamentalkonzepte. Quelle: Eigene Darstellung.

[139] Ein Beispiel für die Ausschließbarkeit von GPPs wären Werksgeheimnisse. Exemplarisch seien Methoden des *Lean Manufacturing* zur effizienten Gestaltung komplexer Produktionsorganisationen genannt, auch bekannt unter *flexible manufacturing* oder *Toyotism* (Lipsey et al., 1998b). Patentierbar sind GPPs ob ihrer Unabhängigkeit von spezifischen Applikationen dagegen ausdrücklich nicht.

[140] Diese beliebig erscheinende Lokalisierung innerhalb der Wissensstrukturen wird in Abschnitt 7.3.1 eine argumentatorische Legitimation erfahren.

Modelltheoretische Implementierung von GPPs

Nehmen wir also in einem zweiten Schritt an, es entstehe eine Zunahme des gesamtwirtschaftlich produktiv nutzbaren Grundlagenwissens in Form solcher GPPs – repräsentiert durch λ – durch zwei komplementär wirkende Effekte, die mit Learning-by-Doing und Nichtrivalität des Erfahrungswissens assoziiert werden können.

Da die Anzahl verfügbarer Komponenten in der Endproduktion in Phase 1 eines jeden Zyklus konstant ist, kann angenommen werden, dass Hersteller in dieser Phase insbesondere bestehende Ansätze verbessern, zumal keine neuen Zwischenprodukte zur Produktivitätssteigerung beitragen.[141] Diese Idee folgt den Ausführungen von Utterback und Abernathy (1975): Empirische Beobachtungen zeigen, dass in fortgeschrittenen Stadien sektoraler Entwicklung der Preiskampf zunimmt[142], was eine steigende Relevanz von Prozessinnovationen nach sich zieht. Durch wachsendes Erfahrungswissen entstehen inkrementelle Verbesserungen, die eine zunehmende Standardisierung und Spezialisierung nach sich ziehen. March (1991) verbindet dies mit organisationalem Lernen und sukzessive verbesserter Nutzung. Gesamtwirtschaftlich relevant ist nun jene Untermenge des Wissens, welche nicht technologiespezifisch im Sinne konkreter Anwendungen ist, sondern fundamentale Konzepte beherbergt.

GPPs können in der Realität sowohl kodifiziert – beispielsweise in Form wissenschaftlicher Publikationen – als auch als tazites Wissen vorliegen. In ersterem Fall liegt die Verbreitung im gesamten Endproduktsektor auf der Hand. Gebunden im Humankapital dagegen dürfte der Austausch am ehesten durch interorganisationale Migrationsprozesse gerechtfertigt werden, sofern eine gewisse Flexibilität des Arbeitsmarkts unterstellt wird.[143] Verzichten wir auf die Annahme von Transaktionskosten, (bedingter) Ausschließbarkeit und zeitverzögerter Diffusion[144], steht dieses Fundamentalwissen dem Endproduktsektor direkt zur Verfügung. Hierin manifestiert sich die Grundidee von Romer (1986), die auf der Nichtrivalität effizienzsteigernder Produktionsmethoden basiert.[145]

Über die Gesamtdauer der Einführungsphase einer neuen Querschnittstechnologe, die während dieser Zeit noch in der Entwicklung steckt und nicht produktiv im Endproduktsektor eingesetzt werden kann, ließe sich so die folglich ebenso konstante Wachstumsrate der gesamtwirtschaftlichen Produktivität für das alte Produktionsregime erklären. Formal wird unterstellt, θ stehe während

[141] Beispiele für diese Art der Spillover von angewandter Forschung hin zu fundamentalen Prinzipien finden sich auch bei Carlaw und Lipsey (2006a, S. 166), deren Modellansatz in Abschnitt 3.4 diskutiert wurde.

[142] Für das hiesige Modell gilt: Da für den Endproduktsektor vollständige Konkurrenz angenommen ist, kann kein zunehmender Wettbewerbsdruck dargestellt werden. Darüber hinaus sind keine strategischen Erwägungen angenommen, und insofern bildet das Basismodell einen derartigen Preiskampf in Phase 1 nicht ab. Die Annahme, etablierte Produzenten konzentrierten sich auf prozessurale Verbesserungen, kann jedoch sowohl dadurch gerechtfertigt werden, dass bei der hiesigen Modellierung keine Forschungskosten anfallen, als auch insofern, als dass die Forschungserträge ohnehin unvermeidbar sind: Die Produktivitätssteigerung ist Ausdruck wachsender Erfahrung, also einer monoton positiven Externalität.

[143] Im Modell ist letzter Punkt jedoch kaum abbildbar, da formal keine Arbeitskraft im Endproduktsektor eingesetzt wird. Die Einführung von GPPs kommt auch nicht einer halbseitigen Abbildung des „*Dual Inducement*“-Mechanismus' gleich, den Bresnahan und Trajtenberg (1995) formalisieren. Hierfür fehlt eine profitmaximierende Forschungstätigkeit im Endproduktsektor, deren Intensität positiv von selbiger im Zwischenproduktsektor beeinflusst wird.

[144] Vgl. diesbezüglich Aghion und Howitt (1998), Helpman und Trajtenberg (1998b) sowie die Ausführungen des Abschnitts 5.3.

[145] Im Unterschied zu Romer (1986) sind die hiesigen Spillover jedoch kein Nebenprodukt der Akkumulation phyischen Produktionskapitals.

der 1. Phase in einem proportialen Zusammenhang zur Anzahl der Komponenten in der Produktion, so dass etwa

$$\theta = \xi n_{i-1}, \qquad \text{mit } \xi > 0, \qquad \text{für } t \in [T_i, T_i + \Delta_1), \tag{5.4}$$

gelte. In der 2. Phase, wenn ein neues Produktionsregime eingeführt wird und hinreichend viele Komponenten der neuen Technologie für den Einsatz im Endproduktsektor verfügbar sind, konzentrieren sich Hersteller dann wiederum ausschließlich auf die Integration neuer Komponenten, die stetig aus dem Zwischenproduktsektor zufließen, bis ein neuerlicher Zyklus beginnt.

Zur Unterscheidung von Grundlagenforschung und Anwendungsentwicklung

Die Unterteilung in zwei Sektoren legt die augenscheinliche – aber unzureichende – Interpretation nahe, der Zwischenproduktsektor betreibe reine Grundlagenforschung. Die Erhöhung des Produktivitätsparameters im Endproduktsektor in der Modifikation könnte entsprechend fälschlicherweise als Innovation in der Anwendungsforschung gesehen werden. Tatsächlich sind aber Grundlagenforschung und Anwendungsentwicklung nicht (direkt) durch die sektorale Struktur des Basismodells abbildbar. Im Zwischenproduktsektor entstehen neue Komponenten, die sowohl mit grundlegenden Technologiebausteinen (Extrembeispiel im Kontext von IKT und Nanotechnologien wäre etwa ein Teilchenbeschleuniger) als auch stark applikationsbezogenen Produkten (Beispiel: Prozessoren) assoziiert werden können.[146]

Der Endproduktsektor auf der anderen Seite lässt sich daher am ehesten residual als jener Teil der Wirtschaft verstehen, der eben *keine* Technologiekomponenten entwickelt. Die Ansiedlung des nicht-technologiespezifischen Wissenszuwachses im Endproduktsektor ist dann modelltheoretisch folgerichtig, jedoch letztlich ein reines Behelfskonstrukt, wie auch der Sektor selbst. Ein Abgleich mit der Industriestruktur, die Bresnahan und Trajtenberg (1995) zugrunde legen, ist daher ebenso irreführend.

Zur Technologiespezifität

Ein definitorisches Dilemma verdient gesonderte Beachtung. So begünstigen neue Technologien, respektive der Umgang mit den technischen Implementierungen selbiger, gemäß der obigen Ausführungen die Entdeckung neuer GPPs, also fundamentaler Prinzipien. Diese wiederum sind ausdrücklich nicht technologiespezifisch, ihre Anwendung muss also nicht zwingend nur in jener Technologie erfolgen, die als Geburtshelfer fungierte. Fraglich ist, ob diese nicht auch unabhängig von der Technologie bereits früher entdeckt worden sein können. Und warum sollte der Umgang mit technologiespezifischen Zwischenprodukten entscheidend für das Verständnis fundamentaler Methoden und Konzepte sein? Drei Beispiele sollen sich diesen Fragen nähern:

1. Die vielfältigen Teilgebiete der Elektrotechnik machen sich natürliche Phänomene zunutze, die auf der Bewegung elektrischer Ladung basieren. Blitzschlag, Magnetismus oder auch die elektrostatische Anziehung sind altbekannt. Thales von Milet beschäftigte sich bereits um 600 vor Christus mit Bernsteinen, die seinen Zeitgenossen als staubfangende Kleiderbürsten dienten (Simonyi, 2001).

---

146 Gerade für letztgenannte Applikation respektive die Mikroelektronik insgesamt stellen Menz und Mohr (1997, S. 4) fest: „Nirgendwo sonst kommen naturwissenschaftliche Grundlagenforschung und Fertigungsgestaltung in so engen Kontakt“. Auf die besondere Relevanz der Mikroelektronik als Geburtshelfer der Nanotechnologie wurde in Abschnitt 2.2.1 eingegangen.

Das griechische Wort für Bernstein, „*ēlektron*" (ῆλεκτρον), wurde später namensgebend für eine Disziplin, deren Entwicklung mit der elektrischen Energietechnik und der Nachrichtentechnik kaum zu überschätzende Wirkungen auf gesamtwirtschaftliche Produktivitäten hatte und auch heute noch stetig fortschreitet. Die physikalischen Gesetzmäßigkeiten, die im Lauf der letzten 250 Jahre entdeckt und formalisiert wurden, sind damit grundlegend für die Elektrotechnik, jedoch als Naturgesetze nicht von dieser spezifischen Technologie abhängig.

2. Archimedes arbeitete bereits in der Antike an Flächenberechnungen, die mit damaligen Methoden, also vor allem ohne die Integralrechnung, nur approximative Lösungen erlaubten. Seine Näherung an π mittels gleichseitiger Dreiecke gilt als die erste praktikable Methode, die Kreiszahl zu bestimmen (Berggren et al., 2000, S. 7 ff.). Solche Näherungsverfahren werden heute in der numerischen Mathematik zusammengefasst, welche erst im modernen Computerzeitalter zu voller Blüte reifen konnte.[147] Exemplarisch sei die Finite-Elemente-Methode genannt, ein in den Ingenieurwissenschaften unverzichtbares Verfahren zur Lösung von partiellen Differentialgleichungen, das es erlaubt, die Eigenschaften und das dynamische Verhalten fester Körper numerisch zu simulieren. Anwendungsgebiete finden sich in nahezu allen Sektoren, von der Automobilentwicklung bis zur Medizintechnik.

3. Das aktuellste Beispiel betrifft die Mikro-/Nanotechnologie. Sie erlaubte erstmals die Beobachtung und später sogar gezielte Manipulation von natürlichen physikalischen Phänomenen wie dem Lotus-Effekt, dem eine hydrophobe Oberflächenstruktur der namensgebenden Pflanze zugrunde liegt.[148] Die Nanotechnologie ermöglicht die Übertragung des Effekts auf sogenannte biomimetisch-technische Produkte wie beispielsweise Fassadenfarben, deren Selbstreinigungskräfte hohe Langlebigkeit garantieren und Verschmutzungen sowie Algen- und Pilzbefall verhindern. Offenkundig ist das Prinzip hinter dem genutzten Effekt dabei nicht an die Nanotechnologie gebunden. Denn obwohl die physikalischen Grundlagen erst heute verstanden werden, waren die schmutzabweisenden Eigenschaften lange vor der Nanotechnologie bekannt: Die Lotusblume und ihre sinnbildliche Reinheit dienten schon vor etwa 2000 Jahren als Grundlage für das Lotos-Sutra des Buddhismus.

Ob physikalische Gesetze, mathematische Methoden oder aus der Natur adaptierbare Konzepte – all diese Fundamentalprinzipien sind unabhängig von ihrer jeweiligen Nutzbarmachung im Rahmen konkreter technologischer Anwendungen und erweisen sich nach ihrer Entdeckung als ebenso produktivitätssteigernd für alle nachfolgenden Querschnittstechnologien.

5.2.3 Wirtschaftspolitische Eingriffe

Nehmen wir nun an, das Produktivitätswachstum des Endproduktsektors ließe sich bis zu einem gewissen – exogen fixierten – Grad durch staatliche Maßnahmen steigern. Die Legitimation selbiger folgt direkt aus der Nichtrivalität und nur bedingten Ausschließbarkeit der GPP-Wissensgüter sowie den potenziellen dynamischen Externalitäten, die sich durch die erzeugenden Akteure nicht internalisieren lassen. Informationsasymmetrien, Unsicherheit und Transaktionskosten

[147] Die automatisierenden Algorithmen liefern dabei schnelle und einfache Lösungen für komplexe Probleme, für die eine analytische Lösung entweder unverhältnismäßig schwer zu erhalten ist oder schlicht nicht gefunden werden kann. Ein bekanntes Anwendungsbeispiel für ein mathematisches Problem, für das keine explizite Lösungsdarstellung existiert, liefern die Navier-Stokes-Gleichungen der Strömungsmechanik.

[148] Inzwischen dienen fleischfressende Nepenthes-Pflanzen als Vorbild für omniphobe Oberflächen (*slippery liquid-infused porous surfaces*, kurz SLIPS). Ihre flüssigkeitsabweisenden Eigenschaften übertreffen jene der Lotus-Blume um etwa eine Größenordnung (Wong et al., 2011).

verhindern zudem die pareto-effiziente Ressourcenallokation durch eine unregulierte Marktlösung entsprechend des Coase-Theorems (Coase, 1960).[149]

Ausgewählte wirtschaftspolitische Eingriffe, die gemäß Abbildung 2.3 entweder die Facilitating Structure, die Wissensbasis oder beide im Hinblick auf GPP-Zuwachs und -Diffusion beeinflussen, sollen im Folgenden diskutiert werden.[150] Die Inkorporation dieser regulatorischen Einflussmöglichkeiten in formal ausgereiften Erweiterungen erweist sich dabei als schwierig. Für die hiesigen Zwecke wird die Vereinfachung auf die Einführung eines abstrakten Kostenwerts der Maßnahmen jedoch als hinreichend angesehen.

- Liegt der Produktivität des Endproduktsektors vor allem das Wissen um fundamentale Prinzipien zugrunde, in taziter wie auch eventuell kodifizierter Form, so stellt die direkte Subventionierung wissenschaftlicher Grundlagenforschung – mit entsprechend anfallenden Kosten – die naheliegendste Möglichkeit dar, die gesamtwirtschaftliche Produktivität durch GPPs zu erhöhen.[151]
- Es kann ebenfalls angenommen werden, dass die Diffusion dieses Konzeptwissens, sei es wie oben an staatlichen Forschungseinrichtungen gewonnen oder in der Privatwirtschaft entsprechend zunehmender Prozessfortschritte durch Learning-By-Doing erzeugt, beeinflussbar durch institutionalisierte Koordinationsprozesse ist.[152]
  Regionale, nationale und internationale Wertschöpfungsketten der Unternehmenswelt sowie Wissenschaftsnetzwerke erfordern und ermöglichen die Verbreitung desselben und können durch staatliche Koordinationsmechanismen zumindest von übergeordneten Zielstellungen oder der Bereitstellung geeigneter Plattformen profitieren. Diffusionsförderung dieser Art ist ebenfalls kostenintensiv und erfordert in hohem Maß Kenntnis über die Vielfältigkeit der Wissensstränge – insbesondere dann, wenn beispielsweise die Verknüpfung bisher nicht verbundener Disziplinen innovatorische Komplementaritäten verspricht.
- Auch dezentrale GPP-Maßnahmen, die sowohl koordinativen als auch subventionierenden Charakter haben, sind denkbar und praktikabel: So unterstützt Deutschland seit den 1970er-Jahren unter anderem die Fraunhofer Gesellschaft bei ihrer Projektbegleitforschung mit einer Grundfinanzierung, die symmetrisch zum privatwirtschaftlich bereitgestellten Auftragsvolumen verläuft.[153]

---

[149] Vgl. hierzu weiterhin Abschnitt 7.3.1.

[150] Die beschriebenen Maßnahmen sind zweifellos geeignet, zumindest indirekt auch technologischen Fortschritt im Sinne neuer Produkte und Produktionsprozesse zu befördern, wobei letztere patentierbares Anwendungswissen repräsentieren – und folgerichtig gerade keine GPPs darstellen. Die damit einhergehendem negativen Wirkungen hinsichtlich gegebenenfalls beförderter Parallelforschung werden ausgeklammert.

[151] Eine formale Integration könnte beispielsweise bedeuten, einen dritten Sektor dergestalt einzuführen, dass ein positiver Anteil von Arbeitskräften sektoral realloziert wäre – bei entsprechend übereinstimmender Realentlohnung und Grenzproduktivität des Arbeitseinsatzes innerhalb dann derer drei Sektoren. Eine solche Modellierung erweist sich jedoch als kaum handhabbar. Darüber hinaus ist für die Unterscheidung in qualifizierte und unqualifizierte Arbeit (Humankapital) bei Helpman und Trajtenberg (1998a) zu beachten, dass in Bezug auf die dortigen Implikationen der zweiten Phase kein stabiles langfristiges Gleichgewicht rekurrenter Zyklen etabliert werden kann.

[152] Auf die formale Integration eines entsprechenden Diffusionsprozesses wird vorerst noch verzichtet. Abschnitt 5.3 wird sich dieser Aufgabenstellung widmen.

[153] Vgl. hierzu u.a.: http://www.fraunhofer.de/content/dam/zv/de/publikationen/broschueren/60JahreFraunhofer-Gesellschaft.pdf (letzter Aufruf: 14. Juni 2014). Die Allokation der Subventionierung geschieht nachfragegesteuert. Die wachsende sowohl tazite wie auch kodifizierte Wissensmenge erhält durch die geschaffene Plattform Raum für Diffusionsprozesse. Deren zentrale Koordination wäre einerseits kostenintensiver und würde andererseits zeitlich wie räumlich ineffizientere Allokationsprozesse gesamtwirtschaftlich relevanter Innovationstätigkeit bedeuten.

- Flankierende regulatorische Rahmenbedingungen zur Steigerung der Anpassungsflexibilität sind ergänzend zum vorherigen Punkt denkbar, um die Effizienz von Faktorreallokationen zu gewährleisten. Steigt die (staatlich beeinflusste) Nachfrage nach Innovationen, werden in der kurzen Frist entsprechend einer statischen Angebotsfunktion Preissteigerungen die Folge sein. Langfristig werden zusätzliche Kapazitäten, beispielsweise in Form von F&E-Zentren, gebildet, die sowohl die Menge innovativer Entwicklungen erhöhen, als auch das zugehörige Preisniveau senken. Damit diese dynamische Reallokation erfolgen kann, müssen sowohl Marktzutrittsschranken im Endproduktsektor gering gehalten, wie auch Preisabsprachen verhindert werden.

Formale Integration kostenintensiver Maßnahmen

Nehmen wir zunächst an, die Erhöhung des gesamtwirtschaftlich produktiv einsetzbaren Wissens um fundamentale Prinzipien gelänge in einem analog zu Abschnitt 5.2.1 exemplarisch gewählten Ausmaß. Die Wachstumsrate der gesamtwirtschaftlichen Produktivität, repräsentiert durch θ, sei nun jedoch nicht mehr (ausschließlich) Learning-By-Doing und anschließender GPP-inhärenter Spillover-Effekte geschuldet, sondern staatlicher Aufwendungen für Subventionen, Koordination oder auch für die Schaffung und fortlaufende Kontrolle geeigneter Marktbedingungen.

Die Beeinflussung der Wachstumsrate geschehe indirekt über den Faktor ξ, der dem regulatorischen Einfluss unterliege und einen stetigen Kostenfluss $c \cdot p_Q$, gemessen am jeweiligen zeitspezifischen Endproduktpreis, erfordere. Dabei sei $c > 0$ ein weiterer zu kalibrierender exogener Parameter. Die Gesamtkosten nach Abschluss der 1. Phase und der Steigerung von λ_0 auf λ_1 betragen dann zum betrachteten Zeitpunkt $T_i + \Delta_1$:

$$\mathcal{K}(T_i + \Delta_1) = \xi \cdot c \cdot \int_{T_i}^{T_i+\Delta_1} p_Q(t) \exp(r(T_i + \Delta_1 - t))dt. \tag{5.5}$$

Für beliebige Parameterkombinationen innerhalb des zulässigen Bereichs kann $\mathcal{K}(T_i + \Delta_1)$ mittels numerischer Integration bestimmt werden.

Finanzierung durch Besteuerung der Profite

Damit die Einnahmen einer – hier exemplarisch vorgestellten[154] – Profitbesteuerung aus Phase 2 und 3 die im obigen Abschnitt gezeigten Investitionskosten decken, muss gelten:

$$\begin{aligned} \mathcal{K}(T_i + \Delta_1) &\overset{!}{=} \mathcal{T}(T_i + \Delta_1) \\ &= \tau \cdot \int_{T_i+\Delta_1}^{T_{i+1}} \pi_i(t) \exp(-r(t - (T_i + \Delta_1))dt. \end{aligned} \tag{5.6}$$

Dabei ergeben sich die Bruttoprofite $\pi_i(t)$ gemäß

$$\pi_i(t) = \begin{cases} \frac{1-\alpha}{n_i(t)} & t \in [T_i + \Delta_1, T_i + \Delta_2), \\ \frac{1-\alpha}{n_i(\Delta_2)} & t \in [T_i + \Delta_2, T_{i+1}). \end{cases} \tag{5.7}$$

[154] Alternative Finanzierungsmethoden sind ebenfalls abbildbar: Eine weitere Einnahmequelle wäre die Besteuerung der Löhne, und ebenso abbildbar ist die Mischfinanzierung durch lump-sum-Steuern.

$\pi_i(t)$ ist demnach eine Funktion der Anzahl Komponenten im Verlauf der 2. und 3. Phase. Deren zeitliche Entwicklung ergibt sich aufgrund der Profitbesteuerung wie folgt: Da in Phase 2 das Produktionsregime wechselt und Innovatoren mit ihren entwickelten Zwischenprodukten nun Profite erzielen, ist zunächst ein verringerter Firmenwert zu betrachten, der aus der Besteuerung resultiert:

$$\tilde{v}_i(t) = \int_t^\infty \exp\left(-\int_t^\tau r(z)dz\right)\tilde{\pi}_i(\tau)d\tau. \tag{5.8}$$

Dabei entspricht $\tilde{\pi}_i(t)$ dem Nettoprofitstrom nach Besteuerung mit

$$\tilde{\pi}_i(t) = (1-\tau)\pi_i(t). \tag{5.9}$$

Es folgt direkt eine modifizierte No-Arbitrage-Bedingung – vergleiche Gleichung (3.18):

$$\frac{\tilde{\pi}_i(t)}{\tilde{v}_i(t)} + \frac{\dot{\tilde{v}}_i(t)}{\tilde{v}_i(t)} = r(t). \tag{5.10}$$

Und auch die Free-Entry-Bedingung – vergleiche Gleichung (3.19) – verändert sich gemäß

$$w(t)a \geq \tilde{v}_i(t), \tag{5.11}$$

erneut mit Gleichheit, sofern $\dot{n}(t) > 0$, also positive Forschungsanstrengungen vorausgesetzt werden. In Analogie zu Gleichung (A.28) gilt dann im Intervall $[T_i + \Delta_1, T_{i+1})$:

$$\frac{\dot{w}(t)}{w(t)} = \rho - \frac{\tilde{\pi}_i(t)}{w(t)a}. \tag{5.12}$$

Mit Gleichung (5.9), der Profitgleichung (3.16) und dem Preis des Endprodukts (3.14) sowie der Normalisierung $p_Q Q = 1$ wird daraus

$$\frac{\dot{w}(t)}{w(t)} = \rho - (1-\tau)\frac{(1-\alpha)w(t)b_i(t)Q_i(t)}{\alpha n_i(t)w(t)a} = \rho - (1-\tau)\frac{(1-\alpha)}{w(t)an_i(t)},$$

oder kürzer:

$$\dot{w}(t) = \rho w(t) - (1-\tau)\frac{(1-\alpha)}{an_i(t)}. \tag{5.13}$$

Die zeitliche Entwicklung der Anzahl Komponenten bleibt dagegen unbeeinflusst:

$$\dot{n}_i(t) = \frac{1}{a}\left(L - \frac{\alpha}{w(t)}\right). \tag{5.14}$$

Die Gleichungen (5.13) und (5.14) bilden ein Differentialgleichungssystem, das numerisch gelöst werden kann. Die zugehörige Simulation beginnt mit $\tau = 0$ und löst das Differentialgleichungssystem analog zum Standardmodell.[155] Solange dann $\mathcal{K} > \mathcal{T}$, also die Ausgaben die Einnahmen

[155] Für $\tau = 0$, $\xi = 0$ und $\theta = 0$ kollabiert die Modifikation in das Basismodell.

übersteigen, wird τ schrittweise erhöht und die Simulation wiederholt. Da für Werte nahe $\tau = 0$ bei der für die Darstellungen exemplarisch gewählten Parameterkombination eine dritte Phase entsteht, während derer etwaige Komponenteninnovationen keine Profite generieren würden, ist die numerische Integration dabei stückweise zu definieren. Die akkumulierten Steuereinnahmen ergeben sich als Summe der Profitsteuern aus Phase 2 und 3 gemäß (5.6) beziehungsweise (5.7). Ist τ hinreichend groß, verschwindet die dritte Phase und die Komponentenentwicklung endet erst mit Abschluss des Zyklus.

Neuer Isoklinenschnittpunkt und dynamische Effizienz der 2. Phase

Die Veränderung der Differentialgleichung der Löhne in Phase 2 verursacht eine Verschiebung der zugehörigen Isokline bei $\dot{w}(t) = 0$:

$$\dot{w}(t) = \rho w(t) - (1 - \tau)\frac{(1 - \alpha)}{an(t)} = 0.$$

Die Isokline $\dot{n}(t) = 0$ besteht wegen Gleichung (5.14) unverändert bei $w = \frac{\alpha}{L}$. Daher ergibt sich der neue Schnittpunkt gemäß

$$n(t)\rho\frac{\alpha}{L} - (1 - \tau)\frac{1 - \alpha}{a} = 0 \quad \Longleftrightarrow \quad n(t) = (1 - \tau)\frac{(1 - \alpha)L}{a\rho\alpha}.$$

Abbildung 5.21 zeigt ein entsprechend modifiziertes Phasendiagramm (vergleiche Abbildung 3.5 in Abschnitt 3.2). Der neue Isoklinenschnittpunkt B im Phasendiagramm ist nach links verschoben (wegen $0 < \tau < 1$). Zulässige Trajektorien finden sich weiterhin oberhalb der Grenzlinie $w = \frac{\alpha}{L}$, deren Unterschreitung negative Forschungsaufwendungen implizieren würde. Die gestrichelte Linie zeigt den Verlauf der Isokline bei $\dot{w}(t) = 0$ im Basismodell. Der Punkt A markiert den ursprünglichen Isoklinenschnittpunkt.

Startwerte der Lohnrate und Komponenten zum Beginn der 2. Phase, $w(T_i + \Delta_1)$ beziehungsweise $n(T_i + \Delta_1)$, die im Basismodell einen Endpunkt der zugehörigen Trajektorie auf der Isokline $\dot{n}(t) = 0$ zwischen Punkt B und A erreicht hätten, liegen nun oberhalb des Sattelpfads, der in Punkt B als Steady State mündet und welcher bei unendlichem Planungshorizont – also ohne drastische QT-Innovation – die eindeutige Gleichgewichtstrajektorie markiert. Folglich wird die begrenzende Lohnrate $w = \frac{\alpha}{L}$ von diesen Trajektorien nicht erreicht. Ihre Verläufe entsprechen jenem der exemplarisch zuoberst gezeigten Trajektorie der Abbildung. Sofern der Zyklus nicht vorher endet, kann es folglich nach Erreichen eines globalen Minimums zu einem Anwachsen der Nominallöhne in Phase 2 kommen.

Dieser Fall tritt bei den exemplarisch gewählten Parameterkombinationen zwar nicht auf, birgt jedoch für andere, ebenfalls zulässige Parameterkombinationen Implikationen für das Gesamtwachstum. Dieses wird, wie in Abschnitt 3.2 diskutiert, inputseitig durch Reallöhne und Realprofite gebildet. Für erstgenannte folgt aus der Modifikation des Modells: Eine steigende Nominallohnrate erhöht zwar nicht direkt die Reallöhne, da der normierende Endproduktpreis positiv von diesen Nominallöhnen abhängt (siehe Gleichung (3.14)). Da auf einer zugehörigen Trajektorie aber auch weiterhin die Anzahl Komponenten steigt, deren zunehmende Vielfalt den Preis des Endprodukts verringert (weil bei konstantem Output weniger Arbeitseinsatz in die Zwischenproduktherstellung aufgewendet werden muss und folglich die Stückkosten sinken), werden die Reallöhne und damit der Realoutput indirekt positiv beeinflusst.

Gleichzeitig senken die Profitsteuern der Modifikation direkt die Nettoprofite (und damit die Firmenwerte)[156] sowie unmittelbar den Gesamtoutput, zumal in Phase 2 und 3 analog zu Gleichung (3.32) gilt:

$$G_{real}(t) = \left(L + (1-\tau)\frac{(1-\alpha)}{w(t)}\right)\alpha\lambda^i n_i(t)^{\frac{1-\alpha}{\alpha}}, \tag{5.15}$$

Da die Nominallöhne überdies steigen, sinken die Realprofite (und anteilig der Realoutput) demnach nach Überschreiten der Isokline $\dot{w}(t) = 0$ in zweifacher Hinsicht. Wachstumsmaximal kann eine solche Trajektorie also niemals sein.

Andererseits bedeutet jede Trajektorie unterhalb des monoton konvergierenden stabilen Arms bei angenommener *unendlicher Dauer* jedes Zyklus ein vorzeitiges Ende der Komponentenentwicklung, was dynamisch nicht effizient sein kann.[157]

Definition 5.2 (Dynamische Effizienz). Im hiesigen Modell wird eine Trajektorie genau dann als dynamisch effizient bezeichnet, wenn sie für eine gegebene Parameterkombination wachstumsmaximierend (und damit konsummaximierend) hinsichtlich des Realoutputs zum Ende des Betrachtungszeitraums ist.

Dies lässt sich ebenfalls anhand der Abbildung 5.21 ersehen: So ist in Anbetracht der obigen Definition nur jene Trajektorie dynamisch effizient im Hinblick auf den Realoutput, die in jedem Zeitpunkt bei gegebenen Nominallohnraten eine höchstmögliche Anzahl ZPS-Varietäten ermöglicht – oder umgekehrt – die eine gegebene Zwischenproduktzahl mit der geringsten Nominallohnrate ermöglicht. Im Diagramm weist Punkt C einen höheren Realoutput auf als Punkt D (sofern gleichzeitiges Erreichen vorausgesetzt wird), da eine geringere Nominallohnrate besteht. Weiterhin dominiert Punkt B, der den Isoklinenschnittpunkt markiert, Punkt C, weil die Anzahl Komponenten (bei gleichen Nominallöhnen) höher ausfällt.

Besondere Relevanz kommt folglich dem vorzeitigen Ende des Zyklus und mithin des dynamischen Optimierungsproblems zu. Da jeder Zyklus und damit jede 2. Phase durch den exogenen technologischen Wandel zeitlich begrenzt ist, wird – für jede gezeigte Parameterkombination – der stationäre Punkt B nie erreicht. Der dynamisch effiziente Gleichgewichtspfad kann deshalb eine unterhalb des Sattelpfads liegende Trajektorie sein, die – einheitliche Konvergenzgeschwindigkeiten in n vorausgesetzt – geringere Nominallöhne als der Sattelpfad aufweist, wie der Vergleich von Punkt C gegenüber Punkt D zeigt. Im Basismodell ist dies stets der Fall.

Entscheidend für die dynamische Effizienz der 2. Phase in der hiesigen Modifikation ist nun zum einen, dass die Betrachtung auf einen singulären Zyklus eingeschränkt ist. Wiederkehrende

[156] Entprechend der Free-Entry-Bedingung und Gleichheit in (5.11) muss der (nominale) Nettofirmenwert bei positiven Forschungsanstrengungen im selben Maß zunehmen wie die Nominallöhne, wie die Differenzierung der Bedingung zeigt. Da die Lohnrate für die betrachteten Trajektorien oberhalb des Sattelpfads ab einer spezifischen Anzahl Komponenten eine positive Steigung erfährt, erhöhen sich fortan also die nominalen Firmenwerte trotz höherer Profitsteuern. Real senken aber die steigenden Nominallöhne die Profite und damit die realen Firmenwerte, wie Gleichung (5.15) verdeutlicht.

[157] Dynamische Effizienz umfasst in der Literatur häufig zwei Aspekte, die Anpassungsflexibilität einer Volkswirtschaft und ihre Innovationsaktivität. Vgl. beispielsweise Linde (2000, S. 231).

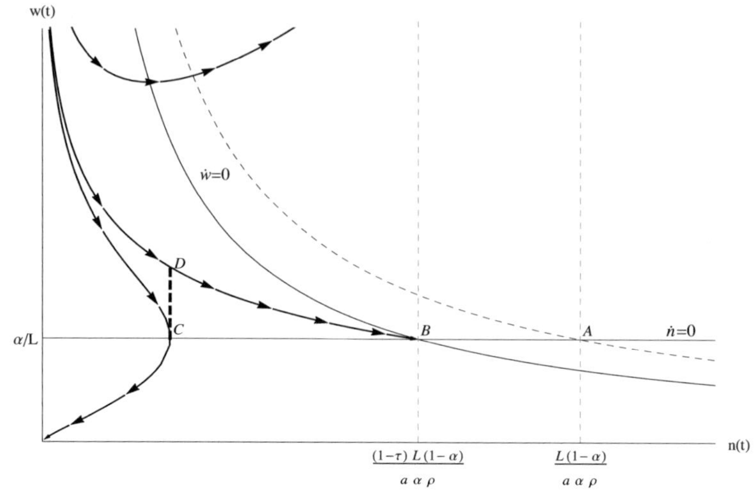

Abbildung 5.21: Lohnratenentwicklung in Phase 2 bei Profitbesteuerung, basierend auf eigenen Berechnungen. Parameter: $\alpha = 0.5$, $a = 1$, $L = 1$, $\rho = 0.025$, $\lambda_0 = 1.5$, $\lambda_1 = 1.75$, $\Theta = 0.013$, $c = 50$, $\tau = 0.223$.

uniforme Produktivitätssteigerungen und (Profit-)steuern würden bei erneuter numerischer Simulation ein alternatives langfristiges Gleichgewicht erzeugen. Durch die darüber hinaus unveränderte Struktur der parametrisch fixierten Dauer der Zyklen könnte dann erneut eine Trajektorie unterhalb des neuen stabilen Arms dynamisch effizient sein.

Zur Relevanz transitorischer Dynamiken

In der hiesigen Modifikation wird ein einmaliger wirtschaftspolitischer Einfluss betrachtet, der ein zuvor etabliertes langfristiges Gleichgewicht vollständig aufhebt. Bei Simulation rekurrenter Zyklen würde erst durch eine hinreichend große Anzahl Iterationen – den Simulationsergebnissen nach entsprächen diese hunderten bis tausenden QT-Regimen – ein erneutes langfristiges Gleichgewicht entstehen und damit *zyklenübergreifend* dynamische Effizienz gewährleistet. Transitorische Dynamiken erlangen somit übergeordnete Bedeutung.

> „*Ultimately, all that a long-run equilibrium of a model denotes is its final resting point, perhaps very distant in the future. We know very little about this destination, and should be paying more attention to the journey.*“ (Temple, 2003, S. 509)

In Anbetracht dessen, dass reale QT-Zyklen ganze Dekaden umfassen und bisher nur wenige solcher Zyklen empirisch beobachtbar sind, kann angenommen werden, dass ein Gleichgewicht in Form eines balancierten Wachstumspfads wahrscheinlich niemals erreicht werden kann. Die Beschränkung der Betrachtung auf kurzfristige Dynamiken muss gerade deshalb kein Nachteil sein. Steger (2014), dem bereits obiges Zitat entlehnt ist, bemerkt ergänzend zu der übergeordneten Frage, warum sich Ökonomen verstärkt mit transitorischen Dynamiken befassen sollten, sinngemäß, dass bei der Analyse, Bewertung und Rangfolgenbildung unterschiedlicher politischer Instrumente gravierende Fehleinschätzungen der Wohlfahrtsentwicklungen entstehen können, wenn die Analyse der Wirkungen auf theoretisch gleichgewichtigen Wachstumspfaden beruht, das reale System aber noch gar keinen solchen BGP oder Steady State erreicht hat.

Simulationsergebnisse

Die Abbildung 5.22 (Vergrößerung: 5.23) zeigt zunächst das resultierende Outputwachstum. Wie schon im vorherigen Modifikationsschritt wird der erste Zyklus erneut ohne die Produktivitätssteigerung im Endproduktsektor dargestellt. Zum Zeitpunkt $T_i + \Delta$ beginnt dann erneut jener Zyklus, während dessen erster Phase eine zeitkonstante Produktivitätswachstumsrate im EPS wirkt.

Die zusätzliche Produktivitätssteigerung bedeutet weiterhin eine verkürzte Dauer der 1. Phase und ein positives verlangsamtes Realoutputwachstum. Ebenfalls fortgeführt wird die Darstellung der zwei stationären Basismodellergebnisse sowohl für diesen zweiten als auch den darauffolgenden dritten Zyklus. Zusätzlich ist die Entwicklung des Realoutputs *ohne* Profitfinanzierung abgebildet – entsprechend der Ergebnisse der vorigen Abschnitte. Die neue blaue Linie beschreibt schließlich den gesuchten Verlauf für die hiesigen Modifikationen.

Eine dritte Phase, innerhalb derer die Entwicklungstätigkeiten zum Erliegen kommen, tritt im relevanten zweiten Zyklus nun nicht mehr auf. Dafür kommt es zu einer weiteren Unstetigkeit zum Zeitpunkt $(\Delta + \Delta_1)'$, zu dem der Produktionsregimewechsel stattfindet.

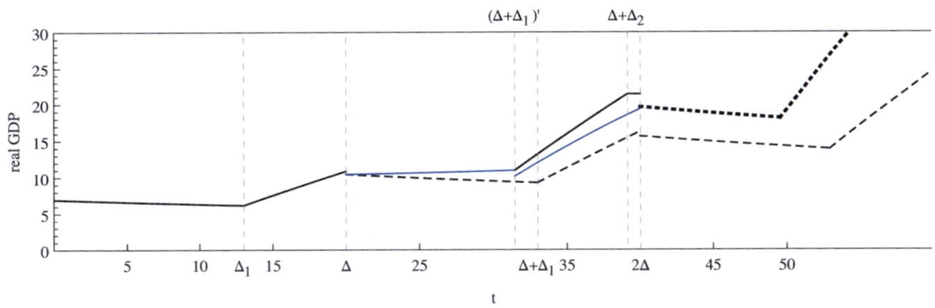

Abbildung 5.22: Zeitlicher Verlauf des Realoutputs bei Profitbesteuerung, basierend auf eigenen Berechnungen. Parameter: $\alpha = 0.5$, $a = 1$, $L = 1$, $\rho = 0.025$, $\lambda_0 = 1.5$, $\lambda_1 = 1.75$, $\Theta = 0.013$, $c = 50$, $\tau = 0.223$.

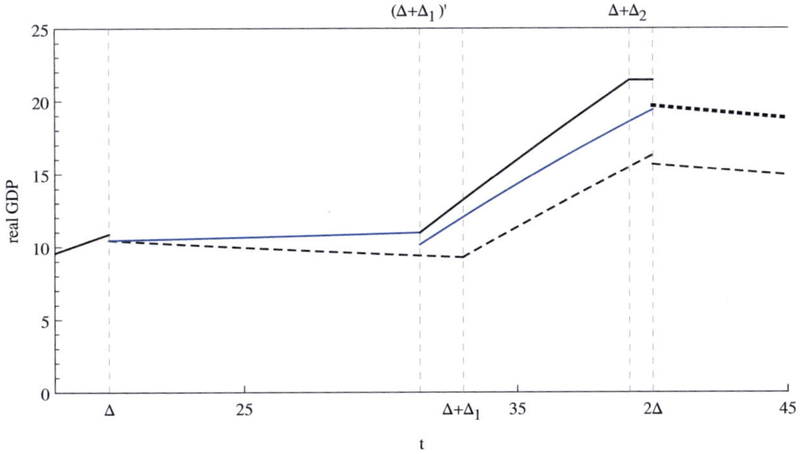

Abbildung 5.23: Zeitlicher Verlauf des Realoutputs bei Profitbesteuerung (Vergrößerung), basierend auf eigenen Berechnungen. Parameter: $\alpha = 0.5$, $a = 1$, $L = 1$, $\rho = 0.025$, $\lambda_0 = 1.5$, $\lambda_1 = 1.75$, $\Theta = 0.013$, $c = 50$, $\tau = 0.223$.

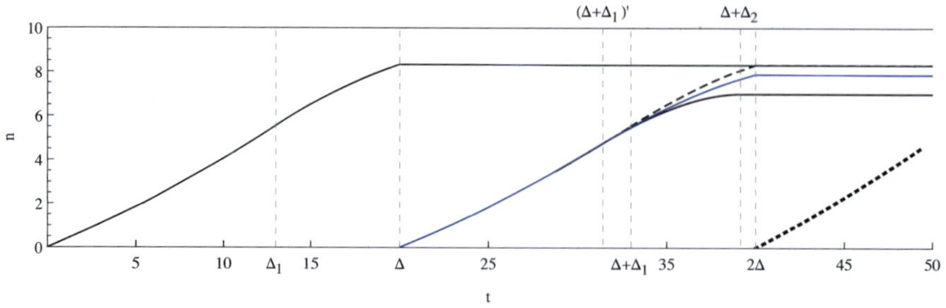

Abbildung 5.24: Zeitlicher Verlauf der Komponenten bei Profitbesteuerung, basierend auf eigenen Berechnungen. Parameter: $\alpha = 0.5$, $a = 1$, $L = 1$, $\rho = 0.025$, $\lambda_0 = 1.5$, $\lambda_1 = 1.75$, $\Theta = 0.013$, $c = 50$, $\tau = 0.223$.

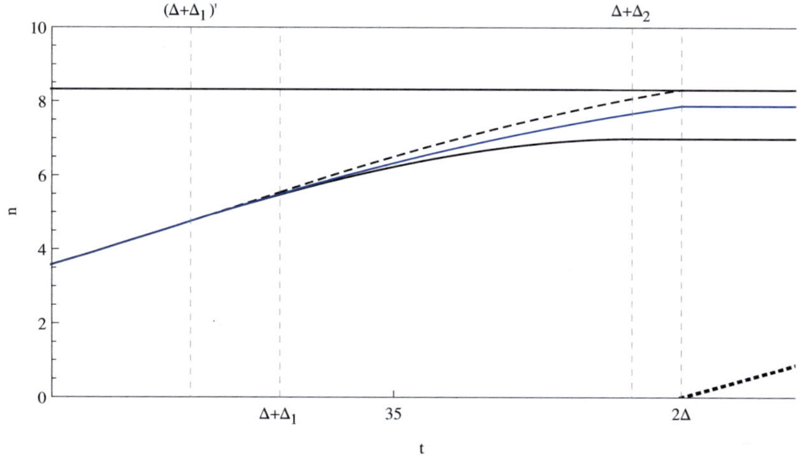

Abbildung 5.25: Zeitlicher Verlauf der Komponenten bei Profitbesteuerung (Vergrößerung), basierend auf eigenen Berechnungen. Parameter: $\alpha = 0.5$, $a = 1$, $L = 1$, $\rho = 0.025$, $\lambda_0 = 1.5$, $\lambda_1 = 1.75$, $\Theta = 0.013$, $c = 50$, $\tau = 0.223$.

Die Komponenten in Abbildung 5.24 (Vergrößerung: 5.25) verlaufen während der produktiven zweiten Phase nun im Korridor zwischen Basisszenario mit $\lambda(t) = \lambda_0, \forall t$ und der weiterhin durchgezogen dargestellten Entwicklungslinie ohne Finanzierungsaspekte. Ihr Maximum ist mit Wegfallen der dritten Phase erst wieder zum Ende des Zyklus erreicht.

Für die Nominallöhne ergibt sich daneben der Verlauf, den Abbildung 5.26 (Vergrößerung: 5.27) zeigt. Die wechselseitigen Abhängigkeiten innerhalb des Differentialgleichungssystems – siehe Gleichungen (5.13) und (5.14) – in Kombination mit dem indirekten Besteuerungsbonus des zweiten Summanden in $\dot{w}(n, \tau)$ führen die Nominallöhne auf ein höheres Niveau als jenes, das für die unfinanzierte Steigerung des vorherigen Abschnitts zu beobachten war.

Das dergestalt modifizierte Modell beeinflusst neben den oben gezeigten Kennwerten des Realoutputs, der Nominallöhne und Komponentenanzahlen natürlich erneut alle weiteren Kennzahlen des Modells, vom Endproduktpreis über Nominal- und Realprofite sowie Faktoreinsatzrelation bis hin zur Verteilung der Arbeitskräfte auf Produktion und Forschung. Da eine Stagnationsphase nicht mehr auftritt, sind deren Implikationen jedoch trivial – sie ergeben sich direkt aus Lohn- und Komponentenverläufen. Auf eine Darstellung wird daher verzichtet.

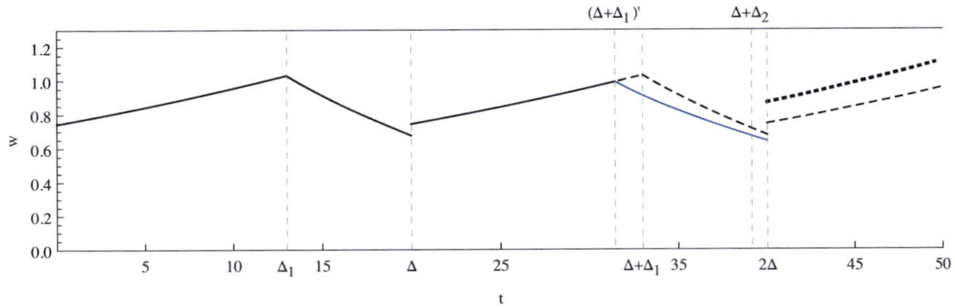

Abbildung 5.26: Zeitlicher Verlauf der Nominallöhne bei Profitbesteuerung, basierend auf eigenen Berechnungen. Parameter: $\alpha = 0.5$, $a = 1$, $L = 1$, $\rho = 0.025$, $\lambda_0 = 1.5$, $\lambda_1 = 1.75$, $\Theta = 0.013$, $c = 50$, $\tau = 0.223$.

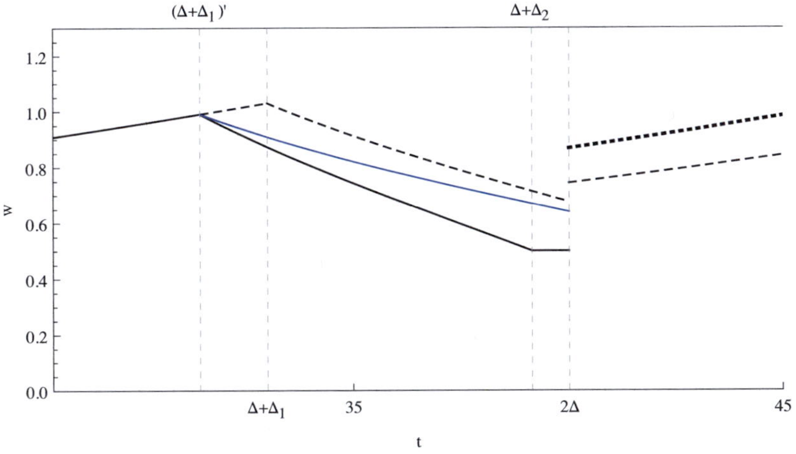

Abbildung 5.27: Zeitlicher Verlauf der Nominallöhne bei Profitbesteuerung (Vergrößerung), basierend auf eigenen Berechnungen. Parameter: $\alpha = 0.5$, $a = 1$, $L = 1$, $\rho = 0.025$, $\lambda_0 = 1.5$, $\lambda_1 = 1.75$, $\Theta = 0.013$, $c = 50$, $\tau = 0.223$.

5.2.4 Diskussion der Ergebnisse, Kritik und Implikationen

Technologien, die alle Wirtschaftsbereiche erfassen (Verbreitung, Durchdringung) und dabei über Dekaden ganzheitliche ökonomische und sozioökonomische Systeme neu gestalten (Paradigmenwandel), befinden sich in einem kontinuierlichen Fluss der Fortentwicklung (technologische Dynamik). Sie bilden komplexe Verzweigungen (Spezialisierung), die sich zwar inhaltlich voneinander entfernen, jedoch gleichermaßen die Menge potenzieller Rekombinationen erweitern, um neuerliche Ansätze für umfassende Problemfelder zu ermöglichen (Konvergenz). Fundamentales Wissen bleibt dabei stets konsistent und erhebt technologieübergreifenden Anspruch auf Gültigkeit und Anwendbarkeit. Dies wird im Modell nun anhand der verknüpfenden EPS-Produktivität λ realisiert.

i) GPPs sind in der hiesigen Betrachtung unabhängig von der jeweiligen technologischen Implementierung, und das Konzept erlaubt folglich auch die Fortentwicklung durch Learning-by-Doing anhand der vermeintlich veraltenden Technologie, die das herrschende Produktionsregime stellt.

ii) Die Erhöhung der Produktivität im EPS bedeutet eine Senkung der Stückkosten der Produktion und bewirkt somit eine Externalität, die aufgrund der Persistenz jener Erhöhung von unendlicher Dauer und Wirkung ist – und damit langfristig technologieregime-unspezifisch.[158] Entsprechende Anschubfinanzierungen im Grundlagenforschungsbereich sowie die anschließende Verbreitung des entstandenen Wissens unter geeigneten regulatorischen Bedingungen folgen bezogen auf Bresnahan und Trajtenberg (1995) dem regulatorischen Ziel, das dynamisch ineffiziente dezentrale Gleichgewicht der Forschungsbemühungen von Basisinnovatoren und nachgelagerten Anwendungssektoren einseitig aufzubrechen.

iii) Die Stückkostensenkung verkürzt folglich die Dauer der Phase 1: Die neue Technologie gelangt früher zu produktiver Reife und damit zum profitwirksamen Einsatz. Dabei sinkt die Gesamtzahl maximal entwickelter Varietäten. Die Durchdringung einer Technologie nimmt also gegebenenfalls ab, wenn die gesamtwirtschaftliche Produktivität in geringerem Maß von der Heterogenität des Komponentenindex D abhängt. Unter Umständen resultieren in der Realität weniger Nischen für potenzielle Nachfolgeregime.

iv) Unter der Annahme zeitlich begrenzter Zyklendauern führt die verkürzte Phasenlänge gegebenenfalls zum Auftreten einer abschließenden Stagnationsphase, während derer gar keine weiteren Komponenten entwickelt werden. Diese kann das Ende der Profitabilität des herrschenden Regimes ankündigen. Im Modell ist das Ende jeder Ära mit dem Beginn des Nachfolgeregimes verknüpft. In der Realität kann bis dahin jedoch verpasst worden sein, Nischen neuer Technologien geeignet anzuregen. So ist gegebenenfalls kein geeigneter Wachstumstreiber im Entstehen begriffen.

v) In der Modellerweiterung ist das zusätzliche Produktivitätswachstum im EPS nur während der 1. Phase angenommen. Dies liegt im Einfluss auf die Verkürzung / Auflösung des PSD begründet und darf nicht als Politikimplikation missgedeutet werden: Da der Endpunkt jedes Gesamtzyklus' exogen gegeben ist, sind die Ergebnisse einer Erhöhung von λ für Phase 2 formal trivial – Reallöhne, Realprofite und Realoutput steigen entsprechend – und aus diesem Grund nicht dargestellt. Mit dem Rückgang der technologischen Aktivität in dieser 2. Phase kann die wirtschaftspolitische Unterstützung sogar von besonderer Relevanz sein.

Output- und Wissenszuwachs

Gesamtwirtschaftliche PSDs sind für die jeweiligen Zeitalter der Elektrifizierung und IKT dokumentiert und stellten lange ein Rätsel für Ökonomen dar. Abbildung 5.28 verdeutlicht dies für die Elektrifizierung der maschinellen Produktion der USA. Substantielle Produktivitätsgewinne ergaben sich erst nach 1920 und damit mehrere Jahrzehnte nach dem Beginn der Ära um 1895 (vergleiche Abbildung 2.6 in Abschnitt 2.2.1). In der Zwischenzeit war ein verlangsamtes positives Wachstum zu beobachten – nicht jedoch ein Schrumpfen der Wirtschaft wie im Referenzfall bei Helpman und Trajtenberg (1998a). Obwohl die Modifikationen des Basismodells vorrangig auf ein zyklisches Technologiewachstum zielen, erzeugen sie also gleichermaßen ein den empirischen Beobachtungen näheres Outputergebnis während der 1. Phase (vergleiche erneut die Abbildungen 5.2 und 5.23).

[158] Genaugenommen kann der Ausbau der GPP-Wissensbasis nicht zeitlich unbegrenzt mit positiven externen Effekten verknüpft werden. Für Wissen, dessen Schaffung lange zurückliegt, kann beispielsweise keine implizite Zahlungsbereitschaft sehr viel später profitierender Akteure angenommen werden. Die späteren Ausführungen des Abschnitts 7.3.1 werden dies diskutieren.

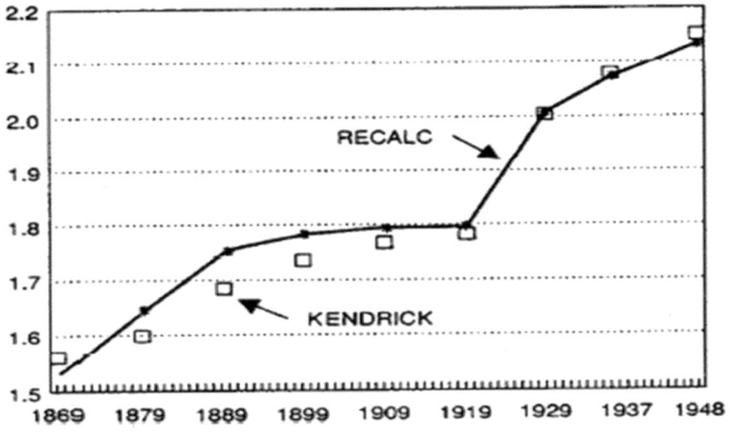

Abbildung 5.28: TFP-Entwicklung der USA während der Elektrifizierung ab 1895. Quelle: David (1991, S. 323) mit Verweis auf Kendrick (1961).

Das in beiden Zeitaltern anfänglich geringe TFP-Wachstum war vor allem insofern rätselhaft, als dass es mit einer jeweils offenkundigen Diffusion zentraler Subtechnologien einherging. Um die Jahrhundertwende machten Großkraftwerke auf Basis von Wechselstromgeneratoren die lokal begrenzte Energieerzeugung durch Dampfmaschinen obsolet, und mit Beginn des Informationszeitalters entstanden 70 Jahre später Mikroprozessoren, Laser und Faseroptiken, die ihrerseits eine Welle technologischer Aktivität auslösten.

Diese technologische Wellenform ist im Basiskonzept durch die Entwicklung komplementärer Zwischenprodukte bereits realisiert. Die neu eingefügten GPPs operationalisieren ergänzend eine Plattform grundlegenden Konzeptwissens. In welchem Ausmaß und mittels welcher Mechanismen Grundlagenwissen auf die Applikationsentstehung und damit die technologische Aktivität einer Volkswirtschaft wirkt, ist wenig verstanden. Die simpelste Näherung im modifizierten Modell wäre eine additive Ergänzung der absoluten Komponentenzuwächse, so dass $\dot{n}(t) + \lambda(t)$ als Indikator der Patentaktivität Verwendung finden könnte.[159] Abbildung 5.29 zeigt den Indikator für die letzte Modifikation.

Spezialisierung versus Diversifizierung

Das vorliegende Modell berücksichtigt weder in seiner ursprünglichen Form, noch in der Abwandlung der vorangegangenen Abschnitte, räumliche Aspekte oder mikroökonomische Entscheidungsprozesse organisationalen Lernens. Nichtsdestotrotz sind die gezeigten Modifikationen und deren Implikationen konsistent mit Ergebnissen ebenso in Bezug auf bekannte Aspekte

[159] Zu abstrahieren ist vom TFP-Wachstum des Ausgangsmodells. Dort sind TFP- und Realoutput-Wachstum ununterscheidbar und geprägt einerseits vom Love-for-Variety-Effekt sowie andererseits dem Stufensprung des QT-Exponenten (λ^i).

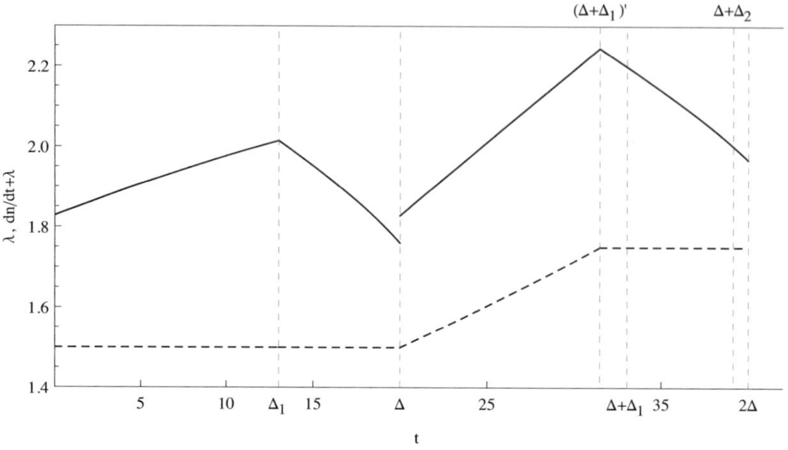

Abbildung 5.29: Technologiewachstum (durchgezogene Linie) bei Produktivitätswachstum im Endproduktsektor (gestrichelt) und Profitbesteuerung, basierend auf eigenen Berechnungen.

adaptiver organisationaler Prozesse einerseits wie auch der Neuen Ökonomischen Geografie[160] andererseits, wie folgendes Gedankenexperiment zeigt:

Nehmen wir an, ein technologisches Paradigma durchläuft immer (von einer Querschnittstechnologie zur nächsten) und überall (im räumlichen Sinne, also auch regional) jenes Muster der Entwicklung, das die theoretischen Betrachtungen dieses Abschnitts zeichnen. Bei Beginn eines neuen Zyklus bleibt demnach das Vorläuferregime zunächst maßgeblich für die Produktion. Der Umgang mit der bewährten Technologie wird auf Basis von Lerneffekten zunehmend effizienter gestaltet – entsprechend der Grundidee von Romer (1986) und den zuvor eingeführten Fundamentalkonzepten, während sich gleichzeitig neue Spezialisierungspfade durch neue Komponenten entwickeln.

Menz und Ott (2011) untersuchen erstmals die zeitliche Entwicklung des relativen Gewichts von Marshall-Arrow-Romer (MAR)- und Jacobs-Externalitäten[161] im Kontext von Querschnittstechnologie-Feldern. Erstere beschreiben *industriespezifische* Wissensspillover, während letztere den Fokus auf clusterinterne *industrieübergreifende* Übertragungseffekte legen, die einer räumlichen Nähe entspringen (siehe beispielsweise Beaudry und Schiffauerova, 2009). Menz

160 Die Neue Ökonomische Geografie geht zurück auf die Arbeiten von Krugman und Venables (1990), Krugman (1991a) und Krugman (1991b). Sie basiert weitestgehend auf Annahmen der Neuen Handelstheorie, betrachtet jedoch zusätzlich die endogene Dynamik räumlicher Veränderungen der Nachfrage. Im Basismodell von Krugman (1991b) ist diese Nachfrage durch mobile Arbeitskräfte des produzierenden Sektors gegeben, die mit der Zeit die Aufenthaltsregion wechseln, um – ebenfalls endogen bestimmte – Reallohndifferenzen zwischen den Regionen auszugleichen. Ein wichtiges Element zur Steuerbarkeit dieser Wanderungs- und resultierender Agglomerationsprozesse stellen die Transportkosten, oder spezifischer, die regulatorisch beeinflussbaren Handelsbarrieren des Modells dar. Darüber hinaus existieren Ansätze, die Neue Ökonomische Geografie auch in Diskussionen um politische Instrumente zur Steuerbarkeit von Wachstumsprozessen, wie sie beispielsweise Baldwin und Forslid (2000) integrieren, einzubeziehen. Eine Einführung in die Neue Ökonomische Geografie liefern beispielsweise Brakman et al. (2009).

161 Die Diskussion um die sogenannte Marshall-Jacobs-Kontroverse kann und soll hier nur angerissen werden. Als Ausgangspunkt zum Studium der Grundideen empfehlen sich die Arbeiten von Jacobs (1969), Glaeser et al. (1992) und Feldman (1994).

und Ott (2011) finden für die beispielhaft gewählte Region Hamburg und dort emergente Nanotechnologie-Industrien eine Verbreiterung der Spezialisierungsmuster, also eine Zunahme des relativen Gewichts von Jacobs-Externalitäten im Verlauf der zeitlichen Fortentwicklung der Technologieregion. Inkrementelle Innovationen, die bestehende Spezialisierungsmuster stärken, nehmen dagegen relativ ab: MAR-Externalitäten verlieren regional – zumindest für diesen spezifischen Fall – im Zeitablauf an Bedeutung.

Dies muss nicht unbedingt ein rein raum- oder stadtspezifisches Phänomen sein, sondern kann – entsprechend der obigen Überlegungen – erneut ein fraktales Muster sein, dessen Implikationen im regionalen Kontext ebensolche Gültigkeit haben wie im gesamtwirtschaftlichen Aggregat. Bereits Aghion und Howitt (2009) betonen im Hinblick auf den PSD, dass die sektorale Diffusion ganzheitliche Entwicklungen vorzeichne:

So sind die in Abschnitt 5.2.2 im Kontext der GPPs beschriebenen Spillover-Effekte aus dem Umgang mit bewährten Technologien in doppelter Hinsicht intrasektoraler Natur. Sie beschränken sich einerseits auf den Umgang mit bestehenden Zwischenprodukten im EPS und führen dort außerdem *nicht* – zumindest jedenfalls *nicht direkt* – zu einer Erweiterung der Komponentenzahlen, also einer Erschließung neuer Spezialisierungspfade. Insofern dürfen sie im regionalen Kontext mit MAR-Externalitäten assoziiert werden, die während Phase 1 des modifizierten Modells in etablierten räumlichen Clusterstrukturen wirken und die Menge allgemein nutzbarer GPPs der Gesamtwirtschaft erhöhen.

Das Erscheinen einer neuen Querschnittstechnologie, das parallel in Phase 1 einen stetigen Zufluss an komplementären Zwischenprodukten anstößt, sorgt währenddessen für eine zunehmende Verbreitung der Spezialisierungsmöglichkeiten. Dies kann zwar im Aggregat nicht mit Jacobs-Externalitäten verknüpft werden[162], führt aber in der Konsequenz ebenso zu einer erhöhten Vielfalt der von der Technologie eingenommenen Felder und kann daher mit einer sektoralen Diffusion assoziiert werden (vergleiche insbesondere Aghion und Howitt (1998) und Helpman und Trajtenberg (1998b) sowie Abschnitt 2.1.2). Der folgende Abschnitt 5.3 wird sich diesem Diffusionsgedanken gesondert widmen.

Endet Phase 1, wird die neue Querschnittstechnologie produktivitätssteigernd im Endproduktsektor eingesetzt. Modelltheoretisch sinken die spezialisierungsvertiefenden Spillover auf null, während die Komponentenvielfalt während der produktiven zweiten Phase weiter steigt. Dies ist konsistent mit der Abnahme des relativen Gewichts der MAR-Externalitäten in der empirischen Beobachtung. Endet wiederum Phase 2 und gleichzeitig ein ganzer Zyklus[163], erhöht sich die Menge fundamentaler Kenntnisse erneut, und ein gleichlaufendes Muster vollzieht sich für das Nachfolgeparadigma.

Aus organisationaler Sicht entspricht die zunehmende Standardisierung einer steigenden Effizienz der Verwertung des technologischen Potenzials innerhalb eines herrschenden Regimes. In der kurzen Frist (Phase 1) dominieren Spezialisierungsvorteile durch inkrementelle Prozessoptimierungen mit sicheren Erträgen. In der langen Frist gewinnt die Entwicklung neuer

[162] Der Dixit-Stiglitz-Aggregator enthält aus Sicht der Endproduktion durchaus eine technologische Komplementarität, da mit zunehmender Anzahl Zwischenprodukte die Stückkosten der Produktion sinken. Diese führt jedoch, wie die Ausführungen des Abschnitts 7.3.1 verdeutlichen werden, nicht zu einer positiven Externalität, da alle damit verbundenen Innovationsrenten entweder von den initiierenden Agenten (hier also den Komponentenherstellern) oder den Konsumenten abgeschöpft werden. Wohl aber handelt es sich den späteren Ausführungen des Abschnitts 7.3.1 entsprechend um einen technologischen Spillover-Effekt.

[163] Eine Betrachtung von Phase 3 kann ausgeklammert werden, da diese mit vollständiger technologischer Stagnation verknüpft ist.

Komponenten entsprechend schumpeterianisch kreativer Zerstörung zunehmende Relevanz. Exploration durch experimentelle Variation unter Unsicherheit schafft neue Technologiepfade (vergleiche insbesondere March (1991) zu adaptiven Prozessen).

Produktivitätswachstum durch bestehende Marktteilnehmer und Entranten

Die endogene Wachstumstheorie strebt neben gesamtwirtschaftlich aggregierten Erkenntnissen auch nach solchen auf Firmenebene – beispielsweise, wenn einzelne Varietäten durch monopolistisch agierende Unternehmen repräsentiert werden. Von besonderem Interesse ist dabei die Frage, wie Wachstumsprozesse mit endogen bestimmten Industriestrukturen wechselwirken und welchen Einfluss regulatorische Eingriffe diesbezüglich haben können (Acemoglu und Cao, 2010).

Industriestrukturen sind dabei neben Wettbewerbsintensität und resultierender Marktmacht dadurch charakterisiert, welchen Wachstumsbeitrag bestehende Firmen und welchen neue Marktteilnehmer durch ihr jeweiliges Innovationsverhalten leisten.[164] Bartelsman und Doms (2000) ermitteln diesbezüglich, dass zwischen 1977 und 1987 nur etwa ein Viertel des industriell bedingten US-Produktivitätswachstums auf Marktentranten zurückzuführen war. Fallstudien wie jene von Abernathy (1991) für die Automobil- und Lieberman (1984) für die chemische Industrie bestätigen diese Dominanz der Innovationstätigkeit bestehender Betriebe.

Mit dem etablierten modelltheoretischen Instrumentarium der zunehmenden Varietätenvielfalt (siehe beispielsweise Romer, 1987, 1990) sowie dem schumpeterianischen Paradigma vertikaler Innovation (Aghion und Howitt, 1992; Grossman und Helpman, 1991b) ist diese empirische Beobachtung schwer abzubilden.[165] Acemoglu und Cao (2010) sowie Klette und Kortum (2004) versuchen sich daher an entsprechend modifizierten Modellen, die jeweilige Hybride der genannten Paradigmen sind.

Auch das in diesem Abschnitt vorgestellte modifizierte Mehrphasenmodell auf Basis von Helpman und Trajtenberg (1998a) kann als ein solches Hybridmodell bezeichnet werden. Schon im Ausgangsszenario wird die zunehmende Komponentenvielfalt durch den Grundgedanken der kreativen Zerstörung in Gestalt neuer Technologieregime ergänzt. Jedoch war das Basismodell letztlich schumpeterianischer Art: Wachstum ist alleinig durch die Innovationsaktivitäten von Marktentranten bestimmt. Erst die Erweiterung um endogen effizienzsteigernde Lernprozesse und GPPs verweist auf einen Anteil gesamtwirtschaftlichen Produktivitätswachstums, der sich durch bestehende Marktteilnehmer und deren Umgang mit dem herrschenden Produktionsregime speist. Eine geeignete Parametrierung kann die empirisch beobachtbaren Beteiligungen von Marktentranten und etablierten Firmen am Wachstum prinzipiell nachzeichnen.

5.3 Technologiezyklen unter Unsicherheit

Seit Elhanan Helpmans Zusammenstellung der wichtigsten QT-Forschungsarbeiten (Helpman, 1998) und den Modellen erster Generation hat es kaum Fortentwicklung formaler QT-Theorien

[164] Die Anzahl von Unternehmen in einem Markt wird in der langen Frist nicht nur durch technologische Faktoren wie wachsenden Skalenerträge bestimmt, sondern auch durch die Hürden des Marktzutritts (und -ausstiegs) – welche jeweils vom strategischen Verhalten bestehender Marktteilnehmer beeinflusst werden können (Bresnahan und Reiss, 1987). Für Querschnittstechnologien von besonderem Interesse sind monopolistisch geprägte beziehungsweise allgemein hoch konzentrierte Märkte für Basiskomponenten, mit denen sich Bresnahan und Greenstein (1999) sowie Bresnahan und Reiss (1990, 1991) in gesonderten Arbeiten beschäftigen.

[165] So beruht in schumpeterianischen Modellen der Wachstumsprozess alleinig auf Marktentranten, deren Innovationstätigkeit die jeweils nächsthöhere Qualitätsstufe bestehender Produkte erschließt.

gegeben. Wie der vorige Abschnitt offenkundig macht, sind die Standardmodelle, repräsentativ durch Helpman und Trajtenberg (1998a) vertreten, auch nur bedingt erweiterbar.

Ein seltenes Gegenbeispiel findet sich bei Petsas (2003), der anhand eines ebenfalls schumpeterianischen Qualitätsstufen-Wachstumsmodells QT-Diffusionswirkungen in kurzer und langer Frist analysiert.[166] Das Modell von Petsas (2003) basiert auf einer S-Kurve der Marktdiffusion, wie sie die Grundlagen des Kapitels 2 eingeführt haben. Eine solche zeitlich sukzessive Adoption – adaptiert für das von Carlaw und Lipsey (2006a) vorgestellte Basismodell des Abschnitts 3.4 – wird im folgenden Abschnitt dazu verwendet, um Technologiezyklen auf Makroebene in einem Modell unter Unsicherheit darzustellen.

Erweiterung des Basismodells unter Unsicherheit

Das in Abschnitt 3.4 vorgestellte 3-Sektoren-Modell formalisiert den Einfluss von Querschnittstechnologien auf den gesamtwirtschaftlichen Konsum. Besondere Aufmerksamkeit kommt im Modell den innovatorischen Komplementaritäten zwischen anwendungsorientierter F&E und Grundlagenforschung zu. Die fehlende Kenntnis über zukünftige technologische Entwicklungen und deren Produktivitäten wird auf mehreren Ebenen als Unsicherheit der Agenten modelliert. Deren Ressourcenallokationsentscheidungen in jeder Periode hängen von stochastisch beeinflussten Ist-Zuständen ab. Der Verzicht auf die Ableitung eines gleichgewichtigen Wachstumspfads sowie auf verbreitete Annahmen über Diffusionsprozesse hält das Ausgangsmodell möglichst einfach.

Der hiesige Abschnitt erweitert die Ausgangsformalisierung um Diffusionsaspekte, um die Wirkungen stochastisch auftauchender technologischer Schocks zeitlich verzögert zu entfalten. Im Ergebnis stellt sich – bei zwei distinkten Schocks – erneut eine Doppel-Boom-Struktur von Technologiezyklen ein, wenn Produktionsregime einander ablösen. Darüber hinaus entsteht die typische Wellenstruktur des gesamtwirtschaftlichen Outputs – hier modelliert als Konsumsektor.

5.3.1 Diffusion durch Spillover-Effekte

Bislang war angenommen, das tatsächlich nutzbare Grundlagenforschungswissen, G^a, wachse mit jedem technologischen Schock ohne zeitliche Verzögerung, resultierend in einer ungleichmäßigen Stufenfunktion. Unter der Annahme, dieses Grundlagenwissen sei zwar prinzipiell verwendbar, aber noch nicht überall erfolgreich adoptiert, lässt sich eine zeitliche Diffusion – entsprechend der Überlegungen von Aghion und Howitt (1998), Helpman und Trajtenberg (1998b) oder Hornstein und Krusell (1996) (vergleiche Abschnitt 2.1.2) – rechtfertigen, die entlang einer S-Kurve (Griliches, 1957) sukzessive alle wirtschaftlichen Sektoren durchdringt.[167]

166 Besonderes Augenmerk liegt bei Petsas (2003) – in Abgrenzung zu Schumpeterianischen Standardmodellen – auf der Abwesenheit von Skaleneffekten des Bevölkerungswachstums. Das damit einhergehende Problem beschreibt Jones (1995a,b): Wächst die Bevölkerung, nimmt die Größe der Wirtschaft insgesamt zu. F&E-Ressourcen sollten dann modellgemäß ebenfalls exponentiell wachsen, und entsprechend müsste sich die Wachstumsrate des Pro-Kopf-Realeinkommens verhalten. Ein unendlicher hoher Wert wäre in finiter Zeit erreicht (Acemoglu, 2009, S. 446). Tatsächlich hat der enorme Anstieg der Forschungsaufwendungen in den letzten Jahrzehnten jedoch nachweislich keinen derartigen Einfluss auf die Entwicklung gesamtwirtschaftlicher Output-Wachstumsraten genommen.

167 Für Querschnittstechnologien gilt: Je mehr Applikationssektoren die neue Technologie erfolgreich adoptieren, desto einfacher sollte es für verbliebene Sektoren werden, eine komplementäre Anwendung zu realisieren (Bresnahan, 2010). Die Basis des vorhandenen Wissens wird zunehmend breiter. Dieser *Standing-On-Shoulders*-Effekt (Caballero und Jaffe, 1993), der den zunehmend steiler werdenden Verlauf der S-Kurve verursacht, erschöpft sich erst, wenn immer weniger Sektoren verbleiben, die noch nicht adoptiert haben. Dies kann mit einem *Fishing-Out*-Effekt assoziiert werden (siehe vor allem Jones, 1995a).

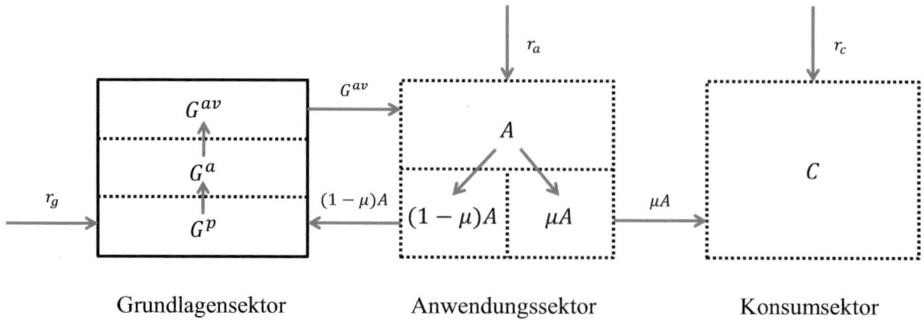

Abbildung 5.30: Modifizierte Struktur des Basismodells von Carlaw und Lipsey (2006a) mit integrierter Diffusion im Grundlagenforschungssektor. Quelle: Eigene Darstellung.

Der zusätzliche Term G^{av} in Abbildung 5.30 reflektiert dieses Diffusionsmuster. Er kann als *aktuell* in der Gesamtwirtschaft *verfügbares* oder auch *erfolgreich implementiertes* Grundlagenwissen verstanden werden. Entsprechend repräsentiert G^{av} eine Teilmenge des *nutzbaren* Grundlagenwissens G^a. Im Folgenden sollen zwei Ansätze vorgestellt werden, die G^{av} im Zeitablauf formalisieren.

Soziales Lernen, Implementierung und epidemische Verbreitung

Aghion und Howitt (1998) analysieren innerhalb eines Mehrphasen-Diffusionsmodells zyklisches Technologiewachstum als Folge der sektoralen Verbreitung neuer Querschnittstechnologien.[168] Soziales Lernen gemäß der Vorüberlegungen des Abschnitts 2.1.2 bedeutet dabei die sukzessive Adoption. Unter der Annahme, dass die Ankunftsrate neuer Regime hinreichend klein ist, durchdringt eine Technologie alle Sektoren bis zur vollständigen Reife. Es werden drei Phasen unterschieden: Sektoren in Phase 0 nutzen bisher weder die neue Technologie, noch haben sie eine Vorstellung, wie diese verwendbar wäre. Sektoren in Phase 1 haben eine solche Idee bereits entwickelt[169] oder von technologischen Vorreitern imitiert, müssen aber jeweils noch die Implementierung realisieren, um in der abschließenden 2. Phase, also nach der vollständigen Adoption, die neue Technologie produktiv einsetzen zu können.

Die relativen Anteile von Sektoren in Phase 0, 1 und 2 können mit n_0, n_1 beziehungsweise n_2 bezeichnet werden. Die Übergänge zwischen den Phasen lassen sich dann wie folgt formalisieren:[170]

$$\dot{n}_1 = [\lambda_0 + \varphi(m, k, n_2)] \cdot (1 - n_1 - n_2) - \lambda_1 n_1, \tag{5.16}$$
$$\dot{n}_2 = \lambda_1 n_1, \tag{5.17}$$

168 Sektoren sind im Folgenden als Industriesektoren zu verstehen, die bei Aghion und Howitt (1998) als Kontinuum modelliert sind. Insbesondere ist von den hier ebenfalls Verwendung findenden Begriffen eines jeweils aggregierten Grundlagen- beziehungsweise Anwendungsforschungs*sektors* zu differenzieren.

169 Dieser Findungserfolg basiert auf einer konstanten Ankunftsrate, so dass kein Forschungsaufwand betrieben werden muss. Insofern darf der Entwicklungsbegriff nicht im Sinne einer anreizinduzierten Forschungsaktivität verstanden werden.

170 Auf eine Darstellung der zeitlichen Indizes wird der Lesbarkeit halber verzichtet.

mit

$$\varphi(m, k, n_2) = \sum_{j=k}^{m} \binom{m}{j} n_2^j (1 - n_2)^{m-j}. \tag{5.18}$$

Zunächst betrachten wir den Wechsel von Phase 0 in Phase 1. Ein solcher vollzieht sich entweder, wenn ein Sektor eine eigenständige Idee zur Nutzung entwickelt, was gemäß eines Poisson-Prozesses mit der Ankunfsrate λ_0 geschieht, oder, wenn hinreichend viele Vorreitersektoren als Vorbild dienen, die die neue Technologie bereits implementiert haben. Letzteres beschreibt $\varphi(m, k, n_2)$, welches die kumulierte Wahrscheinlichkeit formalisiert, dass mindestens k von m nahegelegenen Firmen[171] die Adoption abgeschlossen haben und sich folglich in Phase 2 befinden.

Die Gleichungen (5.16) und (5.17) bilden ein Differentialgleichungssystem, dessen Lösung sich numerisch approximieren lässt. Im Ergebnis folgt n_2 einer stilisierten S-Kurve der Marktdiffusion. Visualisierungen derselben für variierende Poisson-Raten der Eigenentwicklung sowie der Implementierung finden sich in Anhang A.5 in den Abbildungen A.12 beziehungsweise A.13. Wird nun n_2 als Anteil *erfolgreich implementierten* Grundlagenwissens interpretiert, gilt:[172]

$$G^{av}(t) = G^{av}(T_i) + [G^a(T_i) - G^{av}(T_i)] \cdot n_2(t), \tag{5.19}$$

mit T_i als Moment des technologischen Schocks, der das nutzbare Grundlagenwissen auf ein neues Ausgangsniveau hebt. Der Stufensprung zwischen neuem und altem Niveau wird nun gesamtwirtschaftlich durch den kontinuierlich wachsenden Anteil n_2 erfolgreicher Adoptionen verstetigt.

Abbildung 5.31 zeigt die Ergebnisse der Modifikation für zwei aufeinander folgende Schocks in den im Hinblick auf die Fragestellung parametrierten – statt stochastisch bestimmten – Perioden 30 und 70. In Analogie zum Basismodell sind Ressourcenallokation, Output, Anwendungs- und Grundlagenforschung sowie die Wachstumsrate des Outputs dargestellt. Das stufenförmige *nutzbare* Grundlagenwissen durchdringt nun gemäß des Diffusionsprozesses die Gesamtwirtschaft. Der zugehörige Anteil *erfolgreich implementierten* Wissens ist blau hervorgehoben.

Im Vergleich zum Ausgangsmodell verursacht ein technologischer Durchbruch nun deutlich weniger abrupte Reallokationsprozesse der einzigen Ressource. Die gleichmäßigere Anpassung erzeugt eine wellenförmige Entwicklung des Konsumsektors, die dem Kondratieff-Muster entspricht. Insbesondere zeigen die zugehörigen Wachstumsraten keine artifiziellen Spitzen mehr – mit Ausnahme jener zu Beginn, die als Artefakt der parametrierten Anfangswerte entsteht. Stattdessen wird deutlich, dass mit dem Auftritt eines neuen QT-Regimes (Perioden 30 und 70) zunächst ein verlangsamtes Outputwachstum entsprechend des PSD einhergehen kann. Selbiges braucht bei hiesiger Parameterwahl ca. 30 Perioden, um ein Maximum zu erreichen.

Bass-Diffusion

Alternativ zur Diffusionsmodellierung nach Aghion und Howitt (1998) kann das häufig im Marketing verwendete Konzept nach Bass (1969) verwendet werden. In diesem ist – im Vergleich zu Aghion und Howitt (1998) nochmals vereinfacht – angenommen, dass der Anteil

---

171 Nähe kann hierbei wahlweise als technologische, geografische oder kulturelle Distanz verstanden werden. Eine spezifische Definition ist für die hiesigen Überlegungen unerheblich. Es wird davon ausgegangen, dass stets m Firmen beobachtbar sind. Dass explizit *Firmen* als beobachtbare Individuen referenziert werden – statt ganzheitliche *Sektoren*, spielt ebenfalls eine untergeordnete Rolle.

172 Die im Folgenden gewählte Notation mit Zeitindizes in Klammern erweist sich als zwecksmäßig im Hinblick auf eine zu Aghion und Howitt (1998) konsistente Darstellung. Im folgenden Abschnitt wird erneut auf die Darstellung in Carlaw und Lipsey (2006a) gewechselt.

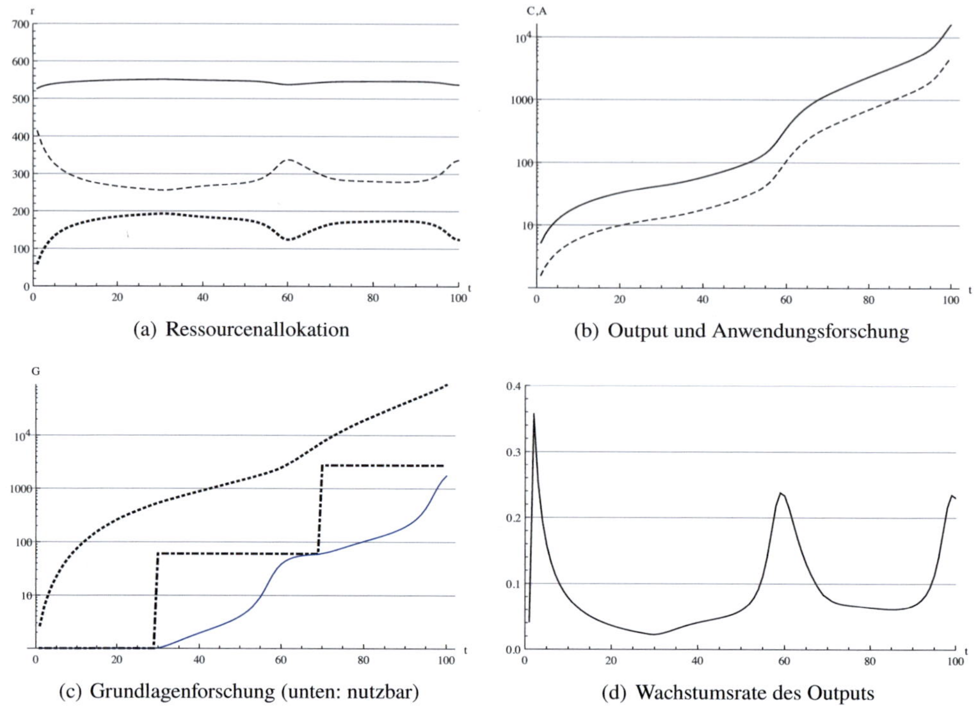

(a) Ressourcenallokation

(b) Output und Anwendungsforschung

(c) Grundlagenforschung (unten: nutzbar)

(d) Wachstumsrate des Outputs

Abbildung 5.31: AH-Mehrphasen-Diffusion: Zeitlicher Verlauf der Ressourcenallokation (a), resultierender Output des Konsum- und Anwendungsforschungssektors (b) sowie des Grundlagenforschungssektors (c) und Wachstumsrate des Outputs (d), basierend auf eigenen Berechnungen. Gestrichelt: Anwendungsforschungssektor, durchgezogen: Konsumsektor, gepunktet: Grundlagenforschungssektor. Parameter: $\alpha = 0.3$, $\beta = 0.3$, $\delta = 0.0001$ $\nu = 0.1$, $\mu = 0.5$, $\sigma = 0.3$ $A_0 = 1$, $G_0 = 1$, $\epsilon = 0.02$, $R = r_{c,t} + r_{a,t} + r_{g,t} = 1000$, $k = 3$, $m = 10$, $\lambda_0 = 0.002$, $\lambda_1 = 0.3$.

neu adoptierender Einheiten/Firmen/Sektoren direkt abhängig ist von dem bislang erreichten Diffusionsstadium, also der Menge bereits erfolgreicher Adoptionen. Auf eine eigene Implementierungsphase, die ein beobachtetes Muster erst auf eigene Bedürfnisse anpasst, wird demnach verzichtet. Die Anwendung wird direkt übernommen.

Formal gelte zunächst folgender Zusammenhang:[173]

$$\frac{f(t)}{1 - F(t)} = p + qF(t) \tag{5.20}$$

Dabei entspricht $f(t)$ der Anzahl adoptierender Individuen zum Zeitpunkt t, und $F(t)$ stellt die kumulierte Menge dieser Individuen dar. Die Parameter p und q reflektieren im Marketingkontext den Einfluss interner Erwägungen beziehungsweise externer Faktoren auf die Adoptionsentscheidung. Sie werden daher auch als Innovations- beziehungsweise Imitationskoeffizient bezeichnet (Bass, 1969; Mahajan et al., 1990).

[173] Für eine ausführliche Herleitung des Bass-Modells anhand der Hazard-Funktion eines Poisson-Prozesses vgl. Anhang A.5.

Für die Anzahl adoptierender Individuen $n(t)$ zum Zeitpunkt t ergibt sich mit m als Gesamtmenge aller Individuen:

$$mf(t) = n(t), \tag{5.21}$$

und mit Gleichung (5.20) sowie kumulierten Wahrscheinlichkeiten gemäß $mF(t) = N(t)$ folgt:

$$n(t) = \frac{dF(t)}{dt} = p(m - F(t)) + \frac{q}{m}N(t)(m - N(t)). \tag{5.22}$$

Der erste Summand, $p(m-F(t))$, spiegelt den Anteil an Innovatoren, deren Adoptionsentscheidung unabhängig vom Diffusionsfortschritt fällt. Der zweite Summand, $\frac{q}{m}N(t)(m-N(t))$, repräsentiert daneben den Anteil Imitatoren.

Integration der Gleichung (5.22) liefert für $N(0) = 0$ eine Lösung für $N(t)$, die sich im hiesigen Kontext wie folgt verstehen lässt: Wird $N(t)$ als die kumulierte Menge des neuen, bislang diffundierten Grundlagenwissens zum Zeitpunkt t und m als die Gesamtmenge dieses neuen Wissens interpretiert, so ergibt sich letztere analog zum vorigen Abschnitt – also einen technologischen Schock zum Zeitpunkt T_i erneut vorausgesetzt – als Differenz zwischen dem neu nutzbaren Wissensniveau $G^a_{T_i}$ und dem aus der Vorstufe verfügbaren nutzbaren Grundlagenwissen.[174]

Damit folgt abschließend (analog zu Gleichung (5.19)):

$$G^{av}_t = G^{av}_{T_i} + (G^a_{T_i} - G^{av}_{T_i})\left(\frac{1 - \exp(-(p+q)(t-T_i))}{1 + \frac{q}{p}\exp(-(p+q)(t-T_i))}\right). \tag{5.23}$$

Abbildung 5.32 zeigt die Ergebnisse der Modifikation für zwei aufeinander folgende Schocks. Erneut ist das *erfolgreich implementierte* Grundlagenwissen blau hervorgehoben.

Für die gewählte Parametrierung verläuft der Reallokationsprozess der Einheitsressource noch gleichmäßiger als im Mehrphasen-Diffusionsmodell mit Zwischenstufe. Rund um den technologischen Durchbruch kommt es erneut zu einem deutlich verlangsamten Wachstum des Konsumsektors – einerseits, weil die Effizienzgewinne des alten Regimes durch das vollständig diffundierte Grundlagenwissen erlahmen und andererseits, weil auch in dieser Modellvariante ca. 20 Perioden zwischen dem Schock des neuen Regimes und dessen maximaler Produktivitätsentfaltung vergehen.

Vergleich des Technologiewachstums

Da das zugrunde liegende Modell eine Trennung von Grundlagen- und Anwendungsforschung im eigentlichen Sinn erlaubt, lässt sich mit zunehmender technologischer Aktivität am ehesten das Wachstum des Anwendungssektors verbinden. Insofern steht dieser im Mittelpunkt der Frage, inwiefern sich auch unter Unsicherheit auf Makroebene Technologiezyklen identifizieren lassen, die für zwei aufeinander folgende Schocks einen Doppel-Boom formen.

174 Eine Komplikation ergibt sich – bei beiden Diffusionsmodellierungen – hinsichtlich des Stufensprungs, wenn die Diffusion noch nicht abgeschlossen ist. Unterstellt wird implizit, der technologische Schock hebe alle fraglichen Wirtschaftsakteure zumindest auf das Niveau der vorherigen Stufe, ungeachtet der Frage, ob ein Adoptionsserfolg bereits gegeben ist.

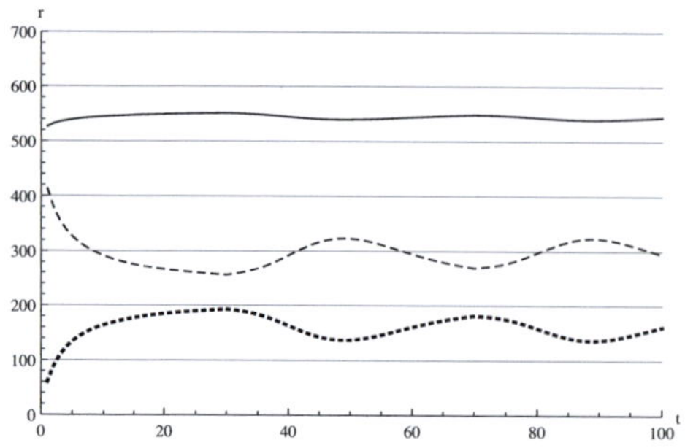

(a) Ressourcenallokation

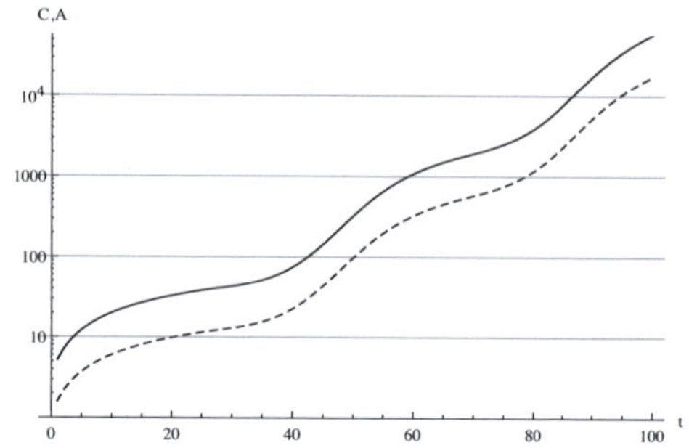

(b) Output und Anwendungsforschung

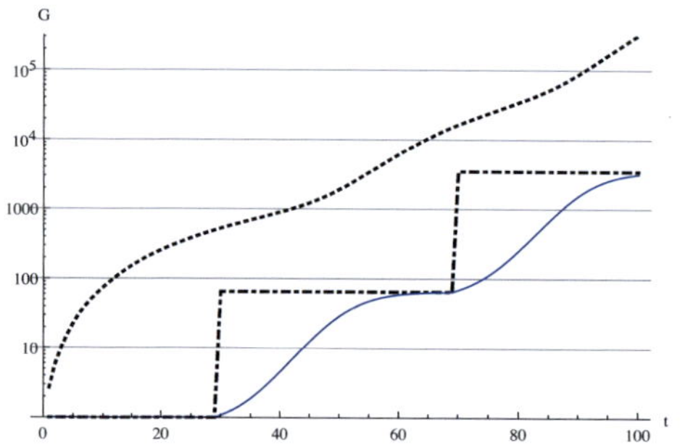

(c) Grundlagenforschung (unten: nutzbar)

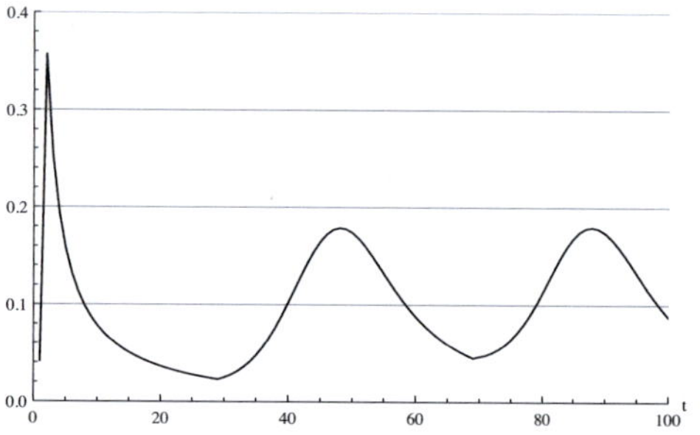

(d) Wachstumsrate des Outputs

Abbildung 5.32: Bass-Diffusion: Zeitlicher Verlauf der Ressourcenallokation (a), resultierender Output des Konsum- und Anwendungsforschungssektors (b) sowie des Grundlagenforschungssektors (c) und Wachstumsrate des Outputs (d), basierend auf eigenen Berechnungen. Gestrichelt: Anwendungsforschungssektor, durchgezogen: Konsumsektor, gepunktet: Grundlagenforschungssektor. Parameter: $\alpha = 0.3$, $\beta = 0.3$, $\delta = 0.0001$ $\nu = 0.1$, $\mu = 0.5$, $\sigma = 0.3$ $A_0 = 1$, $G_0 = 1$, $\epsilon = 0.02$, $R = r_{c,t} + r_{a,t} + r_{g,t} = 1000$, $p = 0.001$, $q = 0.25$.

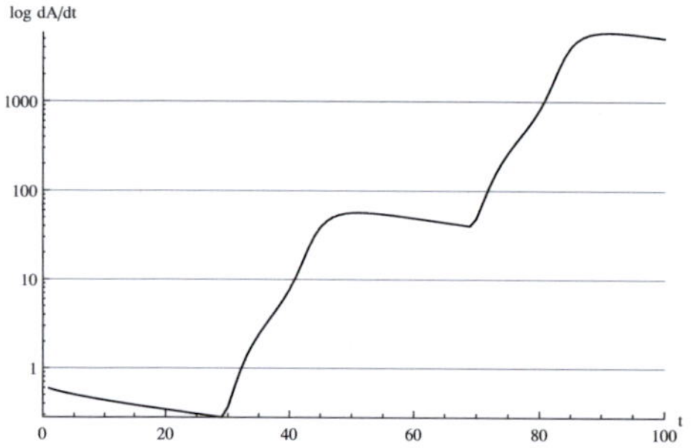

(a) Diffusion nach Aghion und Howitt (1998)

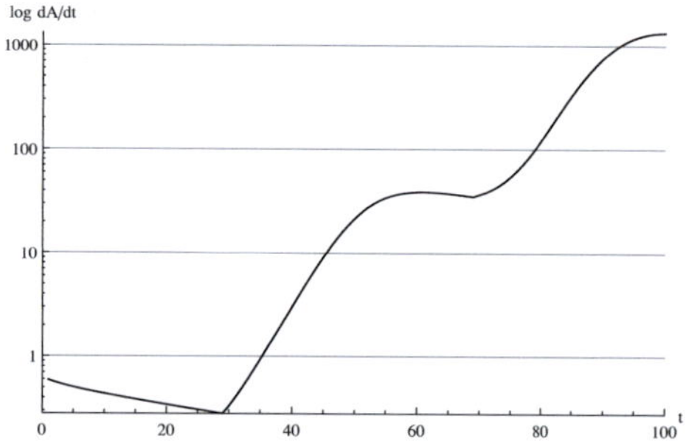

(b) Diffusion nach Bass (1969)

Abbildung 5.33: Wachstum des Anwendungssektors mit Diffusion nach Aghion und Howitt (1998) (a) beziehungsweise Bass (1969) (b), basierend auf eigenen Berechnungen. Parameter: $\alpha = 0.3$, $\beta = 0.3$, $\delta = 0.0001$ $\nu = 0.1$, $\mu = 0.5$, $\sigma = 0.3$ $A_0 = 1$, $G_0 = 1$ $\epsilon = 0.02$, $R = r_{c,t} + r_{a,t} + r_{g,t} = 1000$ sowie für (a) $k = 3$, $m = 10$, $\lambda_0 = 0.01$, $\lambda_1 = 0.3$ und (b) $p = 0.001$, $q = 0.25$.

Abbildung 5.33 zeigt das Wachstum des Anwendungsforschungssektors für eine implementierte Diffusion nach (a) Aghion und Howitt (1998) und (b) Bass (1969). Nach Auftreten eines Schocks (erneut in den gewählten Perioden 30 und 70) setzt in beiden Fällen ein sofortiges Wachstum technologischer Aktivität ein. Sobald der jeweilige Verbreitungsmechanismus des Grundlagenwissens vollständig abgeschlossen ist, *verringern* sich die Zuwächse an neuem Anwendungswissen. Analog zur Modifikation unter perfekter Voraussicht kehrt erst das Auftauchen des Folgeparadigmas diesen Trend um.

5.3.2 Diskussion der Ergebnisse, Kritik und Implikationen

Neben der Zunahme der fundamentalen Wissensbasis ist dessen sukzessive Adoption Voraussetzung für die hohe Durchdringung von Querschnittstechnologien. Die Art der Implementierung des dabei zugrunde gelegten Diffusionsprozesses hat ebenso wie die jeweilige Parametrierung Einfluss auf das resultierende Muster technologischer Aktivität im Anwendungsforschungssektor. Für zwei aufeinanderfolgende Regime mit jeweils vollständig abgeschlossener Diffusion ist eine Doppel-Boom-Struktur die direkte Konsequenz. Darüber hinaus lässt sich festhalten:

i) In beiden gezeigten Fällen liegt ein sozialer Lernprozess zugrunde, der einer „epidemischen“ Ausbreitung gleichkommt. Daher lassen sich bei entsprechend gewählter Parametrierung die Ergebnisse annähernd duplizieren: Da sich die bei Aghion und Howitt (1998) zusätzlich eingeführte Stufe der Implementierung auch für variierende Poisson-Ankunftsraten erfolgreicher Forschung uniform gestaltet (siehe die simple Struktur der Gleichung (5.17)), ist ihr Einfluss vorrangig im Hinblick auf die Geschwindigkeit des Gesamtdiffusionsprozesses von Relevanz.

ii) In Analogie zur Modifikation des Basismodells unter perfekter Voraussicht ließe sich auch eine Umverteilung des gesamtwirtschaftlichen Outputs zur Forschungsförderung implementieren.[175]

iii) Ebenfalls realisierbar ist die formale Integration einer FS ähnlich derer des Abschnitts 2.1.3. Die dortigen Aggregationen und Erweiterungen erweisen sich als unproblematisch im Hinblick auf eine Adaption analog zu Lipsey et al. (2005).

[175] In einer Erweiterung des Basismodells hinsichtlich zeitlicher Koexistenz von QT-Regimen und komplementär respektive disruptiv wirkender QT-Klassen (vgl. die Ausführungen des Abschnitts 2.1.3 zu Generischen Funktionen) realisieren Carlaw und Lipsey (2011) den Gesamtoutput als Summe der jeweiligen Erträge des Konsum- und Anwendungsforschungssektors zuzüglich des Inputaufwands des Grundlagenforschungssektors – wobei letzteres mit Blick auf das Vorgehen volkswirtschaftlicher Gesamtrechnungen geschieht, den dortigen Forschungsoutput mit seinen Inputkosten zu bewerten.

6 Zwischenfazit und Brücke zur Empirie

Das vorige Kapitel 5 hat gezeigt: Ob bei Modellierung unter perfekter Voraussicht der Akteure oder Unsicherheit hinsichtlich zukünftiger Entwicklungen – geringfügige Modifikationen hinsichtlich der zyklenübergreifenden Erweiterung der Wissensbasis auf der einen und Diffusionsprozessen auf der anderen Seite erlauben die Ableitung eines Musters technologischer Aktivität, in dem sich die Idee Schumpeterianischer Wellen manifestiert, wie sie Abbildung 6.1(a) stilisiert zusammenfasst:

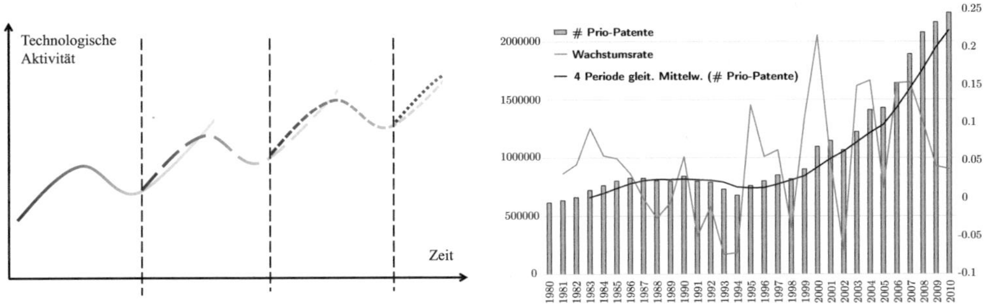

(a) Stilisierter Forschungsoutput

(b) Weltweite Patententwicklung 1980–2010

Abbildung 6.1: (a): Stilisierter Forschungsoutput der Modellerweiterungen, (b): weltweite Patententwicklung sowie zugehörige jährliche Wachstumsraten und Trendlinie auf Basis gleitender Durchschnitte (4 Jahre) zwischen 1980 und 2010. Quelle: Eigene Darstellung und Erhebungen auf Basis von EPO PATSTAT, Stand April 2013.

Abbildung 6.1(b) zeigt daneben die weltweite Entwicklung von Patentanmeldungen für die letzten 30 Jahre. Die World Intellectual Property Organization konstatiert auf Basis eigener Erhebungen (WIPO, 2011, S. 24 f.):

- Die Patentanmeldungen der letzten drei Jahrzehnte nahmen besonders während zweier distinkter Perioden zwischen 1983 und 1990 sowie zwischen etwa 1995 und 2007 zu – mit signifikantem Strukturbruch. Dabei war das Ausmaß des Wachstums während der zweiten Welle deutlich höher.
- Die WIPO untersucht drei unterschiedliche Faktoren, die beiden jeweiligen Anstiege beeinflusst haben könnten: (1) Folgeeintragungen der selben Erfindung an unterschiedlichen

Patentämtern (aufgrund zunehmend globalisierter Märkte), (2) Veränderung der F&E-Produktivitäten[176] sowie (3) Einfluss neuer Technologien. Für die F&E-Produktivitäten kann ein langfristig negativer Trend ermittelt werden. Der Faktor (2) scheide als Erklärung daher aus.

- Innerhalb der ersten Welle, während derer Japan den größten Wachstumsanteil verzeichnet, waren Erstanmeldungen für 71.3 % des weltweiten Patentwachstums verantwortlich.[177] Die WIPO schließt, dass das Wachstum vorrangig innovationsgetrieben war.[178]
- Während der zweiten Welle, zu der die USA den größten Wachstumsanteil beitragen, steigt zwar der Anteil Folgepatentierungen[179] insbesondere an Patentämtern Europas, der USA und Kanada – was auf einen Ausbau des globalen Handelssystems schließen lässt. Das anhaltende Patentwachstum wird aber immer noch zu ca. 50 % von Erstanmeldungen getragen.[180]
- Für beide Wellen gilt: Computer-Technologien, digitale Kommunikation und Telekommunikation sind wichtige Quellen des Patentwachstums. Ihr direkter Wachstumsbeitrag liegt bei knapp 20 %. Darüber hinaus sind forschungsintensive komplexe Technologiefelder starke Treiber. In letzteren spiegele sich der technische Fortschritt allgemein, so die WIPO (2011).

Bronwyn Hall, die das Gesamtwachstum losgelöst vom Strukturbruch Mitte der 1990er betrachtet und folglich kein Gewicht auf den Doppel-Boom legt, kommt zu folgendem Schluss:

> *„Growth has taken place in all technologies, but not in all industries, being concentrated in the electrical, electronics, computing, and scientific instruments industries."*
>
> (Hall, 2004, S. 1)

Zusammenfassend lässt sich festhalten: Die geringfügig modifizierten QT-Modelle prognostizieren für aufeinander folgende Regime zwei anwachsende Wellen technologischer Aktivität. Die Empirie bestätigt eine solche weltweite Struktur im Hinblick auf applikationsbasierte Entwicklungen: Das Wachstum durchdringt nahezu alle Technologiefelder, getrieben von einigen wenigen Hightech-Industrien, die die Elektrifizierung, Elektro- und Energietechnik (Energieparadigma), die Informationsverarbeitung, -speicherung und -austausch (Informationsparadigma) sowie das allgemein verfügbare Instrumentarium vorantreiben.

Sofern ein großer Anteil des Gesamtwachstums weltweiter technologischer Aktivität tatsächlich auf direkten und nachgelagert indirekten Effekten emergenter (Querschnitts-)technologien beruht – und sich folglich nicht systematisch auf landesspezifische Regularienwechsel zurückführen lässt (Jovanovic und Rousseau, 2005; Kortum und Lerner, 1999), sollte demnach:

---

176 F&E-Produktivitäten werden gemessen als Erstanmeldungen von Patenten im Verhältnis zu inflationsbereinigten Millionen US-Dollar privater F&E-Aufwendungen (WIPO, 2011).

177 Kim und Marschke (2004), zitiert nach WIPO (2011, S. 7), ergänzen für die USA, dass die Computer-, Elektronik- und Automobilbranche zusammen für mehr als 60 % des dortigen Patentwachstums verantwortlich waren.

178 Für die USA belegen Kortum und Lerner (1999) außerdem eine zunehmende Effizienz des Innovationsmanagements. In der Halbleiterindustrie als wichtigem Treiber des dortigen Patentwachstums fänden sich Hinweise auf Patentportfolio-Rennen und strategische Patentierung (Hall und Ziedonis, 2001).

179 Folgepatentierungen (englisch: *subsequent filings*) beruhen auf einer vorherigen Patentanmeldung. Gründe für eine Folgepatentierung können sein: Der Anmelder hat entweder (1) seine Erfindung technisch erweitert und strebt eine Ausweitung des Schutzumfangs an, (2) will in einem weiteren Land ein Patent für dieselbe Erfindung erwirken oder (3) beantragt eine Verlängerung des Schutzrechts (WIPO, 2011).

180 Erstanmeldungen dominieren vor allem in China, Japan, der Republik Korea (Südkorea) und Russland. Die drei erstgenannten finden sich gemeinsam mit den USA, Deutschland und Frankreich unter den Top-6 jener Nationen, die Nanotechnologie-Erfinder beheimaten (Jordan et al., 2012).

1. die IKT als Querschnittstechnologie diesen Trend hinsichtlich technologischer Aktivität in beiden Wellen deutlich vorzeichnen.

2. eine gerade emergente Querschnittstechnologie – der Grundhypothese dieser Arbeit entsprechend die Nanotechnologie – den zweiten Boom vorzeichnen.

3. ein hoher Anteil von Schmochs wissensintensiven Technologiezweigen sowohl von IKT-Komponenten als auch von Fortentwicklungen der Nanotechnologie profitieren.

4. die Nanotechnologie konstituierende Eigenschaften einer Querschnittstechnologie aufweisen und bereits in einem frühen Entwicklungsstadium typische Entwicklungsmuster andeuten.

Schmochs wissensintensive Technologien mit Doppel-Boom-Entwicklung

Schmoch (2007) nennt die in Tabelle 6.1 gelisteten 22 Technologiefelder, für die er eine distinkte Doppel-Boom-Struktur der Patententwicklung feststellt.[181] Für 18 dieser 22 Felder lässt sich eine mindestens indirekte Verbindung zu Forschungsergebnissen in Nanomaterialien, Nanobeschichtung/-strukturierung, Nanobiotechnologie oder Nanoelektronik/-sensorik herstellen, wie die folgenden Ausführungen zeigen. Die betroffenen Felder werden in Tabelle 6.1 daher grau hinterlegt dargestellt, um den Nanobezug zu visualisieren.

Nanostrukturierte Materialien als Katalysatoren in Polymerisationsprozessen [15] erlauben gänzlich neue Polymereigenschaften. Darauf basierende elektrisch leitfähige Polymere [1] werden durch chemische Dotierung gefertigt und finden Anwendung in Funktionsschichten, Displays, Solar- und Brennstoffzellen sowie Akkus. In all diesen Anwendungsbereichen wirken wiederum innovatorische Komplementaritäten der Nanotechnologie. Selbiges gilt für Supraleiter [2] und insbesondere neuartige Batterien [3].

Optische Datenspeicher [4], Faseroptiken [13] sowie die Manipulation optischer Eigenschaften [8] allgemein erfahren durch Erkenntnisse der Nanooptik fortlaufende Weiterentwicklungen. Auch Fertigungslaser [21] profitieren von nanooptischen Bauelementen und -systemen der Photonik. Analog-Digital-Wandler [5], Manipulatoren [18] und Computersysteme auf Basis biologischer Modelle [6] sind der IKT zuzurechnen. Neue Hardware entsteht quasi ausschließlich auf Basis nanoelektronischer Fortschritte, was ebenso für die integrierten Schaltkreise [7] der Halbleiterindustrie gilt.

Die Herstellung immobilisierter Enzyme [10] und genetisch manipulierter Interferone [11] profitiert offensichtlich von Entwicklungen insbesondere der Nanobiotechnologie und -optik.

Unter die Fertigung metallischer Pulver [12] fallen verstärkt metallische Nanopartikel mit veränderten chemischen oder optischen Eigenschaften. Das Einkristallwachstum durch Aufdampfung [14] betrifft unter anderem die Herstellung homoepitaktischer Schichten von Silizium für die Waferherstellung der Halbleiterindustrie, welche wiederum von der Nanoelelektronik vorangetrieben wird. Kohlenstoffnanoröhren forcieren die Entwicklung von Materialien mit hoher Wärmeleitfähigkeit [16]. Die Elektroerosion [20] schließlich erfährt Fortschritte durch Nanotechniken zur Hochpräzisions-Funkenerosion.

[181] Die Abbildungen B.1 und B.2 in Anhang B.5 zeigen die weltweite Patentaktivität innerhalb dieser 22 Technologiefelder für die letzten 30 Jahre auf Basis eigener Messungen. Exponentiell geglättete Trendlinien verdeutlichen den zeitlichen Verlauf.

Lediglich für die Seismologie [9], Fliehkraftabscheider [17], die Verpackung zerbrechlicher Artikel [19] sowie Lagen von Luftreifen [22] sind Bezüge zur Nanotechnologie nicht offensichtlich – wenn auch nicht auszuschließen.

Forschungsaktivitäten der IKT und Nanotechnologie

Als Ursache der charakteristischen Doppel-Boom-Struktur in obigen Anwendungen und den damit einhergehenden technologieübergreifenden Mustern technologischer Aktivität vermutet Schmoch (2007) einen idealtypischen Entwicklungsverlauf mit jeweils einmaliger Desillusionierung. Die Abbildungen 6.2 und 6.3 stellen dieser These IKT- und Nanoforschungsaktivitäten – als mögliche Verursacher eines Strukturwandels – anhand gemessener Patent- und wissenschaftlicher Publikationsanzahlen gegenüber.[182]

Betrachtet man Schmochs stilisierte Fakten für die von ihm untersuchten Technologiefelder, stellt sich die Frage, inwieweit das jeweilige Faktum durch eine makroökonomisch wirkende Gesamtentwicklung begründet sein kann, die dem Übergang der dominierenden Regime folgt. So stellt Schmoch (2007) fest:

i) Die Doppel-Boom-Struktur der Patentaktivität tritt für mehr als die Hälfte der 44 von ihm untersuchten wissensintensiven Technologiefelder deutlich zu Tage.

Dieses Doppel-Boom-Muster der Forschungsaktivitäten ist mit Blick auf die obigen Abbildungen auch auf Makrotechnologieebene deutlich beobachtbar. Für das ganzheitliche Feld der IKT zeigen sich stagnierende und später sogar rückläufige Patentanmeldungen zwischen 1986 und 1994 und markieren so das Ende des ersten Booms. Danach setzt ein zweiter Boom ein, der zeitlich eng mit der gleichzeitigen Emergenz der Nanotechnologie verknüpft scheint. Dass sich für die Doppel-Boom-Struktur innerhalb der Technologiezweige abweichende Zeitpunkte der Auf- und Abschwünge identifizieren lassen (vergleiche die Abbildungen B.1 sowie B.2 im Anhang), muss dabei nicht gegen die Hypothese sprechen, dass sich ursächlich ein gesamtwirtschaftlicher Übergang von Makrotechnologien vollzieht.

Die Rückschau auf die Theorie sektoraler Wellen (Helpman und Trajtenberg, 1998b) in Abschnitt 2.1 zeigt: Sequenzialität und Pfadabhängigkeit technologischer Entwicklungen können die variierenden Zeitpunkte von Diffusionsstadien erklären. Gegebenenfalls kann ein Sektor erst dann eine neue Technologie adoptieren, wenn geeignete Inputs aus anderen Sektoren verfügbar sind. Unterstellt wäre demnach eine technisch bedingte Adoptionsfolge. Ebenso möglich wäre aber auch, dass die Durchdringung der Sektoren durch soziales Lernen entsteht, wie es Aghion und Howitt (1998) beschreiben.

ii) Es zeigt sich stets ein weitestgehend gleichzeitiger Start von Patent- und Publikationsaktivität im ersten Boom. Im Zweifel beginnt die Publikationsaktivität wenige Jahre früher.

Mit Beginn der 1990er-Jahre setzt ein deutliches Wachstum der Nano-Publikationsaktivität ein, und beinahe gleichzeitig zeigen sich erste Patentapplikationen, die ab etwa 1997 deutlich zunehmen und um die Jahrtausendwende sogar die IKT-Publikationszahlen überflügeln.

[182] Darüber hinaus sind Aktivitäten im Bereich des Verbrennungsmotors (CE) abgebildet, die für die hiesigen Ausführungen jedoch vorerst nicht von Bedeutung sind. Im Rahmen der Analysen des Abschnitts 7.2 wird ihre Relevanz als Benchmark offenkundig.

Tabelle 6.1: Wissensintensive Technologiefelder mit Doppel-Boom-Entwicklung der Patentanmeldungen am EPO, 1970–2001, nach Schmoch (2007). Anwendungsgebiete gemäß K30-Konkordanz. Grau hinterlegt: Gebiete mit bekanntem Nanobezug.

	Technologiefeld	IPC	K30	Anwendungsgebiet	Weiterentwicklung durch Nano (ggf. Beispiel)
1	Elektrisch leitende Polymere	H01B-1/12	1	Elektrotechnik	Chemische Dotierung
2	Supraleiter	H01B-12/00	1	Elektrotechnik	Beispiel: Fullerene (Nano-Kohlenstoff-Struktur)
3	Batterien	H01M-6/00	1	Elektrotechnik	Beispiel: Nanostrukturierte Elektroden in Batterien und Superkondensatoren
4	Optische Datenspeicher	G11B-7/00	2	Audiovisuelle Technologien	Eigenes Forschungsgebiet: Nanooptik
5	Analog-Digital-Wandler	H03M-1/00	3	Telekommunikation	Indirekt: Hardwareentwicklung der IKT/Nanoelektronik
6	Computersysteme auf Basis biologischer Modelle	G06N-3/00	4	Informationstechnologie	Indirekt: Hardwareentwicklung der IKT/Nanoelektronik
7	Integrierte Schaltkreise	H01L-27/00	5	Halbleiter	Eigenes Forschungsgebiet: Nanoelektronik
8	Manipulation optischer Eigenschaften	G02F-1/00	6	Optik	Eigenes Forschungsgebiet: Nanooptik
9	Seismologie	G01V-1/00	7	Erfassung	
10	Immobilisierte Enzyme	C12N-11/00	12	Biotechnologie	Nanobiotechnologie
11	Genetisch manipulierte Interferone	C12N-15/19,/20,/21, /22,/23	12	Biotechnologie	Nanobiotechnologie
12	Fertigung metallischer Puder	B22F-9/00	14	Materialien	Metallische Nanopartikel, veränderte chemische und optische Eigenschaften
13	Faseroptiken	C03C-13/04	14	Materialien	Eigenes Forschungsgebiet: Nanooptik, Beispiel: Faseroptischer Nano-Temperatursensor
14	Einkristallwachstum durch Aufdampfung	C30B-23/00	15	Oberflächentechnologie	Beispiel: Selbstinduziertes Nanodrahtwachstum
15	Katalysatoren zur Polymerisation	C08F-4/00	16	Polymere	Nanostrukturierte Materialen für verbessertes katalytisches Verhalten
16	Materialien mit hoher Wärmeleitfähigkeit	C09K-5/00	17	Grundstoffchemie	Beispiel: CNTs
17	Wirbler, Fliehkraftabscheider	B04C	18	Chemieingenieurwesen	
18	Manipulatoren, Roboter	B25J	20	Bearbeitung	Indirekt: Hardwareentwicklung der IKT/Nanoelektronik
19	Verpackung zerbrechlicher Artikel	B65B-23/00	20	Bearbeitung	
20	Elektroerosion (Metallabtrag durch elektrischen Strom)	B23H	23	Maschinerie	Beispiel: Nano-Hochpräzisions-Funkenerosion
21	Fertigungslaser	B23K 26/00	23	Maschinerie	Beispiel: Nanooptische Bauelemente und -systeme in der Photonik
22	Lagen luftgefüllter Reifen	B60C-9/00	27	Transport	

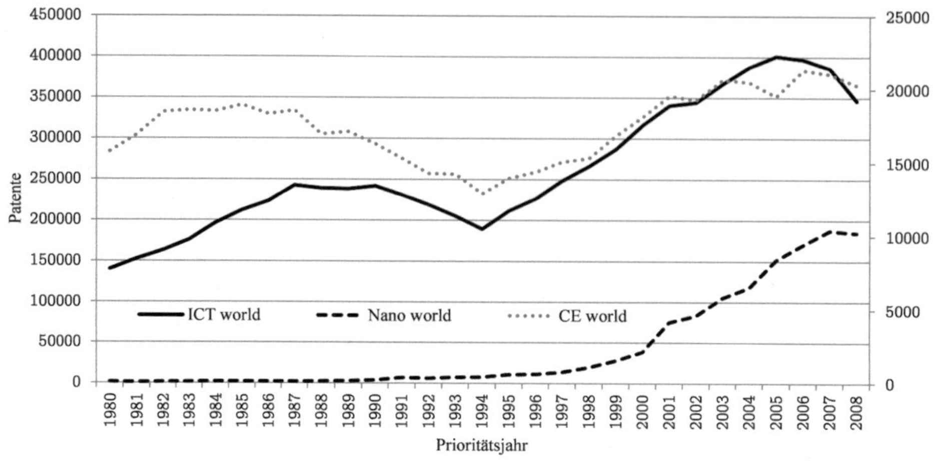

Abbildung 6.2: Weltweite Anzahl Nano-, IKT- und Verbrennungsmotor-Patente (CE) pro Jahr. Linke Achse: IKT. Rechte Achse: Nano und CE, basierend auf eigenen Berechnungen.

Mit Blick auf Deutschland ist beispielsweise die Nano-Forschungslandschaft ausgewogen aufgeteilt auf Grundlagenforschung und anwendungsorientierte Forschung (BMBF, 2011, S. 16).[183]

iii) Erste Überlegungen zur neuen Technologie, die meist wissenschaftlicher Neugier geschuldet sind, bestehen oft Jahrzehnte bevor Wissenschaft und kommerzielle Entwicklung messbare Forschungsaktivitäten beginnen.

Bezüglich dieser Beobachtung lässt sich auf Makroebene vorrangig anekdotische Evidenz führen: Wie in Abschnitt 2.2.1 dargelegt, wird als Pionierleistung der Nanotechnologie zumeist der grundlegende Anstoß von Richard Feynman gesehen, technischen Platzbedarf durch Miniaturisierung zu decken und sich die damit verbundenen physikalischen Effekte zunutze zu machen. Seine diesbezügliche Rede datiert aus dem Jahr 1959, etwa 30 Jahre vor der ersten bemerkenswerten Zunahme an Veröffentlichungen im heute als Nanowissenschaften bezeichneten Bereich.[184] Schmochs stilisiertes Faktum für Technologiezweige kann demnach ebenso als Indiz gedeutet werden, dass ein gemeinsamer makrotechnologischer Anstoß zugrunde lag, der Gedankenspiele mit neuartigen technischen Applikationen in unzähligen Subfeldern beförderte.

iv) Wissenschaftliche Publikationsaktivitäten zeichnen meist einen um wenige Jahre vorlaufenden Trend, dem die Patentaktivitäten folgen. Noch vor dem ersten Patentboom beginnt eine Phase der Stagnation des wissenschaftlichen Publikationsoutputs. Vor dem zweiten Patentboom folgt ein erneuter Aufschwung.

[183] Dem BMBF (2011) zufolge sind dabei jeweils ein Drittel der Institutionen ausschließlich auf Grundlagenforschung oder Anwendungsentwicklung ausgerichtet, ein weiteres Drittel betreibt beides gleichermaßen intensiv.

[184] Ebenso prägte Rudolf Franke kurz nach Anbruch des 20. Jahrhunderts den Begriff der Fernmeldetechnik, die mit Anbruch des Computerzeitalters in die Informations- und Kommunikationstechnik mündete (Franke, 1909). Für die IKT dauerte es noch mehr als 60 Jahre, bevor mit den ersten Mikroprozessoren zentrale Applikationen entstanden.

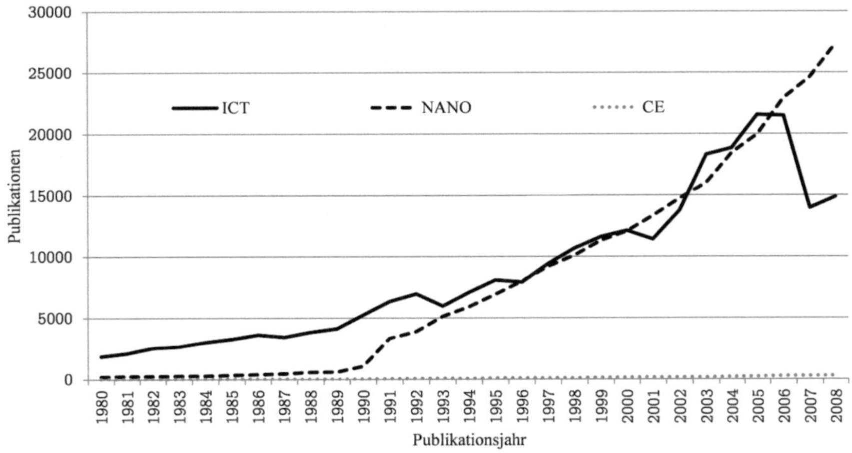

Abbildung 6.3: Weltweite Anzahl Nano-, IKT- und Verbrennungsmotor-Publikationen (CE) pro Jahr, basierend auf eigenen Berechnungen.

Die Messung der Forschungsaktivitäten bestätigt diese Funde ebenso im Querschnittstechnologiekontext. Zunächst betrachten wir die IKT: Bereits um das Jahr 1983 stagnieren die Anzahlen neuer Publikationen. Der Patentboom hält bis etwa 1986 an. Ein Jahr später beginnt ein erneuter Aufschwung der Publikationsaktivität, dem der Patenttrend erst 1994 wieder folgen kann. Nano-Publikationen erleben einen enormen Zuwachs zum Ende der 1980er und Beginn der 1990er-Jahre. Sie zeichnen den um Mitte der 1990er-Jahre beginnenden Aufschwung der Patentaktivitäten um wenige Jahre vor. Eine Stagnation des weltweit gemessenen wissenschaftlichen Outputs ist bisher nicht beobachtbar.[185]

v) Die Publikationsaktivität unterliegt vergleichsweise geringeren Schwankungen als die Patentaktivität. Schmoch (2007) führt dies auf die schnellere und drastischere Reaktion der Privatwirtschaft auf ausbleibende Durchbrüche im Hinblick auf zentrale Problemstellungen innerhalb eines jeden Technologiezweigs zurück.

Für die IKT ist diese Beobachtung ebenfalls auf Makroebene gegeben. Tatsächlich ist eine ausgeprägte Doppel-Boom-Struktur in Publikationen nur schwerlich auszumachen. Das Ende des ersten Booms markiert die Stagnationsphase zwischen 1983 und 1987. Zwar finden sich auch danach noch vereinzelt kurzfristig rückgängige Veröffentlichungszahlen, der Gesamttrend bleibt jedoch während des zweiten Booms ungebrochen. Ein Grund hierfür mag aber auch in der komplementierenden Funktion nanowissenschaftlicher Erkenntnisse liegen, die sich nach 1987 in zunehmenden Publikationszahlen manifestiert finden.

vi) Der Höhepunkt des zweiten Booms ist für alle betrachteten Technologien noch nicht erreicht. Schmoch (2007) erwartet daher Gesamtdauern der technologischen Entwicklung von bis zu 40 Jahren.

[185] Dies gilt jedoch nicht für alle Subfelder: So berichten Schmoch und Thielmann (2012), dass die Anzahlen im Bereich der Physik teils rückläufig sind.

Dies deckt sich mit den Lebensdauern historischer QT-Regime. So wird beispielsweise die Elektrifizierung zumeist auf den Zeitraum zwischen etwa 1890 und 1930 datiert. Die Entwicklung der IKT vollzieht sich seit den 1970er-Jahren (Jovanovic und Rousseau, 2005). Sofern letztere, wie angenommen, stark von den komplementären Wirkungen der Nanotechnologie profitiert und sich deren technologische Aktivität in naher Zukunft abschwächt, wären demnach Auswirkungen in allen verbundenen Subtechnologien zu erwarten.

vii) Der Grad an Marktaktivität ist bis zum Anfang des zweiten Booms wenig ausgeprägt. Die Marktaktivitäten zeigen einen eher stetigen Verlauf ohne die technologischen Schwankungen nachzuzeichnen.

Auch dieses aus den Beobachtungen der wissensintensiven Technologiezweige abgeleitete Faktum lässt sich anekdotisch auf IKT- und spätere Nanoeinflüsse zurückführen. Erst 1993 erreichten Intel Pentium-Prozessoren den Markt, 1994 wurden interne Taktfrequenzen von 100 MHz überschritten. Neben den gesteigerten Rechenleistungen nahmen die Speicherkapazitäten exponentiell zu: Zwischen den ersten 2,5 Zoll-Festplatten mit mehr als 100 MB Speicherkapazität (1991) und solchen mit Riesenmagnetowiderstand auf Basis von Schichtdicken weniger Nanometer (1997), die bereits über 16 GB Speicherkapazität ermöglichten, vergingen nur wenige Jahre, die eine nanoelektronische Revolution illustrieren.

Erste grafische Webbrowser komplementierten softwareseitig die Fortschritte der Technik. Pioniere waren der NCSA Mosaic (1993), dessen Vorläufer am CERN entwickelt wurden, der Netscape Navigator (1994) sowie der Microsoft Internet Explorer (1995). Hilbert und López (2011) schätzen, dass das Internet 1993 lediglich 1 % des weltweiten technischen Informationsaustauschs moderierte, während es im Jahr 2000 mit 51 % bereits das Standardmedium der Telekommunikation darstellte – 2007 wurden gar 97 % überschritten.

Insofern dürften die Komplementaritäten des Informations- und beginnenden Nanozeitalters, mit ihren ab Mitte der 1990er-Jahre sich drastisch erweiternden technischen Möglichkeiten, die Kommerzialisierung unzähliger wissensintensiver Subtechnologien erst ermöglicht haben.

Ausblick

Die Ergebnisse der Modelltheorie in Kombination mit empirischen Beobachtungen auf verschiedenen Aggregationsebenen legen nahe, dass die Nanotechnologie als derzeit emergente QT einen seit den 1990er-Jahren beobachtbaren Boom gesamtwirtschaftlicher technologischer Aktivität verursacht haben könnte, der das Informationszeitalter revitalisiert hat. Ein Wandel des Materialparadigmas mit gesamtwirtschaftlich strukturrelevanten Folgen würde sich damit ankündigen.

Kann die Nanotechnologie – auf Basis der bislang verfügbarer Informationen – dem QT-Konzept aber zugeordnet werden? Lassen sich also insbesondere die in Abschnitt 2.1.2 vorgestellten Charakteristika einer solchen anhand einer konsistenten empirischen Indikatorik messbar machen? Das folgende Kapitel 7 wird sich dieser Fragestellung widmen.

TEIL C
Empirie

III. **Empirische Befunde** IV.

Nanotechnologie als Querschnittstechnologie
- Verbreitung / Durchdringung
- Technologische Dynamik
- Entwicklung komplementärer Innovationen

Externalitäten, Spillover & Komplementaritäten
- Statische versus dynamische Externalitäten
- Technologische versus innovatorische Komplementaritäten
- Messbarkeit innovatorischer Komplemente

Zusammenfassung und Ausblick

7 Empirische Befunde

Die vorangegangenen Kapitel 3 bis 6 haben modelltheoretische Grundlagen des Querschnittstechnologie-Konzepts dargelegt und untersucht, ob sich die empirisch beobachtbaren Doppel-Boom-Zyklen wissensintensiver Technologien auf makroökonomisch relevante Paradigmenwechsel zurückführen lassen. Voraussetzung dafür wäre, dass im von Schmoch (2007) betrachteten Zeitraum zwischen 1970 und 2002 eine neue Querschnittstechnologie in Entstehung begriffen war.

Eine wachsende Anzahl wissenschaftlicher Publikationen beschäftigt sich mit der Frage, welche historischen Technologien, soweit klar abgrenzbar, die notwendigen Eigenschaften aufweisen, um ex post als Querschnittstechnologie charakterisiert zu werden (siehe beispielsweise Lipsey et al. (1998b), Moser und Nicholas (2004), Jovanovic und Rousseau (2005), Feldman und Yoon (2011) sowie die Ausführungen des Abschnitts 2.1.3). Dabei stehen zumeist die Kandidaten Elektrizität und Informations- und Kommunikationstechnologie im Mittelpunkt des Interesses.[186]

Die beobachteten Wachstums- und Beschäftigungseffekte sowie die sozioökonomischen Wirkungen solcher vergangener und gegenwärtiger Querschnittstechnologien lassen erahnen, welche Entwicklungen ein junges Feld langfristig hervorzubringen vermag. Aus wirtschaftshistorischer Sicht stellen obige Untersuchungen daher eine wichtige Basis für das Verständnis der Implikationen eines drastischen techno-ökonomischen Wandels dar. Sie geben aber nur bedingt einen Hinweis darauf, ob noch in der Entstehung begriffene Technologien gegebenenfalls ähnliche Potenziale in sich bergen – insbesondere, solange im Anfangsstadium noch kein messbarer Einfluss auf die gesamtwirtschaftliche Produktivität erwartet werden kann.[187]

Die Vorhersage eines absehbaren Querschnittscharakters ist daher von besonderer wirtschaftspolitischer Relevanz: einerseits mit Blick auf die in Abschnitt 3.1 beschriebenen inhärenten innovatorischen Komplementaritäten, die Externalitäten und damit Marktfehler nach sich ziehen, den Wachstumsprozess hemmen und zu pareto-suboptimalen Allokationen der Forschungsaktivitäten führen. Um dem drohenden Wohlfahrtsverlust frühzeitig gezielt entgegenzuwirken, bedarf es der wirtschaftspolitischen Legitimation, die erst mit der Konzeptionalisierung und der Klassifizierung einer Technologie als Querschnittstechnologie erfolgen kann; andererseits um

[186] Insbesondere die Arbeiten von Lipsey et al. (2005), die für einen breiteren Technologiebegriff plädieren, würden auch die Untersuchung beispielsweise organisationaler Prozessinnovationen wie *lean production* (Womack et al., 2007) rechtfertigen. Bei vielen anderen in der Literatur angedachten Technologien fehlt eine valide Datengrundlage, die empirische Analysen erlauben würde. So lassen sich die Auswirkungen historisch bedeutsamer Umwälzungen wie der Einführung des Buchdrucks als neuen mechanischen Prozess kaum hinsichtlich heutiger ökonomischer Kennziffern erörtern.

[187] Vgl. hierzu Helpman und Trajtenberg (1998a) respektive die Ausführungen des Abschnitts 3.2.

den im vorigen Kapitel 5 diskutierten zyklischen Verlauf der technologischen Aktivitäten zu verstehen und immanenten Abschwungphasen nicht durch Mittelkürzungen zu begegnen.

Die bisher als Annahme formulierte Überlegung, die seit Mitte der 1990er-Jahre an Bedeutung wachsende Nanotechnologie könnte eine solche Querschnittstechnologie sein und damit ausgehend von ihrem Vorläuferregime als Treiber eines zweiten Booms technologischer Aktivität auftreten, soll in diesem Kapitel empirisch untersucht werden. Die Gliederung gestaltet sich dabei wie folgt: Abschnitt 7.1 diskutiert zunächst die verwendete Datenbasis und erläutert die Rolle von Patenten und wissenschaftlichen Publikationen bei der Analyse von Anwendungs- und Grundlagenforschung. Abschnitt 7.2 widmet sich der Kernfrage, ob ein Querschnittscharakter der Nanotechnologie identifiziert werden kann. Abschnitt 7.3 untersucht, inwieweit sich innovatorische Komplementaritäten messbar machen lassen, und präsentiert hierzu erste Ergebnisse.

Identifikation im Frühstadium der Entwicklung

Schon die technische Abgrenzung emergenter Technologien gestaltet sich in frühen Stadien diffizil, zumal sie aus anderen Disziplinen hervorgehen und diesen häufig zugerechnet werden, bis sie als eigenes Feld etabliert sind. Die erste Idee zu Feldeffekttransistoren, die den Ausgangspunkt heutiger Prozessortechnik bilden, entsprang der Experimentalphysik und entstand im Rahmen der Forschung an der noch jungen Elektrotechnik. Anforderungen an höhere Integrationsdichten (früher: Packungsdichten) in der Mikroelektronik wiederum resultierten in fortschreitender Miniaturisierung. Abschnitt 2.2.1 zeichnete diese Entwicklung zur Nanotechnologie wirtschaftshistorisch nach.

Welche Kriterien sollten erfüllt sein, um von einer Querschnittstechnologie zu sprechen und gegebenenfalls staatliche Subventionierung von (Grundlagen-)Forschung in dem neuen Technologiefeld zu rechtfertigen? Eine Betrachtung des gesamtwirtschaftlichen Outputs scheidet weitestgehend aus, zumal kommerzialisierbare Produkte und Prozessfortschritte auf Basis der neuen Möglichkeiten anfangs nur in geringer Anzahl vorhanden und nachweisbar sind, wie beispielsweise Nikulainen (2007) für die Nanotechnologie konstatiert.[188]

Stattdessen wird in der Literatur ein Rückgriff auf die konstituierenden Eigenschaften empfohlen, die Bresnahan und Trajtenberg (1995) definieren: Die wachsende sektorale Verbreitung, die fortschreitende Weiterentwicklung sowie die Zunahme angestoßener Komplementärinnovationen müssten frühzeitig beobachtbar sein. Zwar sind technologiespezifische Daten zu Forschungs- und Entwicklungsausgaben nur sehr eingeschränkt verfügbar (wie in Abschnitt 7.1.1 erläutert), Patente und wissenschaftliche Publikationen bieten jedoch als indirekte Innovationsindikatoren hinreichend Informationen für diese Aufgabenstellung, wie Hall und Trajtenberg (2006) für den QT-Kontext erstmals zeigten.

188 Ein beispielsweise verlangsamtes Produktivitätswachstum allein könnte auch kaum unzweifelhaft der neuen Technologie zugerechnet werden. Mit steigender Lohnungleichheit zwischen qualifizierter und nichtqualifizierter Arbeit, einer nachweislich zunehmenden Reallokation von Ressourcen (messbar durch Marktein- und -austritte sowie Fusionen), zunehmender Kapitalobsoleszenz (fallende Börsenkurse), zunehmender kreativer Zerstörung (steigende Anzahl an Start-ups) und gesteigerter Konsumneigung (höhere Zinsen zur Finanzierung, schlechtere Handelsbilanzen) dürften jedoch nach hinreichender Dauer seit Erscheinen einer Querschnittstechnologie und mit zunehmender Anzahl marktreifer Produkte auch outputseitige Maße sukzessive beobachtbar werden. Jovanovic und Rousseau (2005) diskutieren hierzu Befunde für die Zeitalter der Elektrifizierung und der IKT. Ihre Ausführungen wurden in Abschnitt 2.1.2 angerissen.

7.1 Datenbasis

Patente sind lange bekannt als geeignete Indikatoren von F&E-Aufwendungen (Bhattacharjya, 1996; Schmookler, 1966; Trajtenberg, 1990). Eine Übersicht über ihren ökonomischen Informationsgehalt liefert beispielsweise Griliches (1990). Wissenschaftliche Fachbeiträge in Form referierter Publikationen dürfen daneben mit der Produktion grundlegenden kodifizierten Wissens assoziiert werden. Die folgenden Abschnitte 7.1.1 sowie 7.1.2 werden die relevanten Vor- und Nachteile dieser beiden Datenbasen diskutieren. Abschnitt 7.1.3 stellt hieran anschließend die für die folgenden Untersuchungen gewählten Datenquellen vor und erörtert etwaige Analysehindernisse.

7.1.1 Patente als Indikator der Anwendungsforschung

Da (technologisches) Wissen als latent öffentliches Gut nicht rival ist und insbesondere konkurrierende Marktteilnehmer oder potenzielle Entranten sich nicht immer wirkungsvoll von selbigem ausschließen lassen, erfüllen Patente als gewerbliches Schutzrecht[189] vor allem den Zweck, mittels des gewährten Ausschließlichkeitsrechts und der resultierenden temporären Monopolgewinne Anreize zu Forschungsaufwendungen zu erzeugen.[190] Gleichzeitig wird das Wissen um den neuen Prozess oder das neue Produkt kodifiziert, das heißt zukünftigen Entwicklungsbemühungen ebenso wie dem öffentlichen Interesse zugänglich gemacht.[191]

Patente sind als Indikator daher auch gemeinhin die erste Wahl, wenn es um die Messbarmachung innovatorischer Forschungsaktivität geht. Sie erlauben aber auch einen – zumindest groben – Einblick in die Entwicklung der technologischen Fortschrittsrate allgemein. Dass insbesondere für Fragestellungen mit spezifischem Technologiefokus nicht direkt inputseitig die Forschungsaufwendungen im jeweils relevanten Feld gemessen werden können[192], stellt insofern kein Problem dar, als dass in Querschnittsdaten ein starker statistischer Zusammenhang zwischen Patentzahlen und Forschungsausgaben gegeben ist (Griliches, 1990).

Die beachtliche und stetig wachsende Anzahl patentgestützter ökonomischer Analysen erklärt sich darüber hinaus durch die Reichhaltigkeit der verfügbaren Metadaten, die zumindest in den Industrie- und Schwellenländern dank des Patent Cooperation Treaty (PCT) heute beinahe flächendeckend und weitestgehend standardisiert verfügbar sind. Patentmetadaten umfassen über

---

[189] Gleichzeitig erfordern komplexe Technologien ein hohes Maß an Fachwissen, das zu einem nicht unwesentlichen Teil implizit in den Mitarbeitern als Humankapital gebunden ist. Oft findet diesbezüglich auch der Begriff des organisationalen Wissens Verwendung (vgl. Abschnitt 2.1.3). Tatsächlich lässt sich implizites Wissen jedoch nur schwerlich messen, weswegen es als Innovationsindikator weitestgehend ausscheidet.

[190] Unabhängig von einer ex-post-Monopolisierung können ebenfalls Innovationsanreize bestehen – ganz ohne temporär gewährte geistige Eigentumsrechte (IPR) durch Patente. Sofern eine Innovation beispielsweise ausschließlich vom jeweiligen Entrepreneur auf Basis dessen organisationalen Wissens nutzbar ist, gewährleistet allein diese Spezifität bereits die Aneignung der Innovationsprofite (Acemoglu, 2009, S. 418).

[191] Die Nachteile dieses Ausschließlichkeitsrechts sind vor allem Patentrennen (siehe beispielsweise Tirole, 1988, Kapitel 10): Den gesamtwirtschaftlichen Innovationsrenten stehen Kosten durch die ertraglose Parallelforschung der abgehängten Konkurrenz gegenüber. Zudem mindert die temporäre Monopolisierung statisch betrachtet die Wohlfahrt und es kommt nur verzögert zur Diffusion des neuen Wissens. Darüber hinaus ergeben sich Transaktionskosten aus der Administration des Patentsystems.

[192] Der Ausweis staatlicher Investitionsausgaben unterliegt keinen übernational vereinbarten statistischen Definitionen und private Forschungsausgaben sind in Ermangelung einer Ausweispflicht höchstens als Selbstauskünfte der Unternehmen zu erfassen. An Letzterem arbeitet in Deutschland vorrangig die Wissenschaftsstatistik des Stifterverbands für die Deutsche Wissenschaft.

die reine Beschreibung der technologischen Neuerung hinaus unter anderem Informationen zur Technologieklassifizierung, zum Erfinder und (eventuell von diesem zu unterscheidenden) Anmelder, zu dem bearbeitenden Patentbüro sowie insbesondere zu vorangegangenen Patenten, deren kodifiziertes technologisches Wissen als Grundlage für die Neuanmeldung gedient haben muss (sogenannte Rückwärtszitate). Von besonderem Interesse für Patentanalysen sind auch Folgeinnovationen, die auf den Erkenntnissen einer Ursprungspatentanmeldung basieren (sogenannte Vorwärtszitate).

Patentierbarkeit, Patentierungspraxis und Software-Patente

Prinzipiell sind drei Kriterien – Neuheit, vorausgegangene erfinderische Tätigkeit und Kommerzialisierbarkeit – ausschlaggebend für die Patentierbarkeit einer Erfindung. Jedoch werden nicht alle Erfindungen, die diesen Anforderungen genügen, auch patentiert. Dies liegt zumeist an dem nicht unerheblichen finanziellen Aufwand, der mit der Beantragung, den progressiv ansteigenden Kosten der Aufrechterhaltung sowie mit eventuellen Rechtsstreitigkeiten einhergeht.[193] Auch weisen manche innovative Erzeugnisse einen zu geringen Neuheitsgrad auf oder unterliegen, wie beispielsweise Dienstleistungsinnovationen[194] oder schöpferische Werke, nicht dem Patentrecht.

Ein kontroverse Diskussion besteht hinsichtlich der Patentierbarkeit von Computerprogrammen. Diese sind in Deutschland gemäß §1 Abs. 3 Nr. 3 und 4 Patentgesetz nicht patentierbar (ebensowenig wie in der EU insgesamt)[195], obwohl unter anderen die Industrienationen USA und Japan ein solches Schutzrecht vollumfänglich einräumen und die WTO ein solches nicht generell ablehnt.[196] Kritiker von Softwarepatenten argumentieren, insbesondere Software-Trivialpatente behinderten den Fortschritt von Schlüsseltechnologien (Bodenburg, 2012, S. 112 ff.). Durch die Verknüpfung von Hard- und Software realisierte Gesamtsysteme, sogenannte computerimplementierte Erfindungen, sind dagegen zulässig, wie das Beispiel des Antiblockiersystems (ABS) zeigt.[197]

Patentwert und strategische Aspekte der Patentierung

Auch sind nicht alle Patente in gleichem Maß als Fortschrittsindikator geeignet, zumal sie per se keine Informationen über ihren ökonomischen Wert enthalten. So lassen lediglich Vorwärtszitationen Rückschlüsse auf die Weiterverwendung des kodifizierten Wissens und damit indirekt über dessen wirtschaftliche Bedeutung zu.[198] Eine hohe Zitationszahl kann demnach zwar als Profitproxy und folglich als ökonomischer Innovationswert verwendet werden (Trajtenberg,

---

193 Insbesondere kleine und mittelständische Unternehmen scheuen hohe Kosten der Patentierung und setzen vor allem bei Prozessinnovationen vorzugsweise auf Geheimhaltung, siehe beispielsweise Beaudry und Schiffauerova (2011) sowie Shea et al. (2011) und speziell für Deutschland Ergebnisse des ZEW (ZEW, 2009, S. 139). In Deutschland wird zudem nicht selten auf das sogenannte Gebrauchsmuster ausgewichen, bei dem Erfindungsaufwand und Neuheitsgrad erst bei Verletzungsverfahren geprüft werden.

194 Komplementär zu Patenten können im Kontext hybrider Wertschöpfung Marken als Indikator von Dienstleistungsinnovationen dienen (siehe beispielsweise Medonça et al., 2004).

195 Vgl. das Europäische Patentübereinkommen (EPÜ) aus dem Jahr 2000, Artikel 52, http://www.epo.org/law-practice/legal-texts/html/epc/2010/d/ar52.html (letzter Aufruf: 14. Juni 2014).

196 Vgl. TRIPS-Übereinkommen der WTO von 1994, Artikel 27, http://www.wto.org/english/docs_e/legal_e/27-trips.pdf (letzter Aufruf: 14. Juni 2014).

197 Vgl. http://www.dpma.de/patent/patentschutz/schutzvoncomputerprogrammen/ (letzter Aufruf: 14. Juni 2014).

198 Der Nachweis von Korrelationen der Vorwärtszitationsanzahl mit dem wirtschaftlichen Wert eines Patents findet sich schon bei Carpenter et al. (1981). Auch Trajtenberg (1990) folgert, dass reine Patentanzahlen aus ökonometrischer Perspektive zwar eine gute Näherung für den betriebenen Forschungsaufwand darstellen, aber erst die Gewichtung mit Vorwärtszitationen einen Indikator der Bedeutsamkeit der patentierten Erfindungen konstituiere. Eine neuere Referenz ist beispielweise Deng et al. (1999).

1990). Allerdings werden verhältnismäßig wenige Patente überhaupt von Folgeinnovationen zitiert.[199] Hall et al. (2005) zeigen in diesem Zusammenhang, dass nur sehr wenigen Patenten ein ökonomischer Wert beigemessen werden kann, während den allermeisten kaum Relevanz zukommt. Dies ist insofern interessant, als dass die Patentierung von Erfindungen mit geringem Profiterwartungswert von rationalen Entscheidern eigentlich abgelehnt werden sollte.[200]

Eine Antwort auf diese Ungereimtheit liefern Aspekte der strategischen Patentierung. Patente dienen beispielsweise zunehmend als Barriereinstrumente, um hochspezialisierte Konkurrenten am Markteintritt zu hindern und um die Imitation zumindest hinauszuzögern – siehe beispielsweise Hall und Ziedonis (2001) sowie Ziedonis (2004) für die Halbleiterindustrie, Bessen (2003) für komplexe Felder allgemein und Lemley (2005) für die Nanotechnologie. Nur 40 % bis 60 % aller Patente sind tatsächlich neue Erfindungen (Schmoch, 2007). Ein nicht geringer Anteil der restlichen Anmeldungen dürfte von Blockadepatenten gebildet werden. Gerade in komplexer werdenden Industriestrukturen mit hoher technologischer Varietätenvielfalt und -integration verlangt die Verteilung relevanter Schutzrechte über viele Marktteilnehmer eine umfassende Patentierung der eigenen Entwicklungen – auch über Profitbetrachtungen hinaus (Gambardella et al., 2007).[201]

7.1.2 Publikationen als Indikator der Grundlagenforschung

Im Gegensatz zu Patenten, die vornehmlich Analysen des Entwicklungsaufwands und -ertrages angewandter Forschung innerhalb des privaten Sektors erlauben, beleuchten wissenschaftliche Publikationen die Grundlagenforschung des zumeist öffentlichen Forschungssystems und seiner Institutionen, der Universitäten, Hochschulen und Forschungszentren. Die Felder der Szientometrie und Bibliometrie verschreiben sich dabei quantitativen und statistischen Ansätzen zur Messung und methodischen Verbesserung von Struktur und Dynamik des Systems.[202]

Publikationen bieten prinzipiell eine ähnliche Reichhaltigkeit an Metadaten wie Patente. Über die reine Beschreibung der Forschung hinaus sind sie beispielsweise ebenso mittels des veröffentlichenden Mediums kategorisierbar in Forschungsfelder, auch wenn diese nicht immer klar abzugrenzen sind. Autoren, Journal und Zitationsfolgen sind ebenso öffentlich.

Publikationsvoraussetzungen und -praxis

Das in der Wissenschaft etablierte Peer-Review-Verfahren hat den Zweck, die wissenschaftliche Qualität von Veröffentlichungen in Fachzeitschriften durch die Kontrolle fachkundiger unabhängiger Gutachter zu sichern, deren Identität sowohl den Autoren als auch späteren Rezipienten

[199] Innerhalb der in dieser Arbeit verwendeten Patentdatenbank PATSTAT, die Abschnitt 7.1.3 vorstellen wird, verfügen über 90 % der gelisteten Patentanmeldungen über weniger als drei Zitationen, 74 % besitzen überhaupt keine.

[200] Aus diesem Grund könne auch mit zunehmenden Folgeinnovationen eine steigende Sicherheit assoziiert werden, dass der Weiterentwicklungsaufwand von den Profiterwartungen übertroffen werde (Trajtenberg, 1990).

[201] Damit einhergehend stellen Gambardella et al. (2007) fest, dass viele potenzielle Lizenzierungen von Patenten nicht durchgeführt werden. Der Technologiemarkt könne entsprechend ebenso wie die ökonomische Wohlfahrt größer sein. In Bezug auf Querschnittstechnologien entwickeln Bresnahan und Gambardella (1998) ein theoretisches Modell, in dem sich eine erhöhte Spezialisierung der Spitzen vertikaler Wertschöpfungsketten einstellt, sodass hochspezialisierte Firmen in grundlegenden Bereichen der Technologie zu finden sind. Diese lassen ihre Entwicklungen von nachgelagerten Produktherstellern in verschiedensten Technologiezweigen lizenzieren.

[202] Die Szientometrie geht im Wesentlichen auf Arbeiten von Derek de Solla Price und Eugene Garfield zurück, siehe vor allem de Solla Price (1963) und Garfield (1972).

verborgen bleibt. Es birgt vor allem zwei in der Forschungslandschaft diskutierte Nachteile. Zum einen gestaltet sich der Prozess der Begutachtung und wiederholten Überarbeitung oft sehr langwierig. Ob abschließend eine Fachpublikation zugesagt wird, ist hochgradig unsicher. Die Transparenz der Entscheidungskriterien ist zudem nicht immer gewährleistet. So besteht prinzipiell die Möglichkeit, dass ein oder mehrere Gutachter eigene Ansichten zu strittigen Fragestellungen bei der Bewertung eines Fachaufsatzes einfließen lassen. Dies stellt insbesondere dann ein Problem dar, wenn die herrschende Lehrmeinung durch neue Konzepte oder Forschungsergebnisse infrage gestellt wird.[203]

Wie bei Patenten auch, wird bei Publikationen häufig die Anzahl an Zitationen herangezogen, um die Qualität und den Einfluss der Veröffentlichung auf die Forschungslandschaft zu bewerten. In der Folge dieser Qualitätsmessung lassen sich auch Rankings von Forschern und Fachzeitschriften ableiten. In der Praxis bedeutet dies einen Anreiz für Autoren, sich möglichst oft selbst zu zitieren, und ebenso entsteht bei Editoren ein Interesse, die Autoren zu Zitaten der Journal-eigenen Veröffentlichungen zu bewegen.[204]

7.1.3 Datenquellen, Analysehindernisse und Suchterme

Alle Patentdaten der Untersuchungen dieses Kapitels entstammen der kommerziellen Datenbank PATSTAT des Europäischen Patentamtes (EPO), mit Stand September 2010. Die relationale Datenbank deckt weltweit 81 Patentämter ab, reicht teils bis in 1920er-Jahre zurück und umfasst weit über 60 Millionen Patentdatensätze. Insbesondere führt sie Prioritätspatente[205] und eine große Menge an Metadaten, von Kurzdarstellungen (*abstracts*) über Zitationsstrukturen und Klassifikationen[206] bis hin zu Adressdaten von Anmeldern und Erfindern.

Die wissenschaftlichen Publikationen entstammen der Web of Science (WoS)-Datenbank des Privatanbieters Thomson Reuters, die sich auf Literaturbeiträge in häufig zitierten Expertenjournalen aus den Disziplinen Medizin, Natur-, Geistes-, Sozial- und Wirtschaftswissenschaften konzentriert. Bereits die Aufnahme einer Publikation respektive des veröffentlichenden Journals in die Subdatenbanken Science Citation Index Expanded (SCIE) und Social Science Citation Index (SSCI) gilt als Qualitätsnachweis (Schmoch et al., 2012). Den Peer-Review-Prozess der gelisteten Fachzeitschriften erfolgreich passiert zu haben, kann demnach als Äquivalent zum Patentprüfverfahren gesehen werden.

---

[203] Inzwischen werden Alternativen zum gängigen Peer-Review-Verfahren erprobt. So existieren beispielsweise Online-Journals, die eingereichte Texte direkt veröffentlichen und anonym und für die Forschungsgemeinschaft transparent begutachten lassen. Die Gutachter sind dadurch nicht von den Herausgebern bestellt, sondern rekrutieren sich aus interessierten Experten des Fachbereichs. Ziel des Systems ist es, auch jenen Forschungsideen und -ergebnissen eine Plattform zu bieten, die etablierten Thesen, Methoden oder Theorien zuwiderlaufen.

[204] In diesem Zusammenhang fällt häufig auch der Begriff der Zitationskartelle. Gemeint sind Gruppen von Forschern und Journals, die sich verstärkt gegenseitig zitieren, ohne dass diese Verzerrung dem wissenschaftlichen Erkenntnisprozess dient.

[205] Priorität genießt ein Patent, wenn es nach der erstmaligen Anmeldung innerhalb bestimmter Fristen zusätzlich bei weiteren Patentämtern eingereicht wird. Gleichartige Erfindungen, die dort erst nach dem Anmeldedatum des Prioritätspatents angemeldet wurden, stehen dann zurück. Prioritätspatente eignen sich für ökonomische Analysen, weil sie gewährleisten, dass der Zeitstempel betrachteter Patentdaten nahe dem Erfindungszeitpunkt liegt (Hinze und Schmoch, 2004).

[206] Die Internationale Patentklassifikation (IPC) dient der Klassifikation technischer Applikationsbereiche und erlaubt dank spezieller Konkordanz-Tabellen die Einordnung in aggregierte Technologiefelder und Wirtschaftszweige. Für die hiesige Untersuchung sind diesbezüglich vor allem die Arbeiten von Hinze et al. (1997) und Schmoch et al. (2003) zu nennen, die die sogenannte ISI-OST-INPI- beziehungsweise NACE-ISIC-Konkordanz entwickeln. In der folgenden Analyse wird hierauf zurückzukommen sein.

Potenzielle zeitliche, regulative und QT-spezifische Analysehindernisse

- **Zur Problematik des langen Analysezeitraums**
  Die Untersuchungen der kommenden Abschnitte widmen sich der Frage, inwiefern die Nanotechnologie als Querschnittstechnologie im Sinne der vorangegangenen Ausführungen klassifiziert werden kann. Ihre Entwicklung konstituiert damit auch den zu wählenden Betrachtungszeitraum. Entsprechend der Ausführungen des Abschnitts 2.1.1 erscheint als Startzeitpunkt das Jahr 1980 geeignet, in dem durch die Einführung neuer mikroskopischer Verfahren das grundlegende Instrumentarium zur Analyse und Bearbeitung nanoskaliger Strukturen geschaffen wurde.
  Demzufolge umfassen die zugrunde gelegten Daten einen Zeitraum von ca. 30 Jahren. Patentanalysen über solch lange Zeiträume inkorporieren zwangsläufig Einflussgrößen wie sich wandelnde institutionelle Rahmenbedingungen der Patentierung. Ebenso schwer mögen professionalisiernde Maßnahmen in Forschungsabteilungen wiegen, die beispielsweise Kortum und Lerner (1998) als Triebfeder gesteigerter Patentierungsaktivität ab Mitte der 1980er-Jahre in den USA ausmachen. Hinzu kommen potenzielle verzerrende Erweiterungen der Datenbasis. So wurde die WoS-Publikationsdatenbank zwischenzeitlich um eine erhebliche Menge neuer Fachzeitschriften ergänzt (Schmoch et al., 2012).

- **Zur Problematik transnationaler Vergleichbarkeit**
  In der Praxis erweist sich bei Patenten die unterschiedliche Definition des Neuheitskriteriums als kritisches Unterscheidungsmerkmal der nationalen Patentämter, was insbesondere ökonomische Analysen auf Basis reiner Anmeldezahlen erschwert.[207] Abgesehen davon werden die meisten Erfindungen vor allem aus Kostengründen nur am heimischen Markt patentiert. Beide Aspekte verzerren transnationaler Vergleiche (Hinze und Schmoch, 2004). Da solche in dieser Arbeit aber keine Rolle spielen, wird von einer tiefergehenden Diskussion abgesehen. Für die Nanotechnologie versuchen sich beispielsweise Wang und Guan (2012) an einer komparativen Studie der führenden Nationen. Im Hinblick auf Publikationen ergibt sich keine gleichgeartete Problematik.

- **Spezifische Erwägungen der Analyse von QT-Daten**
  Wie Pavitt (1985) feststellt, variieren Patentanmeldezahlen zwischen Wirtschaftszweigen und Technologiebereichen teilweise signifikant. Dieser Aspekt ist mit Blick auf die hohe sektorale Verbreitung von Querschnittstechnologien von besonderer Relevanz. Aussagen der folgenden Abschnitte, die sich für die Nanotechnologie im Ganzen treffen lassen, darf keine pauschale Gültigkeit in Technologiezweigen wie beispielsweise der Nanooptik oder der Nanobiotechnologie bescheinigt werden.
  Griliches (1990) argumentiert, dass sich mittels Patentdaten Verschiebungen der Produktionsmöglichkeitengrenze – ausgelöst durch einen technologischen Paradigmenwandel – erkennen lassen. Patentschutz ist jedoch generell erst ab einer bestimmten Entwicklungs- respektive Anwendbarkeitsstufe möglich (Tijssen, 2001). Da sich somit grundlegende Erkenntnisse eines solchen Wandels nicht in Patentdaten abgebildet finden, wird in dieser Arbeit, wie

[207] So sind die Grenzen der Patentierbarkeit in ständiger Bewegung und weichen auch in den Industrienationen teilweise erheblich voneinander ab. Quillen et al. (2002) notieren, dass Patente am U.S.-amerikanischen Patentamt (USPTO) mit teils 97 % Wahrscheinlichkeit angenommen werden, während das Deutsche Patent- und Markenamt (DPMA) lediglich mit 47 %-iger Wahrscheinlichkeit eine Zulassung genehmigt. Griliches (1990) fasst diverse Studien zusammen und spricht von Schwankungen zwischen 35 % (Deutschland) und 90 % (Frankreich). Jensen et al. (2005) zeigen darüber hinaus, dass sich die Entscheidungen der sogenannten Triade-Patentämter in Japan, den USA und Europa oftmals systematisch unterscheiden. Abgesehen davon sind Patentoffice-Mitarbeiter auch teils unterschiedlich geschult (Meyer, 2000).

beschrieben, zusätzlich auf Publikationsdaten zurückgegriffen. Die beiden Datensätze sind dabei unverbunden. Betrachtungen von Zitationsfolgen *zwischen* Patenten und Publikationen wären wünschenswert, um den resultierenden Sprung der Datengrundlage zu überbrücken. Versuche dahingehend existieren beispielsweise in Schmoch (1993) oder Noyons et al. (1994) durch die Verbindung von Nicht-Patentliteratur-Zitationen (NPL-Zitate) in Patenten mit Publikationen und umgekehrt. Letzteres erfordert hinreichend Expertise für die Identifikation jener publizierten Erkenntnisse, die am ehesten den Entwicklungsbemühungen eines Patents zugrunde gelegen haben könnten. Für ganzheitliche QT-Datensätze erscheint diese Methodik im Hinblick auf den zu leistenden Aufwand ausgeschlossen.

Vergleichstechnologien als Benchmarks

Um einen Querschnittscharakter zu attestieren, werden außerdem Benchmark-Technologien benötigt, deren jeweilige Indikatorausprägungen als Maßstab für ein QT-nahes oder QT-fernes Ergebnis dienen können. Die Informations- und Kommunikationstechnologie ist weithin als Querschnittstechnologie anerkannt (siehe beispielsweise Basu und Fernald, 2007; Basu et al., 2003; Caselli, 1999; Crafts, 2004; Jovanovic und Rousseau, 2005; Wright, 2000 sowie Rousseau, 2008 und die Ausführungen des Abschnitts 2.1.3). Ihren enormen Einfluss auf volkswirtschaftliche Produktivität zeigt unter anderem Jorgenson (2005). Sie fungiert in den nachfolgend gezeigten Untersuchungen als oberer Benchmark.

Den Gegenpart als unterer Benchmark nimmt der Verbrennungsmotor ein. Zweifelsohne ist dessen gesamtwirtschaftliche Bedeutung keinesfalls gering. Eine hohe technologische Dynamik gepaart mit fortdauernden Komplementärinnovationen kann den nachfolgenden Ergebnissen vorweggenommen werden. Der Verbrennungsmotor durchdringt jedoch längst nicht alle Sektoren der Wirtschaft. Sein Einsatz ist für manche Wirtschaftsbereiche teilweise irrelevant. In Anbetracht der konstituierenden Charakteristika des Abschnitts 2.1.2 kann er demnach nicht als Querschnittstechnologie angesehen werden.[208]

Die Evaluation der jeweiligen QT-Eigenschaft basiert in den folgenden Analysen also letztlich immer auf dem Vergleich mit den Benchmarkergebnissen, ohne deren Maßstabsfunktion die Absolutwerte der verwendeten Indikatoren weit weniger Aussagekraft hätten.

Verwendete Suchterme der Datenbankabfragen

Für die jeweiligen Fragestellungen der folgenden Abschnitte 7.2 und 7.3 werden für die Abfragen der obigen Patent- und Publikationsdatenbanken geeignete Suchterme benötigt. Hinze und Schmoch (2004) sowie Schmoch (2007) betonen in diesem Zusammenhang die Wichtigkeit qualitativ hochwertiger Standards der Suchstrategien in elektronischen Datenbanken.

Die laut Huang et al. (2010) in der Forschungsliteratur vorherrschende Methode, Nanotechnologie-Patente und -Publikationen zu identifizieren, fußt auf den Arbeiten von Mogoutov und Kahane (2007), Glänzel et al. (2003) und Porter, Youtie und Shapira (2008). Titel und

[208] Gleichwohl klassifizieren ihn einige Autoren als Querschnittstechnologie (siehe Gordon, 2005; Jovanovic und Rousseau, 2005; Lipsey et al., 2005; Wright, 2000 sowie Rousseau, 2008). Prinzipiell würde sich eine Vielzahl an Technologiefeldern als Kontrapart eignen. Nur wenige sind jedoch über mehrere Dekaden derart einflussstark wie der Verbrennungsmotor als Single-Purpose-Technologie.

Kurzbeschreibung der Datensätze werden dabei nach speziellen Schlüsselwörtern durchsucht (siehe Anhang B.2 und B.3).[209] Dem Ansatz wurde unverändert gefolgt.

Nachteil dieser lexikalischen Methode ist zum einen, dass im Ergebnis stets auch ein gewisser Anteil an relevanten Datensätzen nicht identifiziert werden kann. Ebenso ist mit einem gewissen Anteil fälschlicherweise identifizierter Datensätze zu rechnen, die ein technisch geschulter Experte ausschließen würde.[210] Problematisch im Hinblick auf die Aussagekraft lexikalisch identifizierter Patente allgemein ist auch die gängige Anmelder-Praxis, technisch charakterisierende Merkmale innerhalb der Kurzbeschreibungen gezielt so zu formulieren, dass konkurrierenden Marktteilnehmern die Identifikation sowie die eventuelle Verwendung erschwert wird (Bawa, 2004).[211] Für wissenschaftliche Publikationen ergibt sich diesbezüglich offensichtlich erneut keine gleichgelagerte Problematik.

Für die gewählten Vergleichstechnologien – die IKT und der Verbrennungsmotor – kann zumindest für Patentdaten eine Identifikation auf Basis etablierter IPC-Klassifikationen erfolgen. Graham und Iacopetta (2010) schlagen die Klasse 'F02' für den Verbrennunsmotor vor und für die IKT existiert eine Auswahl relevanter Klassen, die die WIPO im Rahmen der IPC selbst empfiehlt. Für Publikationsdaten der IKT lassen sich die Fachbereiche 'Computer Science' und 'Telecommunications' als probate Abgrenzung ansehen. Bei der Identifikation von Publikationen des Verbrennungsmotors musste wiederum auf lexikalische Suchverfahren zurückgegriffen werden. Hierfür wurde ein eigener Suchterm entwickelt (für alle genannten Suchterme vergleiche erneut Anhang B.2 und B.3).

7.2 Nanotechnologie als Querschnittstechnologie

Nanotechnologische Entwicklungen sind oft hochgradig interdisziplinär und vereinen beinahe alle klassischen Naturwissenschaften – von der Physik bis zur Biologie. Das Potenzial revolutionärer Veränderungen, das ihnen in Bezug auf die Zukunft menschlichen Wirtschaftens – und darüber hinaus – zugesprochen wird, verspricht nachhaltiges ökonomisches Wachstum für ganze Dekaden. Dies sollte sich bereits in einem frühen Entwicklungsstadium ankündigen. Weitverzweigte und wechselwirkende Innovationskräfte in Grundlagenforschung und Anwendungsentwicklung sollten bereits heute einen fortwährend selbstverstärkenden Effekt auf unsere Ökonomie haben (Bresnahan, 2010) und in Innovationsindikatoren wie Patenten und wissenschaftlichen Publikationen abbildbar sein.

Die folgenden Ergebnisse sind auszugsweise in Teichert (2012) sowie in Kreuchauff und Teichert (2013) veröffentlicht.[212] Übergeordnetes Ziel war es, die Nanotechnologie mittels einer Patent- und Publikationsanalyse auf ihren Querschnittstechnologiecharakter zu untersuchen. Dazu sollten

---

209 Für Patente wird zukünftig auch die 2011 eingeführte IPC-Patentklasse für nanotechnologische Entwicklungen, B82Y, verwendet werden können – wie in Abschnitt 2.2 bereits angerissen. Für das noch junge Technologiefeld werden derzeit alle zuvor angemeldeten Patente sukzessive reklassifiziert, was entsprechenden Zeitaufwand erfordert und noch nicht abgeschlossen sein dürfte.

210 Effiziente Text-Mining-Methoden könnten diese *silence-noise*-Problematik durch Algorithmus-basierte Verfahren zur Erkennung von semantischen Mustern gegebenenfalls mindern.

211 Einige kommerzielle Datenanbieter offerieren daher nachträglich verfasste technisch orientierte Kurzbeschreibungen.Exemplarisch seien die STN-Datenbanken des Derwent World Patents Index genannt.

212 Die Analysen entstanden zwischen 2010 und 2012 in Kooperation mit Nina Teichert am Lehrstuhl für Wirtschaftspolitik des KIT.

bereits vorhandene Ansätze des aktuellen Forschungsstands, die größtenteils unsystematisiert erfolgt sind, konsolidiert und um geeignete neue Indikatoren erweitert werden. Zwecks Robustheit der Ergebnisse wurden sowohl der Betrachtungsraum variiert als auch mittels wissenschaftlicher Publikationsdaten eine unterstützende zweite Datengrundlage etabliert.

Stand der Forschung

Die Untersuchung sowohl spezifischer Applikationen als auch ganzheitlicher ökonomischer Entwicklungspfade der noch jungen Nanotechnologie erfuhr im letzten Jahrzehnt ein enormes Forschungsinteresse. Heinze (2004) betrachtete die weltweite Verbreitung sowohl in der Forschungs- als auch in der Patentliteratur, Hullmann (2007) sowie Wong et al. (2007) erörterten die entstehenden Märkte und beteiligten Unternehmen respektive Anwendungsfelder, Meyer (2007) fokussierte auf die verschiedenen Entwicklungszweige und Interdependenzen und Palmberg et al. (2009) lieferten im Rahmen einer OECD-Studie einen umfassenden Blick auf nationale Forschungsausgaben, Patent- und Publikationszahlen, Spezialisierungsgebiete sowie auf sozioökonomische Auswirkungen. Bei keiner der genannten Arbeiten stand jedoch die Frage nach dem QT-Charakter der Nanotechnologie im Zentrum des Interesses.

Den Ursprung systematisierter empirischer QT-Identifikation lieferten Hall und Trajtenberg (2006) mit einem ersten Blick auf mögliche patentbasierte Indikatoren für die von Bresnahan und Trajtenberg (1995) definierten konstituierenden Eigenschaften. Diese wurden sukzessive von Youtie et al. (2008), Graham und Iacopetta (2010), Schultz und Joutz (2010) sowie von Shea et al. (2011) erweitert und auf die Nanotechnologie als aussichtsreichsten techno-ökonomischen Nachfolgerkandidaten der IKT angewandt.[213] Die verwendeten Querschnittstechnologie-Indikatoren umfassten vor allem den sogenannten Generality-Index von Patenten, die Anzahl der Patentzitationen und das Patentklassenwachstum. Einen Überblick über die bisherigen Arbeiten liefert Tabelle 7.1.

Schwächen bisheriger Ansätze und systematische Erweiterung

Die genannten Untersuchungen fokussieren fast ausschließlich auf Patente des USPTO[214], vermeiden den Blick auf komplementären wissenschaftlichen Output und folgen nur bedingt einer ganzheitlichen Systematik. So wird unter anderem oft nur ein einzelner Indikator pro konstituierender Querschnittseigenschaft verwendet sowie auf den Vergleich mit anderen Technologien verzichtet. Die offenkundige – und in den nachfolgenden Abschnitten entsprechend diskutierte – Schwäche des Generality-Index als alleinigem Indikator der sektoralen Durchdringung wird darüber hinaus weitestgehend ignoriert, gleichwohl sie bereits lange bekannt ist.

In Kreuchauff und Teichert (2013) wurden die existierenden Ansätze hinsichtlich der Indikatorik gebündelt, das USPTO als Patentdatenbasis entsprechend der Argumentation von Frietsch et al. (2011) durch das EPO ersetzt und die Analyse auf wissenschaftliche Publikationsdaten erweitert, um neben der Anwendungsentwicklung auch die grundlegendere Wissenserzeugung und -verbreitung der Nanotechnologie abzubilden. Zusätzlich zu der Konsolidierung bestehender Ansätze wurde außerdem das geografische Untersuchungsgebiet erweitert, sodass auch Entwicklungen innerhalb der EU27 in den Fokus rücken konnten.

---

[213] Auch Palmberg und Nikulainen (2006b) widmeten sich dieser Frage, verwendeten jedoch weniger die von Hall und Trajtenberg (2006) vorgeschlagenen Basisindikatoren als vielmehr öffentliche Forschungsinvestitionen und Patent- und Publikationsanzahlen.

[214] Die Besonderheiten der Anmeldung bei unterschiedlichen Patentämtern diskutiert Abschnitt 7.1.3.

Dem Aufruf, den Distanzfaktor technologischer Klassen zu berücksichtigen (Hall und Trajtenberg, 2006), wurde mittels eines neuen Indikators Rechnung getragen. Damit konnte der Schwäche des Generality-Index, die technologische „Nähe“ bestimmter Disziplinen (Patentklassen, Fachbereiche) zu ignorieren, begegnet werden.

Tabelle 7.1: Überblick bisher verwendeter Indikatoren in Querschnittstechnologie-Studien.

Quelle	**Daten**	**Verwendete Indikatoren und erwartete Ergebnisse**			**Vergleich mit**
		Durchdringung	Entwicklungsdynamik	Komplementärinnovation	
Palmberg & Nikulainen (2006b)	keine Angabe	(i) Sektorale Diffusion von Nanopatenten (ii) Zunahme der Anzahl an Anwendungsfeldern	Beschleunigtes Wachstum von Nanopatenten	(i) Existenz von Top-down-Ansätzen (ii) Zunahme von Start-ups und universitären Spin-offs	Biotechnologie
Hallo & Trajtenberg (2006)	–	(i) Hoher Generality-Index (ii) Hoher Generality-Index zitierender Patente	(i) Hohes Klassenwachstum (ii) Hohe Anzahl Klassen-zitationen	(i) Starke Patentzunahme in zitierenden Klassen (ii) Längere zeitliche Differenz der Zitationen	–
Youtie et al. (2008)	1983–2005 USPTO	Hoher Generality-Index		Längere zeitliche Differenz der Zitationen Hohe Zitationszahlen	Pharmazie, Computer
Graham & Iacopetta (2009)	1975–2006 USPTO	Hoher Generality-Index	Hohe Vorwärts-Zitationsraten	Verbreitungsmuster von Patentzitationen	IT, Verbrennungs-motor
Schultz & Joutz (2010)	1978–2008 USPTO	Hoher Generality-Index	Qualitative Beurteilung		–
Shea et al. (2011)	1971–2004 USPTO	(i) Durchdringung beinahe aller 3-Ziffern-IPC-Klassen (ii) Durchdringung beinahe aller Industriesektoren (iii) Hohe Zitationsraten außerhalb Nanotechnologie (iv) Hoher Generality-Index		(i) Rapides Patentwachstum (ii) Zunehmender Anteil an Nanopatenten (iii) Hohe Zitationsraten	–

7.2.1 Hypothesen

Anekdotische Evidenz für alle konstituierenden QT-Charakteristika – (1) die hohe sektorale Verbreitung, (2) die fortwährend hohe Entwicklungsdynamik, (3) die damit einhergehenden Komplementärinnovationen in neuen Anwendungsbereichen sowie (4) die wechselseitige innovatorische Komplementarität – wurde in Abschnitt 2.2 angeführt.

Zahlreiche Anwendungsfelder – von Brennstoffzellen bis zu Bauinnovationen – illustrierten in Abschnitt 2.2 die zunehmende Durchdringung aller Wirtschaftszweige (1). Auch 30 Jahre nach den ersten nanoskaligen Manipulationen konnte eine hohe Entwicklungsdynamik festgestellt werden (2): Neue bottom-up-Ansätze erlauben die Schaffung synthetischer Molekülstrukturen – mit gezielt definierten Materialeigenschaften. Innovative Anwendungen wie das Diamantthermometer stoßen komplementäre Folgentwicklungen in der Nanomedizin an und eröffnen durch das erweiterte Instrumentarium darüber hinaus neue Forschungsfelder (3). Das letztgenannte Beispiel verdeutlicht auch die kontinuierlichen Rückkopplungsprozesse zwischen Grundlagenforschung und Anwendungssektoren (4): Fortschritte in den Diziplinen der Nanobiomedizin und Nanoinstrumente treiben die Anwendungsentwicklungen der Medizintechnik und Pharmazeutik. Von deren Nachfrage und komplementären Innovationen profitiert wiederum die Basistechnologie.

Auf Basis dessen lassen sich die folgenden Hypothesen formulieren:[215]

H1: Verbreitung, Durchdringung
Die Nanotechnologie ist eine in den meisten Sektoren verbreitete Technologie.

H2: Technologische Dynamik
Die Nanotechnologie zeigt Potenziale langfristiger kontinuierlicher Fortentwicklung.

H3: Komplementärinnovationen
Die Nanotechnologie verursacht einen stetigen Zufluss komplementärer Innovationen in vielen Anwendungssektoren.

Die Entwicklung eines geeigneten Indikators für innovatorische Komplementaritäten (4) bedarf zunächst einer präzisen Abgrenzung der Begrifflichkeiten Externalitäten, Spillover und Komplementaritäten. Erst dann kann ein methodischer Ansatz vorgestellt werden. Entsprechend ist der Diskussion ein eigener Abschnitt gewidmet, siehe 7.3.

Innerhalb aller folgenden Analysen wird der nanotechnologische Forschungs- und Entwicklungsoutput mit den beiden in Abschnitt 7.1.3 eingeführten Benchmarks verglichen – mit der IKT als anerkannte Querschnittstechnologie und mit dem Verbrennungsmotor als Nicht-Querschnittstechnologie.

7.2.2 Ergebnisse zur sektoralen Verbreitung (H1)

Bedeutung in der Spitzenforschung

Eine bereits im Frühstadium der Entwicklung hohe sektorale Verbreitung impliziert die breite Anwendbarkeit einer Technologie. Diese Durchdringung messbar zu machen, erfordert einerseits, die Verschiedenartigkeit der Diffusionskanäle abzubilden, und andererseits, den wachsenden Anteil

[215] Diese Hypothesen sind in nahezu gleicher Form bei Shea et al. (2011) zu finden. Ein wesentlicher Unterschied der Untersuchungen dieser Arbeit ergibt sich im Hinblick auf die verwendete Indikatorik.

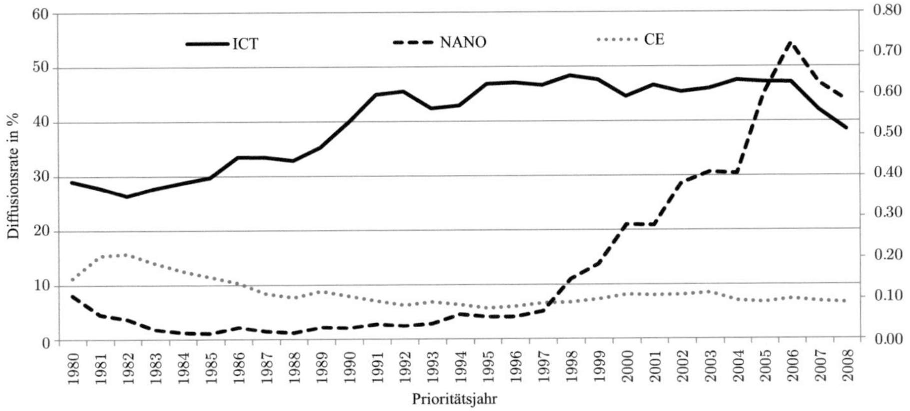

Abbildung 7.1: Jährliche Diffusionsraten von Nano-, IKT- und CE-Patenten der 25 meistinvestierenden Forschungsunternehmen. Linke Achse: IKT und CE. Rechte Achse: Nano, basierend auf eigenen Berechnungen.

der betrachteten Technologie an allen technologischen Aktivitäten aufzuzeigen. Als ein mögliches Diffusionsmaß, das als Indikator für die zunehmende Verbreitung einer Technologie im letzteren Sinn herangezogen werden kann, wird der Anteil der Nanopatente/-publikationen an allen Patenten/Publikationen angesehen. Wir verwenden dieses Maß für die Top25-Firmen des *European Investment Scoreboards 2010* und die Top25 wissenschaftlich veröffentlichenden Institutionen gemäß WoS mit Stand 2010[216], für die eine hohe Diffusion angenommen werden kann.[217]

Abbildung 7.1 zeigt jährliche Diffusionsraten von Nano-, IKT- und CE-Patenten der 25 meistinvestierenden Forschungsunternehmen in den letzten drei Jahrzehnten. Beachtenswert ist, dass sich die relativen Anteile von IKT-Patenten seit beinahe 20 Jahren kaum verändert haben.[218]

Ebenso konstant scheint der relative Anteil von CE-Patenten als unterer Benchmark zu sein. Er beträgt seit ca. 20 Jahren zwischen 7 % und 9 %. Stetig zu nimmt seit Mitte der 1990er-Jahre dagegen der Anteil an Nanopatenten, was auf zunehmende Entwicklungsanstrengungen hindeutet. Insbesondere scheint die relative Bedeutung der Nanoforschung zu wachsen. Selbst in Vorreiterunternehmen mit überdurchschnittlicher Forschungsintensität erreicht die nanotechnologische Patentaktivität jedoch noch nicht annähernd die Ergebnisse der Vergleichstechnologien.

Abbildung 7.2 zeigt den Anteil wissenschaftlicher Veröffentlichungen in den gewählten Technologiefeldern der weltweit Top25 publizierenden Institutionen. Dieser erreicht für die Nanotechnologie bis 2008 ungefähr 6.5 % – mit weiterhin ungebrochenem Trend. Selbst die IKT übersteigt

216 Eine Übersicht über die gewählten Top25-Firmen und -Forschungsinstitutionen findet sich in Anhang B.7.

217 Nikulainen (2007) zeigt, dass Nanotechnologie im Speziellen in Industrien mit überdurchschnittlich hohen F&E-Intensitäten zu finden ist.

218 Die gerade in den letzten Betrachtungsjahren dargestellten Werte sind indikatorübergreifend mit Vorsicht zu werten. Patentbewilligungen sind zeitintensiv (vgl. Abschnitt 7.1.1 zur zeitlichen Betrachtungssphäre) und haben unvollständige und verzerrte Werte am Ende der jeweiligen Beobachtungszeiträume zur Folge. Aus diesem Grund beschränken sich die in diesen Untersuchungen gezeigten Ergebnisse auf eine Darstellung bis in das Jahr 2008, obwohl die Datenbasis Analysen bis September 2010 erlaubt hätte. Selbst bei dieser Trunkierung kommt es, wie in Abbildung 7.1 ersichtlich, noch zu einem Abfall der Patentzahlen, der Fehlinterpretationen nach sich ziehen kann.

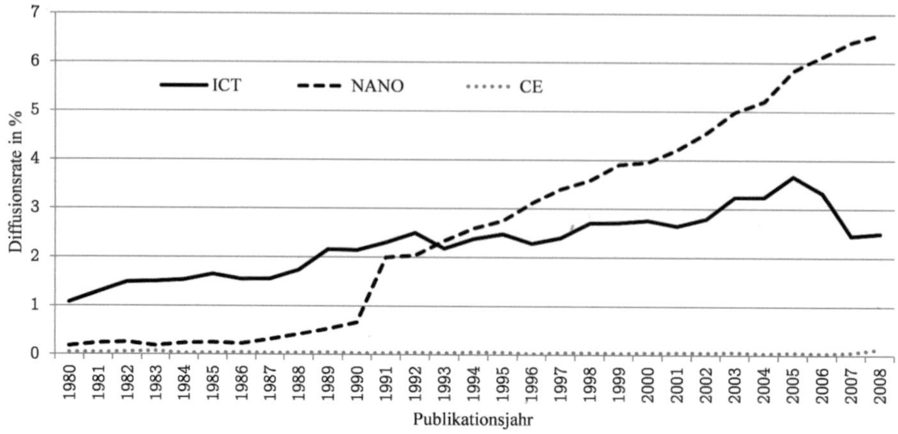

Abbildung 7.2: Jährliche Diffusionsraten von Nano-, IKT- und CE-Publikationen der 25 publikationsstärksten Forschungsinstitutionen, basierend auf eigenen Berechnungen.

zu keinem Zeitpunkt die 4 %-Marke; in über zwei Jahrzehnten wächst dieser Anteil nicht mehr als 1 %. Wie grundlegend die beiden Technologien sind, zeigt der im direkten Vergleich verschwindend geringe Anteil des Verbrennungsmotors als Technologievertreter mit starkem Anwendungsbezug. Wie sich darüber hinaus noch zeigen wird, lassen sich diese Aussagen für das Gesamtsample ebenfalls treffen.

Generality-Index

Schon Bresnahan und Trajtenberg (1995) merkten an, dass QT-Erfindungen anhand solcher Patente identifizierbar sein müssten, die von anderen Patenten aus einer großen Vielzahl von Industriezweigen zitiert werden. Um diese Heterogenität zitierender Anwendungsbereiche messbar zu machen, verwendeten Trajtenberg et al. (1997) den Hirschman-Herfindahl-Index, der später durch Moser und Nicholas (2004) sowie durch Hall und Trajtenberg (2006) zum sogenannten Generality-Index weiterentwickelt wurde:

$$G_i = 1 - \sum_{j}^{n_i} s_{ij}^2, \qquad \text{mit} \quad G_i \in [0, 1]. \tag{7.1}$$

Er setzt sich zusammen aus dem prozentualen Anteil von Vorwärts-Zitationen s_{ij}, die ein Patent i von Patenten der Klasse j erhält (bei n_i technologischen Klassen). Ein hoher Wert (nahe eins) des Index impliziert, dass das technologische Wissen eines Patents den Folgeinnovationen einer Vielzahl unterschiedlicher Klassen als Ausgangsbasis gedient hat. Liegt der Wert des Generality-Index eines Patents dagegen nahe null, so sind seine Zitate in wenigen Klassen konzentriert.

Für noch junge emergente Technologien ergibt sich ein Problem hinsichtlich der Vorwärts-Zitationsabhängigkeit solcher Indizes. Da die Anzahl in der Zukunft entstehender Zitate nicht antizipiert werden kann, ist eine Verzerrung durch die (noch) nicht observierbaren Zitate unumgänglich: Tendenziell werden für neuere Patente weniger Zitierungen (in entsprechend wenigen Klassen) vorhanden sein, der Generality-Index fällt für diese Patente entsprechend

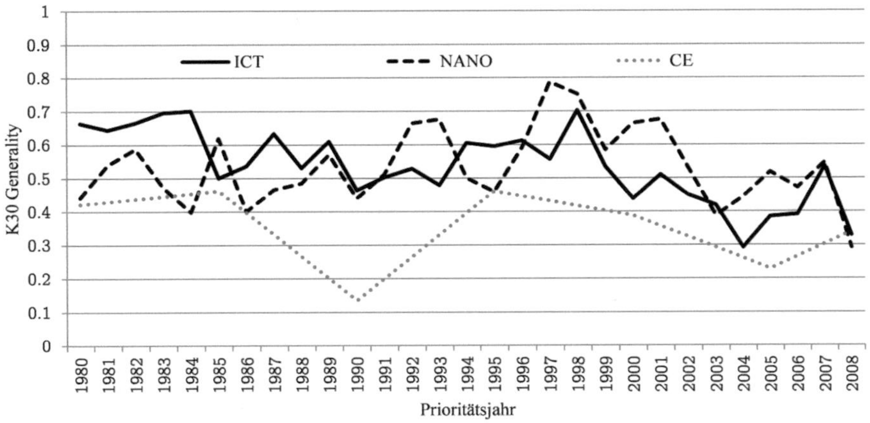

Abbildung 7.3: Durchschnittlicher Generality-Index basierend auf Vorwärts-Zitationen der Top10 weltweit zitierten Nano-, IKT- und CE-Patente gemäß K30-Klassifikation, basierend auf eigenen Berechnungen.

niedriger aus. Eine Möglichkeit, dieser Verzerrung zu begegnen, geht auf Hall (2002) zurück. Sie schlägt als Indikator den erwartungstreuen Schätzer vor:

$$\widetilde{G_i} = \frac{N_i}{N_i - 1} G_i, \qquad \text{mit} \quad G_i \in [0, 1], \tag{7.2}$$

mit N_i als Gesamtzahl beobachteter Zitate (und entsprechend: $s_{ij}^2 = \frac{N_{ij}}{N_i}$).

Der Generality-Index ist strukturgemäß nicht auf IPC-Klassen beschränkt. Sofern Konkordanzen vorliegen, die eindeutige Zuordnungen von IPC-Klassen in Technologiefelder (beispielsweise gemäß der Wirtschaftszweigklassifikation ISIC) ermöglichen, lässt er sich auch für letztgenannte berechnen. Eine damit einhergehende Aggregation erzeugt weniger und „breitere“ Klassen, die sich entsprechend schärfer voneinander abgrenzen. Dies kommt der Aussagekraft des Index zugute. Wir verwenden für die folgenden Berechnungen eine Konkordanz (K30) nach Hinze et al. (1997) für 30 Technologieklassen. In Anhang B.6 werden darüber hinaus die Ergebnisse der Berechnungen mit 44 Technologieklassen nach Schmoch et al. (2003) sowie direkt mit IPC-Klassen dargestellt.[219] Entsprechend repräsentieren die bei der Bildung des Generality-Index im Folgenden verwendeten n_i Klassen keine IPC-Klassen, sondern die daraus abgeleiteten Technologiefelder der K30-Konkordanz.

Die Abbildungen 7.3 und 7.4 zeigen den zeitlichen Verlauf der durchschnittlichen Generality-Werte, basierend auf Vorwärts-Zitationen der Top10 zitierten Nanopatente gemäß K30-Klassifikation aus weltweit allen Patenten beziehungsweise allen EU27-Patenten.[220]

---

[219] Die zugehörigen Konkordanztabellen finden sich in Anhang B.4. Hinze et al. (1997) erarbeiten die sogenannte ISI-OST-INPI-Konkordanz mit 30 Technologiefeldern und darin kategorisierten vierstelligen IPC-Klassen im Rahmen der Kooperation des Fraunhofer Instituts für System- und Innovationsforschung, des Observatoire des Sciences et Techniques sowie des Institut Nationale de la Proprieté Industrielle. Schmoch et al. (2003) liefern darüber hinaus die NACE/ISIC-Konkordanz mit 44 Technologiefeldern, in die mittels der MERIT-Konkordanz von Verspagen et al. (1994) (IPC-ISIC) die IPC-Zuteilung erfolgt.

[220] Für den Verbrennungsmotor wurden weltweite Patentdaten nur im 5-Jahres-Intervall erhoben. Die dargestellten Zwischenwerte sind linear interpoliert.

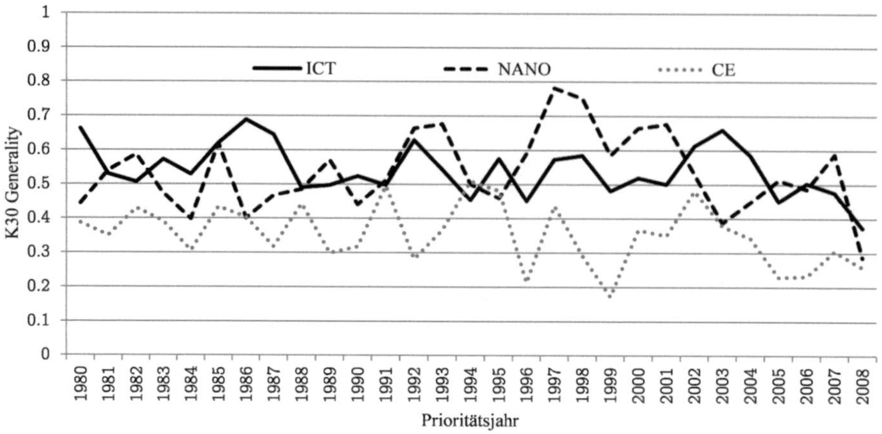

Abbildung 7.4: Durchschnittlicher Generality-Index basierend auf Vorwärts-Zitationen der Top10 europaweit zitierten Nano-, IKT- und CE-Patente gemäß K30-Klassifikation, basierend auf eigenen Berechnungen.

Vergleichsweise niedrige Generality-Werte in den Abbildungen 7.3 und 7.4 erklären sich auf Basis der geringeren Anzahl an Klassen, die als Berechnungsgrundlage dienen. Die Anteile an Zitationen in einer Klasse fallen nach der Aggregation notwendigerweise höher aus, sodass auch insgesamt die Summe der quadrierten Zitationsanteile steigt. Je höher diese Summe, desto niedriger der Index. Weniger Basisklassen führen also bei der Berechnung zu einer höheren Trennschärfe zwischen sektoral stark streuenden Technologien (hohe Verbreitung/ Durchdringung) und solchen, die nur in wenigen Feldern vertreten sind.

Klar erkennbar ist dies in beiden Abbildungen: Die Generality-Werte der unteren Benchmark-Technologie, also des Verbrennungsmotors, liegen beinahe überall unterhalb der Werte der anerkannten Querschnittstechnologie IKT und ihrem techno-ökonomischen Nachfolgekandidaten, der Nanotechnologie. Dies gilt für die Top10-Patente weltweit ebenso wie für das EU27-Sample. Die derart visualisierten Unterschiede zwischen IKT und CE sowie zwischen Nano und CE sind statistisch signifikant, wie jeweilige Zweistichproben-t-Tests zeigen. Letztere ignorieren methodologisch den Umstand der fortschreitenden Entwicklung – und damit die zeitliche Veränderlichkeit der Verbreitung – und vergleichen lediglich Durchschnittswerte über den Gesamtbetrachtungszeitraum. Die Ergebnisse, die auch für das europäische Sample robust sind, sind in Anhang B.6 dargestellt.

Der Generality-Index ist nicht auf Patente beschränkt. Wissenschaftliche Publikationen lassen dieselben Analysen auf Basis von *Subject Areas* (SA) zu. Die Ergebnisse der Publikations-Generality-Werte sind jedoch weit weniger unterschiedlich zwischen den betrachteten Technologien (und werden daher nur im Anhang dargestellt). Dies mag an der geringeren Objektivität liegen, die für die Kategorisierung angenommen werden kann.

Technologische Kohärenz

Das Hauptproblem der Verwendung des Generality-Indizes als Verbreitungsmaß generell fassen Hall und Trajtenberg (2006) wie folgt zusammen:

'(...) all of the generality measures suffer from the fact that they treat technologies that are closely related but not in the same class in the same way that they treat very distant technologies. This inevitably means that generality may be overestimated in some cases and underestimated in others. One suggestion for future research would be to construct a weighted generality measure, where the weights are inversely related to the overall probability that one class cites another class.' (Hall und Trajtenberg, 2004, S. 20)

Um diesem Problem zu begegnen, wurde in Kreuchauff und Teichert (2013) ein alternatives Maß vorgeschlagen, die sogenannte Technologische Kohärenz (im Folgenden auch: TC für *Technological Coherence*). Sie ist nach derzeitigem Kenntnisstand bislang nicht auf diese Art verwendet worden. Der Ausdruck Kohärenz soll reflektieren, inwieweit Inventionen, hier also Patente[221], einem eng gefassten Wissenspool mit stark verbundenen Sparten entstammen. Definiert wird das Maß im Folgenden daher als durchschnittliche Verbundenheit der technologischen Klassen, die einem Patent zugeordnet werden können. Zugeordnet bedeutet dabei entweder, dass das betreffende Patent in diese Klassen kategorisiert (1) oder von anderen Patenten aus diesen Klassen zitiert (2) wird (vergleiche insbesondere Breschi et al., 2003 sowie Leten et al., 2007). Beide Zuordnungsverfahren, (1) und (2), werden in den Analysen berücksichtigt.

Um die Kohärenz eines beliebigen (und nicht notwendigerweise technologischen) Patentportfolios zu bestimmen, muss in einem ersten Schritt für jedes Klassenpaar der zugrunde gelegten Klassifizierung das Ausmaß ihrer jeweiligen Verbundenheit (englisch: *Relatedness*) ermittelt werden. Dies führt zu einer symmetrischen Matrix relativer Verbundenheiten, die sogenannte Relatedness-Matrix, mit einzelnen Elementen R_{ij}.[222] Diese ist bereits in der Literatur etabliert und wurde der Arbeit von Leten et al. (2007) entnommen. Die Matrix verwendet die ISI-OST-INPI-Konkordanz mit 30 distinkten Technologiefeldern (K30), die bereits in der Untersuchung der Generality-Indizes zur Anwendung kam.

Ein Paar technologischer Klassen innerhalb dieser K30-Struktur wird als technologisch verbunden angesehen, wenn Patente der einen Klasse solche der anderen Klasse (und umgekehrt) häufiger zitieren, als das relative Gewicht der zitierten Klasse im betrachteten Gesamtportfolio erwarten lässt.

Auf Basis der Relatedness-Matrix kann nun die Technologische Kohärenz eines beliebigen Patentportfolios (hier Nanotechnologie-, IKT- sowie CE-Patente) ermittelt werden. Zunächst wird dabei die Relatedness einer Klasse i des betrachteten Portfolios zu allen anderen vorkommenden

[221] Der vorgeschlagene Indikator ist derzeit beschränkt auf Patente, zumal er auf eine im Folgenden beschriebene *Relatedness*-Matrix angewiesen ist. Eine solche liegt für wissenschaftliche Publikationen zum Zeitpunkt der Veröffentlichung dieser Arbeit nach derzeitigem Kenntnisstand nicht vor, ist jedoch fraglos ableitbar und dürfte Teil zukünftiger Arbeiten sein.

[222] Das Vorgehen zur Ableitung der Relatedness-Matrix gestaltet sich wie folgt: Sei O_{ij} die reale Anzahl zitierter Patente einer Klasse j in zitierenden Patenten einer Technologieklasse i, mit $O_i = \sum_j O_{ij}$ als Summe aller Patente, die von Klasse i zitiert werden. Eine spezifische Technologieklasse hat annahmegemäß eine höhere Wahrscheinlichkeit, zitiert zu werden, wenn ihr viele Patente zugeordnet werden. Die erwartete Anzahl zitierter Patente einer Technologieklasse j durch eine Klasse i entspricht dann einfach $E_{ij} = O_i \times \frac{N_j}{T}$, mit N_j als der Summe aller Patente einer Klasse j und $T = \sum_j N_j$ als Summe aller Patente insgesamt. Die Matrix r_{ij} der einzelnen Relatedness-Maße zwischen den jeweiligen Klassen i und j ergibt sich dann mit den einzelnen Elementen

$$R_{ij} = \frac{O_{ij} + O_{ji}}{E_{ij} + E_{ji}}.$$

Dabei gilt: Ist $R_{ij} > 1$, so sind die Technologien (Klassen) i und j stärker miteinander verbunden als auf zufälliger Basis zu vermuten wäre. Die Relatedness-Matrix von Leten et al. (2007) auf Basis der K30-Klassen ist in Anhang B.4 dargestellt.

Klassen j innerhalb des Portfolios betrachtet und mit der Anzahl an Patenten gewichtet, die (1) in beiden Klassen vorkommen (tatsächliche Mehrfachzuordnung im IPC-System und der K30-Aggregation vorausgesetzt) oder für die ein entsprechendes Zitat zwischen den Klassen vorliegt (2). Die portfolioklassenspezifische Kohärenz einer Klasse i im betrachteten Jahr ist dann

$$COH_i = \frac{\sum_{i \neq j} R_{ij} \times P_j}{\sum_{i \neq j} P_j}. \tag{7.3}$$

Aus dieser kann direkt das finale Maß der Technologischen Kohärenz des Gesamtportfolios bestimmt werden. Es ergibt sich als gewichteter Durchschnitt der klassenspezifischen Kohärenzen COH_i, mit den Patentanzahlen der jeweiligen Klassen i als Gewichtung:

$$COH = \frac{\sum_i P_i \times COH_i}{\sum_i P_i}. \tag{7.4}$$

Die derart formulierte Technologische Kohärenz (TC) wurde jeweils für beide obigen Ansätze (1) und (2) ermittelt. Ein höheres TC-Ergebnis deutet auf eine Spezialisierung des betrachteten Portfolios hin. Die relevanten Klassen weisen dann im Mittel eine hohe Relatedness auf und sind miteinander insofern verwandt, als dass sich Patente dieser Klassen generell häufig gegenseitig zitieren. Querschnittstechnologische Innovationen sollten aufgrund der Eigenschaft zunehmender Verbreitung aber auch Klassen miteinander verbinden (und deren Entwicklung begünstigen), die allgemein eine eher geringere Verbundheit aufweisen. Der TC-Indikator sollte also für das Nano- sowie IKT-Portfolio geringer ausfallen als für das CE-Portfolio, wenn Hypothese 1 zutrifft.

Abbildung 7.5 zeigt die Ergebnisse der Analysen für das Welt- und EU27-Sample. Bei klassenbasierter Betrachtung (Fall 1) verlaufen die Kohärenz-Ergebnisse des Nano- und IKT-Portfolios sowohl welt- (a) als auch europaweit (c) auf ähnlichem Niveau. Es besteht durchgängig ein statistisch signifikanter Abstand zu dem Portfolio des Verbrennungsmotors (für zugehörige t-Tests vergleiche erneut Anhang B.6), das eine wesentlich höhere Kohärenz der betroffenen Klassen aufweist. In den jeweils rechts davon dargestellten Diagrammen (b) und (d), die zitationsbedingte Verbundenheiten betrachtet (Fall 2), ist dieser Abstand ebenfalls sichtbar, wenn auch weniger stark ausgeprägt. Die Ergebnisse dürften demnach in doppelter Hinsicht als robust gelten.

Im Ergebnis wird wie erwartet deutlich, dass die Verbreitung technologischen Anwendungswissens in einer Vielzahl unterschiedlicher Sektoren sowohl für die anerkannte Querschnittstechnologie IKT, als auch für deren potenziellen Nachfolgekandidaten Nanotechnologie weit höher ausfällt als für die Benchmark-Technologie des Verbrennungsmotors. Dabei dürfte der gleichmäßige Verlauf der IKT-TC über die Zeit – das Nanotechnologieportfolio zeigt stärkere Schwankungen der Kohärenz – auf deren klarere Abgrenzung im Kategorisierungssystem zurückzuführen sein (vergleiche den zugehörigen Suchterm in Anhang B.2). Zu beachten ist, dass ab 1990 ein starker Anstieg der Anzahl an Nanopatenten einsetzte (vergleiche Anhang B.6), der zu einem leichten Anstieg der Kohärenz des Portfolios führt. Dies könnte auf eine geringfügig gesteigerte Konzentration der Klassen hindeuten.

7.2.3 Ergebnisse zur technologischen Entwicklungsdynamik (H2)

Ein qualifizierendes Merkmal von Querschnittstechnologien ist ihre Fähigkeit, über lange Zeiträume kontinuierlich und auf allen Ebenen der Wertschöpfungskette Verbesserungspotenziale zu eröffnen und auszuschöpfen. In Bezug auf Nanotechnologien, die in erster Linie mit Größen- und Kostenreduktionen verbunden werden, ergeben sich ganze Neudefinitionen von Materialeigenschaften (beispielsweise hinsichtlich Stabilität, Flexibilität, Oberflächenbeschaffenheit

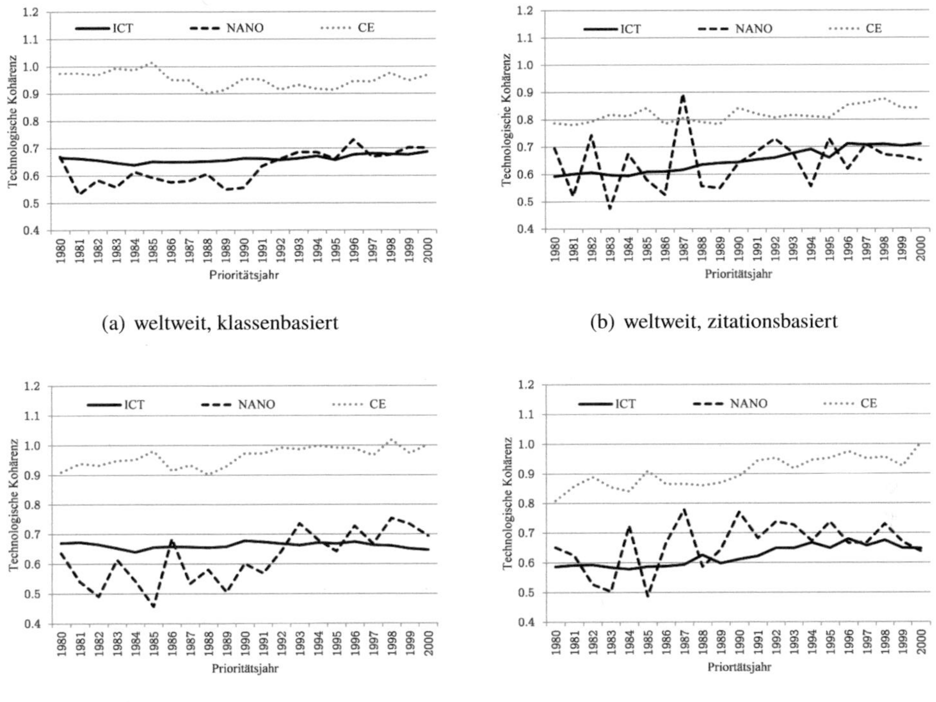

(a) weltweit, klassenbasiert

(b) weltweit, zitationsbasiert

(c) europaweit, klassenbasiert

(d) europaweit, zitationsbasiert

Abbildung 7.5: Technologische Kohärenz der Nano-, IKT- und CE-Patentportfolios im Welt- und EU27-Sample gemäß K30-Klassifikation; (a) und (c): klassenbasierte Verbundenheit (1), (b) und (d): zitationsbasierte Verbundenheit (2), basierend auf eigenen Berechnungen.

oder elektrischer Eigenschaften), deren weitere Implikationen für zukünftige Produktivitätswirkungen kaum abschätzbar sind. Zwei einfache Indikatoren sollen das bisher realisierte Entwicklungspotenzial operationalisieren.

Patent- und Publikationsanzahlen

Mit dem ersten Indikator folgen wir der Empfehlung von Palmberg und Nikulainen (2006b) und messen die Entwicklung der reinen Anzahl an Patenten. Kapitel 6 diskutierte die Ergebnisse im Zusammenhang mit den Doppel-Boom-Zyklen technologischer Aktivität. Wie zu erwarten, hat die Anzahl nanotechnologischer Patente in den letzten drei Jahrzehnten stark zugenommen. Von den Benchmarkwerten der Vergleichstechnologien, also des Verbrennungsmotors und erst recht der IKT, sind die gemessenen Werte aber sowohl auf europäischer Ebene als auch weltweit insgesamt noch weit entfernt.

Kommerzialisierbare und marktreife Anwendungen für die emergenten technologischen Machbarkeiten sind derzeit noch wenig etabliert, weswegen sich erneut ein komplementierender Blick auf die Grundlagenforschung lohnt (siehe ebenfalls Abschnitt 6). Hier haben nanowissenschaftliche Fachbeiträge rein zahlenmäßig die IKT bereits mit Anbruch des neuen Jahrtausends überholt. Der Trend weist auf ungebrochenes Forschungspotenzial hin, was in Anbetracht der

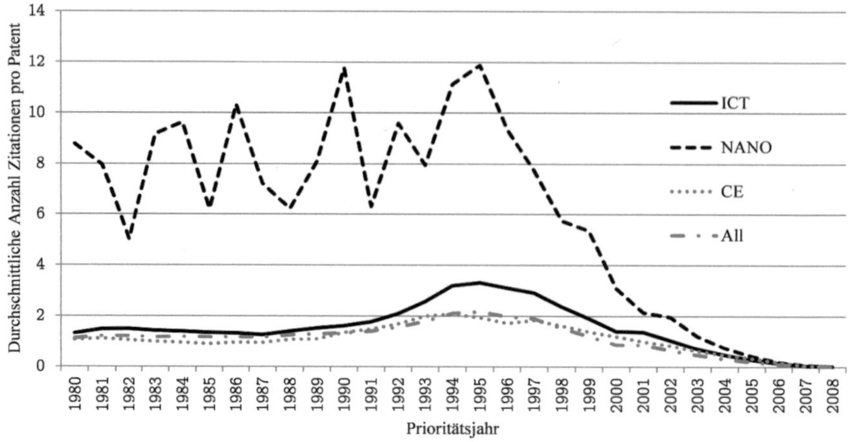

Abbildung 7.6: Durchschnittliche Anzahlen an Vorwärts-Zitationen pro Patent (weltweit) im Betrachtungszeitraum, basierend auf eigenen Berechnungen.

nachlaufenden Anwendungsentwicklung der Patente fortwährende Perspektiven verspricht. Eine nahende Abschwächung scheint in Anbetracht der Beobachtungen auch mittel- bis langfristig nicht zu erwarten.

Vorwärts-Zitationsraten

Fortlaufende technologische Verbesserungen und Erweiterungen, wie sie von Querschnittstechnologien langfristig zu erwarten sind, manifestieren sich auf Patentierungsebene als beobachtbare Zitationsfolgen (Schultz und Joutz, 2010). Nanopatente sollten daher entsprechend der 2. Hypothese gerade auf Basis ihres jungen Entwicklungsstands hohe Vorwärts-Zitationsraten aufweisen – zumindest bis ein Einbruch der Werte auf Basis natürlicher Zitations-Lags erfolgt[223]. Das Gleiche sollte für wissenschaftliche Publikationen gelten.

Tatsächlich fallen die gefundenen durchschnittlichen Zitationsanzahlen für Nanopatente merklich höher aus als für die beiden Benchmark-Technologien, wie Abbildung 7.6 zeigt. Die geringe absolute Zahl der nanotechnologischen Patentbasis verstärkt den Effekt zusätzlich. Dass der Kern dieser Patente vornehmlich außerhalb Europas verortet zu sein scheint, zeigen die Untersuchungen des EU27-Samples in Anhang B.6. Hier fallen die Zitationsraten deutlich geringer aus und zeigen keinen signifikanten Abstand zu den Benchmarkergebnissen.

Europäische Fachpublikationen offenbaren wiederum sehr hohe Nanozitationsraten, wie Abbildung 7.7 zeigt.[224] Dabei sind die deutlichen Abstände in beiden dargestellten Abbildungen erneut

[223] Für Vorwärtszitate ermitteln Hall und Trajtenberg (2004, S. 25) eine Häufigkeitsverteilung von Zitationszeitpunkten. Es zeigt sich, dass mehrere Jahre vergehen, bevor ein Patent mit einer gewissen Wahrscheinlichkeit zitiert wird. Hierzu addiert sich die Zeitspanne, bis das zitierende Patent in die Datenbank aufgenommen wird. Daher konvergieren die Zitationsraten für alle betrachteten Technologien ca. fünf bis zehn Jahre vor Ende des Untersuchungszeitraums zunehmend gegen null. Für die bisher betrachteten zitatbasierten Indikatoren – Generality und Kohärenz – bedeutet dies jedoch nur eine geringere Datenbasis.

[224] Datenbankbedingte Restriktionen im Thomson ISI *Web of Science* erschweren die Analyse eines ganzheitlichen Welt-Datensatzes, weswegen für den fraglichen Publikations-Indikator nur EU27-Ergebnisse vorliegen.

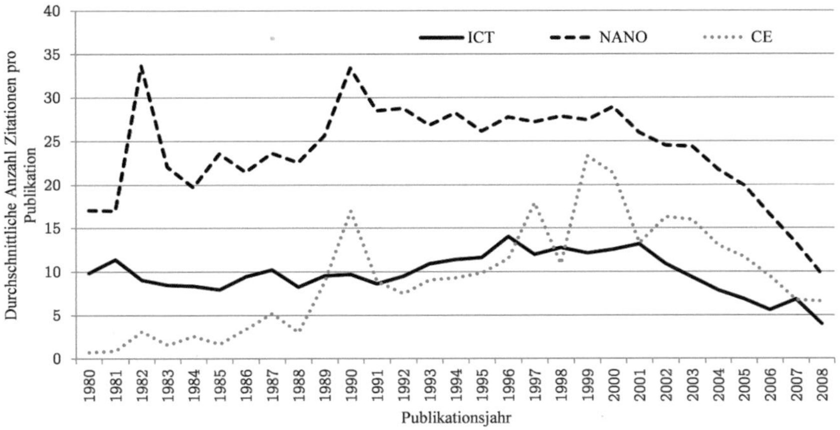

Abbildung 7.7: Durchschnittliche Anzahlen an Vorwärts-Zitationen pro Publikation (europaweit) im Betrachtungszeitraum, basierend auf eigenen Berechnungen.

statistisch signifikant, wie t-Tests belegen (vergleiche wiederum Anhang B.6). Nanotechnologische Forschungsergebnisse wurden also im Durchschnitt im Untersuchungszeitraum signifikant häufiger aufgegriffen als Ergebnisse in den Benchmarktechnologien.

7.2.4 Ergebnisse zu Komplementärinnovationen (H3)

Diffusion in der Gesamtwirtschaft

Für die Nanotechnologie lassen sich inzwischen unzählige Komplementärinnovationen benennen, die ihre Verkörperung in vollständigen Wertschöpfungsketten erfahren (vergleiche Abschnitt 2.2). Neben der anekdotischen Evidenz durch nanoskalige Strukturen wie CNTs, die bereits in Komponenten wie Transistoren und Displays Verwendung finden sowie final in Computern und Unterhaltungselektronik verbaut werden (siehe beispielsweise Youtie et al., 2008 und Lux Research, 2006), kann als quantitativ-statistischer Indikator ein zunehmender Anteil von Nanoinnovationen an der Gesamtpatentaktivität für die Fähigkeit zum Anstoß komplementärer Forschungsaktivitäten verwendet werden. Im Ergebnis zeigen sich ähnliche Trends wie für die Diffusionsrate des Top25-Samples, die als Verbreitungsmaß verwendet wurde. Die zugehörigen Analysen finden sich in Anhang B.6.

Klassenwachstum technologischer Felder

Sofern Hypothese 3 zutrifft, sollten jene Technologieklassen, die Nanopatente-zitierende Patente beherbergen, besonders hohe Wachstumsraten zeigen. Gemäß Hall und Trajtenberg (2006) sollte also die Anzahl komplementärer Innovationen ihre relative Größe messbar positiv beeinflussen. Das Gleiche sollte für *Subject Areas*, also Fachbereiche wissenschaftlicher Publikationen gültig sein.

Für die Untersuchungen in Kreuchauff und Teichert (2013) wurden zehn IPC4-Patentklassen jeder Technologie gemäß ihrer Zitationsanzahlen gewählt sowie zehn *Subject Areas* basierend auf einem speziellen Bewertungsschema, das den jeweils Top25 zitierten Publikationen und deren

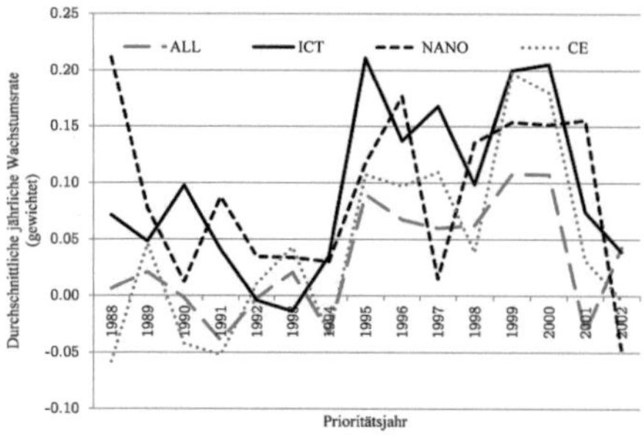

(a) Vergleich aller Technologien

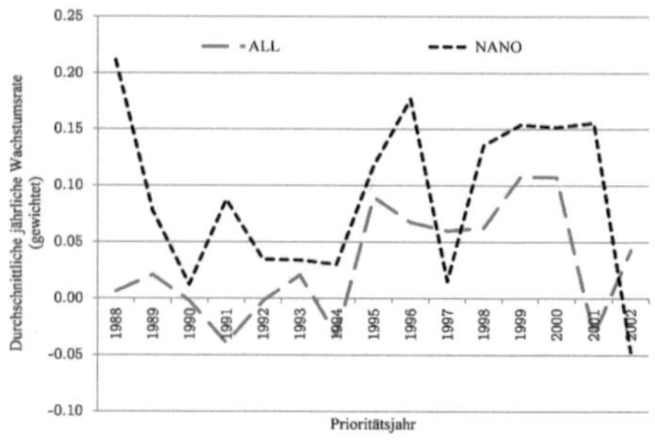

(b) Vergleich Nanoklassen vs. alle Klassen

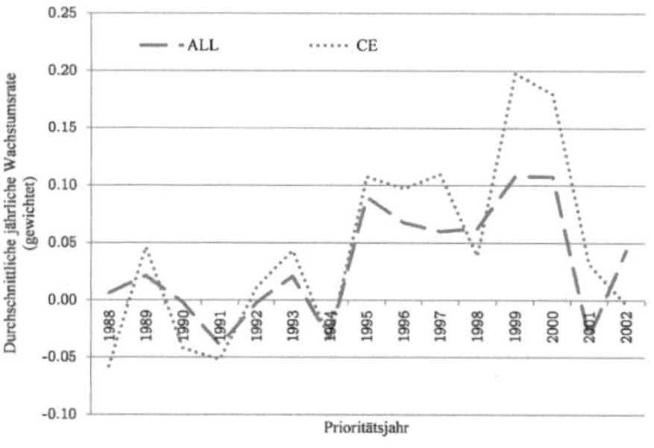

(c) Vergleich CE-Klassen vs. alle Klassen

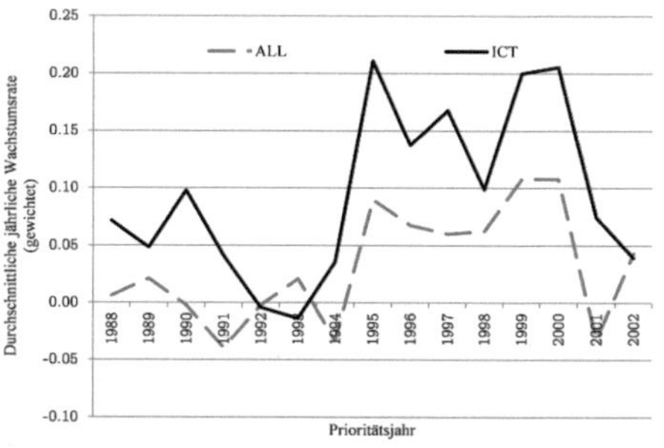

(d) Vergleich IKT-Klassen vs. alle Klassen

Abbildung 7.8: Weltweite durchschnittliche Wachstumsraten der Top10-Klassen (IPC4) für Nano-, IKT- und CE-Patente, basierend auf eigenen Berechnungen.

Zitationsauftreten in diesen Fachbereichen Rechnung trug.[225] Die gewählten Patentklassen und Fachbereiche finden sich in Anhang B.6. In Abbildung 7.8, die das durchschnittliche Wachstum der so gewonnenen Patentklassen zeigt, wurden nur Werte nach 1988 berücksichtigt. Da die Nanotechnologie erst ab ca. 1980 in Erscheinung trat, existierten zuvor nur sehr wenige Klassen, für die ein entsprechend hohes Wachstum zum irreführenden Eindruck beitragen könnte, der Trend der Entwicklung sei negativ und das durchschnittliche Klassenwachstum von Nano-zitierenden Klassen habe insgesamt abgenommen.[226]

[225] Für diesen Indikator wurden keine europäischen Werte erfasst. Sowohl die Einschränkung auf europäische Patente mit weltweiten Zitationen als auch auf weltweite Patente mit ausschließlich europäischen Zitationen hätte Fehlinterpretationen wahrscheinlich gemacht. Es kann außerdem angenommen werden, dass mit rein europäischen Patenten sowie mit rein europäischen Patentzitationen kaum zusätzlicher Informationsgehalt verbunden sein würde. Selbst wenn, wäre die Erfassung jedoch mit einem unverhältnismäßigen Aufwand verbunden. Das Gleiche gilt analog für Publikationen.

[226] Ein weiterer Schnitt erfolgte nach 2002, zumal aufgrund der insgesamt abnehmenden Zitationsraten (vgl. Abbildung 7.6) der Klassenwachstums-Indikator weit weniger aufschlussreich wird. Hoch- und Spitzentechnologien, zu denen alle betrachteten Technologien, also insbesondere auch die Benchmark-Technologien gehören, dürfen allgemein als hochgradig komplex bezeichnet werden, weswegen Folgeinnovationen respektive Zitationen Zeit beanspruchen. Eine Darstellung des weiteren Verlaufs – obwohl abbildbar mit den vorhandenen Daten – würde daher schon alleine bei der Klassenwahl eine zunehmende Verzerrung bedeuten. Im Zeitverlauf werden gegebenenfalls andere Klassen ausdrucksstärker hinsichtlich ihres (über-)durchschnittlichen Wachstums. Eine periodische Neuwahl der Klassen würde jedoch keine Vergleichbarkeit mehr gewährleisten.

Der Vergleich des durchschnittlichen Klassenwachstums von Nanotechnologie-zitierenden Klassen und IKT-zitierenden Klassen jeweils mit dem durchschnittlichen Wachstum aller Klassen in den Abbildungen 7.8(b) beziehungsweise 7.8(d) zeigt deutlich den erwarteten Querschnittscharakter. Fast ohne Ausnahme (1997 Nano, 1993 IKT) kann ein überdurchschnittliches Klassenwachstum beobachtet und damit ein starker Anstoß von Komplementärinnovationen abgeleitet werden, auch wenn dieser nur für die IKT statistisch signifikant ausfällt (vergleiche erneut Anhang B.6 für zugehörige t-Test-Statistiken). Darüber hinaus zeigt zwar auch der untere Benchmark, CE, zumeist ein solch überdurchschnittliches Wachstum, dies ist jedoch auf Basis folgender Überlegung kaum überraschend. Der Verbrennungsmotor ist zwar nach dem hiesigen Verständnis eine Single-Purpose-Technologie, seine Fähigkeit komplementäre Folgeinnovationen – innerhalb einer vergleichsweise geringeren Anzahl Sektoren – anzustoßen, kann dessen jedoch ungeachtet überdurchschnittlich sein.

Für das unterstützende Daten-Set der wissenschaftlichen Publikationen lässt sich hingegen weder bezüglich der anerkannten Querschnittstechnologie IKT noch für den Nachfolgekandidaten Nano ein signifikant überdurchschnittliches Klassenwachstum nachweisen. Die zugehörige grafische Auswertung findet sich in Anhang B.6 in Abbildung B.11. Warum dem so ist, bleibt offen. Auch die Auswahl der zugrunde liegenden Top10-Fachbereiche mag einen Einfluss haben, weswegen eine Anpassung in zukünftigen Arbeiten angezeigt scheint.

Ergebnisübersicht

Tabelle 7.2 fasst die Hypothesen, die verwendeten Indikatoren und die korrespondierenden Ergebnisse der vorangestellten Untersuchungen zusammen. Die Bewertungen der Support-Spalte sind ordinalskaliert (stark > medium > schwach) und reflektieren zum einen die Ergebnisse unserer t-Test-Statistiken hinsichtlich der visualisierten Abstände bestimmter Indikatordurchschnittswerte (Generality, Kohärenz, Vorwärtszitationen, Klassenwachstum) zwischen den betrachteten Technologien. Zum anderen fußen sie auf der qualitativen Bewertung von Niveau und Trend der Indikatoren (Anzahlen, Diffusionsraten). Die Beurteilung der Nanotechnologie in Bezug auf die drei QT-Eigenschaften – Verbreitung/Durchdringung, technologische Dynamik sowie Anstoß von Komplementärinnovationen – hängt letzten Endes immer vom Vergleich mit den gewählten Benchmark-Technologien ab. Die verwendeten Indikatoren erlangen erst durch eine entsprechende Relativierung innerhalb des so geschaffenen Ergebniskorridors Aussagekraft.

Tabelle 7.2: Überblick über die Ergebnisse mit Stärke des Supports der Hypothesen.

Hypothese	Indikator	Ergebnis der Nanotechnologie	Support
H1 Durchdringung	(i) Diffusion TOP25	PAT: weit unter IKT & CE, pos. Trend	schwach
		PUB: über IKT und CE	stark
	(ii) Generality	Nano zwischen IKT und CE	stark
	(iii) Technological Coherence	Nano und IKT weit unter CE	stark
H2 Technologische Dynamik	(i) Zunahme Nanoinnovationen	PAT: weit unter IKT & CE, pos. Trend	medium
		PUB: weit über CE, über IKT	stark
	(ii) Vorwärts-Zitationen	PAT: weit über IKT, CE und gesamt (W)	stark
		PUB: weit über IKT und CE (EU27)	stark
H3 Komplementärinnovation	(i) Diffusion	PAT: weit unter IKT, Trend zu. CE (W)	medium
		PUB: weit über CE, IKT übertreffend (EU27)	stark
	(ii) Wachstum zitierender Klassen	PAT: über Durchschn., gleichlaufend IKT	stark
		PUB: durchschn., unter IKT, gleich CE	schwach

7.2.5 Schlussfolgerungen

Zur Identifikation von Querschnittstechnologien werden insbesondere die drei Hauptcharakteristika nach Bresnahan und Trajtenberg (1995) verwendet: die (zunehmende) sektorale Verbreitung, eine hohe technologische Dynamik und die Fähigkeit zur Erzeugung komplementärer Innovationen in den verschiedensten Anwendungsbereichen. Unser Beitrag besteht einerseits in der Konsolidierung bisheriger unsystematisierter Arbeiten und andererseits in den folgenden drei Erweiterungen:

So wurde erstens der zugrunde liegende Datensatz auf wissenschaftliche Publikationen ausgedehnt, um neben kommerzialisierbaren Anwendungen auch die Grundlagenforschung abzubilden. Darüber hinaus bildete die EU27 als zuvor nicht betrachtete Region ein neues institutionales Setting. Abschließend lag der größte Beitrag in der Einführung eines neuen Indikators, der als technologische Kohärenz eines Patentportfolios die Schwächen des Generality-Index hinsichtlich verwandter Klassen überwinden sollte. Mit der IKT als oberer und dem Verbrennungsmotor als unterer Benchmark-Technologie wurde ein Ergebniskorridor systematisiert.

Die Ergebnisse lassen den Schluss zu, dass sich die Nanotechnologie entsprechend den Erwartungen der Forschungsliteratur als Querschnittstechnologie entwickelt. Es bleibt jedoch naturgemäß unklar, ob sie ein annähernd vergleichbares ökonomisches Potenzial wie die IKT birgt.

Mögliche zukünftige Erweiterungen ergeben sich im Hinblick auf die Einbeziehung von F&E-Aufwendungen, um Patente als Inputindikator durch direkte Maße zu komplementieren. Dies würde insbesondere Einsichten in die Struktur der Anreize und deren Interdependenzen auf Mikro-Ebene verbessern.[227] Vor allem die von Bresnahan und Trajtenberg (1995) beschriebenen wechselseitigen innovatorischen Komplementaritäten rücken damit in den Fokus. Einen ersten Ansatz zu deren Messung bildet der folgende Abschnitt, der darüber hinaus einen Beitrag zur Abgrenzung von dynamischen Externalitäten darstellt. Final könnte in absehbarer Zukunft eine wachsende Anzahl von kommerzialisierten Nano-Endprodukten die Möglichkeit eröffnen, die Wertschöpfungsleistung solcher Nano-Güter zu prüfen.[228]

7.3 Innovatorische Komplementaritäten

Fagerberg (1996) betont, dass technologische Wissensspillover mindestens ebenso wichtig für die Entwicklung moderner Ökonomien sind wie die direkten Effekte technischer Forschung.[229] Dies verursacht Unterinvestitionen in F&E und betont die Notwendigkeit öffentlicher Subventionen. Der folgende Abschnitt soll die Frage erörtern, inwiefern die in Abschnitt 3.1 eingeführten innovatorischen Komplementaritäten als Auslöser solcher Spillover einer empirischen Indikatorik

[227] Diese und die Erweiterung auf Landesdaten sollten auch die politische Diskussion um emergente Querschnittstechnologien bereichern, insbesondere im Hinblick auf die Legitimation von übernationalen Staatseingriffen auf Basis der in Abschnitt 3.1 diskutierten Externalitäten. Die dann mögliche Abbildung globalisierter Wertschöpfungsprozesse könnte internationale Koordinationsmängel aufzeigen.

[228] Diese Wertschöpfungsleistung sollte sich in geringen Preiselastizitäten sowie hohen Einkommenselastizitäten der Nachfrage manifestieren (Siemon, 2007, S. 452).

[229] Ein *direkter* Effekt des technischen Fortschritts wäre beispielsweise die durch eine Kostenreduktion bedingte Preissenkung eines Gutes – mit entsprechenden Nachfrageänderungen für andere Güter entsprechend dem Hicks'schen mikroökonomischem Kalkül. Technologien wie Computerkomponenten, die miteinander innerhalb eines ganzheitlichen Systems kooperieren, verhalten sich dabei typischerweise wie Nettosubstitute. Der Substitutionseffekt ist jedoch hinreichend klein, um vom Einkommenseffekt einer innovationsbedingten Preissenkung überwogen zu werden, was die Technologien zu Bruttokomplementen macht (Lipsey et al., 1998b).

unterworfen werden können. Zunächst wäre damit die Möglichkeit gegeben, das Instrumentarium der QT-Identifikatoren um eines der wichtigsten QT-Charakteristika zu erweitern. Langfristiges Ziel muss es darüber hinaus sein, Aussagen über das Ausmaß der gesamtwirtschaftlich relevanten Skaleneffekte des technischen Fortschritts treffen zu können.

Mit Blick auf diese beiden Ziele ist dieser Abschnitt wie folgt gegliedert: Zunächst bedarf es einer Abgrenzung der Begrifflichkeiten Externalitäten, Spillover und Komplementaritäten. Die hierbei verwendeten grundlegenden Konzeptionen innovatorischer Komplementarität sind Bresnahan und Trajtenberg (1995) und Carlaw und Lipsey (2002) entlehnt. Als Ausgangspunkt der Zusammenführung dient die Überführung der QT-typischen Marktstruktur in ein abstraktes Innovationsnetzwerk.

Im zweiten Schritt wird die Messbarkeit der innovatorischen Komplementaritäten diskutiert. Sodann wird auf Basis der Vorüberlegungen ein erster methodischer Ansatz vorgestellt. Der Ergebnisdiskussion schließt sich eine kritische Würdigung an, die zur Weiterentwicklung der Indikatorik im Hinblick auf das kontinuierliche Spektrum des Basisbezugs einer technologischen Entwicklung rät – von übergeordneter Bedeutsamkeit bis zu so speziellen Applikationen, dass keine nachgelagerte Anwendung auf diesen aufbaut.

Die QT-Marktstruktur als Innovationsnetzwerk

Abbildung 7.9 zeigt erneut die charakteristische Querschnittstechnologie-Marktstruktur von Bresnahan und Trajtenberg (1995). Die Abbildung ist um zusätzliche Anwendungsstufen erweitert, die eine zunehmende sektorale Verbreitung und Durchdringung symbolisieren. Die durchgezogenen Verbindungslinien, die stets zwischen vertikal verbundenen Innovatoren bestehen, visualisieren weiterhin die wechselseitige Komplementarität derer Forschungstätigkeiten. Exemplarisch gezogene gepunktete Linien zeigen daneben potenzielle Komplementaritäten an, die auch zwischen verschiedenen Innovationsebenen bestehen können.

Die gestrichelten Linien zwischen den Anwendungssektoren weisen, wie in Abschnitt 3.1 erörtert, auf eine zusätzliche positive Externalität hin, die jedoch keinen technologischen Wissensspillovern geschuldet ist.[230] Insofern wird sie innerhalb der folgenden Überlegungen ausgeklammert.

Im Licht dieser Marktstruktur sind alle in diesem Abschnitt besprochenen Wissensspillover und die gegebenenfalls – aber nicht notwendigerweise, wie die folgenden Ausführungen darlegen werden – resultierenden dynamischen Externalitäten stets vertikaler Art. Dies führt in der Konsequenz dazu, dass eine stilisierte Stufenstruktur mit distinkten Wertschöpfungsebenen obsolet wird, wenn technologische Abhängigkeiten zwischen Anwendungssektoren die strikte Sequenzialität in Wertschöpfungs- und korrespondierenden Innovationsnetzwerken aufheben.[231] Das langfristige Forschungsziel, das Ausmaß innovatorischer Komplementaritäten empirisch abzubilden, muss diesen Überlegungen Rechnung tragen. Abbildung 7.10 stellt eine hierzu stilisierte Netzwerkstruktur dar. Sie fungiert als Ausgangspunkt der weiteren Überlegungen.

---

230 Die horizontale Externalität zwischen den Anwendungssektoren hängt direkt mit der Querschnittseigenschaft der Technologie zusammen. Für den Basistechnologiesektor bedeuten mehr Applikationssektoren mehr Nachfrage, die wiederum höhere Investitionen in die Querschnittstechnologieforschung nach sich zieht. Die Weiterentwicklung des Technologieniveaus wirkt sich positiv auf die Profite der Anwendungssektoren aus, sodass indirekt jeder Anwendungssektor von der Existenz weiterer Applikationen der Basistechnologie profitiert.

231 Insofern ist auch die Begrifflichkeit des *Anwendungs*sektors zumindest diskutabel. Die Beschränkung auf einen generellen *technologisch aktiven Akteur* (oder *Sektor*) wäre semantisch korrekt und konsequent. Aus Konsistenzgründen wird auf diese Umdeklaration aber verzichtet.

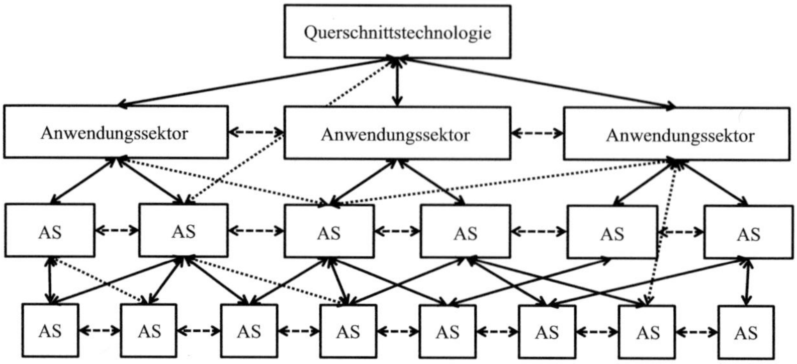

Abbildung 7.9: Erweiterte Querschnittstechnologie-Industriestruktur auf Basis von Bresnahan und Trajtenberg (1995, S. 87) und Ott und Papilloud (2006, S. 6), vgl. Abbildungen 3.1 und 3.2.

Die Industriestruktur der Abbildung 7.10 ähnelt nicht zufällig der Darstellung von Wissensbasen in Abbildung 5.20 (vergleiche Abschnitt 5.2.2). Zwar zeigt erstgenannte verschiedene Innovationsakteure, während letztere abstrakte Wissensbausteine visualisiert. Eine zunehmende Entfernung vom jeweiligen Zentrum schematisiert aber in beiden Fällen einen zunehmenden Anwendungsbezug. Konsequenterweise wurde in der letzteren Darstellung der Wissensbasen die GPP-Menge zwar zentral, aber nicht als Teil der jeweiligen Technologie dargestellt (aufgrund der strikten konzeptuellen Trennung von technologiespezifischem Wissen und fundamentalen Konzepten).[232]

7.3.1 Externalitäten, Spillover und Komplementaritäten

Wir folgen zunächst der erweiterten Definition (positiver) externer Effekte[233] des technologischen Wandels von Carlaw und Lipsey (2002):

Definition 7.1 (Externalitäten). *„Externalities are unpaid for effects conferred by the* continuing *and* potentially variable *actions of one set of agents (who we call 'initiating agents') on another set of agents (who we call 'receiving agents') who are not involved in the initiating agent's activity, and for which the receiving agents would be willing to pay."* (Carlaw und Lipsey, 2002, S. 1306)

232 Bei der hiesigen Darstellung der Marktstruktur wurde auf eine GPP-Visualisierung dagegen verzichtet, zumal prinzipiell jeder Akteur über fundamentales GPP-Wissen verfügen kann – entsprechend der Nicht-Rivalität und nur bedingten Ausschließbarkeit dieses Wissens.

233 Wenn ökonomische Aktionen Auswirkungen auf unbeteiligte Marktakteure haben und von diesen unkompensiert bleiben, spricht man von externen Effekten. Diese Standarddefinition zielt demnach alleinig auf die konstituierende Eigenschaft der Nichtkompensation ab.

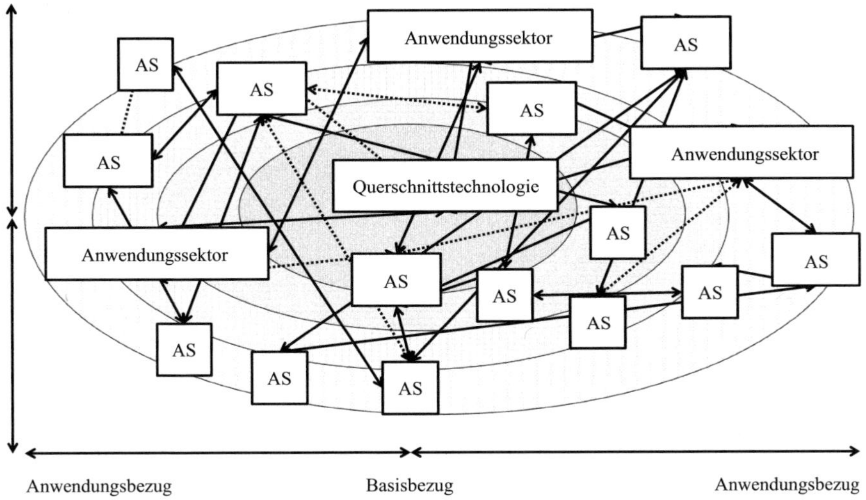

Abbildung 7.10: Querschnittstechnologie-Industriestruktur innerhalb komplexer Wertschöpfungsnetze ohne strikte Sequenzialität. Vgl. Abbildungen 3.1, 3.2 und 7.9. Quelle: Eigene Darstellung.

Im Folgenden wird zu unterscheiden sein zwischen statischen und dynamischen Externalitäten als jeweilige Untermengen aller Externalitäten sowie zwischen technologischen Komplementaritäten, die dynamische Externalitäten zur Folge haben können, aber nicht zwingend müssen, gleichwohl sie mit Spillovern einhergehen. Abbildung 7.11 visualisiert die folgenden Differenzierungen.

Statische Externalitäten

Entscheidend für die Abgrenzung als *statische* Externalität ist die Beschränkung auf diskrete Gleichgewichtsmodelle in einer *Arrow-Debreu*-Welt (Arrow, 1964), in der alle – auch zukünftig erst zu produzierenden – Wirtschaftsgüter zu einem bestimmten initialen Zeitpunkt einmalig und abschließend gehandelt werden. Dies setzt konstante Präferenzen und Technologien voraus. Die konstituierenden Eigenschaften des Andauerns (*continuing*) und der Veränderlichkeit (*potentially variable*) der auslösenden Aktionen bestehen dabei ebenso wie die generelle Bereitschaft der profitierenden Akteure, Kompensationsleistungen zu erbringen. Steigert beispielsweise ein höherer Anteil von Beschäftigten mit hoher Qualifikation die Produktivität, führt dies gleichermaßen zum Lohnanstieg für alle Beschäftigten (Moretti, 2004). In Abgrenzung zu allen anderen Fällen liegt dann kein *technologischer Wissens-*, wohl aber ein Spillover-Effekt im generellen Sinn vor.

Dynamische Externalitäten als Folge technologischer Komplementaritäten

Konstituierend für den dynamischen Charakter ist der Einfluss fortdauernder Aktionen der initiierenden Akteure auf den *Technologie*wert unbeteiligter Marktteilnehmer oder deren Möglichkeiten *technischen* Fortschritts, für den diese prinzipiell zu Kompensationsleistungen bereit wären. Voraussetzung ist darüber hinaus implizit die Pfadabhängigkeit technologischen Fortschritts. Jede Innovation erfordert einen vorangegangenen Fortschrittsprozess, entsteht also nicht singulär und unabhängig. Weiterhin muss jeder – auch inkrementelle – Fortschritt variabel in seiner

Anwendung und damit nicht akteursspezifisch sein. Abschließend muss der technologische Wissensgewinn nichtrivale Züge tragen, sodass die resultierenden Renten nicht vollständig vom initiierenden Akteur, dessen Aktionen fortlaufend anpassbar sind, abgeschöpft werden können.

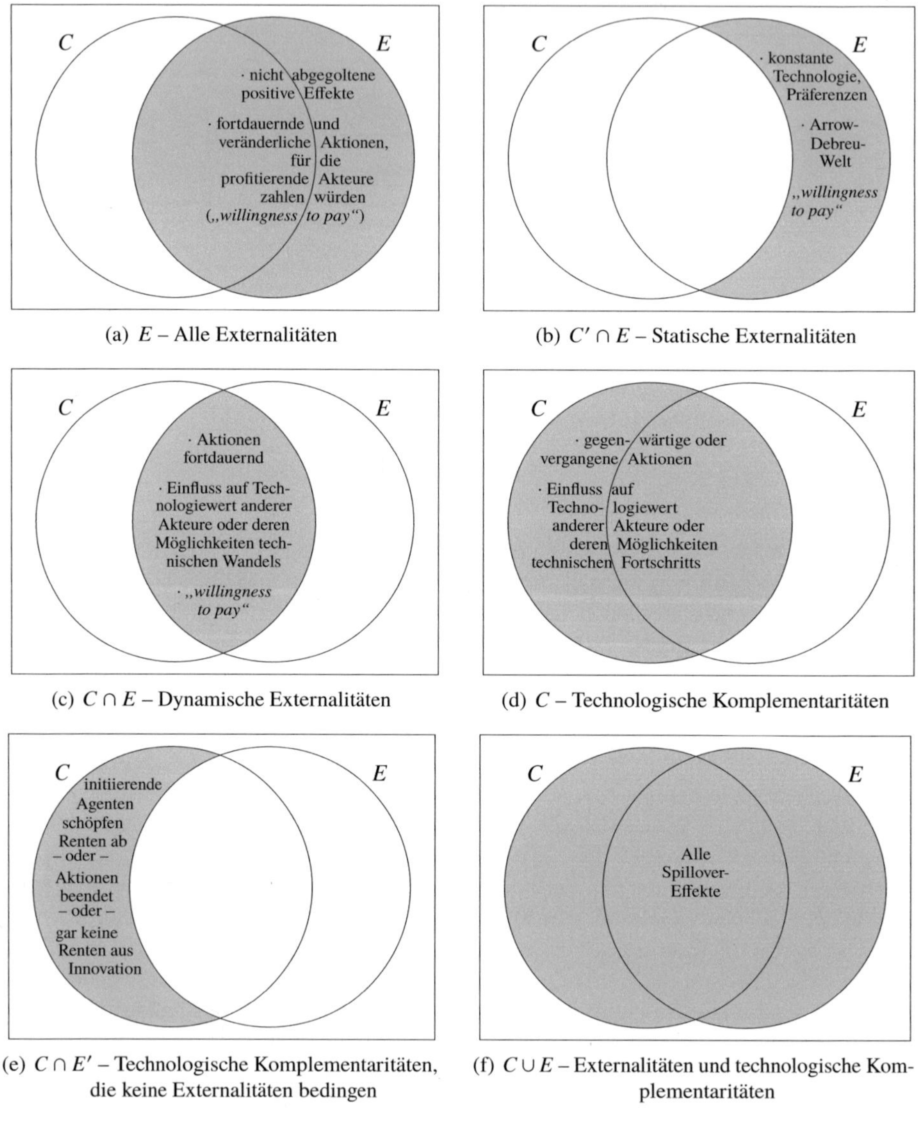

(a) E – Alle Externalitäten

(b) $C' \cap E$ – Statische Externalitäten

(c) $C \cap E$ – Dynamische Externalitäten

(d) C – Technologische Komplementaritäten

(e) $C \cap E'$ – Technologische Komplementaritäten, die keine Externalitäten bedingen

(f) $C \cup E$ – Externalitäten und technologische Komplementaritäten

Abbildung 7.11: Externalitäten und technologische Komplementaritäten als nicht-disjunkte Untermengen aller Folgen von Spillover-Effekten. Nach Carlaw und Lipsey (2002), eigene Darstellung.

Technologische Komplementaritäten, die keine Externalitäten verursachen

Eine technologische Komplementarität kann auch dann vorliegen, wenn sich keine dynamische Externalität ergibt. Dies ist zum Beispiel der Fall, wenn die Aktionen des initiierenden Agenten abgeschlossen sind. Im Hinblick auf die Definition von Carlaw und Lipsey (2002) wären sie demnach weder fortdauernd (*continuing*) noch nachträglich veränderlich (*potentially variable*). Für Forschung unabdingbare Voraussetzungen basieren immer auch auf Aktionen, also vor allem auf Forschungsaktivitäten, die bereits sehr lange zurückliegen.

So bedingt beispielsweise die Entdeckung und Nutzbarmachung der Elektrizität 150 Jahre nach Formulierung der Maxwell-Gleichungen und erster technologischer Anwendungen selbst modernste Nanotechniken. Solch extrem langfristige Einflüsse stellen zwar Wissensübertragungen und damit Spillover-Effekte dar, sind jedoch keine Externalität im Sinne der hiesigen Definition.

Ebenfalls keine Externalität bedingen all jene innovatorischen Komplementaritäten, deren Profitwirkungen vollständig abschöpfbar durch initiierende Agenten sind. In diesem Fall wären jene Akteure, die von den neuen Möglichkeiten potenziell Gebrauch machen können (*receiving agents*) nicht bereit, für diese zusätzlichen Möglichkeiten zu zahlen. Es entsteht kein externer Effekt, obwohl ein (Wissens-)Spillover stattgefunden hat. Insgesamt *ermöglichen* innovatorische Komplementaritäten zwar vielfältige technologische Fortschrittsprozesse, führen aber nicht zwingend zu dynamischen Externalitäten. Sie bestehen generell immer dann, wenn gegenwärtige oder vergangene Aktionen initiierender Akteure direkt den Wert existierender Technologien oder indirekt die Möglichkeiten zu technologischem Fortschritt jeweils anderer Akteure beeinflussen (Carlaw und Lipsey, 2002).

Innovatorische versus technologische Komplementaritäten

Bresnahan und Trajtenberg (1995) verwenden das Konzept technologischer Komplementaritäten innerhalb einer spezifischen Querschnittstechnologie-Industriestruktur. Forschung und Entwicklung verursacht dort immer eine vertikale Externalität zwischen Grundlagen- und Anwendungssektoren. Diese reflektiert die Unmöglichkeit, die durch eigene Forschungsfortschritte ermöglichten Profite des wechselseitig nachgelagerten Sektors ebenfalls abschöpfen zu können. Jedwede marktbedingte Preisbildungsregel führt in diesem Fall zu beidseitig unzureichenden Innovationsanreizen im Hinblick auf das pareto-optimale Wohlfahrtsergebnis eines benevolenten sozialen Planers (vergleiche Abschnitt 3.1).

Bresnahan und Trajtenberg (1995) sprechen dabei konsequent von *innovatorischen* statt von *technologischen* Komplementaritäten. Technologiespezifische Fortschritte bilden damit implizit eine Untermenge aller Innovationen. Fasst man das von Bresnahan und Trajtenberg (1995) gewählte Querschnittstechnologiebeispiel der Halbleiterindustrie etwas weiter und umschließt die gesamte IKT, wird der Sinn dieser breiteren Definition offensichtlich: Neben technologischen Produkt- und Prozessinnovationen haben auch Dienstleistungsinnovationen (Beispiel: Supportdienste) sowie organisationale Neuerungen (Beispiel: Heimarbeit) einen großen Anteil an Wachstumsprozessen. Die letztgenannten sind aber nicht zwingend technologiespezifisch, sondern können ebenso fundamentaler Art und damit für andere techno-ökonomische Paradigmen ebenso produktivitätssteigernd sein.

Dies entspricht wiederum dem (modifizierten) Konzept der SE-Wirtschaftsstruktur des Abschnitts 2.1.3, innerhalb dessen technologiespezifischer Anwendungsbezug und fundamentaler GPP-Bezug – im Sinne der in Abschnitt 5.2.2 eingeführten General Purpose Principals – das Spektrum des ganzheitlichen Wissens darstellen.

General Purpose Principles und innovatorische Komplementaritäten

Wie zu Beginn des Abschnitts angerissen, stehen im Zentrum jeder technologiespezifischen Untermenge des ökonomisch relevanten Gesamtwissens immer dieselben fundamentalen Konzepte. Die Menge aller GPPs bildet damit stets technologieübergreifend den Mittelpunkt der in Abbildung 5.20 visualisierten Wissensbasen.[234]

Als nicht-technologiespezifische Wissensgüter zeigen GPPs die folgenden Eigenschaften:

- Ihre Erforschung kann – und wird in vielen Fällen – Einfluss haben auf Technologie-Wertentwicklung unbeteiligter Akteure oder deren Möglichkeiten technischen Fortschritts.
- Sie haben potenziell nicht kompensierte positive externe Effekte zur Folge.
- Profitierende Akteure wären eventuell – sind aber nicht notwendigerweise – gewillt, für das fundamentale Konzeptwissen zu zahlen.
- Die wissenschaftlich erzeugende Aktion kann bereits lange abgeschlossen sein, ebenso aber andauern. Denkbar sind auch Wissenszuwächse, die (noch) gar keine Innovationsrenten verursachen.

Einzig den Annahmen konstanter Technologien und Präferenzen, also den Voraussetzungen eines Arrow-Debreu-Gleichgewichtsmodells, kann im Kontext der *General Purpose Principles* nicht entsprochen werden. Jedoch erfüllen GPPs alle Voraussetzungen, um *innovatorische* Komplementaritäten und im Speziellen dynamische Externalitäten zu bedingen. Der dynamische Charakter zumindest teilweise öffentlicher GPP-Güter beinhaltet in diesem Fall asymmetrische Information und Unsicherheit über zukünftige Wissenszuwächse. Darüber hinaus kann der Austausch von hinreichend komplexem Grundlagenwissen hohe Transaktionskosten erzeugen. Folglich kann davon ausgegangen werden, dass keine dem Coase-Theorem (Coase, 1960) entsprechende pareto-effiziente Ressourcenallokation als Marktlösung realisiert werden kann. Hieraus ergibt sich die Legitimation staatlicher Erzeugung und Verbreitung von GPPs.

GPPs betonen, in Abgrenzung zu *technologischen* Komplementaritäten, damit auch einen (querschnitts-)technologieübergreifenden Charakter. Als Fundamentalprinzipien des Wissens bilden sie deshalb eine wichtige Grundlage für das Verständnis von Technologieübergängen, wie sie die modelltheoretischen Ausführungen des Abschnitts 5.2.2 formal dargelegt haben.

7.3.2 Zur Messbarkeit innovatorischer Komplementaritäten

Die wechselseitigen Komplementaritäten pfadabhängiger Fortentwicklung sind der Ursprung der innovatorischen Dynamik und des technischen Fortschritts. Sie bilden damit neben der sektoralen Verbreitung die wichtigste Eigenschaft von Querschnittstechnologien ab.

---

[234] Deswegen muss die Idee eines *technologischen* oder *techno-ökonomischen* Wandels immer auch die nicht-applikationstechnologischen Aspekte, die einen gesamtwirtschaftlichen Wachstumsbeitrag erbringen, berücksichtigen. Konsequenterweise müssen Begrifflichkeiten der Informations*technologien*, der Kommunikations*technologien* oder der Nano*technologien* im Kontext der Wachstumsforschung immer auch Informations*wissenschaften*, Kommunikations*wissenschaften* und Nano*wissenschaften* einschließen, sobald deren Einflüsse konzeptimmanent sind. Konsequenterweise wurde auch die Definition der Nanotechnologie in Abschnitt 2.2 entsprechend gewählt.

Trotzdem ist bislang keine geeignete Indikatorik erdacht worden, um das Ausmaß dieser Komplementarität zumindest qualitativ-vergleichend zu operationalisieren.[235] Die folgenden Ergebnisse wurden auszugsweise in Teichert (2012) veröffentlicht.[236]

Anekdotische Evidenz für ein hohes Maß an innovatorischer Komplementarität speziell innerhalb der nanotechnologischen Entwicklung lässt sich beispielsweise anhand der Mikroskopie aufzeigen. Wie Abschnitt 2.2.1 zu den technischen Grundlagen erläuterte, wäre ohne die Entwicklung des Rastertunnel- und Rasterkraftmikroskops in den 1980er-Jahren die Visualisierung und gezielte Manipulation nanoskaliger Strukturen und Systeme undenkbar. Inzwischen kann die moderne Mikroskopie selbst als Anwendungssektor der Nanotechnologie gesehen werden (Palmberg und Nikulainen, 2006b; Youtie et al., 2008).

Noch schwerer mag die Komplementarität zur IKT als techno-ökonomisches Vorläuferregime wiegen. Die Entwicklung der Mikro- zur Nanoelektronik wurde bereits thematisiert (vergleiche erneut Abschnitt 2.2.1). Ott et al. (2009) zeichnen dieses Bild weiter: Bekanntermaßen stoße die Miniaturisierung von Prozessoren zunehmend an die Grenzen der Festkörperphysik. Die Integrationsdichte von Halbleitertransistoren müsse jedoch überhaupt nicht weiter gesteigert werden, sofern die Nanotechnologie in Zukunft die Entwicklung von Quantencomputern auf Basis künstlich erschaffener Molekülstrukturen ermögliche.[237] Ein wechselseitiger Dual-Inducement-Mechanismus – zwischen der IKT-gleichen Anwendung des neuartigen Computers und der nanotechnologischen QT-Basis –, wie ihn Bresnahan und Trajtenberg (1995) modellierten, wäre die direkte Folge. Diese Überlegungen münden die folgende Hypothese.

7.3.3 Hypothese

H4: Innovatorische Komplementaritäten
Die Nanotechnologie offenbart weitreichende innovatorische Komplementaritäten.

Es werden erneut die IKT und der Verbrennungsmotor als Vergleichstechnologien verwendet, die mittels geeignet gewählter Indikatorik als oberer und unterer Benchmark einen Ergebniskorridor operationalisieren.

Zur Unterscheidung von Grundlagen- und Anwendungsforschung

Die bisherigen Ausführungen haben verdeutlicht, dass für einen empirischen Zugang zu obiger Fragestellung folgende Differenzierung nötig wird: Es ist zu unterscheiden zwischen den formaltheoretisch vereinfacht bilateralen Spillover-Effekten bei Bresnahan und Trajtenberg (1995), die aus einer strikt disjunkten Modellierung von Basis- und Anwendungssektor(en) resultieren,

---

[235] Zumindest existieren Ansätze, die sozialen Erträge technischen Fortschritts indirekt messbar zu machen. Bresnahan (1986) schlägt vor, die Zahlungsbereitschaft (*willingness to pay*) der adoptierenden Industrien auf Basis ihrer Nachfragekurve zu schätzen. Er demonstriert die Belastbarkeit der Implikationen anhand empirischer Fakten der Computerisierung im Bank- und Finanzwesen. Demnach konnte ein Großteil der sozialen Erträge nicht von den Computerherstellern internalisiert werden. Der Ansatz vermag jedoch jene technologischen Komplementaritäten, die keine Externalitäten nach sich ziehen, nicht abzubilden.

[236] Der im Folgenden vorgestellte Ansatz entstand ebenfalls in Kooperation mit Nina Teichert am Lehrstuhl für Wirtschaftspolitik des KIT.

[237] Spätestens hier würde die IKT zum Anwendungssektor der disruptiven Nanotechnologie; Eines der IKT-Basiselemente, die Mikroelektronik, wäre vollständig substituiert. Neuheitliche QT-Regime sind demnach sowohl geprägt von Nettosubstituten als auch von technologischer Bruttokomplementarität.

und dem Spektrum des Basisbezugs realer und nicht zwingend transitiver innovatorischer Komplementaritäten in komplexen Innovationsnetzwerken.

Die empirische Unterscheidung von Grundlagen- und Anwendungsforschung innerhalb eines solchen Spektrums ist keine triviale Aufgabe. Für die Fragestellungen des Abschnitts 7.2 erwies sich die dortige Zuordnung – Patente als Indikator für angewandte F&E, wissenschaftliche Publikationen als Indikator für Grundlagenforschung – als hinreichend praktikabel. Wechselseitige Zitationsfolgen zwischen diesen Daten abzubilden, ist in Anbetracht der unverbundenen Datenbasen jedoch kaum möglich. Die Beschränkung auf Patentdaten scheint daher alternativlos, sie erweist sich aber auch als nicht zwingend nachteilig.

Es lässt sich argumentieren, Patente seien per se anwendungsorientiert, zumal die Kommerzialisierbarkeit eine der Voraussetzungen zur Bewilligung der Erfindung darstellt (vergleiche Abschnitt 7.1). Mit Blick auf die in Abschnitt 2.2 gegebene Definition der Nanotechnologie sowie auf die vorgestellten bisherigen Entwicklungen (siehe unter anderem Tabelle B.2 in Anhang B.1) wird jedoch deutlich, dass technologiespezifisch grundlegende Forschung durchaus patentierbar ist, obwohl profitable Endprodukte in vielen Fällen noch nicht absehbar sind.[238]

Es wird daher ein patentbasierter indirekter Indikator als Proxy für innovatorische Komplementaritäten basierend auf Zitationsfolgen *zwischen* unterschiedlich klassifizierten Technologien entwickelt[239], der im Folgenden erläutert werden soll.

Entwicklung einer geeigneten Indikatorik

Innerhalb der in Abschnitt 7.1 vorgestellten Patentdatenbasis wurden zunächst all jene Vorwärtszitationen von Nano- und Benchmark-Technologiepatenten erfasst, die gemäß dem vorgestellten Suchterm nicht selbst der Nanotechnologie beziehungsweise der jeweiligen Benchmark-Technologie zugeordnet werden konnten. Für diese Zitationen erster Generation wurde nach Folgepatenten zweiter Generation gesucht. Einige von letzteren konnten erneut der Ausgangstechnologie zugeordnet werden, beschrieben also im weitesten Sinn einen Innovationsprozess von der Basistechnologie über ein nachgelagertes Anwendungsfeld und zurück.[240]

Der Anteil dieser *Rückkehrer* an allen Zitationen zweiter Generation bildet den folgenden formalen Indikator IC_t. Das Ausgangspatent entstammt dabei Technologie i – also der Nanotechnologie,

[238] Abbildung 7.9 macht überdies deutlich, dass innovatorische Komplementaritäten in der überwiegenden Mehrheit zwischen jenen nachgelagerten Innovationsstufen bestehen dürften, die die nicht-kommerzialisierbare Grundlagenforschung weit hinter sich gelassen haben.

[239] Ein direkter Indikator innovatorischer Komplementaritäten, der die *innerhalb* von Technologien resultierenden Spillover erfasst, wäre wünschenswert. Dies ist jedoch insofern schwerlich abbildbar, als dass hierbei für jedes Patent einzeln entschieden werden müsste, ob es eher Basis- oder Anwendungsbezug hat. Eine erste Überlegung in diese Richtung liefern Henderson et al. (1997). Eine andere Möglichkeit wäre, die Relevanz der Erfindung im Innovationsnetzwerk mittels geeigneter Zentralitätsmaße abzubilden.

[240] In Abbildung 7.9 ist die Abgrenzung einer Basistechnologie durch einen unbestimmten Grad an Basisbezug visualisierbar. Der für die betrachteten Technologien jeweils gewählte Suchterm (vgl. Anhang B.2) definiert dieses Maß an Basisbezug implizit über die Erfassungslogik. Der beschriebene Zitationsprozess über zwei Generationen modelliert dann, bildlich gesprochen, einen Sprung über den jeweiligen Grad des Basisbezugs hinaus und zurück.

B.5 Doppel-Boom-Muster der Forschungsaktivität

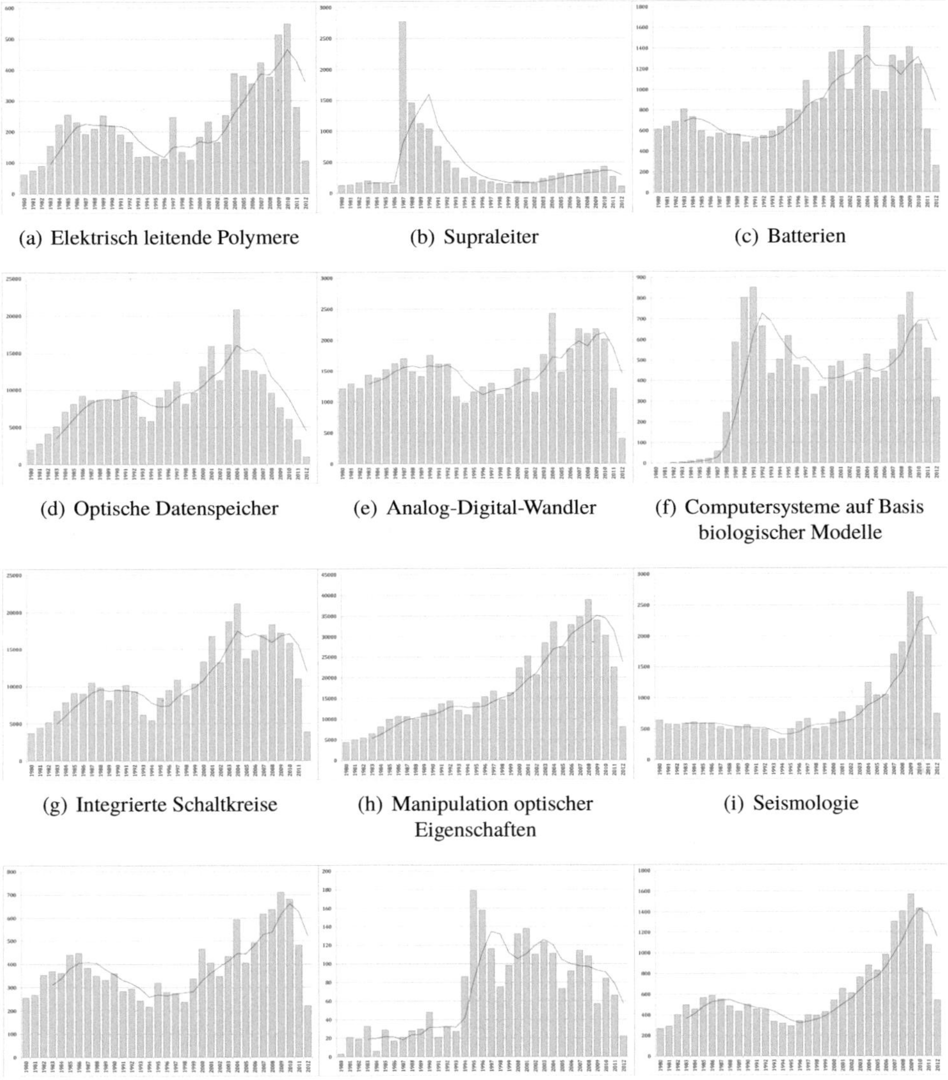

(a) Elektrisch leitende Polymere (b) Supraleiter (c) Batterien

(d) Optische Datenspeicher (e) Analog-Digital-Wandler (f) Computersysteme auf Basis biologischer Modelle

(g) Integrierte Schaltkreise (h) Manipulation optischer Eigenschaften (i) Seismologie

(j) Immobilisierte Enzyme (k) Genetisch manipulierte Interferone (l) Fertigung metallischer Puder

Abbildung B.1: Doppel-Boom-Muster der weltweiten Patentaktiviät in wissensintensiven Technologiezweigen (1/2). Trendlinien auf Basis gleitender Durchschnitte (4 Jahre), basierend auf eigenen Berechnungen.

B.5 Doppel-Boom-Muster der Forschungsaktivität

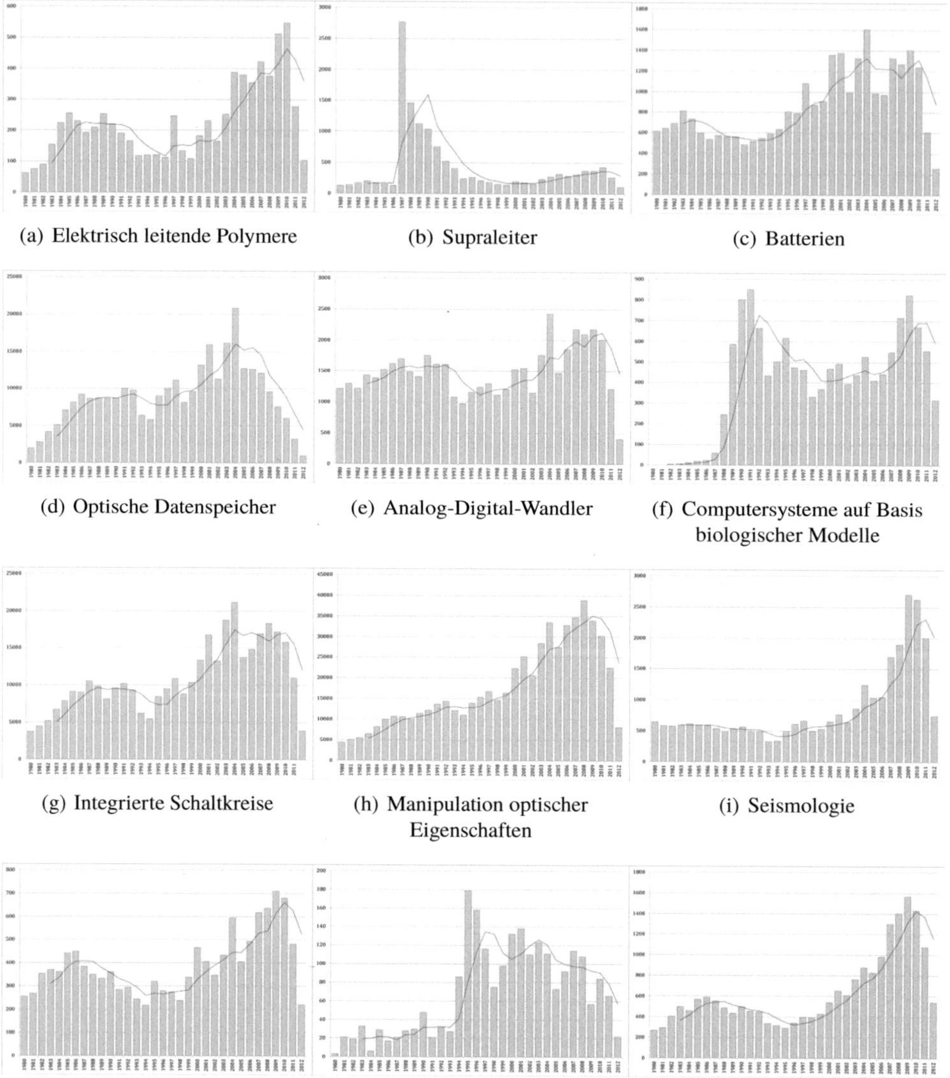

(a) Elektrisch leitende Polymere (b) Supraleiter (c) Batterien

(d) Optische Datenspeicher (e) Analog-Digital-Wandler (f) Computersysteme auf Basis biologischer Modelle

(g) Integrierte Schaltkreise (h) Manipulation optischer Eigenschaften (i) Seismologie

(j) Immobilisierte Enzyme (k) Genetisch manipulierte Interferone (l) Fertigung metallischer Puder

Abbildung B.1: Doppel-Boom-Muster der weltweiten Patentaktiviät in wissensintensiven Technologiezweigen (1/2). Trendlinien auf Basis gleitender Durchschnitte (4 Jahre), basierend auf eigenen Berechnungen.

Mit wachsender Patentzahl und Verbreitung in unterschiedlichen Anwendungsbereichen nehmen die Möglichkeiten für komplementär angeregte Entwicklungen zu. Der in Abbildung 7.12(b) dargestellte erweiterte Indikator trägt dieser Überlegung Rechnung, indem er diese Einflussfaktoren inkorporiert. Damit geht eine zunehmende Wahrscheinlichkeit für vertikale Externalitäten innerhalb eines betrachteten Technologiefelds einher. Ergebnis ist insbesondere für die Nanotechnologie ein deutlicherer Trendverlauf, der in den kommenden Jahren in den Ergebniskorridor der Benchmark-Technologien eindringen dürfte.

7.3.5 Schlussfolgerungen

Obwohl der abschließend vorgestellte gewichtete Indikator zur Messung innovatorischer Komplementaritäten nur einen ersten Ansatz darstellen kann und eine Weiterentwicklung dringend angeraten scheint, modelliert er bereits jetzt einen Ergebniskorridor der Vergleichstechnologien, in den sich die Nanotechnologie mit zunehmender Patentbasis und Verbreiterung der Spezialisierungsmuster (vergleiche Abschnitt 5.2.4) in wenigen Jahren einordnen dürfte.

Der zugrunde liegende Ausgangsindikator, also der Anteil der *Rückkehrer* an allen Zitationen zweiter Generation, ist jedoch noch keinesfalls zufriedenstellend im Hinblick auf den Anspruch, wechselseitige komplementäre Innovationstätigkeiten und damit einhergehende -abhängigkeiten in Basis- und Anwendungssektoren zu modellieren. Hierfür scheint die Einbeziehung zusätzlicher Publikationsinformationen der Grundlagenforschung wünschenswert, die sich jedoch nur schwerlich mit Patentdaten verknüpfen lassen. Um Wissensflüsse im Gesamtspektrum von fundamentaler Forschung zu rein applikationsbasierter Entwicklung abzubilden, wäre in einem ersten Schritt zumindest aber die Inkorporation eines Maßes für den Basisbezug einer Innovation denkbar. Eine valide Indikatorik zu entwickeln, die sich dieser Problemstellungen annimmt, muss das Ziel künftiger Anstrengungen sein.

8 Zusammenfassung und Ausblick

Die vorliegende Arbeit hat sich mit der Frage beschäftigt, ob die empirisch beobachtbaren Doppel-Boom-Zyklen technologischer Aktivität in wissensintensiven Technologiezweigen auch Folge des Übergangs von der IKT zur Nanotechnologie sein können. Diese Frage konnte bejaht werden. Modelltheoretische Analysen zeigten für die Abfolge von mehreren Querschnittstechnologien auch mehrere Hochphasen der Forschungsaktivitäten, die einem Doppel-Boom-Muster gleichen. Dasselbe Muster ist ferner auf Makroebene in Patent- und Publikationsaktivitäten beobachtbar.

Darüber hinaus konnte gezeigt werden, dass die Nanotechnologie als Querschnittstechnologie anerkannt werden muss. Eine umfassende Indikatorik belegte alle konstituierenden Charakteristika. Die stilisierten Fakten wissensintensiver Technologiezweige deuten damit nicht notwendigerweise eine Ernüchterungsphase der innovierenden Akteure an. Stattdessen können sie als fraktale Fortsetzung des Diffusionsmusters auf niedrigeren Aggregationsebenen interpretiert werden. Die Nanotechnologie besetzt somit zunehmend alle technologischen Nischen des Vorläuferregimes. Der techno-ökonomische Strukturwandel wird deshalb vorrangig in Fortentwicklungen der IKT sichtbar. Im Einzelnen konnten folgende Antworten auf die einleitenden Fragekomplexe gegeben werden:

Ergebnisse der modelltheoretischen Modifikationen (Fragekomplexe I und II)

- Sowohl unter der Annahme perfekter Voraussicht als auch unter der Annahme von Unsicherheit über künftige Entwicklungen ließ sich innerhalb modelltheoretischer Erweiterungen ein graduelles Wachstum der Produktivität abbilden. Unter perfekter Voraussicht konnten die Auswirkungen auf Produktivität, Löhne, Profite und Beschäftigungsstrukturen dargestellt werden.
- Wachstum wurde in einem zweiten Schritt sowohl mit einer tatsächlichen Mehrung der fundamentalen Wissensmenge (GPPs) als auch mit einer sektoralen/ individuellen Verbreitung dieses Wissens assoziiert. Die Vergrößerung der Wissensbasis konnte damit einerseits auf einem natürlichen Prozess beruhen: Learning-by-Doing, Adoption und sukzessive Diffusion geschehen auch in der Realität weitestgehend ohne Profitanreiz.
- Andererseits konnte argumentiert werden, dass sowohl Grundlagenforschung (Bereitstellung Wissensbasis) als auch Bildung (Senkung Anpassungskosten transformierender Paradigmen), Koordination und Standardisierung (erleichterte Diffusion) sowie flankierende regulatorische Rahmenbedingungen (Steigerung Anpassungsflexibilität) als nicht-incentivierte Treiber emergenter Querschnittstechnologien kostenintensiv sind.
- Unter perfekter Voraussicht konnte gezeigt werden, dass ein wirtschaftspolitischer Science-Push die Wechselschwelle zwischen den Regimen beschleunigt und damit den Ineffizienzen innovatorischer Komplementarität entgegenwirkt. Im Modell konnte eine Defizitfinanzierung

über die Besteuerung privatwirtschaftlicher Profite erfolgen, die den späteren Market-Pull darstellen.

- In der Realität ist neben der Zunahme der fundamentalen Wissensbasis die sukzessive sektorale Adoption dieses Wissens Voraussetzung für die hohe Durchdringung von Querschnittstechnologien. In der Modellerweiterung unter Unsicherheit wurde deutlich, dass die Annahme einer Implementierungsphase während der Diffusion des Fundamentalwissens keinen Einfluss auf das generelle Diffusionsmuster nimmt, sondern lediglich die Diffusionsgeschwindigkeit verändert.

- In beiden modelltheoretischen Erweiterungen – unter perfekter Voraussicht und unter Unsicherheit – hatte die Zunahme des Fundamentalwissens über das herrschende QT-Regime hinaus Konsequenzen für alle Zeit. Eine Zyklenstruktur technologischer Aktivitäten war in beiden Modifikationen die direkte Konsequenz. Zwei aufeinanderfolgende Regime erzeugten somit ein Doppel-Boom-Muster.

Dem resultierenden Muster zyklischer Forschungsaktivitäten wurden weltweite Patententwicklungen gegenüber gestellt. Seit 1980 waren dabei nacheinander zwei Wellen nachweisbar. Es wurden Belege angeführt, dass diese insbesondere von Entwicklungen der IKT getragen waren. Für einen hohen Anteil der in der Literatur benannten wissensintensiven Technologiezweige konnte außerdem argumentiert werden, dass dortige Fortentwicklungen nachweislich von nanotechnologischen Applikationen profitierten. Die Technologiezweige konnten daher als Subtechnologien verstanden werden, die durch den QT-Regimewechsel entlang sektoraler Wellen sukzessive transformiert wurden. Die selbstähnliche Struktur des Diffusionsmusters auf unterschiedlichen Aggregationsebenen wurde als fraktal bezeichnet.

Ergebnisse der empirischen Indikatorik (Fragekomplexe III und IV)

- Der empirisch beobachtete zweite Boom technologischer Aktivität deutete auf die Emergenz der Nanotechnologie als Querschnittstechnologie hin. Um die konstituierenden Eigenschaften einer Querschnittstechnologie nachzuweisen, wurden geeignete Indikatoren vorgestellt sowie ein Erwartungskorridor von Vergleichstechnologien vorgeschlagen. Die IKT sowie der Verbrennungsmotor bildeten den oberen beziehungsweise unteren Benchmark. Bezüglich der Datenbasis wurde die Eignung von Patenten und Publikationen erörtert.

- Die Indikatorik konnte – der Forderung der Literatur folgend – um ein neues Generalitätsmaß zur Anzeige der sektoralen Durchdringung erweitert werden. Ein in diesem Kontext bislang ungenutztes Kohärenzmaß erlaubte die relativierende Gewichtung der Verbreitung durch die Einbeziehung technologischer Verbundenheit betroffener Technologieklassen.

- Im Ergebnis ließ sich die Nanotechnologie hinsichtlich ihrer sektoralen Verbreitung, ihrer technologischen Dynamik und ihrer Fähigkeit zur Erzeugung komplementärer Innovationen in sich verzweigenden Anwendungsbereichen als Querschnittstechnologie klassifizieren.

- Die Erweiterung etablierter QT-Marktstrukturen auf Innovationsnetzwerke sowie eine differenzierte Kategorisierung von Spillover-Effekten erlaubte zudem die Analyse wechselseitiger innovatorischer Komplementarität basierend auf Patentzitationsfolgen. Für den entwickelten Indikator deutete der Trend nanotechnologischer Erfindungen ebenfalls auf eine emergente Querschnittstechnologie hin. Die neue Kategorisierung bekräftigte zudem die Legitimation regulatorischer Eingriffe auch ohne Vorliegen technologischer Externalitäten.

Deutschland im internationalen Wettbewerb

Die Arbeit hat erörtert, dass Querschnittstechnologien Wirtschaftsstrukturen auf vielen Ebenen transformieren. Für solche techno-ökonomischen Paradigmenwandel wurde ein Bezugssystem eingeführt, das auch die geografische Lokation, die Infrastruktur, die industrielle Konzentration, privatwirtschaftliche Finanzinstitutionen sowie sozioökonomische und regulatorische Rahmenbedingungen betont. Die Nanotechnologie konnte als Querschnittstechnologie identifiziert werden. Ihre Entwicklung ist daher einerseits abhängig von diesen Strukturen und sollte sie andererseits selbst prägen.

Fraglich ist daher beispielsweise, welche Länder aufgrund ihrer strukturellen Rahmenbedingungen am ehesten von den Wirkungen der Nanotechnologie profitieren werden. Deutschland darf als Exporteur von Gütern höherer Innovationsintensität gelten: Die vier exportstärksten Warengruppen – Kraftwagen und Kraftwagenteile (Innovationsintensität mittelhoch bis hoch, siehe Peneder, 2010 oder auch ZEW, 2014b), Maschinen (hoch), chemische Erzeugnisse (mittelhoch bis hoch), Datenverarbeitungsgeräte (hoch) sowie elektronische und optische Erzeugnisse (hoch) – sind wertmäßig für 50 % der Gesamtausfuhren verantwortlich (destatis, 2011).

Getrieben von diesen innovationsstarken Branchen stieg der Anteil der privaten Innovationsausgaben am Umsatz für Gesamtdeutschland 2012 auf 2.71 % (ZEW, 2014a). Eine weitere Erhöhung dürfte im internationalen Wettbewerb von zentraler Bedeutung sein: Insbesondere Schwellenländer wie China oder Indien spielen in nachgelagerten Wertschöpfungsstufen des globalen Wirtschaftssystems komparative Kostenvorteile aus. Ihre Lohnstruktur könnte ihnen zukünftig erlauben, ebenso innovationsintensive Güter wie die dominierenden Industrienationen zu exportieren, sobald sie ein Niveau nahe der Welttechnologiegrenze erreicht haben. Dies würde in der globalisierten Welt und damit auch insbesondere in Deutschland enormen Druck auf Lohnhöhen und Beschäftigungsgrade ausüben (Siemon, 2007).

Wie in der Einleitung dieser Arbeit dargelegt, reagiert die Bundesregierung mit innovationspolitischen Programmen wie der Hightech-Strategie 2020, dem Aktionsplan Nanotechnologie 2015 und der Digitalen Agenda 2014–2017, die auf IKT und Nanotechnologie als Schlüsseltechnologien fokussieren und den Querschnittscharakter teils explizit betonen. Tatsächlich geht der Anteil in Deutschland beheimateter Erfinder nanotechnologischer Patente aber zurück, wie die Tabelle der Abbildung 8.1 verdeutlicht. Demnach haben vor allem die USA ihre relative Spitzenposition zwischen 2005 und 2011 zunehmend ausgebaut. Auch Südkorea, das mit der neuen Technologie seine teilweise marktbeherrschende Stellung bei Halbleitern, Mikrochips und Computern festigt, hat Deutschland überflügelt. China, das seinen Erfinderanteil im genannten Zeitraum verdreifachen konnte, scheint von erfolgreichen Anstrengungen erstarkender Privatwirtschaften zu profitieren.

Obwohl die Politik also sensibilisiert ist und als wichtigste Erfolgsfaktoren der Nanotechnologie öffentliche Forschungsgelder, verstärkte Forschungskooperationen und eine fundierte Ausbildung des wissenschaftlichen Nachwuchses identifiziert hat (BMBF, 2011, S. 21), scheint die bisherige Förderung nicht wirksam genug, um im internationalen Wettbewerb eine Spitzenposition halten zu können.

Die QT-Logik sagt darüber hinaus eine baldige Stagnation der technologischen Aktivität voraus – und tatsächlich scheint sich eine solche bereits anzukündigen. Schmoch und Thielmann (2012) weisen auf einen sichtbaren Rückgang der Nano-Patentanmeldungen in den USA und Japan hin; im Kaiserreich erlahmt außerdem das Wachstum wissenschaftlicher Veröffentlichungen. In Deutschland ist eine Stagnation der Patentierungen zu verzeichnen. Sollte dem technisch aussichtsreichsten QT-Kandidaten auf Basis dessen das politische Vertrauen entzogen werden, könnte eine Reduzierung der öffentlichen Forschungsaufwendungen erfolgen. Derartige Kürzungen nahm das BMBF für die Jahre 1992 bis 1998 – also während und noch deutlich nach Ende des Rückgangs weltweiter IKT-Patentaktivitäten – sowie nach Platzen der Dotcom-Blase 2000 sowohl spezifisch für die IKT als auch für die Ausgaben insgesamt vor (vergleiche Abbildung 8.1).

Geschähe dies erneut, könnten komplementäre privatwirtschaftliche Investitionen sinken. Käme es dann zu einem neuerlichen Boom in erfolgreichen Technologiezweigen, hätte Deutschland möglicherweise bereits an internationaler Wettbewerbsfähigkeit verloren. In Bezug auf Informationstechnologien, die seit Mitte der 1990er-Jahre neue Geschäftsmodelle der Digitalisierung vorantreiben, konstatieren Teilnehmer des IT-Gipfels seit Jahren: Deutschland hat den Anschluss verpasst.

Handlungsempfehlungen und regulatorischer Rahmen

Ist die Nanotechnologie als Querschnittstechnologie anerkannt, ergibt sich zunächst die Legitimation politischer Forschungskoordination. Die Legitimation folgt direkt aus den innovatorischen Komplementaritäten und der asymmetrischen Information, die als ursächlich für Marktversagen identifiziert wurden. Daneben ist ein einseitiges Aufbrechen der vertikalen Externalitäten durch die Bereitstellung grundlegender Basisinnovationen angezeigt, wenn kein anderer großer Nachfrager über einen privatwirtschaftlichen Anreiz verfügt (Bresnahan und Trajtenberg, 1995). Diese Bereitstellung umfasst sowohl Anschubfinanzierungen im Grundlagenforschungsbereich, als auch die anschließende Verbreitung des Basiswissens innerhalb geeigneter regulatorischer Bezugssysteme.

Aus streng wohlfahrsorientierter Perspektive kann dabei als übergeordnetes Ziel die Verkürzung der PSD-Phase formuliert werden. Letzteres bedeutet unter Umständen einen langfristigen Trade-off: Eine nach Effizienzkriterien ausgerichtete, produktivitätsmaximierende Wirtschaft entwickelt gegebenenfalls weniger QT-Komponenten in Form profitwirksamer Applikationen.

Eine hohe Anzahl von heterogenen Applikationen innerhalb eines herrschenden QT-Regimes ist jedoch unerlässlich für die Nischenbildung potenzieller Nachfolger. Dem insbesondere in Deutschland oft kritisierten Gießkannenprinzip der Forschungsförderung muss demnach im QT-Kontext zugute gehalten werden, dass eine gesteigerte Vielfalt potenzieller Anwendungen und die einhergehende Stärkung komplementierender Wirkungen sowohl innerhalb von Regimen als auch QT-übergreifend legitimiert sein kann.

Verdrängungseffekte (Crowding-out) dürften in diesem Kontext die größere Gefahr darstellen. Diese spielen jedoch zumindest für technologieübergreifendes Grundlagenwissen – in dieser Arbeit als Menge von Fundamentalprinzipien oder kurz GPPs bezeichnet – eine geringe Rolle: Grundlagenwissen stellt ein (zumindest teilweise) öffentliches Gut dar, das kaum privatwirtschaftliche Investitionen incentiviert. Da GPPs darüber hinaus über alle Regime hinweg produktivitätssteigernd sind, kommt ihrer Erschließung, Verwertung und Verbreitung zentrale Bedeutung im bislang vorrangig technologisch limitierten QT-Kontext zu. Ihr wichtigster konzeptioneller Vorteil liegt in der differenzierten Kategorisierung von (Wissens-)Spillover-Effekten begründet: Es ergibt sich auch dann eine Legitimation regulatorischer Eingriffe, wenn keine technologischen Externalitäten im engeren Sinn vorliegen.

Speziell für die Nanotechnologie lässt sich feststellen: Sie ist als Ausgangspunkt techno-ökonomisch revolutionärer Entwicklungen bereits frühzeitig in Erscheinung getreten, wird jedoch vorrangig als implementierend für das IKT-Vorläuferregime wahrgenommen. Inhärente Potenziale hinsichtlich eines zweiten Booms technologischer Aktivität auszuschöpfen, muss daher als konkrete Zielstellung formuliert werden. Dazu gilt es, die emergente QT durch eine öffentliche

Land	2011	2005
USA	53%	64%
Südkorea	8%	6%
Japan	7%	8%
Deutschland	4%	7%
Frankreich	4%	4%
China	3%	1%
Taiwan	3%	3%
Kanada	3%	2%
Großbritannien	2%	2%
Australien	1%	1%
Indien	1%	1%
Israel	1%	1%
Spanien	1%	<1%
Russland	1%	<1%

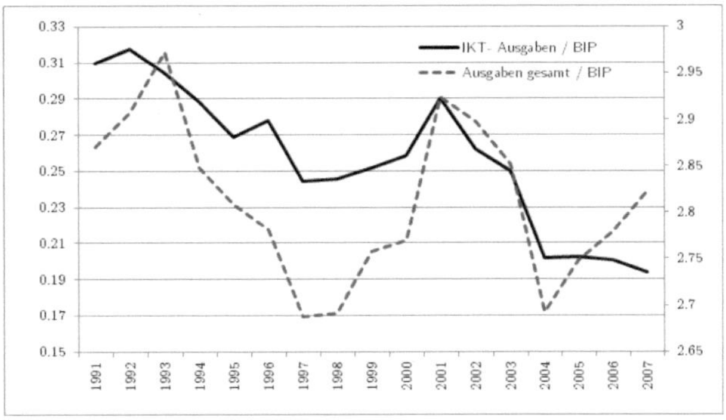

Abbildung 8.1: Links: Anteil Nanopatente (an allen Nanopatenten weltweit) mit mindestens einem Erfinder mit Wohnsitz im jeweiligen Land. Quelle: Jordan et al. (2012, S. 124). Rechts: Forschungsausgaben des BMBF insgesamt (rechte Achse) und IKT-spezifisch (linke Achse) zwischen 1991 und 2007 als Anteil am BIP (in jeweiligen Preisen) in Promille. Quellen: BMBF (2014) sowie destatis (2014).

Wissenschaftsförderung geeignet anzuregen und in der Folge natürliche Diffusionsprozesse durch Standardisierungen, durch Humankapitalausbildung und durch die Schaffung geeigneter koordinierender Institutionen zu moderieren. Dies hat zudem präventiven Charakter: Technologische Entwicklungen laufen gegebenenfalls in Sackgassen, Fundamentalwissen aber bleibt bestehen.

Letzteres ist im Nano-Kontext von besonderer Bedeutung, da noch immer nicht absehbar ist, ob sich energie- und kosteneffiziente Produktionsprozesse realisieren lassen. Gegebenenfalls kann auch für die Nano erst ein geeignetes Nachfolgeregime implementierenden Erfolg bringen – so wie die Nanoelektronik ab Mitte der 1990er-Jahre Rechen- und Speicherkapazitäten deutlich zunehmen ließ und damit innerhalb der IKT produktivitätswirksam und sichtbar wurde. Gefordert ist daher die Langfristigkeit der Maßnahmen im Rahmen zyklischer Defizitfinanzierungen. Die Unwägbarkeiten wissensintensiver technischer Neuerungen fordern darüber hinaus hinreichend große Handlungsspielräume für die beteiligten Akteure.

Besondere Beachtung verdient der im Humankapital gebundene und damit tazite Teil des Fundamentalwissens, der sich aus Ausbildung und Erfahrung entwickelt. Dieses Wissen ist kaum konservierbar, weswegen seine fortwährende Externalisierung – und anschließende Reinternalisierung durch andere Akteure – institutionalisiert sein muss. Nur so bleiben Rekombination und Erweiterung gewährleistet. Den konträren privatwirtschaftlichen Abschottungsanstrengungen wohnt das Interesse inne, Mitarbeiter-Knowhow als Spezialisierungsvorteil zu nutzen. Dieses stellt insbesondere für KMU das wichtigste Schutzinstrument zur Aneignung und Sicherung von Wettbewerbsvorteilen dar. Nicht nur Patente bedürfen demnach der Abwägung statischer versus dynamischer Effizienz, sondern auch Arbeitsmarktregularien, die die Anpassungsflexibilität der Wirtschaft und damit die GPP-Diffusion entscheidend mitprägen.

Die Überführung von Fundamentalwissen in wertschöpfende Hightech-Applikationen kann darüber hinaus nur gelingen, wenn wissenschaffende Akteure ihre Entwicklungen auch direkt kommerzialisieren können. Goos und Ott (2005) identifizieren privatwirtschaftliche Ausgründungen und Anwenderzentren von Forschungseinrichtungen als wichtige Bausteine, um Wissensflüsse zwischen den innovierenden Akteuren zu verbessern. Das deutsche Innovationssystem muss demnach fortlaufend im Hinblick auf seine Fähigkeit evaluiert werden, solche KMUs hervorzubringen.

Abschließend wurden als wichtige Aspekte nanotechnologischer Entwicklung die sozioökonomischen Dimensionen Gesundheit, Sicherheit und Ökologie identifiziert. Sie alle bestimmen maßgeblich die Risikowahrnehmung und damit Akzeptanz der Bevölkerung, welche bislang nur wenig mit der kaum in Endprodukten wahrnehmbaren Technologie verbindet. Den Empfehlungen von Bowman und Gilligan (2008), Marchant et al. (2008) sowie Zawislak et al. (2010) hinsichtlich einer evolutionären Risikobewertung und -regulierung kann gefolgt werden: Mit zunehmender Kommerzialisierung und einhergehender öffentlicher Aufmerksamkeit ist flexibel auf sich etablierendes Marktverhalten und veränderte Wahrnehmungen der Nano zu reagieren.

Ausblick – Offene Forschungsfragen

Der drastische technische Wandel, den Querschnittstechnologien auslösen, stellt einen wichtigen Baustein für Konvergenzprozesse dar. Insbesondere kodifizierbares Wissen überwindet territoriale Grenzen – mit sinkenden Informationsübertragungskosten. Entwicklungsländer sollten also von der Verschiebung der Welttechnologiegrenze mitprofitieren und langfristig aufholen. Ökonomen gehen heute jedoch davon aus, dass dieser Prozess in zweierlei Hinsicht Schwierigkeiten unterliegt.

Zum einen scheint sich in der Realität ein weitestgehend linearer Übergang zwischen verschiedenen Wachstumsphasen zu vollziehen (Acemoglu und Guerrieri, 2008; Galor, 2005).[244] Dieser kann kaum sprunghaft überwunden werden. Zum anderen erfordert ein struktureller Wandel neue Formen der Organisation und Regulierung, für deren Umsetzung häufig private Anreize fehlen (Aghion und Howitt, 2009). Je nach Wachstumsphase und herrschenden Institutionen sollten Entwicklungs- und Schwellenländer daher unterschiedlich auf ein neues QT-Regime reagieren. Diesbezüglich ergeben sich folglich vielfältige Forschungsfragen für zukünftige Arbeiten.

Auch die bisher erarbeitete modelltheoretische Basis bietet Möglichkeiten der Weiterentwicklung. Lipsey et al. (2005) sowie Carlaw und Lipsey (2011) liefern erste Ansätze, die Wechselwirkungen koexistierender Querschnittstechnologien zu modellieren. Weiterführende Untersuchungen im Spannungsfeld zwischen Substitution und Komplementarität sollten den sich offenbar beschleunigenden Prozess technischen Wandels und die einhergehende verkürzte Zyklendauer der jeweils dominierenden Regime weiter erhellen.

Ein weiterer Ansatzpunkt betrifft das Eigeninteresse politischer Entscheider. Drastischer, mithin strukturwandelnder technischer Fortschritt ist seit Schumpeter eng mit dem Begriff der kreativen Zerstörung verknüpft. Diese geht mit der Zerstörung von Monopolrenten etablierter Marktteilnehmer einher. Sofern davon ausgegangen werden darf, dass Wirtschaftsmacht mit politischem Einfluss einhergeht, rücken demnach auch politökonomische Problemstellungen in den Fokus (Acemoglu, 2009, S.489f). Zusätzlich ergibt sich ein Problem hinsichtlich der Langfristigkeit innovationspolitischer Eingriffe. Eigeninteressierte Entscheider profitieren nicht von weit in der Zukunft liegenden Produktivitätszuwächsen.

Abschließend fordert Bresnahan (2010), dass es Ziel zukünftiger Bemühungen der Modelltheorie sein müsse, eine Verbindung zwischen Innovationsanreizen innerhalb typischer QT-Marktstrukturen, den resultierenden innovatorischen Komplementaritäten sowie den wachstumstheoretischen

[244] Zunächst erfolgt ein sehr langsamer – weil kaum durch technologischen Aufwand aktiv getriebener – Übergang von klassischen malthusianischen Nationalökonomien landwirtschaftlicher Prägung mit stagnierenden Pro-Kopf-Einkommen hin zu Industrialisierung und Kapitalakkumulation. In der Folge gewinnen Wissen und Innovation an Bedeutung, und ein erneuter struktureller Übergang rückt Dienstleistungen in den Fokus nachhaltigen Wachstums.

Ergebnissen zu etablieren. Dieser Anspruch ist nicht neu. Die Zusammenführung mikroökonomischen Verhaltens auf der einen mit Beobachtungen gesamtwirtschaftlicher Wachstumsprozesse auf der anderen Seite treibt Ökonomen schon lange an (Nelson und Winter, 1982).

A Mathematischer Anhang

A.1 Zyklischer technischer Wandel (3.2)

Komponentennachfrage, -preis und -index

Die Hick'sche Nachfrage nach Zwischenprodukten ergibt sich gemäß Shephards Lemma durch die partielle Ableitung der Ausgabenfunktion nach dem Preis der jeweiligen Komponente (Der Index der i-ten Querschnittstechnologie wird hier ebenso wie der Zeitindex der Übersichtlichkeit halber unterdrückt):

$$\begin{aligned} x_j = \frac{\partial pD}{\partial p_j} &= \frac{\partial \left[D \left(\int_0^n p_j^{1-\epsilon} dj \right)^{\frac{1}{1-\epsilon}} \right]}{\partial p_j} \\ &= D \frac{1}{1-\epsilon} \left[\int_0^n p_j^{1-\epsilon} dj \right]^{\left(\frac{1}{1-\epsilon}-1\right)} (1-\epsilon) p_j^{-\epsilon} \\ &= D \left[\int_0^n p_j^{1-\epsilon} dj \right]^{\frac{\epsilon}{1-\epsilon}} p_j^{-\epsilon} \\ &= D \frac{p_j^{-\epsilon}}{\left[\int_0^n p_j^{1-\epsilon} dj \right]^{-\frac{\epsilon}{1-\epsilon}}} \\ &= D \frac{p_j^{-\frac{1}{1-\alpha}}}{\left[\int_0^n p_j^{-\frac{\alpha}{1-\alpha}} dj \right]^{\frac{1}{\alpha}}}. \end{aligned} \tag{A.1}$$

Das Optimierungskalkül der profitmaximierenden Komponentenhersteller auf Basis der Markstruktur monopolistischer Konkurrenz lautet:

$$\max_{p_j} \left[(p_j - w) x_i \quad \text{u. d. N.} \quad x_j = D \frac{p_j^{-\frac{1}{1-\alpha}} D}{\left[\int_0^n p_j^{-\frac{\alpha}{1-\alpha}} d_j \right]^{\frac{1}{\alpha}}} \right]. \tag{A.2}$$

Profitmaximierung unter Berücksichtigung von $x_j = x_j(p_j)$ impliziert

$$\begin{aligned} \frac{\partial (p_j - w) x_j}{\partial p_j} &= x_j + p_j \frac{\partial x_j}{\partial p_j} - w \frac{\partial x_j}{\partial p_j} \stackrel{!}{=} 0 \\ \Longleftrightarrow x_i + (p_j - w) \frac{\partial x_j}{\partial p_j} &= 0 \\ \Longleftrightarrow x_j \left(1 + \frac{p_j - w}{x_j(p_j)} \cdot \frac{\partial x_j}{\partial p_j} \right) &= 0 \\ \Longleftrightarrow 1 + \frac{p_j - w}{x_j} \cdot \frac{\partial x_j p_j}{\partial p_j p_j} &= 0 \\ \Longleftrightarrow 1 + \frac{p_j - w}{p_j} \cdot \frac{\partial x_j}{\partial p_j} \frac{p_j}{x_j} &= 0. \end{aligned}$$

Da die Preiselastizität der Nachfrage $\epsilon = \frac{\partial x_j}{\partial p_j}\frac{p_j}{x_j} = -\frac{1}{1-\alpha}$ entspricht (Grossman und Helpman, 1991b, S. 45), folgt

$$\begin{aligned} 1 - \frac{p_j - w}{p_j}\left(\frac{1}{1-\alpha}\right) &= 0 \\ \Longleftrightarrow p_j &= \frac{w}{\alpha}. \end{aligned} \tag{A.3}$$

Das Resultat sind konstante Grenzkostenaufschläge beim Preis des Zwischenprodukts. Mit $x_j = x$ (alle Komponenten werden in gleicher Anzahl verwendet) ergibt sich der Komponentenindex dann zu

$$D = \left[\int_0^n x^\alpha dj\right]^{\frac{1}{\alpha}} = (nx^\alpha)^{\frac{1}{\alpha}} = n^{\frac{1-\alpha}{\alpha}}\chi, \qquad \text{mit} \quad \chi = nx. \tag{A.4}$$

Arbeitsinput, Endproduktpreis und Regimewechsel

Der Arbeitsinput pro Outputeinheit ergibt sich wie folgt (Der Index der i-ten Querschnittstechnologie wird hier wieder dargestellt, da er Einfluss auf den Zeitpunkt des Regimewechsels hat):

$$b_i = \frac{\chi_i}{Q_i} = \frac{n_i x_i}{\lambda^i D_i} = \frac{\chi_i}{\lambda^i n_i^{\frac{1-\alpha}{\alpha}}\chi_i} = \lambda^{-i} n_i^{-\frac{1-\alpha}{\alpha}} \tag{A.5}$$

Der Endproduktpreis entspricht aufgrund vollständiger Konkurrenz im Endproduktsektor den Stückkosten der Herstellung. Wegen $p_i(j) = \frac{w}{\alpha}$ und $n_i x_i(j) = \chi_i$ folgt

$$p_{Q_i} = p_i(j) n_i x_i(j)\frac{1}{Q_i} = \frac{w}{\alpha}\frac{\chi_i}{Q_i} = \frac{w}{\alpha}b_i = \frac{w}{\alpha}\lambda^{-i} n_i^{-\frac{1-\alpha}{\alpha}} \tag{A.6}$$

Der Produktionswechsel von Querschnittstechnologie i zum neueren Technologieregime $i+1$ erfolgt, sobald $b_{i+1} < b_i$, also sobald

$$\begin{aligned} \lambda^{-(i+1)} n_{i+1}^{-\frac{1-\alpha}{\alpha}} &< \lambda^{\,i} n_i^{-\frac{1-\alpha}{\alpha}} \\ \Longleftrightarrow \left(\frac{n_{i+1}}{n_i}\right)^{-\frac{1-\alpha}{\alpha}} &< \frac{\lambda^{-i}}{\lambda^{-(i+1)}} \\ \Longleftrightarrow \left(\frac{n_{i+1}}{n_i}\right)^{-1} &< \lambda^{\frac{\alpha}{1-\alpha}} \\ \Longleftrightarrow \frac{1}{\lambda^{\frac{\alpha}{1-\alpha}}} &< \frac{n_{i+1}}{n_i} \\ \Longleftrightarrow n_{i+1} &> \frac{1}{\lambda^{\frac{\alpha}{1-\alpha}}} n_i \\ \Longleftrightarrow n_{i+1} &> \eta n_i, \qquad \text{mit} \quad \eta = \frac{1}{\lambda^{\frac{\alpha}{1-\alpha}}} \in (0,1). \end{aligned} \tag{A.7}$$

Profite, Firmenwert und No-Arbitrage-Bedingung

Ohne Berücksichtigung der Forschungsaufwendungen betragen die Bruttogewinne der Komponentenhersteller:

$$\pi_i = (p_i - w)x_i = \left(\frac{w}{\alpha} - w\frac{\alpha}{\alpha}\right)\frac{b_i Q_i}{n_i} = \frac{(1-\alpha)w b_i Q_i}{\alpha n_i}. \tag{A.8}$$

Aus den zeitlich diskontierten Profitströmen ergibt sich damit der Firmenwert gemäß

$$v_i(t) = \int_{s=t}^{\infty} \exp\left(-\int_{z=t}^{s} r(z)dz\right)\pi_i(s)ds, \tag{A.9}$$

oder kürzer:

$$v_i(t) = \int_{s=t}^{\infty} \exp\left(-R(t,s)\right)\pi_i(s)ds, \qquad \text{mit} \qquad \int_{z=t}^{s} r(z)dz = R(t,s)$$

Unter Zuhilfenahme der Leibnizregel für die Ableitung von Parameterintegralen gilt

$$\dot{v}_i(t) = \frac{\partial v_i(t)}{\partial t} = -\pi_i(t) + \int_{s=t}^{\infty} \frac{\partial}{\partial t}\left(\exp\left(-R(t,s)\right)\pi_i(s)\right)ds, \tag{A.10}$$

wobei der Integrand sich weiter vereinfachen lässt gemäß

$$\frac{\partial}{\partial t}\left(\exp\left(-R(t,s)\right)\pi_i(s)\right) = -\pi_i(s)\exp(-R(t,s))\frac{\partial R(t,s)}{\partial t},$$

und wegen

$$\frac{\partial R(t,s)}{\partial t} = \frac{\partial}{\partial t}\int_{z=t}^{s} r(z)dz = -r(t)$$

folgt

$$\frac{\partial}{\partial t}\left(\exp\left(-R(t,s)\right)\pi_i(s)\right) = \pi_i(s)\exp(-R(t,s))r(t).$$

Damit ergibt sich abschließend als Lösung von Gleichung (A.10):

$$\begin{aligned}\dot{v}_i(t) &= -\pi_i(t) + \int_{s=t}^{\infty} r(t)\exp\left(-R(t,s)\right)\pi_i(s)ds \\ &= -\pi_i(t) + r(t)\int_{s=t}^{\infty} \exp\left(-R(t,s)\right)\pi_i(s)ds \\ &= -\pi_i(t) + r(t)v_i(t),\end{aligned}$$

womit für jeden Zeitpunkt t und jede Komponente die No-Arbitrage-Bedingung Gültigkeit haben muss:

$$\frac{\pi_i(t)}{v_i(t)} + \frac{\dot{v}_i(t)}{v_i(t)} = r(t). \qquad \forall i,t \tag{A.11}$$

Alternativ lässt sich diese Bedingung auch mittels der stationären Hamilton-Jacobi-Bellman-Gleichung bestimmen (Acemoglu, 2009, S. 245). Diese hat die allgemeine Form

$$\rho v(\hat{x}(t)) = f(\hat{x}(t), \hat{y}(t)) + \dot{v}(\hat{x}(t)). \tag{A.12}$$

Mit Gleichung (A.12), $f(\hat{x}(t), \hat{y}(t)) = \pi_i(t)$ und unter Berücksichtigung von $\rho = r(t)$ gemäß Gleichung (3.23) gilt demnach ebenso

$$\begin{aligned} & r(t)v_i(t) = \pi_i(t) + \dot{v}_i(t) \\ \Longleftrightarrow\ & r(t) = \frac{\pi_i(t)}{v_i(t)} + \frac{\dot{v}_i(t)}{v_i(t)}, \qquad \forall i, t. \end{aligned}$$

Dynamisches Optimierungsproblem der nutzenmaximierenden Haushalte

Das dynamische Optimierungsproblem der nutzenmaximierenden Haushalte (hier angenommen als Entität) lautet:[245]

$$\max_{C,\mathcal{A}} \quad U_0 = \int_0^\infty \exp(-\rho t) u(C(t)) dt \tag{A.13}$$

$$\begin{aligned} \text{u.d.N.} \quad & \dot{\mathcal{A}}(t) = \left(r(t) - \frac{\dot{p}_Q(t)}{p_Q(t)} \right) \mathcal{A}(t) + w(t)L(t) + \pi_k(t)n_k(t) - C(t) \\ \text{mit} \quad & k = \begin{cases} i-1 & t \in [T_i, T_i + \Delta_1), \\ i & t \in [T_i + \Delta_1, T_{i+1}). \end{cases} \end{aligned} \tag{A.14}$$

$$\text{und} \quad \mathcal{A}(0) = \mathcal{A}_0. \tag{A.15}$$

Dabei stellt die erste Nebenbedingung den zeitlichen Verlauf der Vermögenswerte dar, die den Haushalten zum Konsum zur Verfügung stehen. Diese vermehren sich in jeder Periode um risikofreie Zinserträge auf den Bestandswert sowie Arbeitslöhne und Firmenprofite. Gemindert werden die Vermögenswerte durch die Teuerungsrate[246] des einzig konsumierbaren Endprodukts und den Konsum desselben. Die zweite Nebenbedingung stellt einen beliebigen anfänglichen Vermögenswertbestand dar.

Die zu optimierende Hamilton-Funktion in Gegenwartswerten ist dann wie folgt gegeben:

$$\begin{aligned} & \mathcal{H}(t, \mathcal{A}, C, \mu) = \\ & u(C(t)) + \mu(t) \left[\left(r(t) - \frac{\dot{p}_Q(t)}{p_Q(t)} \right) \mathcal{A}(t) + w(t)L(t) + \pi_k(t)n_k(t) - C(t) \right]. \end{aligned} \tag{A.16}$$

[245] Für das folgende Vorgehen vgl. insbesondere Acemoglu (2009, S. 294 ff.) sowie Barro und Sala-i-Martin (2004, S. 615 ff.)

[246] Die zeitliche Veränderung des Outputpreises spielt in den meisten Wachstumsmodellen insofern keine Rolle, als dass dieser Preis zumeist als Numéraire gewählt wird. Bei Helpman und Trajtenberg (1998a) ist jedoch stattdessen der Wert der Gesamtausgaben $p_Q Q$ auf eins normiert. Die resultierende Teuerungsrate ist im langfristigen Gleichgewicht mit stationären Zyklen genaugenommen eine Verbilligung des Endproduktpreises mit der kontinuierlichen Rate $\frac{\dot{p}_Q(t)}{p_Q(t)} = \frac{\log(\lambda^{-1})}{\Delta}$, wie sich in Gleichung (A.46) zeigen wird.

Dabei bezeichnet μ(t) den Lagrange-Multiplikator. Die notwendigen Bedingungen für die Lösung des Optimierungsproblems ergeben sich zu:

$$\frac{\partial \mathcal{H}(\cdot)}{\partial C(t)} = u'(C(t)) - \mu(t) \stackrel{!}{=} 0, \tag{A.17}$$

$$\frac{\partial \mathcal{H}(\cdot)}{\partial \mathcal{A}(t)} = \mu(t)\left(r(t) - \frac{\dot{p}_Q(t)}{p_Q(t)}\right) \stackrel{!}{=} -\dot{\mu}(t) + \rho\mu(t). \tag{A.18}$$

Aus der ersten notwendigen Bedingung folgt wegen der stetigen Differenzierbarkeit von $u'(C(t))$ und $C(t)$ durch Differenzieren nach t, Division von $\mu(t)$ und Erweiterung der linken Seite mit $C(t)$ in Zähler und Nenner

$$\frac{u''(C(t))C(t)}{u'(C(t))} \cdot \frac{\dot{C}(t)}{C(t)} = \frac{\dot{\mu}(t)}{\mu(t)}. \tag{A.19}$$

Die zweite notwendige Bedingung kann wie folgt umgestellt werden:

$$\frac{\dot{\mu}(t)}{\mu(t)} = \rho - r(t) + \frac{\dot{p}_Q(t)}{p_Q(t)}. \tag{A.20}$$

Aus (A.19) und (A.20) folgt dann

$$\frac{\dot{C}(t)}{C(t)} = \frac{1}{\varepsilon_u(C(t))}\left(r(t) - \frac{\dot{p}_Q(t)}{p_Q(t)} - \rho\right) \tag{A.21}$$

mit der Grenznutzenelastizität

$$\varepsilon_u(C(t)) \equiv -\frac{u''(C(t))C(t)}{u'(C(t))}. \tag{A.22}$$

Für den Fall der logarithmischen Nutzenfunktion $u(C(t)) = \log C$ gilt darüber hinaus

$$\frac{u''(C(t))C(t)}{u'(C(t))} = \frac{C(t)C(t)}{(C(t))^2} = 1, \tag{A.23}$$

und für die Konsumbewegungsgleichung

$$\frac{\dot{C}(t)}{C(t)} = r(t) - \frac{\dot{p}_Q(t)}{p_Q(t)} - \rho. \tag{A.24}$$

Für Optimierungsprobleme mit unendlichem Zeithorizont und zeitlicher Diskontierung stellt die Transversalitätsbedingung eine zusätzliche notwendige Bedingung für ein Optimum dar. Für das vorliegende Problem lautet sie

$$\lim_{t\to\infty} \left[\exp(-\rho t)\mu(t)\mathcal{A}(t)\right] = 0. \tag{A.25}$$

Integration von Gleichung (A.20) und Einsetzen von (A.17) zum Zeitpunkt $t = 0$ liefert

$$\mu(t) = u'(C(0)) \exp\left[\int_0^t \left(\rho - r(s) + \frac{\dot{p}_Q(s)}{p_Q(s)}\right) ds\right]. \tag{A.26}$$

Dies eingesetzt in die Transversalitätsbedingung führt zur stikten No-Ponzi-Bedingung:

$$\lim_{t\to\infty}\left[\mathcal{A}(t)\exp\left(-\int\limits_0^t\left(r(s)-\frac{\dot{p}_Q(s)}{p_Q(s)}\right)ds\right)\right]=0. \tag{A.27}$$

Für den Fall unendlicher Planungshorizonte der Haushalte stellt die No-Ponzi-Bedingung deren Budgetbeschränkung über die Gesamtlebensdauer dar. Gleichzeitig sichert sie die Äquivalenz zwischen der *Arrow-Debreu*-Formulierung, dass alle – auch zukünftig erst zu produzierenden – Wirtschaftsgüter zu einem bestimmten initialen Zeitpunkt einmalig und abschließend gehandelt werden, und der in Wachstumsmodellen verwandten Formulierung des sequentiellen Handels, bei der beispielsweise Konsum- oder Faktoreinsatzentscheidungen in jedem Zeitpunkt t aufs Neue getroffen werden (Acemoglu, 2009, S. 171 f. und S. 291 f.).

Lohnrate und Anzahl Komponenten im Phasenverlauf

Während der 1. Phase einer neuen Querschnittstechnologie i kann diese noch nicht produktiv eingesetzt werden. Entrepreneure erhalten demnach noch keinen Profit, der ihren Forschungsaufwendungen gegenüber steht. Mit $\pi_i = 0$, der aus der Normalisierung folgenden Gleichheit von $r(t)$ und ρ (3.23), der No-Arbitrage-Bedingung (3.18) respektive (A.11), sowie der freien Markteintrittsbedingung (3.19) gilt demnach im Intervall $[T_i, T_i + \Delta_1)$:

$$r(t)=\frac{\pi_i(t)}{v_i(t)}+\frac{\dot{v}_i(t)}{v_i(t)} \quad\Longrightarrow\quad \rho=\frac{\pi_i(t)}{w(t)a}+\frac{\dot{w}(t)a}{w(t)a} \quad\Longrightarrow\quad \frac{\dot{w}(t)}{w(t)}=\rho. \tag{A.28}$$

Die Lösung dieser Differentialgleichung ergibt sich bekanntermaßen als

$$w(t)=w(T_i)\exp(\rho(t-T_i)), \qquad \text{für} \qquad t\in[T_i,T_i+\Delta_1), \tag{A.29}$$

mit $w(T_i)$ als anfänglicher Lohnrate zu Beginn des Zyklus, dem Zeitpunkt T_i.

Aus den Gleichungen für den Endproduktpreis (3.14) und die Arbeitsmarkträumung (3.20) sowie der Normalisierung $p_Q Q = 1$ folgt für die Entwicklung der Anzahl der Komponenten in Phase 1 (beachte: Produktionsregime ist $i-1$):

$$\begin{aligned} a\dot{n}_i(t)+b_{i-1}(t)Q_{i-1}(t)&=L\\ \Longrightarrow\quad \dot{n}_i(t)&=\frac{1}{a}(L-b_{i-1}(t)Q_{i-1}(t))\\ &=\frac{1}{a}\left(L-b_{i-1}(t)\frac{\alpha}{w(t)b_{i-1}(t)}\right)\\ &=\frac{1}{a}\left(L-\frac{\alpha}{w(t)}\right), \end{aligned} \tag{A.30}$$

und mit eingesetzter obiger Lösung (A.29) für die Lohnrate in Phase 1:

$$\dot{n}(t)=\frac{dn}{dt}=\frac{L}{a}-\frac{\alpha}{w(T_i)a}\exp(-\rho(t-T_i)) \tag{A.31}$$

Die Lösung dieser Differentialgleichung ergibt sich wie folgt. Zunächst ist

$$\int dn = \int \left(\frac{L}{a} - \frac{\alpha}{w(T_i)a} \exp(-\rho(t - T_i)) \right) dt. \tag{A.32}$$

Eine Stammfunktion $\zeta(t)$ der rechten Seite impliziert dann für die Lösung der Gleichung:

$$\begin{aligned} & n(t) = \zeta(t) + C \\ \Longleftrightarrow\ & C = n(t) - \zeta(t) \end{aligned}$$

mit der Integrationskonstanten C. Das Anfangswertproblem (Zeitpunkt T_i) führt dann zu

$$\begin{aligned} & C = \underbrace{n(T_i)}_{=0} - \zeta(T_i) \quad \Longrightarrow \quad C = -\zeta(T_i) \\ \Longrightarrow \quad & n(t) = \zeta(t) - \zeta(T_i) \end{aligned} \tag{A.33}$$

Aus (A.32) und (A.33) ergibt sich dann das bestimmte Integral und hieraus die Lösung für die Anzahl der Komponenten in Phase 1, $n(t)$:

$$\begin{aligned} n(t) &= \int_{T_i}^{t} \left(\frac{L}{a} - \frac{\alpha}{w(T_i)a} \exp(-\rho(s - T_i)) \right) ds \\ &= \frac{L}{a}(t - T_i) - \frac{\alpha}{w(T_i)a} \int_{T_i}^{t} \exp(-\rho(s - T_i)) ds \\ &= \frac{L}{a}(t - T_i) - \frac{\alpha}{w(T_i)a} \left[-\frac{1}{\rho} \exp(-\rho(s - T_i)) \right]_{T_i}^{t} \\ &= \frac{L}{a}(t - T_i) - \frac{\alpha}{w(T_i)a} \left[-\frac{1}{\rho} (\exp(-\rho(t - T_i)) - \exp(-\rho(T_i - T_i))) \right] \\ &= \frac{L}{a}(t - T_i) - \frac{\alpha}{\rho w(T_i)a} (1 - \exp(-\rho(t - T_i))), \quad \text{für} \quad t \in [T_i, T_i + \Delta_1) \end{aligned} \tag{A.34}$$

Da in Phase 2 das Produktionsregime wechselt und die Erfinder neuer Querschnittstechnologiekomponenten nun Profite erzielen, folgt in Analogie zu Gleichung (A.28) im Intervall $[T_i + \Delta_1, T_{i+1})$:

$$\frac{\dot{w}(t)}{w(t)} = \rho - \frac{\pi_i(t)}{w(t)a}. \tag{A.35}$$

Mit der Profitgleichung (3.16) und dem Preis des Endprodukts (3.14) sowie der Normalisierung $p_Q Q = 1$ wird daraus

$$\frac{\dot{w}(t)}{w(t)} = \rho - \frac{(1-\alpha)w(t)b_i(t)Q_i(t)}{\alpha n_i(t)w(t)a} = \rho - \frac{(1-\alpha)w(t)b_i(t)Q_i(t)p_Q(t)}{w(t)b_i(t)n_i(t)w(t)a} = \rho - \frac{(1-\alpha)}{w(t)an_i(t)},$$

oder kürzer:

$$\dot{w}(t) = \rho w(t) - \frac{(1-\alpha)}{an_i(t)} \tag{A.36}$$

Daneben ergibt sich analog zum Vorgehen bei – und in Übereinstimmung mit – Gleichung (A.30) auch im neuen Produktionsregime für die zeitliche Entwicklung der Anzahl der Komponenten

$$\dot{n}_i(t) = \frac{1}{a}\left(L - \frac{\alpha}{w(t)}\right). \tag{A.37}$$

Abbildung 3.4: Isoklinenschnittpunkt und -eigenschaften

Der Zeitindex wird im Folgenden der Übersichtlichkeit halber erneut unterdrückt. Im Schnittpunkt der beiden gezeigten Isoklinen gilt sowohl:

$$\dot{n} = \frac{1}{a}\left(L - \frac{\alpha}{w}\right) = 0 \quad \Longrightarrow \quad w = \frac{\alpha}{L},$$

was den Ordinatenabschnitt markiert, als auch

$$\dot{w} = \rho w - \frac{1-\alpha}{an} = 0 \quad \Longleftrightarrow \quad n\rho\frac{\alpha}{L} - \frac{1-\alpha}{a} = 0 \quad \Longleftrightarrow \quad n = \frac{(1-\alpha)L}{a\rho\alpha},$$

wobei die letzte Gleichung den Abszissenabschnitt definiert. Darüber hinaus lässt sich direkt ersehen, dass die Isokline bei $\dot{w} = 0$ stets eine abnehmende Funktion in n ist, zumal

$$\dot{w} = \rho w - \frac{1-\alpha}{an} = 0 \quad \Longleftrightarrow \quad w = \left(\frac{1-\alpha}{a\rho}\right)\frac{1}{n}.$$

Bedingungen des langfristigen stationären Gleichgewichts

Einem Komponentenhersteller des $(i-1)$ten Querschnittstechnologieregimes wird ab dem Zeitpunkt T_i, also mit Beginn der Phase 1 eines neuen Zyklus, folgender Firmenwert zugerechnet (als Summe seiner zeitlich diskontierten Profitströme während dieser Phase):

$$v_{i-1}(t) = \int_t^{T_i+\Delta_1} \exp(-\rho(\tau - t))\pi_{i-1}(\tau)d\tau$$

Da durch das Erscheinen der neuen Technologie zum Zeitpunkt T_i die Anzahl der Komponenten des vorherigen Regimes n_{i-1} nicht weiter wächst, sind die Profite der Komponentenhersteller von nun an (bis zum kommenden Produktionsregimewechsel) konstant. Mit den Gleichungen (3.17) und (3.30) sowie der Normierung $E = p_Q Q = 1$ folgt demnach

$$\begin{aligned}
v_{i-1}(t) &= \int_t^{T_i+\Delta_1} \exp(-\rho(\tau - t))\frac{1-\alpha}{n_{i-1}(T_i)}d\tau \\
&= \frac{1-\alpha}{n_{i-1}(T_i)}\left(-\frac{1}{\rho}\right)\left[\exp(-\rho(T_i + \Delta_1 - t)) - \exp(-\rho(t - t))\right] \\
&= \frac{1-\alpha}{\rho n_{i-1}(T_i)}\left[1 - \exp(-\rho(T_i + \Delta_1 - t))\right], \qquad \text{für} \quad t \in [T_i, T_i + \Delta_1].
\end{aligned} \tag{A.38}$$

Wegen der freien Markteintrittsbedingung aus Gleichung (3.19) muss daher noch bis T_i^- gegolten haben:

$$\begin{aligned} w(T_i^-) &= \frac{1-\alpha}{\rho a n_{i-1}(T_i)}[1-\exp(-\rho(T_i+\Delta_1-T_1))] \\ &= \frac{(1-\alpha)}{\rho a n_{i-1}(T_i)}(1-\exp(-\rho\Delta_1)). \end{aligned} \tag{A.39}$$

In einem stationären Gleichgewicht stellt dieser Wert die Lohnrate am Ende eines jeden vollständigen Zyklus dar. Innerhalb eines jeden Zyklus gilt darüber hinaus für den Phasenübergang gemäß der Lohnratenentwicklung in Phase 1 aus Gleichung (3.26):

$$w(T_i+\Delta_1) = w(T_i)\exp(\rho\Delta_1). \tag{A.40}$$

Damit wird sichergestellt, dass Phase 2 mit jener nominalen Lohnrate beginnt, mit der Phase 1 endet.

Für die Komponenten ergibt sich analog aus Gleichung (3.27):

$$n_i(T_i+\Delta_1) = \frac{L}{a}\Delta_1 - \frac{\alpha}{\rho a w(T_i)}(1-\exp(-\rho\Delta_1)). \tag{A.41}$$

Mit einem initialen Wert $n_i(T_i)=0$, dem Verlauf der Lohnrate und Komponentenzahlen während Phase 1, (3.26) respektive (3.27), den Phasenübergangsgleichungen (A.40) und (A.41) sowie der Regimewechselbedingung $n_i(T_i+\Delta_1) = \lambda^{-(\alpha)/(1-\alpha)}n_{i-1}(T_i)$ Gleichung (3.15) folgend, den Differentialgleichungen der Entwicklung in Phase 2, (3.28) und (3.29), sowie der Abschlussbedingung (A.39) für die Lohnrate am Ende eines jeden Zyklus, ergibt sich ein vollständiges System. Für ein langfristiges Gleichgewicht werden dann per Simulation fixe Werte für $w(T_i) = w_0$ und $n_{i-1}(T_i) = n_{\max}$ gesucht, für die das System sowohl für die Anzahl Komponenten, als auch für die Lohnrate am Ende jedes Zyklus konvergiert, so dass $n_i(T_{i+1}) = n_{\max}$ respektive $w(T_{i+1}^-) = \frac{(1-\alpha)}{\rho a n_{\max}}(1-\exp(-\rho\Delta_1))$ aus Gleichung (A.39) gilt.

Numerische Simulation des stationären Zyklus

1. Die Wahl der Parameter erweist sich als kritisch für die Konvergenzeigenschaften des Systems. Helpman und Trajtenberg (1998) legen daher auf Basis ihrer Simulationsergebnisse die Parameterintervalle $\lambda \in [1.2, 28]$, $\alpha \in [0.1, 0.6]$ und $\rho \in [0.025, 0.075]$ nahe. $L = 1$, $a = 1$ und $\Delta = 20$ werden fixiert.

2. Um ein langfristiges Gleichgewicht zu finden, repräsentiert durch ein stationäres Tupel (w, n), werden zunächst Anfangswerte $w(T_i) = w_0$ und $n_{i-1}(T_i) = n_{max}$ festgelegt.

3. Mit den Anfangswerten wird durch die Regimewechselbedingung (3.15) sowie den Gleichungen (A.40) und (A.41) die Lohnrate am Ende von Phase 1, $w(T_i+\Delta_1)$ sowie die zugehörige Anzahl Komponenten $n_i(T_i+\Delta_1)$ berechnet. Gleichzeitig ergibt sich die Lösung der dritten Variable, Δ_1, also der Länge der 1.Phase.

4. Durch Anwendung des Differentialgleichungssystems der Phase 2, (3.28) und (3.29), für ein Zeitintervall $\Delta_2 = \Delta - \Delta_1$ ergeben sich $w(T_{i+1}^-)$ und $n_i(T_{i+1})$. Gilt dann einerseits

$$w(T_{i+1}^-) = \frac{(1-\alpha)}{\rho a n_{max}}(1-\exp(-\rho\Delta_1))$$

und weiterhin $n_i(T_{i+1}) = n_{max}$, ist ein stationäres Gleichgewicht gefunden. Falls nicht, werden die Startwerte $w(T_i) = w_0$ und $n_{i-1}(T_i) = n_{max}$ angepasst und die vorherigen Schritte 2 bis 4 wiederholt.

Mit den finalen Startwerten w_0 und n_{max} kann nun ein repräsentativer Zyklus gezeigt werden. Die Abbildungen des Abschnitts 3.2 entsprechen einem solchen Zyklus mit den Parameterwerten $\lambda = 1.5$, $\alpha = 0.5$, $\rho = 0.025$, $L = 1$, $a = 1$ und $\Delta = 20$.

Output, Reallöhne und Realprofite

Die n Komponentenhersteller erwirtschaften jeweils Profite π_i. Aus Gleichung (3.30) folgt damit für die Gesamtprofite der Volkswirtschaft

$$n_i(t)\pi_i(t) = 1 - \alpha.$$

Diese Profite bilden gemeinsam mit den Arbeitslöhnen das inputseitige Gegenstück des Nominaloutputs der Volkswirtschaft:

$$G_{nom}(t) = w(t)L + 1 - \alpha.$$

Der Realoutput ergibt sich über die Normierung mit dem Preis (3.14) des einzig konsumierbaren Endprodukts:

$$G_{real}(t) = \frac{w(t)L + 1 - \alpha}{p_Q(t)} = \frac{w(t)L + 1 - \alpha}{\frac{w(t)b_i(t)}{\alpha}} = \left(L + \frac{1-\alpha}{w(t)}\right)\alpha b_i(t)^{-1}$$

Und mit Gleichung (3.13) folgt

$$G_{real}(t) = \left(L + \frac{1-\alpha}{w(t)}\right)\alpha\lambda^k n_k(t)^{\frac{1-\alpha}{\alpha}}, \qquad \text{mit} \quad k = \begin{cases} i-1 & t \in [T_i, T_i + \Delta_1), \\ i & t \in [T_i + \Delta_1, T_{i+1}). \end{cases} \tag{A.42}$$

Für die Reallöhne $\omega_i(t)$ ergibt sich aus (3.14) gesondert

$$\omega_i(t) = \frac{w(t)}{p_Q(t)} = \alpha b_i(t)^{-1} = \alpha\lambda^k n_k(t)^{\frac{1-\alpha}{\alpha}}, \tag{A.43}$$

und analog können die Profite gesondert normiert und die Realprofite $\tilde{\Pi}_i(t)$ dargestellt werden:

$$\begin{aligned} \tilde{\Pi}_i(t) &= \frac{n_i(t)\pi_i(t)}{p_Q(t)} = \frac{n_i(t)(1-\alpha)w(t)b_i(t)Q_i(t)}{\alpha n_i(t)} \cdot \frac{\alpha}{w(t)b_i(t)} \\ &= (1-\alpha)Q_i(t) = (1-\alpha)\frac{1}{p_Q(t)} \\ &= (1-\alpha)\frac{\alpha}{w(t)b_i(t)} \\ &= \frac{(1-\alpha)\alpha\lambda^k n_k(t)^{\frac{1-\alpha}{\alpha}}}{w(t)}, \qquad \text{jeweils mit} \quad k = \begin{cases} i-1 & t \in [T_i, T_i + \Delta_1), \\ i & t \in [T_i + \Delta_1, T_{i+1}). \end{cases} \end{aligned} \tag{A.44}$$

Wachstumsrate des Outputs

Die Wachstumsrate stetig differenzierbarer Funktionen entspricht:

$$g = \frac{\dot{G}}{G} = \frac{dG}{dt}\frac{d\log G}{dG} = \frac{d\log G}{dt}$$

Für die nicht stetigen Zyklen des Modells wird das Gesamtwachstum des Realoutputs über die Dauer eines Zyklus (mit jeweiligen Endzeitpunkten T_i^-) betrachtet:

$$g = \frac{\log G_i - \log G_{i-1}}{\Delta} = \frac{\log G(T_i^-) - \log G(T_{i-1}^-)}{\Delta} = \frac{\log\left(\frac{G(T_i^-)}{G(T_{i-1}^-)}\right)}{\Delta}.$$

Mit Gleichung (A.42) und unter der Bedingung, dass ein stationäres Gleichgewicht dahingehend vorliegt, dass $n_{i-1}(T_{i-1}^-) = n_i(T_i^-)$ sowie $w_{i-1}(T_{i-1}^-) = w_i(T_i^-)$ gilt, folgt daraus:

$$g = \frac{\log \lambda}{\Delta} \tag{A.45}$$

Analog folgt aus Gleichung (A.6) für die Teuerungsrate des Endprodukts:

$$\frac{\dot{p}_Q}{p_Q} = \frac{d\log p_Q}{dt} = \frac{\log(\lambda^{-1})}{\Delta} \tag{A.46}$$

Dies ist konsistent mit Gleichung (3.23) im Hauptteil, für die die Identität $G = Q$ Gültigkeit haben muss.

Das Basismodell mit alternativer Parametrierung

Helpman und Trajtenberg (1994, S. 33) zeigen ausschnittsweise Ergebnisse ihrer Simulationen stationärer Wachstumszyklen. Darunter fällt neben der in Helpman und Trajtenberg (1998a) für die Darstellung gewählten Parametrisierung mit $\lambda = 1.5$ auch eine ceteris-paribus-Variante mit $\lambda = 1.75$. Da diese beiden Szenarien für die Modifikationen des Abschnitts 5.2 dienen, sollen die Ergebnisse der letztgenannten Simulation hier nachfolgend ebenfalls gezeigt werden.

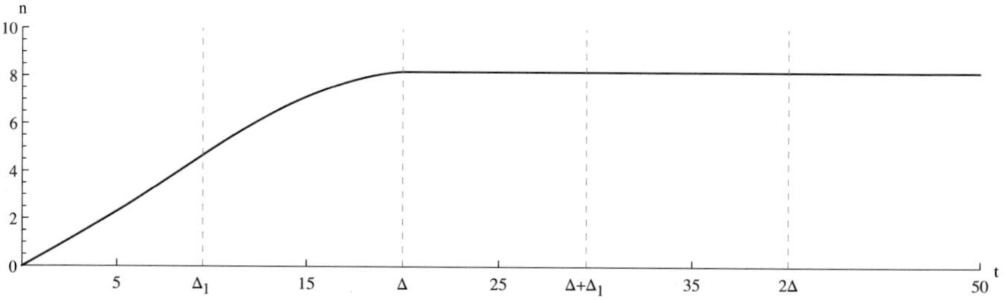

Abbildung A.1: Zeitlicher Verlauf der Komponenten bei alternat. Parametrierung, basierend auf eigenen Berechnungen. Parameter: $\alpha = 0.5$, $a = 1$, $L = 1$, $\rho = 0.025$, $\lambda = 1.75$.

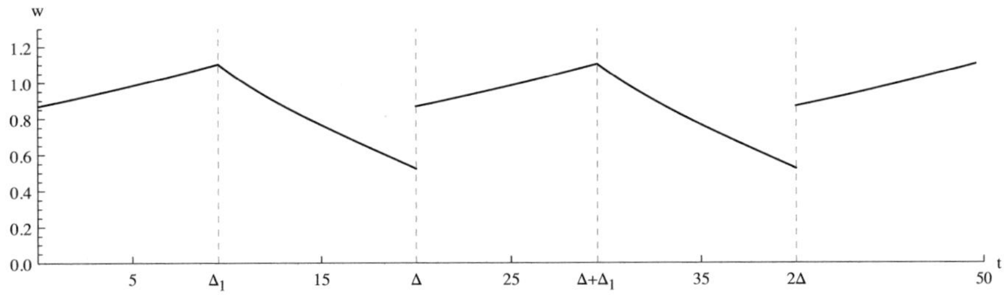

Abbildung A.2: Zeitlicher Verlauf der Nominallöhne bei alternat. Parametrierung, basierend auf eigenen Berechnungen. Parameter: $\alpha = 0.5$, $a = 1$, $L = 1$, $\rho = 0.025$, $\lambda = 1.75$.

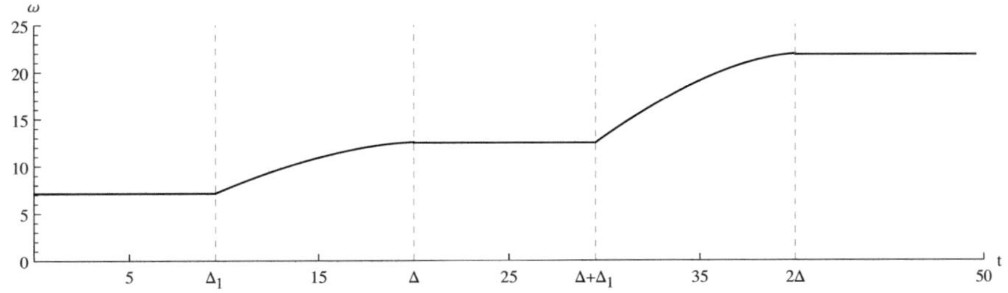

Abbildung A.3: Zeitlicher Verlauf der Reallöhne bei alternat. Parametrierung, basierend auf eigenen Berechnungen. Parameter: $\alpha = 0.5$, $a = 1$, $L = 1$, $\rho = 0.025$, $\lambda = 1.75$.

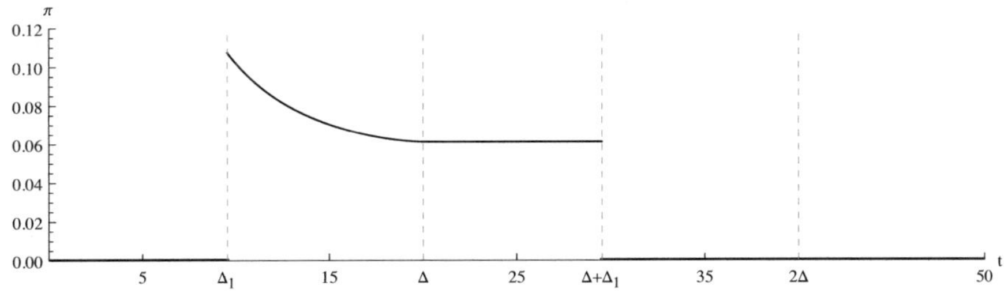

Abbildung A.4: Zeitlicher Verlauf der Profitrate bei alternativer Parametrierung, basierend auf eigenen Berechnungen. Parameter: $\alpha = 0.5$, $a = 1$, $L = 1$, $\rho = 0.025$, $\lambda = 1.75$.

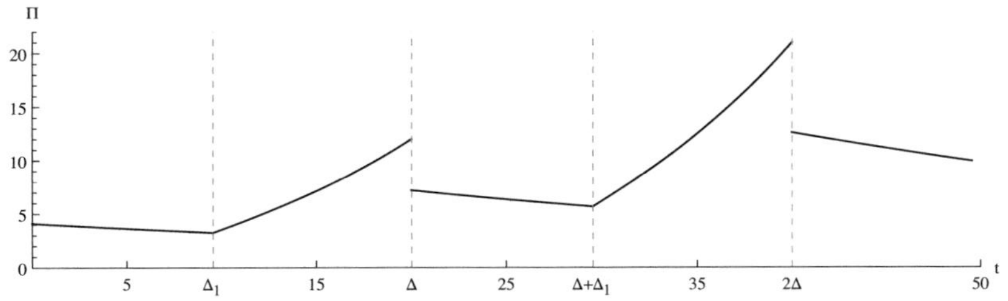

Abbildung A.5: Zeitlicher Verlauf der Realprofite bei alternativer Parametrierung, basierend auf eigenen Berechnungen. Parameter: $\alpha = 0.5$, $a = 1$, $L = 1$, $\rho = 0.025$, $\lambda = 1.75$.

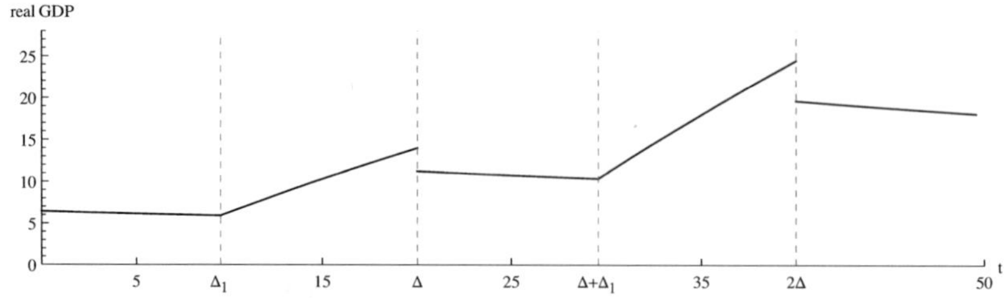

Abbildung A.6: Zeitlicher Verlauf der Realoutputs bei alternativer Parametrierung, basierend auf eigenen Berechnungen. Parameter: $\alpha = 0.5$, $a = 1$, $L = 1$, $\rho = 0.025$, $\lambda = 1.75$.

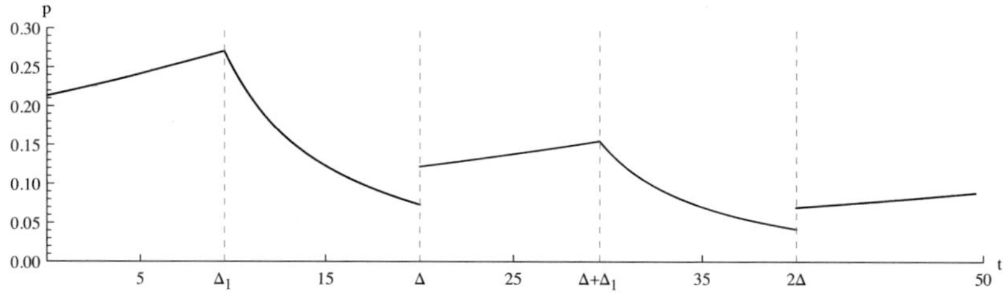

Abbildung A.7: Zeitlicher Verlauf des Endproduktpreises bei alternativer Parametrierung, basierend auf eigenen Berechnungen. Parameter: $\alpha = 0.5$, $a = 1$, $L = 1$, $\rho = 0.025$, $\lambda = 1.75$.

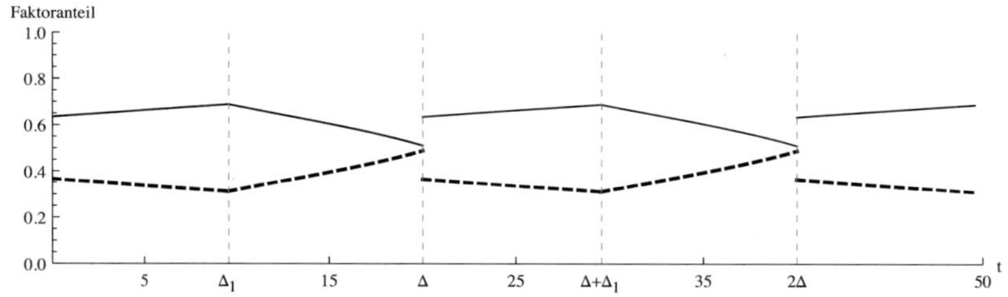

Abbildung A.8: Zeitlicher Verlauf der Faktoreinsatzrelation bei alternativer Parametrierung, basierend auf eigenen Berechnungen. Gestrichelt: Profitanteil am Nominaloutput, durchgezogen: Arbeitsanteil am Nominaloutput. Parameter: $\alpha = 0.5$, $a = 1$, $L = 1$, $\rho = 0.025$, $\lambda = 1.75$.

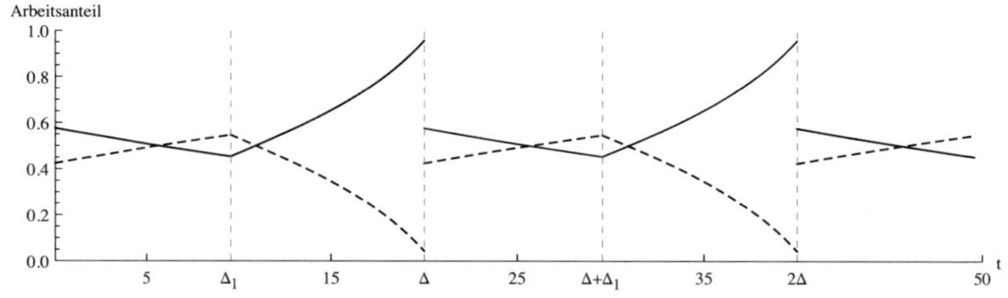

Abbildung A.9: Zeitlicher Verlauf der Arbeitsaufteilung bei alternativer Parametrierung, basierend auf eigenen Berechnungen. Gestrichelt: Arbeitsanteil in der Entwicklung, durchgezogen: Arbeitsanteil in der Produktion. Parameter: $\alpha = 0.5$, $a = 1$, $L = 1$, $\rho = 0.025$, $\lambda = 1.75$.

A.2 Endogenisierung der Technologiesprünge (3.3)

Das Kalkül möglicher Entrepreneure, deren Anzahl unbestimmt bleiben kann, ist zweistufig. Zunächst werden im Hinblick auf die Profitabilität der Forschung die zu erwartenden Nettoprofite maximiert:

$$\max_n [\lambda n \Pi_{t+1} - w_t n]$$

Dabei bezeichnet Π_{t+1} die Bruttoprofite nach erfolgreicher Innovation aus dem Verkauf des neuen, qualitativ hochwertigeren Zwischenprodukts. Daneben entspricht w der Lohnrate, die gleichermaßen in Forschung und Produktion anfällt. Die Optimierung liefert die sogenannte *Research-Arbitrage-Condition* RAC:

$$\lambda \Pi_{t+1} = w_t, \tag{A.47}$$

Die Bruttoprofite des erfolgreichen Entrepreneurs hängen von der in der Produktion aufgewendeten Arbeit ab. Das Optimierungskalkül der zweiten Stufe lautet entsprechend:

$$\Pi_{t+1} = \max_x \left[p_{t+1} x - w_{t+1} x \right],$$
$$\text{mit} \quad p_{t+1} = \frac{\partial Y_{t+1}}{\partial x} = \alpha A_{t+1} x^{\alpha - 1}$$

wobei p_{t+1} als Monopolpreis entsprechend dem Grenzprodukt im Endproduktsektor EPS gewählt wird. Die Maximierung liefert dann

$$\omega_{t+1} = \alpha^2 x^{\alpha - 1} \tag{A.48}$$

als produktivitätsadjustierte Lohnrate $\omega_{t+1} = w_{t+1}/A_{t+1}$[247] beziehungsweise

$$\tilde{x}(\omega_{t+1}) = \alpha^{\frac{2}{1-\alpha}} \omega_{t+1}^{\frac{1}{\alpha - 1}} \tag{A.49}$$

als optimale Nachfrage nach Arbeit in der Produktion.

---

[247] Für den allgemeineren Fall der Produktionstechnologie $Y_t = A_t F(x_t)$ gilt (vgl. Aghion und Howitt, 1992): Der Entrepreneur maximiert seinen Profit gemäß

$$\max_{x_t} \left[A_t F'(x_t) x_t - w_t x_t \right].$$

Mit der produktivitätsadjustierten Lohnrate $\omega_t = w_t / A_t$ ergibt sich dann das Grenzertragskalkül nach der Optimierung gemäß (der Übersichtlichkeit halber mit unterdrückten Indizes)

$$F''(x)x + F'(x) = \tilde{\omega}(x).$$

Für $\tilde{\omega}(x)$ gelten Inada-gleiche Bedingungen: $\tilde{\omega}'(x) < 0$, $\lim_{x \to 0} \tilde{\omega}(x) \to \infty$ sowie $\lim_{x \to \infty} \tilde{\omega}(x) \to 0$. Für den Cobb-Douglas-Fall ist die Gültigkeit dieser Bedingungen wegen $\alpha < 1$ sofort ersichtlich.

Bruttoprofite im Gleichgewicht

$$\begin{aligned}\tilde{\Pi}_{t+1} &= \alpha A_{t+1}\, x^{\alpha} - w_{t+1}\, x \\ &= \alpha A_{t+1}\left(\alpha^{\frac{2}{1-\alpha}}\omega_{t+1}^{\frac{1}{\alpha-1}}\right)^{\alpha} - w_{t+1}\alpha^{\frac{2}{1-\alpha}}\omega_{t+1}^{\frac{1}{\alpha-1}}\end{aligned}$$

Umformungen ohne Zeitindizes zwecks Lesbarkeit:

$$\begin{aligned}\tilde{\Pi} &= \alpha A\left(\alpha^{\frac{2}{1-\alpha}}\omega^{\frac{1}{\alpha-1}}\right)^{\alpha} - w\alpha^{\frac{2}{1-\alpha}}\omega^{\frac{1}{\alpha-1}} \\ &= A\,\underbrace{\omega^{\frac{\alpha}{\alpha-1}}\alpha^{\frac{1+\alpha}{1-\alpha}}(1-\alpha)}_{\tilde{\pi}}\end{aligned}$$

Insgesamt folgt für die Bruttoprofite im Gleichgewicht demnach:

$$\begin{aligned}\tilde{\Pi}_{t+1} &= A_{t+1}(1-\alpha)\alpha^{\frac{1+\alpha}{1-\alpha}}\omega_{t+1}^{\frac{\alpha}{\alpha-1}} \\ &= A_{t+1}\tilde{\pi}(\omega_{t+1})\end{aligned} \tag{A.50}$$

Darüber hinaus gilt im Gleichgewicht, dass Arbeit in einem zeitkonstanten Verhältnis zwischen Forschung und Produktion aufgeteilt wird. Ebenso konstant bleibt die produktivitätsadjustierte Lohnrate ω, die sich aus der Research-Arbitrage-Condition wie folgt ableiten lässt:

$$\begin{aligned}\lambda\Pi_{t+1} &= w_t, \\ \frac{\lambda\Pi_{t+1}}{A_t} &= w_t\frac{1}{A_t}.\end{aligned}$$

Mit $A_{t+1} = \gamma A_t \iff \frac{1}{A_t} = \frac{\gamma}{A_{t+1}}$ folgt hieraus:

$$\begin{aligned}\omega_t &= \lambda\gamma\frac{\Pi_{t+1}}{A_{t+1}}, \\ &= \lambda\gamma\tilde{\pi}(\omega_{t+1}),\end{aligned} \tag{A.51}$$

und im Gleichgewicht wegen $\omega = \omega_t = \omega_{t+1} = \omega_{t+2} = \ldots$:

$$\omega = \lambda\gamma\tilde{\pi}(\omega), \tag{A.52}$$

welches die Gleichgewichtslohnrate determiniert. Aus der Arbeitsmarkträumungsbedingung in Gleichung (3.37),

$$L = n + \tilde{x}(\omega),$$

folgt dann final der Arbeitseinsatz in der Forschung, n, der folglich residual bestimmt wird.

Im erweiterten Modell mit zwei Phasen gilt dann:

Die produktivitätsadjustierte Lohnrate ist unabhängig vom herrschenden Technologiezyklus. Sie unterscheidet sich jedoch zwischen den Phasen, zumal beim Übergang von Phase 1 zu 2 auf Basis der optimierten Forschungsallokation des Entrepreneurs erneut die Research Arbitrage Condition – analog Gleichung (A.51) – gelten muss:

$$\omega^{\Delta_1} = \lambda\gamma\tilde{\pi}(\omega^{\Delta_2}). \tag{A.53}$$

Da in Phase 2 die gesamte Arbeit in der Produktion verwendet wird, ist wegen $n^{\Delta_2} = 0$ sowie der zugehörigen Arbeitsmarkträumungsgleichung

$$L = \tilde{x}(\omega^{\Delta_2})$$

die produktivitätsadjustierte Lohnrate in Phase 2 bekannt. Eingesetzt in obige Research-Arbitrage-Gleichung (A.53) folgt damit ω^{Δ_1}. Und mit der Arbeitsmarkträumung in Phase 1 und nun bekanntem $\tilde{x}(\omega^{\Delta_1})$ ergibt sich erneut residual der zugehörige Gleichgewichtsressourceneinsatz in der Forschung, n^{Δ_1}.

A.3 Unsicherheit und Wachstum (3.4)

Das Optimierungsproblem ohne Spillover-Lags der angewandten Forschung

In der Darstellung des Drei-Sektoren-Modells bei Carlaw und Lipsey (2006a) lautet das Maximierungsproblem in jeder Periode[248]:

$$\begin{aligned}
\max_{\{r_{c,t}, r_{a,t}, r_{g,t}\}} \quad c_t &= \mu A_t (r_{c,t})^{\alpha} \\
&\text{u.d.N.} \\
R &= r_{c,t} + r_{a,t} + r_{g,t} \\
A_t &= a_t + (1-\varepsilon)A_{t-1} \\
a_t &= v\tilde{G}_t^a (r_{a,t})^{\beta} \\
\tilde{G}_t^a &= \tilde{g}_t + (1-\delta)G_{t-1}^a \\
\tilde{g}_t &= (1-\mu)A_t(r_{g,t})^{\sigma}
\end{aligned}$$

Im Gegensatz zur Formulierung in Kapitel 3.4 in Gleichungssystem (3.54) basiert der Zufluss des Grundlagenforschungssektors in der letzten Zeile also auf A_t, nicht A_{t-1}. Spillover-Effekte aus der Anwendungsforschung treten also verzögert auf.

Damit ergibt sich folgendes Problem. Durch sukzessive Substitution lässt sich zeigen:

$$\begin{aligned}
A_t &= a_t + (1-\varepsilon)A_{t-1} \\
&= v\tilde{G}_t^a (r_{a,t})^{\beta} + (1-\varepsilon)A_{t-1} \\
&= v(\tilde{g}_t + (1-\delta)G_{t-1}^a)(r_{a,t})^{\beta} + (1-\varepsilon)A_{t-1} \\
&= v[((1-\mu)A_t(r_{g,t})^{\sigma}) + (1-\delta)G_{t-1}^a](r_{a,t})^{\beta} + (1-\varepsilon)A_{t-1}
\end{aligned}$$

248 Die hiesige Wiedergabe basiert auf Gleichungssytem (9) bei Carlaw und Lipsey (2006a, S. 169). In der Herleitung finden sich auf Seite 168 mehrere Fehler. So ist der Vorfaktor v in $\tilde{g}_t = v(1-\mu)A_{t-1}(r_{g,t})^{\sigma}$ ebenso falsch wie der Parameter ϵ in $\tilde{G}_t^a = \tilde{g}_t + (1-\epsilon)G_{t-1}^a$. Dieser muss auf δ lauten. Die beiden Fehler werden jeweils wiederholt, finden sich jedoch nicht mehr im abschließenden Optimierungsproblem auf Seite 169. Dort wiederum muss der Vorfaktor v in $a_t = vG_{t-1}^a(r_{a,t})^{\beta}$ zweimal durch v ersetzt werden.

Ausmultiplizieren und Auflösen nach A_t liefert:

$$A_t = \nu(1-\mu)A_t(r_{g,t})^{\sigma}(r_{a,t})^{\beta} + \nu(1-\delta)G^a_{t-1}(r_{a,t})^{\beta} + (1-\varepsilon)A_{t-1}$$

$$A_t = \frac{\nu(1-\delta)G^a_{t-1}(r_{a,t})^{\beta} + (1-\varepsilon)A_{t-1}}{1-\nu(1-\mu)(r_{g,t})^{\sigma}(r_{a,t})^{\beta}}.$$

Das Maximierungsproblem lässt sich damit reduzieren zu

$$\begin{aligned} \max_{\{r_{c,t},r_{a,t},r_{g,t}\}} \quad & c_t = \mu\left(\frac{\nu(1-\delta)G^a_{t-1}(r_{a,t})^{\beta} + (1-\varepsilon)A_{t-1}}{1-\nu(1-\mu)(r_{g,t})^{\sigma}(r_{a,t})^{\beta}}\right)(r_{c,t})^{\alpha} \\ & \text{u.d.N.} \\ & R = r_{c,t} + r_{a,t} + r_{g,t}. \end{aligned} \tag{A.54}$$

Da ν und $(1-\mu)$ aufgrund der Parametrierung sowie $r_{g,t}$ und $r_{a,t}$ als Entscheidungsvariablen positiv sind, kann der Nenner von A_t für bestimmte Wertekombinationen zwei Polstellen bedingen, nämlich genau dann, wenn $\nu(1-\mu)(r_{g,t})^{\sigma}(r_{a,t})^{\beta} \to 1^+$. In diesem Fall liefert die Optimierung auf Basis numerischer Simulationen kein eindeutiges globales Maximum, sondern Approximationen der Definitionslücken. Löst man die verbliebene Nebenbedingung der Maximierung in (A.54) beispielsweise nach $r_{g,t}$ auf und substituiert selbiges in der Zielfunktion, so lässt sich dies auch visualisieren. Abbildung A.10 zeigt die derart reduzierte Funktion $c(r_a)$ für verschiedene fixe Werte von r_c.

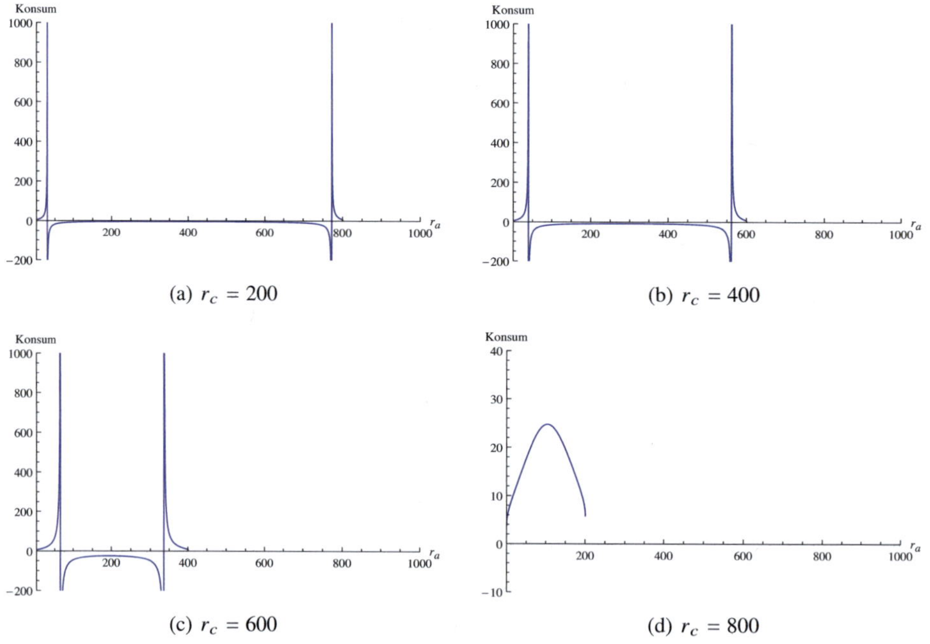

(a) $r_c = 200$

(b) $r_c = 400$

(c) $r_c = 600$

(d) $r_c = 800$

Abbildung A.10: Polstellen der Funktion $c(r_a|r_c)$. Parameter: $\alpha = 0.3$, $\beta = 0.3$, $\sigma = 0.3$, $\delta = 0.0001$, $\nu = 0.1$, $\mu = 0.5$, $A_0 = 1$, $G_0 = 1$, $\epsilon = 0.02$, $R = r_{c,t} + r_{a,t} + r_{g,t} = 1000$.

Lediglich in Abbildung (d) entsteht demnach ein globales Maximum.[249] Lipsey et al. (2005, S. 459) setzen daher: $\tilde{A}_t = A_{t-1}$. Dieser Vereinfachung wurde in Abschnitt 3.4 entsprochen.

Das 3-Sektoren-Modell mit stochastisch bestimmten Schocks

Carlaw und Lipsey (2006a) verwenden für ihr Modell zur Veranschaulichung stochastischer Einflüsse entgegen der Darstellung in Abschnitt 3.4 eine Vielzahl technologischer Schocks. Entsprechend ist in der hiesigen alternativen Darstellung des Basismodells die Schockzahl hoch gewählt. Für diesen Fall zeigen die Abbildungen A.11(a) bis A.11(d) die Ergebnisse einer stochastisch bestimmten Menge Schocks bei ceteris-paribus-Parametrisierung. Die Peaks der Wachstumsrate des Outputs in der finalen Abbildung A.11(d) sind auf den jeweils unverzögerten Einfluss des Technologieschocks zurückzuführen.

A.4 Technologiezyklen bei perfekter Voraussicht (5.2)

Numerische Simulation des Fixpunkts der Produktivitätswachstumsrate

1. Die Wahl der Parameter erfolgt hier auf Basis eines stationären Zyklus im Basismodell. Für die hiesigen Analysen wurde exemplarisch folgende Parameterkombination gewählt: $\alpha = 0.5$, $a = 1$, $L = 1$, $\rho = 0.025$, $\lambda_0 = 1.5$. Die Erhöhung des Produktivitätsparameters λ ist mit Ende der Phase 1 bei $\lambda_1 = 1.75$ abgeschlossen.

2. Um einen Fixpunkt für die Wachstumsrate θ zu finden, welche bei exponentiellem (exogenen) Wachstum der Produktivität nach der Dauer Δ_1 zum neuen Produktivitätsniveau λ_1 führt, wird mit $\theta = \theta_0$ zunächst ein beliebiger positiver Anfangswert der Wachstumsrate festgelegt.

3. Mit dem Anfangswert $\theta = \theta_0$ wird mit der modifizierten Regimewechselbedingung (5.2) sowie den Gleichungen (A.40) und (A.41) die Lohnrate am Ende von Phase 1, $w(T_i + \Delta_1)$ sowie die zugehörige Anzahl Komponenten $n_i(T_i + \Delta_1)$ berechnet. Gleichzeitig ergibt sich eine Lösung für Δ_1, also die Länge der 1.Phase.

4. Solange λ_0, θ und Δ_1 in Gleichung (5.1) nicht exakt λ_1 bedingen, wird θ entsprechend angepasst und die Iteration mit neuem Anfangswert für θ bei Schritt 3 fortgesetzt. Andernfalls endet die Iteration und ein Fixpunkt ist gefunden.

Mit dem finalen Fixpunkt-Tupel (θ, Δ_1), welches Gleichung (5.1) löst, und den Startwerten w_0 und n_0 eines Basismodellzyklus kann nun mittels (A.40) und (A.41) sowie des Differentialgleichungssystems der Phase 2, (3.28) und (3.29), ein vollständiger Zyklus mit exogenem

[249] Aus analytischer Sicht müsste für einen stationären Punkt r_a^0, r_c^0 der Funktion $c(r_a, r_c)$ gelten:

$$c_{r_a}(r_a^0, r_c^0) = \frac{\partial c(r_a, r_c)}{\partial r_a}\bigg|_{r_a = r_a^0} = 0, \qquad \text{sowie} \qquad c_{r_c}(r_a^0, r_c^0) = \frac{\partial c(r_a, r_c)}{\partial r_c}\bigg|_{r_c = r_c^0} = 0.$$

Darüber hinaus müsste für ein strenges lokales Maximum die Hesse-Matrix,

$$H_{c(r_a, r_c)}(r_a^0, r_c^0) = \begin{pmatrix} c_{r_a r_a}(r_a^0, r_c^0) & c_{r_a r_c}(r_a^0, r_c^0) \\ c_{r_c r_a}(r_a^0, r_c^0) & c_{r_c r_c}(r_a^0, r_c^0) \end{pmatrix},$$

negativ definit sein. Weder diese hinreichende noch die beiden notwendigen Bedingungen lassen sich jedoch für die Ausgangsfunktion analytisch bestimmen.

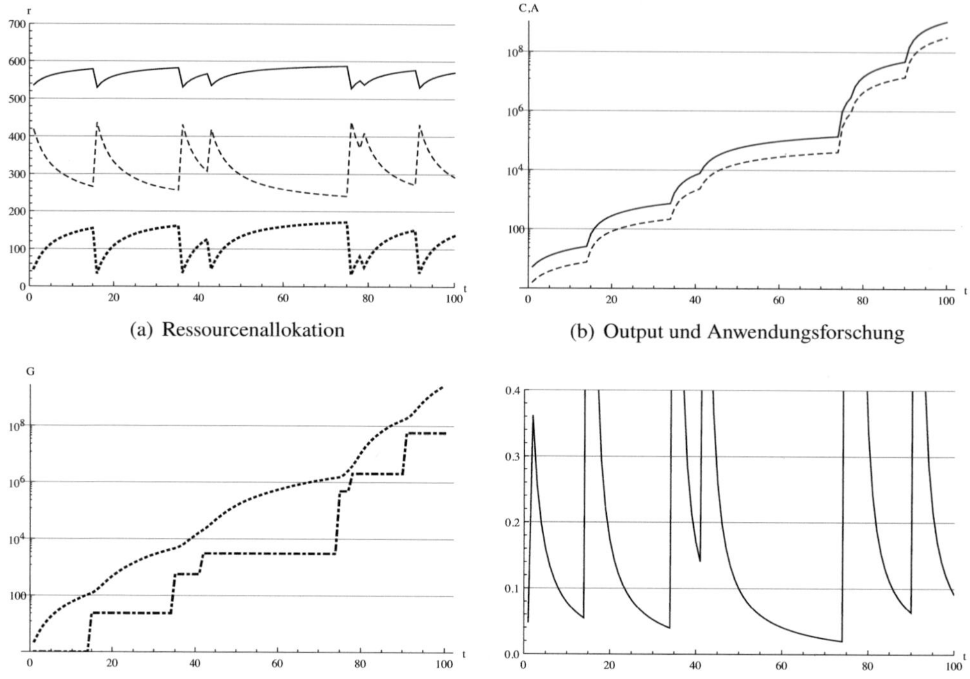

(a) Ressourcenallokation

(b) Output und Anwendungsforschung

(c) Grundlagenforschung (unten: nutzbar)

(d) Wachstumsrate des Outputs

Abbildung A.11: Zeitlicher Verlauf der Ressourcenallokation (a), resultierender Output des Konsum- und Anwendungsforschungssektors (b) sowie des Grundlagenforschungssektors (c) und Wachstumsrate des Outputs (d), basierend auf eigenen Berechnungen. Gestrichelt: Anwendungsforschungssektor, durchgezogen: Konsumsektor, gepunktet: Grundlagenforschungssektor. Parameter: $\alpha = 0.3$, $\beta = 0.3$, $\delta = 0.0001$ $\nu = 0.1$, $\mu = 0.5$, $\sigma = 0.3$ $A_0 = 1$, $G_0 = 1$ $\epsilon = 0.02$, $R = r_{c,t} + r_{a,t} + r_{g,t} = 1000$.

Produktivitätswachstum in Phase 1 gezeigt werden. Die Abbildungen des Abschnitts 5.2 entsprechen einem solchen Zyklus mit den Parameterwerten $\lambda_0 = 1.5$, $\lambda_1 = 1.75$, $\alpha = 0.5$, $\rho = 0.025$, $L = 1$, $a = 1$ und $\Delta = 20$. Als Lösung für die Wachstumsrate ergibt sich bei diesen Parametern $\theta = 0.013$. Die Dauer der Phase 1 verkürzt sich im Vergleich zum Basismodell-Zyklus von $\Delta_1^{\lambda=1.5} = 13.006$ auf $\Delta_1^{\lambda_0 \to \lambda_1} = 11.437$, mit $\lambda_0 = 1.5$ und $\lambda_1 = 1.75$.

Numerische Simulation des Steuersatzes bei Profitfinanzierung

1. Als Ausgangspunkt dienen erneut die Parameterwerte eines stationären Zyklus im Basismodell, erweitert um die nun endogenisierte Wachstumsrate der gesamtwirtschaftlichen Produktivität: $\alpha = 0.5$, $a = 1$, $L = 1$, $\rho = 0.025$, $\lambda_0 = 1.5$, $\theta = 0.0135$. Die Erhöhung des Produktivitätsparameters λ ist mit Ende der Phase 1 bei $\lambda_1 = 1.75$ abgeschlossen.

2. Die Kosten der Erhöhung werden gemäß

$$\mathcal{K}(T_i + \Delta_1) = \xi \cdot c \cdot \int_{T_i}^{T_i+\Delta_1} p_Q(t) \exp(r(T_i + \Delta_1 - t))dt$$

mittels numerischer Integration ermittelt. Der Parameter c wurde exemplarisch auf $c = 50$ gesetzt. Damit die Steuereinnahmen durch Profitfinanzierung aus Phase 2 und 3 diese Investitionskosten decken, muss gelten:

$$\begin{aligned}\mathcal{K}(T_i + \Delta_1) &\stackrel{!}{=} \mathcal{T}(T_i + \Delta_1)\\ &= \tau \cdot \int_{T_i+\Delta_1}^{T_{i+1}} \pi_i(t) \exp(-r(t - (T_i + \Delta_1))dt.\end{aligned} \tag{A.55}$$

Dabei ist

$$\pi_i(t) = \begin{cases} \frac{1-\alpha}{n_i(t)} & t \in [T_i + \Delta_1, T_i + \Delta_2), \\ \frac{1-\alpha}{n_i(\Delta_2)} & t \in [T_i + \Delta_2, T_{i+1}). \end{cases} \tag{A.56}$$

$\pi_i(t)$ ist demnach eine Funktion der Anzahl Komponenten im 2.Phasenverlauf. Deren zeitliche Entwicklung ist als Differentialgleichungssystem mit $\dot{w}(n, \tau)$ (Gleichung (5.13)) und $\dot{n}(w)$ beschrieben und muss numerisch gelöst werden.

3. Die Simulation beginnt mit $\tau = 0$ und löst das Differentialgleichungssystem der Löhne und Komponenten der 2.Phase. Da für Werte nahe $\tau = 0$ bei der gewählten Parameterkombination eine dritte Phase entsteht, während derer keine weitere Zwischenproduktentwicklung profitabel ist, ist die numerische Integration stückweise zu definieren und die akkumulierten Steuereinnahmen ergeben sich als Summe der Profitsteuern aus Phase 2 und 3 gemäß (A.55) beziehungsweise (A.56). Ist τ hinreichend groß[250], ergibt sich keine dritte Phase mehr, das heißt die Komponentenentwicklung dauert bis zum Erscheinen einer neuen Querschnittstechnologie fort.

4. Solange $\mathcal{K} > \mathcal{T}$, wird τ schrittweise erhöht und Schritt 3 wiederholt. Andernfalls endet die Simulation.

Mit dem ermittelten konstanten Profitsteuersatz τ kann nun für ein regulatorisch gesteuertes Produktivitätswachstum mittels der Startwerte (A.40) und (A.41) sowie des Differentialgleichungssystems der Phase 2, (3.28) und (3.29), die Finanzierung innerhalb eines vollständigen Zyklus gezeigt werden. Die Abbildungen des Abschnitts 5.2.3 entsprechen einem solchen Zyklus mit den Parameterwerten $\lambda_0 = 1.5$, $\lambda_1 = 1.75$, $\theta = 0.0135$, $\alpha = 0.5$, $\rho = 0.025$, $L = 1$, $a = 1$, $c = 50$, $\tau = 0.223$ und $\Delta = 20$.

A.5 Technologiezyklen unter Unsicherheit (5.3)

Das 3-Sektoren-Modell mit Diffusion nach Bass (1969)

Betrachtet man zunächst die Standard-*Hazard*-Funktion eines Poisson-Prozesses mit Ausfallwahrscheinlichkeit $F(t)$ sowie Ausfalldichte $f(t)$, gilt:

$$h(t) = \frac{1}{1 - F(t)} \cdot \frac{dF(t)}{dt}. \tag{A.57}$$

[250] Bei der gewählten Parameterkombination ist dies bei $\tau = 0.059$ der Fall.

Für die hiesigen Anwendungen lässt sich $h(t)$ als Adoptionsrate interpretieren. $F(t)$ und $f(t)$ sind dann die kumulierte Adoptionswahrscheinlichkeit respektive die Wahrscheinlichkeitsdichte. Dann folgt mit $f(t) = \frac{dF(t)}{dt}$:

$$h(t) = \frac{f(t)}{1 - F(t)} = p + qF(t), \tag{A.58}$$

so dass die Diffusion aus einem unabhängigen Entwicklungsprozess, ausgedrückt über den Entwicklungsparameter p sowie einem Adoptionsanteil, $qF(t)$, resultiert. Letzterer ist abhängig von der bis t realisierten Adoption. Wenn m die kontinuierliche Gesamtzahl aller Individuen darstellt, entsprechen die Anzahlen der Adoptierenden zum Zeitpunkt t dann:

$$n(t) = mf(t), \tag{A.59}$$

respektive kumuliert:

$$N(t) = mF(t). \tag{A.60}$$

Mit Gleichung (A.58) ergibt sich:

$$\begin{aligned} n(t) &= \frac{dN(t)}{dt} = m\frac{dF(t)}{dt} \\ &= m(p + qF(t))(1 - F(t)) \\ &= (m - mF(t))(p + qF(t)) \\ &= p(m - N(t)) + qF(t)(m - N(t)) \\ &= p(m - N(t)) + \frac{q}{m}N(t)(m - N(t)). \end{aligned} \tag{A.61}$$

Die letzte Gleichung ist eine nichtlineare Differntialgleichung, deren Lösung, $N(t)$, sich mit der Anfangswertbedingung $N(0) = 0$ wie folgt darstellt:

$$N(t) = \frac{(-1 + \exp[(p + q)t]) \cdot mp}{\exp[(p + q)t] \cdot p + q},$$

oder rearrangiert wie bei Bass (1969) sowie Mahajan et al. (1990):

$$N(t) = m\left(\frac{1 - \exp[-(p + q)t]}{1 + \frac{q}{p}\exp[-(p + q)t]}\right). \tag{A.62}$$

Interpretieren wir nun $N(t)$ neu als kumulierte Menge des diffundierten Wissens zum Zeitpunkt t und m als dessen maximale Menge, so ergibt sich letztere – einen technologischen Schock zum Zeitpunkt T_i vorausgesetzt, der das aktuelle Wissensniveau auf $G^a_{T_i}$ hebt – als Differenz zwischen dem aktuellen Wissensniveau und dem verfügbaren Wissen gemäß $m = G^a_{T_i} - G^{av}_{T_i}$. Damit folgt abschließend:

$$G^{av}_t = G^{av}_{T_i} + (G^a_{T_i} - G^{av}_{T_i})\left(\frac{1 - \exp(-(p + q)(t - T_i))}{1 + \frac{q}{p}\exp(-(p + q)(t - T_i))}\right). \tag{A.63}$$

Das 3-Sektoren-Modell mit Diffusion nach Aghion und Howitt (1998)

Die Wahrscheinlichkeit, dass mindestens k aus m beobachteten Firmen die neue Technologie bereits vollständig implementiert haben, lässt sich über eine kumulierte Binomialverteilung formalisieren:

$$\begin{aligned}\varphi(m, k, n_2) &= P(X > k-1) = 1 - P(X \leq k-1),\\ &= 1 - \sum_{j=0}^{k-1} B_{m,n_2}(j)\\ &= 1 - \sum_{j=0}^{k-1} \binom{m}{j} n_2^j (1-n_2)^{m-j}\\ &= \sum_{j=k}^{m} \binom{m}{j} n_2^j (1-n_2)^{m-j}. \end{aligned} \tag{A.64}$$

Dabei dient n_2, also der reale Anteil der in Phase 2 befindlichen Firmen, als erwartungstreuer Schätzer der Wahrscheinlichkeit, dass eine Firma bereits vollständig adoptiert hat.

Variierende Poisson-Raten unabhängiger Entwicklung

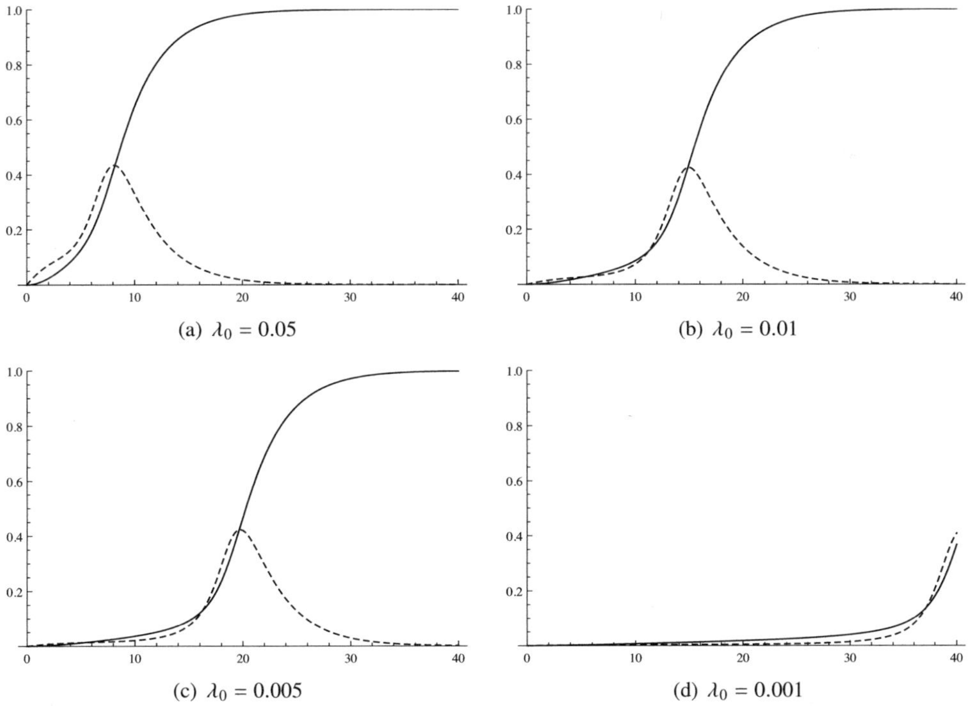

Abbildung A.12: Sektorale Diffusion bei variierenden Poisson-Raten unabhängiger Entwicklung, basierend auf eigenen Berechnungen. Gestrichelt: Anteil Sektoren in Phase 1, durchgezogen: Anteil Sektoren in Phase 2. Parameter: $k = 3$, $m = 10$, $\lambda_1 = 0.3$.

Variierende Poisson-Raten der Implementierung

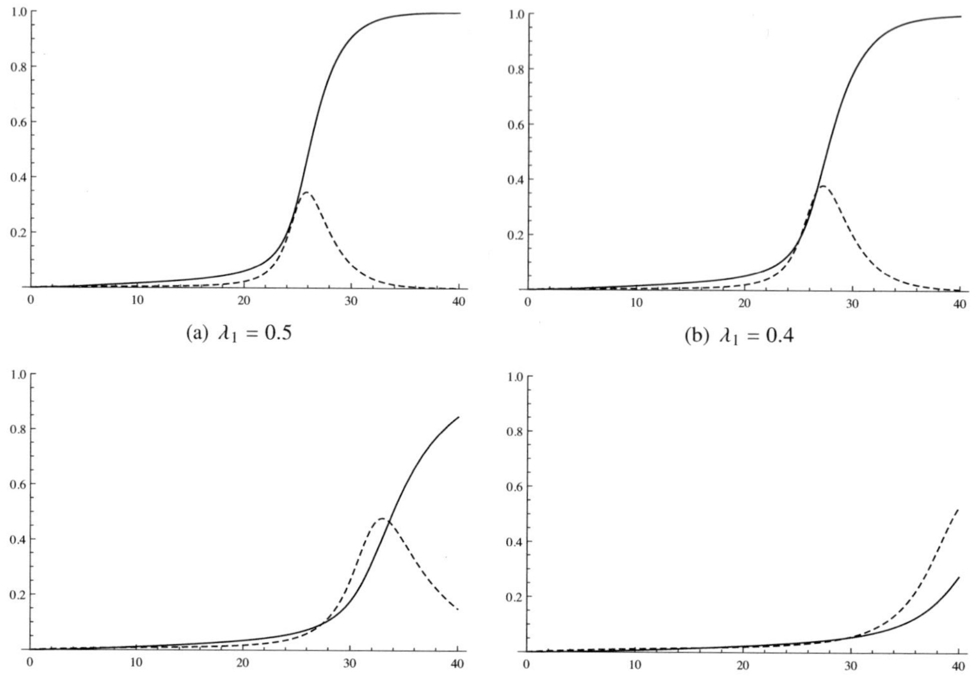

(a) $\lambda_1 = 0.5$

(b) $\lambda_1 = 0.4$

(c) $\lambda_1 = 0.2$

(d) $\lambda_1 = 0.1$

Abbildung A.13: Sektorale Diffusion bei variierenden Poisson-Raten der Implementierung, basierend auf eigenen Berechnungen. Gestrichelt: Anteil Sektoren in Phase 1, durchgezogen: Anteil Sektoren in Phase 2. Parameter: $k = 3$, $m = 10$, $\lambda_0 = 0.002$.

B Empirischer Anhang

B.1 Nanotechnologie-Definitionen & -Anwendungen

Tabelle B.1: Ausgewählte Nanotechnologie-Definitionen nach Palmberg et al. (2009, S. 19).

Quelle	Definition
US: National Nanotechnology Initiative (2001–)	Nanotechnology is the understanding and control of matter at dimensions of roughly 1 to 100 nanometers, where unique phenomena enable novel applications. Encompassing nanoscale science, engineering and technology, nanotechnology involves imaging, measuring, modelling, and manipulating matter at this length scale.
EU: 7th Framework Programme (2007–2013)	Generating new knowledge on interface and size-dependent phenomena; nano-scale control of material properties for new applications; integration of technologies at the nano-scale; self-assembling properties; nano-motors; machines and systems; methods and tools for characterisation and manipulation at nano dimensions; nano precision technologies in chemistry for the manufacture of basic materials and components; impact on human safety, health and the environment; metrology, monitoring and sensing, nomenclature and standards; exploration of new concepts and approaches for sectoral applications, including the integration and convergence of emerging technologies.
Japan: Second Science and Technology Basic Plan (2001–2005)	Nanotechnology is an interdisciplinary S&T that encompasses IT technology, the environmental sciences, life sciences, materials science, etc. It is for controlling and handling atoms and molecules in the order of nano (1/1 000 000 000) meter, enabling discovery of new functions by taking advantage of its material characteristics unique to nano size, so that it can bring technological innovation in various fields.
Working definition of ISO TCC 229 in 2007	Understanding and control of matter and processes at the nanoscale, typically, but not exclusively, below 100 nanometers in one or more dimensions where the onset of size-dependent phenomena usually enables novel applications. Utilising the properties of nanoscale materials that differ from the properties of individual atoms, molecules, and bulk matter, to create improved materials, devices, and systems that exploit these new properties.
European Patent Office	The term nanotechnology covers entities with a geometrical size of at least one functional component below 100 nanometers in one or more dimensions susceptible of making physical, chemical or biological effects available which are intrinsic to that size. It covers equipment and methods for controlled analysis, manipulation, processing, fabrication or measurement with a precision below 100 nanometers.

Tabelle B.2: Nanotechnologie-Forschungsgebiete mit aussichtsreichen Markt- und Produktpotenzialen in den nächsten 5 bis 10 Jahren, basierend auf Angaben von 151 deutschen Nanotechnologie- Forschungseinrichtungen. Position Deutschlands: (i) führend (ii) Top 3 (iii) nicht genannt. Quelle: BMBF (2011, S. 17), Akteursbefragung VDI Technologiezentrum 2011.

Forschungsbereich	Aussichtsreichste Applikationen
Nanoelektronik/ Nanosensorik	(i) Nanointegrierte Sensoren (Messtechnik), gedruckte Sensoren (ii) Quantentechnik/-information; Organische Elektronik; Nanomagnete; Integration von Nanostrukturen (CNT, Quantenpunkte, NEMS) für Sensoranwendungen; Mikro-Nano Integration; Nanoskalige thermo elektrische Schichten und nanobulk-Materialien; Nanoelektronik für schnellere und effizientere Schaltungen (iii) Magnetische Datenpeicherung, Spintronik, nano-CMOS-Elektronik, gedruckte Elektronik, Polymerelektronik, Niedertemperatur Verbindungstechnik; Entwurfsmethodik und Systemarchitektur Nanoelektronik; niedrigdimensionale Halbleitersysteme, Datenspeicher; Nanosensorik
Nanooptik	(i) Optoelektronische Mikrosysteme; Interferenzfarben; OLED, LED (ii) Quantenpunktlaser; Biophotonik; photonische Kristalle, Plasmonik, integrierte optische Systeme; Quantenspeicher (iii) Optische Interconnects; Quantenkryptographie, Plasmonik, optische Antennen; Displays; Gigabit-VCSEL
Nanomaterialien	(i) Wasserstoffspeicherung; Nanodiamanten; Elektrische Isolierung; Nanokapseln; Solarzellen-/thermie; Kohlenstoffnanomaterialien; Textilfunktionalisierung; Filtrationsmembranen; organische Nanopartikel; Nanoschaum; Magnesium-Strukturwerkstoffe; Nanokomposite; Tribolacke (ii) Organisch/anorganische Nano-Komposite; Nanopartikel modifizierte Kunststoffe; nano-optimierte Lacke; leitfähige Nanokomposite; Kohlenstoffnanomaterialien; nanoporöse Filtermaterialien; funktionalisierte Nanopartikel; Nanomaterialien für Batterie- und Brennstoffzellentechnik; Membrantechnik; Ferrofluide, Faser verstärkte Nanokomposite (iii) Nanoskalige Katalysatoren; Nanooptimierte Energiespeicher; Niedertemperatur-Verbindungstechnik; anorganische Membranen; Nanofüllstoffe für Polymere
Nanobeschichtungen/ Nanostrukturierung	(i) Nanoschichten; Selbstreparierende Korrosionsschutzschichten; Nanobarriereschichten (ii) Nanostrukturierung (Lithografie, Selbstorganisation; funktionale nanoskalige Oberflächenmorphologien; kostengünstige Replikation von Mikro- und Nanostrukturen (iii) Nano-Lithographie-Tools; biozide, photokatalytische Beschichtungen
Nanobiotechnologie	(i) Biomimetische Werkstoffe; Biomineralisation; Drug Delivery Systeme; Nanotransporter für Blut-Hirn-Schranke; regenerative Medizin (ii) Nanomedizin; Liposomen als Nanotransporter; biofunktionale Oberflächen; zielgerichteter Wirkstofftransport (iii) Nanokrebstherapie; Molekulare Bildgebung; Implantate

B.2 Patentabfragen: Stichwort- und klassenbasierte Suchterme

Patente zur Nanotechnologie

Die Suchabfrage zur Identifikation von Nanopatenten erfolgte auf Basis der Arbeiten von Mogoutov und Kahane (2007), Glänzel et al. (2003) sowie Porter, Youtie, Shapira und Schoeneck (2008) mittels der folgenden Stichwörter, von denen mindestens eines im Titel oder Abstract des Patents vorkommen musste:

nano; carbon tube; mechanical resonator; quantum dot; low dimensional system; semiconductor structure; li batter; solar cell; carbon composite; carbon fiber; field emitter; crystal memory; emission propert; thin film; carbon film; film deposit; gold catalyst; tube modified; gold particle; plga particle; heterogeneous catalyst; composite powder; tribological propert; composite coating; composite coating; silicate, composite; clay composite; polymer composite; composite prepared; coating deposited; lipid particle; al2o3 composite; coating produced; sol method; semiconducting material; diamond film; mesoporous material; soft magnetic material; primordial protein; block copolymer; hydrogen storage material; zinc compound; clay composite; walled carbon; metallic carbon; semiconducting carbon; single carbon; surface plasmon; finite-difference time-domain method; chemisorption; atomistic simulation; tio2 solar; sensitized tio2; dye solar; sensitized solar; electrochemical performance; induced deposition; field emission; vapor deposition; crystalline diamond; chemical vapor; ion implantation; plasma chemical; magnetic fluid; crystalline silicon; crystal morphology; laser ablation; laser deposition; beam epitaxy; sputtering; molecular beam epitaxy; mesoporous silica; solid lipid; drug carrier; enhanced raman; co oxidation; direct electrochemistry; electrode modified; raman scattering; immunosensor based; resonance light; modified glassy; glucose biosensor; biosensor based; electrochemical biosensor; drug delivery; modified electrode; amorphous alloy; delivery system; surface chemistry; ball milling; drug release; heterogeneous catalysis; spark plasma; supramolecular chemistry; gene delivery; severe plastic; gel method; mechanical alloy; plasma sintering; gold electrode; situ polymerization; carbon electrode; single-molecule; biosensor; oligomeric silsesquioxane; metallic glass; poly methacrylate; block copolymer; grain growth; plastic deformation; sintering; microstructural evolution; microstructure superplasticity; surface plasmons; electrostatic force microscopy; transmission electron microscopy; quantum rings; chemical vapor deposition; graphitic carbon; dye-sensitized solar cell; magnetization reversal; porous carbon; supercapacitor; growth from solutions; diamond-like carbon; mesoporous; self-assembly; surface-enhanced raman; mechanical alloying; spark plasma sintering; ball milling; montmorillonite; organoclay; electrospinning; amorphous alloy.

Ausgenommen wurden explizit die Begriffe:

nano2; nano3; nano4; nano5; nano liter; nano second.

Unterschiedliche Schreibweisen und Flexionen wurden einbezogen.

Patente zur IKT

Auf Basis der 8. Version des International Patent Classification Standards wurden alle Patente der folgenden IPC-Klassen zur Identifikation der IKT verwendet:

Telecommunications:
G01S; G08C; G09C; H01P; H01Q; H01S; H1S5; H03B; H03C; H03D; H03H; H03M; H04B; H04J; H04K; H04L; H04M; H04Q;
Consumer Electronics:
G11B; H03F; H03G; H03J; H04H; H04N; H04R; H04S;
Computers, Office Machinery:
B07C; B41J; B41K; G02F; G03G; G05F; G06; G07; G09G; G10L; G11C; H03K; H03L;
Other ICT:
G01B; G01C; G01D; G01F; G01G; G01H; G01J; G01K; G01L; G01M; G01N; G01P; G01R; G01V; G01W; G02B6; G05B; G08G; G09B; H01B11; H01J; H01L

Patente zum Verbrennungsmotor

Den Maßgaben von Graham und Iacopetta (2010) folgend wurden für die Indentifikation von Patenten zum Verbrennungsmotor alle Patente der IPC-Klasse 'F02' verwendet.

B.3 Publikationen: Stichwort- und fachgebietsbasierte Suchterme

Publikationen zur Nanotechnologie

Ebenfalls auf der Basis der Arbeiten von Mogoutov und Kahane (2007), Glänzel et al. (2003) und Porter, Youtie, Shapira und Schoeneck (2008) erfolgte die Identifikation der Nano-Publikationen. Aufgrund von diversen Restriktionen der Datenerfassung im *Web-of-Science* (WOS) fällt dieser kürzer aus als das Patentäquivalent.

(SO=(nano*) OR TS=(nano* NOT(nano2, nano3, nano4, Nano5, nanosecon*, nanoliter*)) OR TS=("quantum dot*" OR "quantum wire*" OR "beam epitaxy*" OR "molecul* engineer*" OR "carbon tub*" OR "fulleren*" OR "self assembl* monolayer*" OR "self assembl* dot*" OR "molecul* self assembl*" OR "single carbon*" OR "single molecule*" OR "atom* force microscop*" OR "tunnel* microscop*" OR "drug delivery" OR "walled carbon" OR "composite* coating" OR "thin film" OR "microstructure*" OR "semiconducting material*" OR "singe electron*" OR "atomic(w)layer" OR "molecular manipulation" OR "quantum wire?" OR "quantum devic*" OR "molecul* manufactur*" OR "molecular motor" OR "drug carrier" OR "single electron* tunneling" OR "supramolecular chemistry" OR "molecular templates" OR "soft lithograph*" OR "tube* modified" OR "vapor deposition" OR "ball milling"))

Publikationen zur IKT

Den Empfehlungen von Ulrich Schmoch folgend wurden für IKT-Publikationen die folgenden beiden *Subject Areas* als Identifikatoren verwendet:

'Computer Science' and 'Telecommunications'.

Publikationen zum Verbrennungsmotor

Der Suchterm für CE-Publikationen entstand am Karlsruher Institut für Technologie durch ein Projektteam des Lehrstuhls für Wirtschaftspolitik:

(SO=("combustion engine*") OR TS=("combustion engine*" OR "CI engine*" OR "compression ignition engine*" OR "combustion motor" OR "combustion product" OR "combustion-product" OR "otto engine*" OR "otto cycle*" OR "diesel engine*" OR "diesel cycle*" OR "two-stroke engine*" OR "two stroke engine*" OR "four-stroke engine*" OR "four stroke engine*" OR "six-stroke engine*" OR "six stroke engine*" OR "wankel engine*" OR "wankel rotary engine*"))

B.4 Konkordanzen und Relatedness-Matrix

Tabelle B.3: NACE-ISIC-Konkordanz IPC–K44 (1/2) von Schmoch et al. (2003, S. 8 f.) auf Basis der MERIT-Konkordanz (IPC-ISIC) von Verspagen et al. (1994).

K44	NACE	Field	IPC
1	15	Food, Beverages	A01H; A21D; A23B; A23C; A23D; A23F; A23G; A23J; A23K; A23L; A23P; C12C; C12F; C12G; C12H; C12J; C13F; C13J; C13K
2	16	Tobacco	A24B; A24D; A24F
3	17	Textiles	D04D; D04G; D04H; D06C; D06J; D06M; D06N; D06P; D06Q
4	18	Wearing Apparel	A41B; A41C; A41D; A41F
5	19	Leather Articles	A43B; A43C; B68B; B68C
6	20	Wood	B27D; B27H; B27M; B27N; E07G
7	21	Paper	B41M; B42D; B42F; B44F; D21C; D21H; D21J
8	22	Publishing, Printing	
9	23	Petroleum, Nucl. Fuel	C10G; C10L; G01V
10	24.1	Basic Chemical	B01J; B09B; B09C; B29B; C01B; C01C; C01D; C01F; C01G; C02F; C05B; C05C; C05D; C05F; C05G; C07B; C07C; C07F; C07G; C08B; C08C; C08F; C08G; C08J; C08K; C08L; C09B; C09C; C09D; C09K; C10B; C10C; C10H; C10J; C10K; C12S; C25B; F17C; F17D; F25J; G21F
11	24.2	Pesticides, Agro-Chem.	A01N
12	24.3	Paints, Vanishes	B27K
13	24.4	Pharmaceuticals	A61K; A61P; C07D; C07H; C07J; C07K; C12N; C12P; C12Q
14	24.5	Soaps, Detergants	C09F; C11D; D06L
15	24.6	Other Chemicals	A62D; C06B; C06C; C06D; C08H; C09G; C09H; C09J; C10M; C11B; C11C; C14C; C23F; C23G; D01C; F42B; F42D; G03C
16	24.7	Man-made Fibres	D01F
17	25	Rubber & Plastic	A45C; B29C; B29D; B60C; B65D; B67D; E02B; F16L; H02G
18	26	Non-metallic Mineral	B24D; B28B; B28C; B32B; C03B; C03C; C04B; E04B; E04C; E04D; E04F; G21B
19	27	Basic Metals	B21C; B21G; B22D; C21B; C21C; C21D; C22B; C22C; C22F; C25C; C25F; C30B; D07B; E03F; E04H; F27D; H01B
20	28	Fabricated Metal	A01L; A44B; A47H; A47K; B21K; B21L; B22F; B25B; B25C; B25F; B25G; B25H; B26B; B27G; B44C; B65F; B82B; C23D; C25D; E01D; E01F; E02C; E03B; E03C; E03D; E05B; E05C; E05D; E05F; E05G; E06B; F01K; F15D; F16B; F16P; F16S; F16T; F17B; F22B; F22G; F24J; G21H
21	29.1	Energy Machin.	B23F; F01B; F01C; F01D; F03B; F03C; F03D; F03G; F04B; F04C; F04D; F15B; F16C; F16D; F16F; F16H; F16K; F16M; F23R
22	29.2	Non-specific Machin.	A62C; B01D; B04C; B05B; B61B; B65G; B66B; B66C; B66D; B66F; C10F; C12L; F16G; F22D; F23B; F23C; F23D; F23G; F23H; F23J; F23K; F23L; F23M; F24F; F24H; F25B; F27B; F28B; F28C; F28D; F28F; F28G; G01G; H05F
23	29.3	Agricult. & Forestry	A01B; A01C; A01D; A01F; A01G; A01J; A01K; A01M; B27L
24	29.4	Machine Tools	B21D; B21F; B21H; B21J; B23B; B23C; B23D; B23G; B23H; B23K; B23P; B23Q; B24B; B24C; B25D; B25J; B26F; B27B; B27C; B27F; B27J; B28D; B30B; E21C

Tabelle B.4: NACE-ISIC-Konkordanz IPC–K44 (2/2) von Schmoch et al. (2003, S. 8 f.) auf Basis der MERIT-Konkordanz (IPC-ISIC) von Verspagen et al. (1994).

K44	NACE	Field	IPC
25	29.5	Special Purpose Machin.	A21C; A22B; A22C; A23N; A24C; A41H; A42C; A43D; B01F; B02B; B02C; B03B; B03C; B03D; B05C; B05D; B06B; B07B; B07C; B08B; B21B; B22C; B26D; B31B; B31C; B31D; B31F; B41B; B41C; B41D; B41F; B41G; B41L; B41N; B42B; B42C; B44B; B65B; B65C; B65H; B67B; B67C; B68F; C13C; C13D; C13G; C13H; C14B; C23C; D01B; D01D; D01G; D01H; D02G; D02H; D02J; D03C; D03D; D03J; D04B; D04C; D05B; D05C; D06B; D06G; D06H; D21B; D21D; D21F; D21G; E01C; E02D; E02F; E21B; E21D; E21F; F04F; F16N; F26B; H05H
26	29.6	Weapons & Ammun.	B63G; F41A; F41B; F41C; F41F; F41G; F41H; F41J; F42C; G21J
27	29.7	Domestic Apl.	A21B; A45D; A47G; A47J; A47L; B01B; D06F; E06C; F23N; F24B; F24C; F24D; F25C; F25D; H05B
28	30	Office Machin. & Comp.	B41J; B41K; B43M; G02F; G03G; G05F; G06C; G06D; G06E; G06F; G06G; G06J; G06K; G06M; G06N; G06T; G07B; G07C; G07D; G07F; G07G; G09D; G09G; G10L; G11B; H03K; H03L
29	31.1	Electr. Motors	H02K; H02N; H02P
30	31.2/3	Electr. Distrib.	H01H; H01R; H02B
31	31.4	Accumulat., Battery	H01M
32	31.5	Lightening Equip.	F21H; F21K; F21L; F21M; F21S; F21V; H01K
33	31.6	Other Electr. Equip.	B60M; B61L; F21P; F21Q; G08B; G08G; G10K; G21C; G21D; H01T; H02H; H02M; H05C
34	32.1	Electronic Comp.	B81B; B81C; G11C; H01C; H01F; H01G; H01J; H01L
35	32.2	Signal Transm.	G09B; G09C; H01P; H01Q; H01S; H02J; H03B; H03C; H03D; H03F; H03G; H03H; H03M; H04B; H04J; H04K; H04L; H04M; H04Q; H05K
36	32.3	TV & Radio Receiv.	G03H; H03J; H04H; H04N; H04R; H04S
37	33.1	Medical Equip.	A61B; A61C; A61D; A61F; A61G; A61H; A61J; A61L; A61M; A61N; A62B; B01L; B04B; C12M; G01T; G21G; G21K; H05G
38	33.2	Measuring Instrum.	F15C; G01B; G01C; G01D; G01F; G01H; G01J; G01M; G01N; G01R; G01S; G01W; G12B
39	33.3	Industr. Process Contr.	G01K; G01L; G05B; G08C
40	33.4	Optical Instrum.	G02B; G02C; G03B; G03D; G03F; G09F
41	33.5	Watches, Clocks	G04B; G04C; G04D; G04F; G04G
42	34	Motor Vehicles	B60B; B60D; B60G; B60H; B60J; B60K; B60L; B60N; B60P; B60Q; B60R; B60S; B60T; B62D; E01H; F01L; F01M; F01N; F01P; F02B; F02D; F02F; F02G; F02M; F02N; F02P; F16J; G01P; G05D; G05G
43	35	Transport Equip.	B60F; B60V; B61C; B61D; B61F; B61G; B61H; B61J; B61K; B62C; B62H; B62J; B62K; B62L; B62M; B63B; B63C; B63H; B63J; B64B; B64C; B64D; B64F; B64G; E01B; F02C; F02K; F03H
44	36	Furniture, Consum.	A41G; A42B; A44C; A45B; A45F; A46B; A46D; A47B; A47C; A47D; A47F; A63B; A63C; A63D; A63F; A63G; A63H; A63J; A63K; B43K; B43L; B44D; B62B; B68G; C06F; F23Q; G10B; G10C; G10D; G10F; G10G; G10H

Tabelle B.5: ISI-OST-INPI-Konkordanz IPC–K30 von Hinze et al. (1997, S. 2 f.).

K30	Leten	Field	IPC
1	1	Electr. Engineering	F21H; F21K; F21L; F21M; F21P; F21Q; F21W; F21Y; F21S; F21V; G05F; H01B; H01C; H01F; H01G; H01H; H01J; H01K; H01M; H01R; H01T; H02B; H02G; H02H; H02J; H02K; H02M; H02N; H02P; H05B; H05C; H05F; H05K
2	2	Audiovisual Tech.	G09F; G09G; G11B; H03F; H03G; H03J; H04N; H04N; H04N; H04N; H04N; H04N; H04R; H04S
3	3	Telecom.	G08C; H01P; H01Q; H03B; H03C; H03D; H03H; H03K; H03L; H03M; H04B; H04H; H04J; H04K; H04L; H04M; H04N; H04N; H04N; H04Q
4	4	Information Tech.	G06C; G06D; G06E; G06F; G06G; G06J; G06K; G06M; G06T; G10L; G11C
5	5	Semiconductors	B81B; B81C; H01L
6	6	Optics	G02B; G02C; G02F; G03B; G03C; G03D; G03F; G03G; G03H; H01S
7	7	Control Tech.	G01B; G01C; G01D; G01F; G01G; G01H; G01J; G01K; G01L; G01M; G01N; G01P; G01R; G01S; G01V; G01W; G04B; G04C; G04D; G04F; G04G; G05B; G05D; G07B; G07C; G07D; G07F; G07G; G08B; G08G; G09B; G09C; G09D; G12B
8	8	Medical Tech.	A61B; A61C; A61D; A61F; A61G; A61H; A61J; A61L; A61M; A61N; A61Q
9	9	Nuclear Engineering	C07C; G01T; G21B; G21C; G21D; G21F; G21G; G21H; G21J; G21K; H05G; H05H
10	10	Organic Chem.	C07D; C07F; C07H; C07J; C07K
11	12	Pharmaceuticals	A61K; A61P
12	13	Biotech.	C07G; C12M; C12N; C12P; C12Q; C12R; C12S
13	14	Food Chemistry	A01H; A21D; A23B; A23C; A23D; A23F; A23G; A23J; A23K; A23L; C12C; C12F; C12G; C12H; C12J; C13D; C13F; C13J; C13K
14	18	Materials	B22C; B22D; B22F; B82B; C01B; C01C; C01D; C01F; C01G; C03C; C04B; C21B; C21C; C21D; C22B; C22C; C22F; C22K
15	17	Surface Tech.	B05C; B05D; B32B; C23C; C23D; C23F; C23G; C25B; C25C; C25D; C40B; C25F; C30B
16	11	Polymers	C08B; C08F; C08G; C08H; C08K; C08L; C09D; C09J
17	15	Basic Materials Chem.	A01N; C05B; C05C; C05D; C05F; C05G; C07B; C08C; C09B; C09C; C09F; C09G; C09H; C09K; C10B; C10C; C10F; C10G; C10H; C10J; C10K; C10L; C10M; C11B; C11C; C11D
18	16	Chem. Engineering	B01B; B01D; B01F; B01J; B01L; B02C; B03B; B03C; B03D; B04B; B04C; B05B; B06B; B07B; B07C; B08B; F25J; F26B
19	19	Materials Processing	A41H; A43D; A46D; B28B; B28C; B28D; B29B; B29C; B29D; B29K; B29L; B31B; B31C; B31D; B31F; C03B; C08J; C14B; C14C; D01B; D01C; D01D; D01F; D01G; D01H; D02G; D02H; D02J; D03C; D03D; D03J; D04B; D04C; D04G; D04H; D05B; D05C; D06B; D06C; D06G; D06H; D06J; D06L; D06M; D06P; D06Q; D21B; D21C; D21D; D21F; D21G; D21H; D21J
20	20	Handling	B25J; B41B; B41C; B41D; B41F; B41G; B41J; B41K; B41L; B41M; B41N; B65B; B65C; B65D; B65F; B65G; B65H; B66B; B66C; B66D; B66F; B67B; B67C; B67D
21	21	Food Processing	A01B; A01C; A01D; A01F; A01G; A01J; A01K; A01L; A01M; A21B; A21C; A22B; A22C; A23N; A23P; B02B; C12L; C13C; C13G; C13H
22	22	Environmental Tech.	A62D; B01D; B01D; B01D; B01D; B01D; B01D; B01D; B01D; B09B; C02F; F01N; F23G; F23J
23	23	Machine Tools	B21B; B21C; B21D; B21F; B21G; B21H; B21J; B21K; B21L; B23B; B23C; B23D; B23F; B23G; B23H; B23K; B23P; B23Q; B24B; B24C; B24D; B26D; B26F; B27B; B27C; B27D; B27F; B27G; B27H; B27J; B27K; B27L; B27M; B27N; B30B
24	24	Engines	F01B; F01C; F01D; F01K; F01L; F01M; F01P; F02B; F02C; F02D; F02F; F02G; F02K; F02M; F02N; F02P; F03B; F03C; F03D; F03G; F03H; F04B; F04C; F04D; F04F; F23R
25	25	Thermal Processes	F22B; F22D; F22G; F23B; F23C; F23D; F23H; F23K; F23L; F23M; F23N; F23Q; F24B; F24C; F24D; F24F; F24H; F24J; F25B; F25C; F27B; F27D; F28B; F28C; F28D; F28F; F28G
26	26	Mechanical Elements	F15B; F15C; F15D; F16B; F16C; F16D; F16F; F16G; F16H; F16J; F16K; F16L; F16M; F16N; F16P; F16S; F16T; F17B; F17C; F17D; G05G
27	27	Transport	B60B; B60C; B60D; B60F; B60G; B60H; B60J; B60K; B60L; B60M; B60N; B60P; B60Q; B60R; B60S; B60T; B60V; B61B; B61C; B61D; B61F; B61G; B61H; B61J; B61K; B61L; B62B; B62C; B62D; B62H; B62J; B62K; B62L; B62M; B63B; B63C; B63H; B63J; B64B; B64C; B64D; B64F
28	28	Space Tech.	B63G; B64G; C06B; C06C; C06D; C06F; F41A; F41B; F41C; F41F; F41G; F41H; F41J; F42B; F42C; F42D
29	29	Consumer Goods	A24B; A24C; A24D; A24F; A41B; A41C; A41D; A41F; A41G; A42B; A42C; A43B; A43C; A44B; A44C; A45B; A45C; A45D; A45F; A46B; A47B; A47C; A47D; A47F; A47G; A47H; A47J; A47K; A47L; A62B; A62C; A63B; A63C; A63D; A63F; A63G; A63H; A63J; A63K; B25B; B25C; B25D; B25F; B25G; B25H; B26B; B42B; B42C; B42D; B42F; B43K; B43L; B43M; B44B; B44C; B44D; B44F; B68B; B68C; B68F; B68G; D04D; D06F; D06N; D07B; F25D; G10B; G10C; G10D; G10F; G10G; G10H; G10K
30	30	Civil Engineering	E01B; E01C; E01D; E01F; E01H; E02B; E02C; E02D; E02F; E03B; E03C; E03D; E03F; E04B; E04C; E04D; E04F; E04G; E04H; E05B; E05C; E05D; E05F; E05G; E06B; E06C; E21B; E21C; E21D; E21F

Tabelle B.6: Technologische Relatedness-Matrix nach Leten et al. (2007, S. 579) auf Basis der K30-Technologieklassen gemäß Hinze et al. (1997).

	1	2	3	4	5	6	7	8	9	10	11	12	13	14	15	16	17	18	19	20	21	22	23	24	25	26	27	28	29
1																													
2	0,58																												
3	0,50	2,10																											
4	0,35	1,43	2,13																										
5	1,15	0,46	0,35	0,75																									
6	0,55	1,29	0,64	0,36	1,04																								
7	0,60	0,49	0,84	1,39	0,47	0,50																							
8	0,14	0,13	0,06	0,22	0,05	0,25	0,52																						
9	1,12	0,44	0,23	0,34	0,84	0,74	0,98	1,10																					
10	0,04	0,05	0,00	0,01	0,03	0,36	0,29	0,07	0,03																				
11	0,33	0,18	0,01	0,01	0,20	0,90	0,07	0,51	0,05	1,14																			
12	0,01	0,01	0,00	0,01	0,01	0,04	0,27	0,74	0,08	4,86	0,65																		
13	0,01	0,01	0,01	0,03	0,02	0,04	1,68	0,30	0,07	2,44	0,27	2,56																	
14	0,07	0,00	0,00	0,01	0,01	0,01	0,08	0,19	0,02	0,68	0,46	1,86	3,26																
15	0,17	0,16	0,00	0,01	0,15	0,71	0,12	0,26	0,73	2,77	2,07	1,18	0,91	1,19															
16	0,23	0,06	0,02	0,11	0,28	0,16	0,74	0,57	0,59	1,41	0,88	0,40	0,67	0,93	1,70														
17	0,91	0,45	0,04	0,06	1,67	0,73	0,19	0,57	0,94	0,14	1,98	0,08	0,07	0,19	0,70	1,08													
18	0,90	0,13	0,03	0,01	0,88	0,45	0,13	0,17	1,28	0,34	0,96	0,21	0,07	0,14	1,21	2,18	2,41												
19	0,30	0,22	0,02	0,08	0,14	0,49	0,21	0,59	0,15	0,18	2,69	0,16	0,13	0,29	1,05	1,02	2,61	1,00											
20	0,24	0,31	0,14	0,32	0,21	0,74	0,70	0,38	0,16	0,05	0,43	0,05	0,05	0,43	0,21	0,72	1,19	0,15	1,07										
21	0,10	0,05	0,03	0,07	0,02	0,02	0,31	0,24	0,02	0,05	0,17	0,14	0,32	4,40	0,43	0,72	0,29	0,07	0,34	0,54									
22	0,18	0,02	0,01	0,01	0,04	0,08	0,22	0,26	1,05	0,30	0,44	0,10	0,59	0,48	1,31	6,41	0,82	2,78	0,48	0,12	0,39								
23	0,47	0,07	0,03	0,11	0,54	0,28	0,37	0,27	0,86	0,02	0,14	0,02	0,01	0,12	0,25	0,44	1,08	1,30	1,01	0,80	0,53	0,33							
24	0,46	0,02	0,05	0,07	0,11	0,02	0,51	0,21	0,16	0,01	0,02	0,00	0,00	0,02	0,08	0,55	0,34	0,42	0,11	0,13	0,09	2,14	0,45						
25	0,73	0,03	0,04	0,06	0,34	0,10	0,51	0,16	0,60	0,02	0,06	0,01	0,05	0,39	0,46	1,38	0,41	1,83	0,35	0,19	0,52	2,89	0,75	1,76					
26	0,44	0,10	0,04	0,07	0,08	0,08	0,41	0,31	0,23	0,01	0,13	0,00	0,01	0,03	0,08	0,31	0,51	0,30	0,58	0,47	0,37	0,44	0,99	1,74	0,63				
27	0,52	0,10	0,17	0,19	0,05	0,13	0,53	0,09	0,05	0,01	0,23	0,00	0,00	0,01	0,04	0,11	0,33	0,13	0,44	0,33	0,29	0,29	0,30	0,86	0,59	2,65			
28	0,22	0,11	0,28	0,17	0,19	0,35	0,87	0,05	0,13	0,05	0,14	0,03	0,03	0,03	0,12	0,23	0,60	0,45	0,20	0,18	0,13	0,19	0,19	0,35	0,34	0,31	1,12		
29	0,27	0,36	0,09	0,28	0,23	0,19	0,37	0,71	0,10	0,01	0,22	0,06	0,02	0,37	0,10	0,40	0,86	0,12	0,72	0,77	0,50	0,22	0,73	0,13	0,92	0,55	0,58	0,43	
30	0,23	0,10	0,12	0,09	0,05	0,08	0,36	0,06	0,17	0,02	0,21	0,01	0,03	0,02	0,27	0,35	0,65	0,50	0,40	0,29	0,53	0,61	0,61	0,26	0,46	1,40	0,78	0,43	0,68

B.5 Doppel-Boom-Muster der Forschungsaktivität

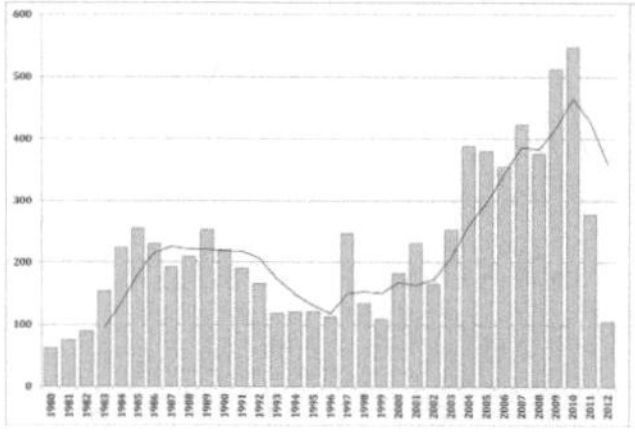

(a) Elektrisch leitende Polymere

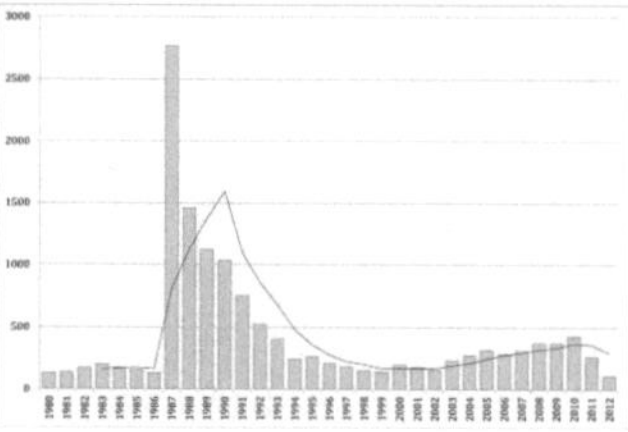

(b) Supraleiter

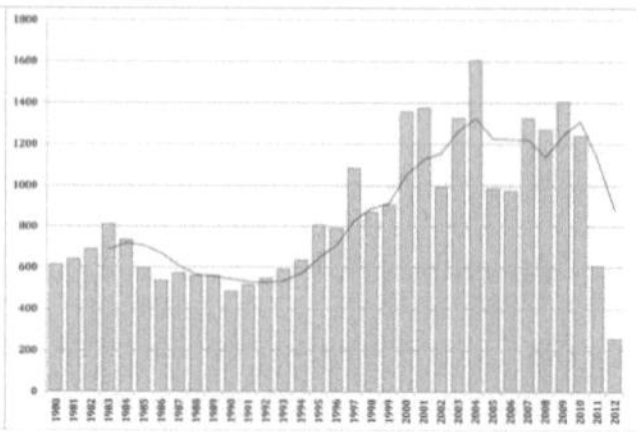

(c) Batterien

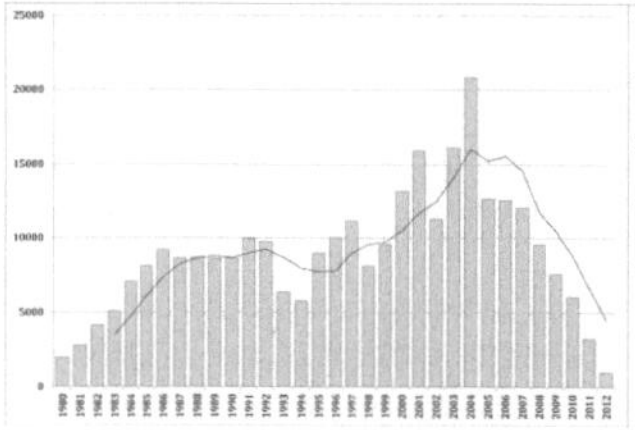

(d) Optische Datenspeicher

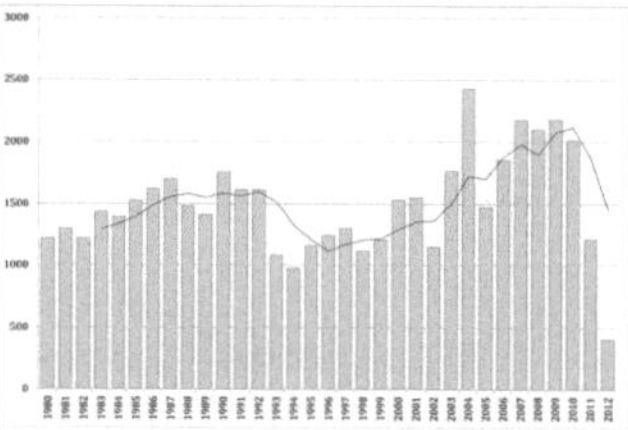

(e) Analog-Digital-Wandler

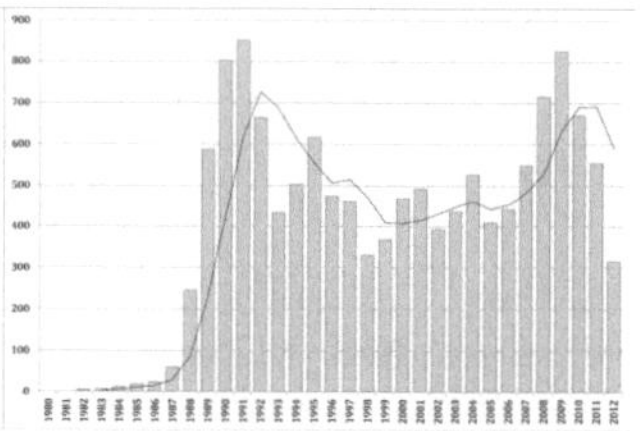

(f) Computersysteme auf Basis biologischer Modelle

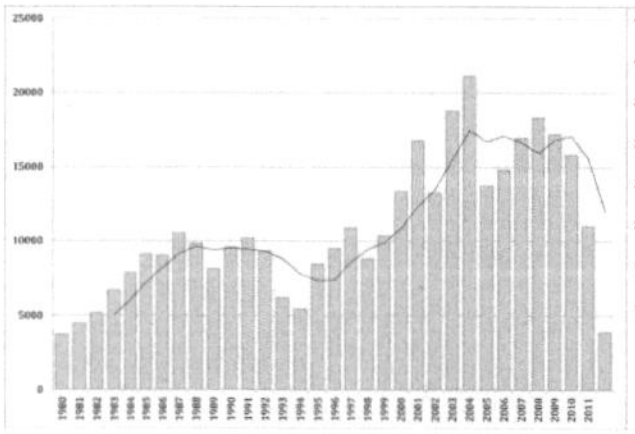

(g) Integrierte Schaltkreise

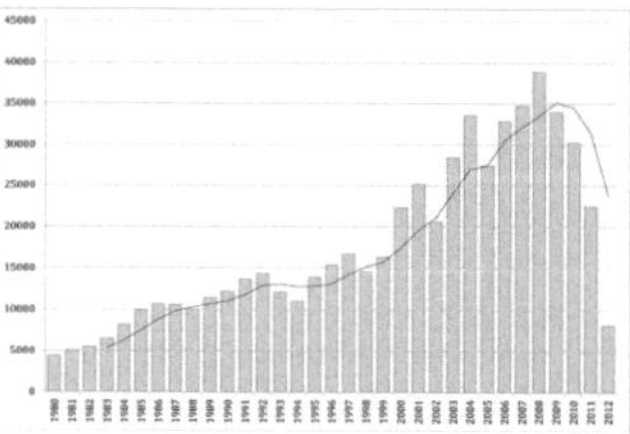

(h) Manipulation optischer Eigenschaften

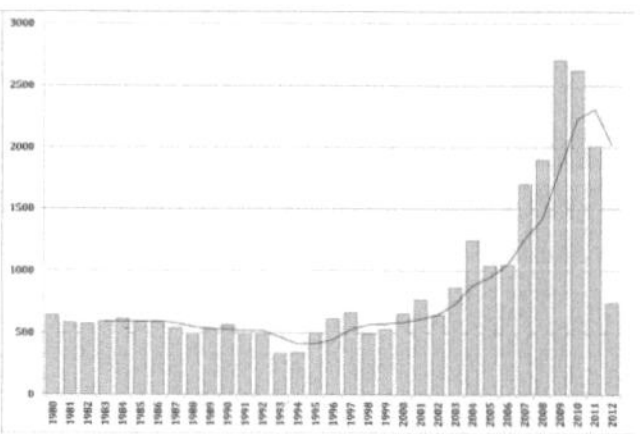

(i) Seismologie

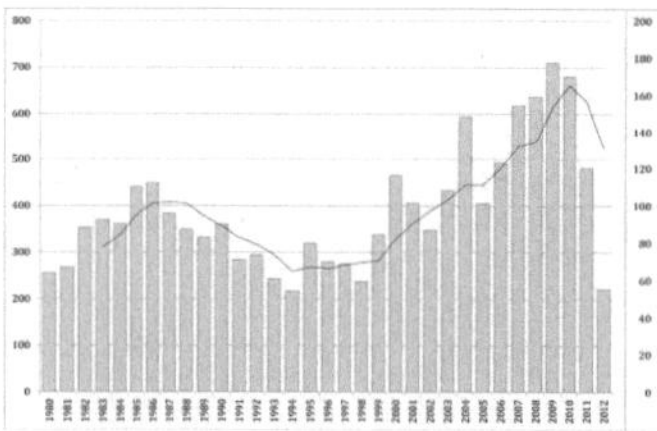

(j) Immobilisierte Enzyme

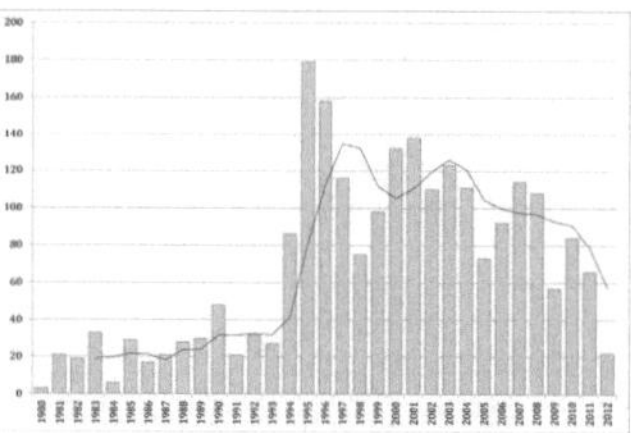

(k) Genetisch manipulierte Interferone

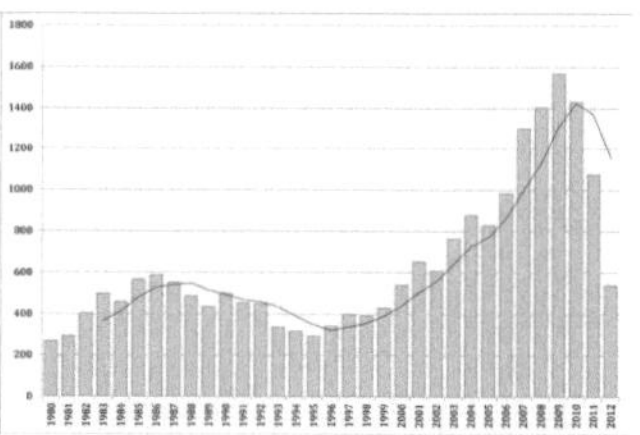

(l) Fertigung metallischer Puder

Abbildung B.1: Doppel-Boom-Muster der weltweiten Patentaktiviät in wissensintensiven Technologiezweigen (1/2). Trendlinien auf Basis gleitender Durchschnitte (4 Jahre), basierend auf eigenen Berechnungen.

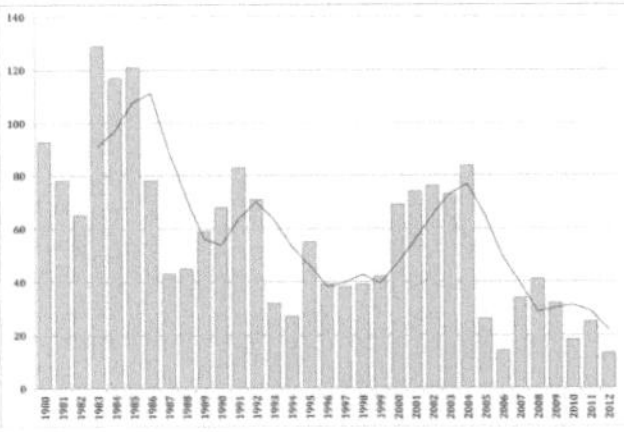

(a) Faseroptiken

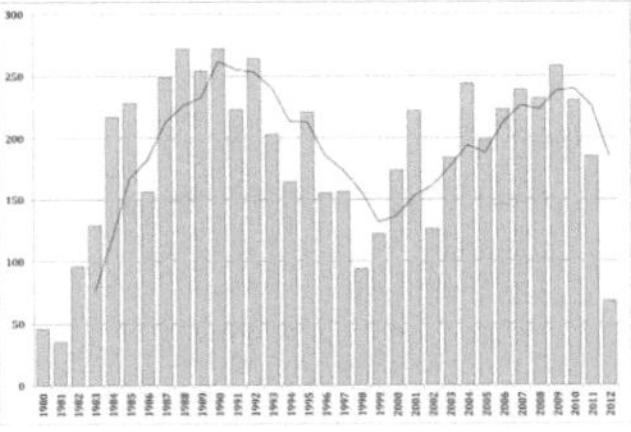

(b) Einkristallwachstum durch Aufdampfung

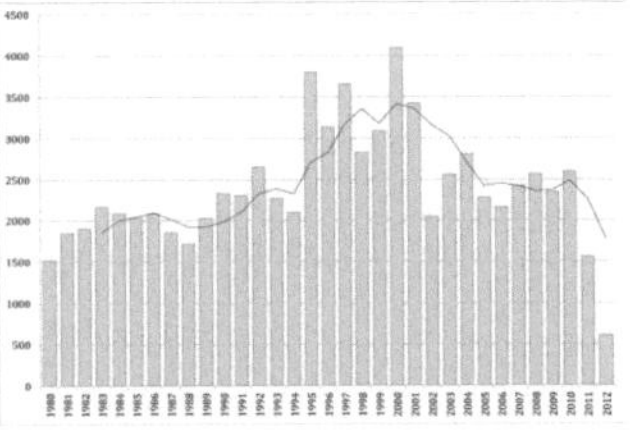

(c) Katalysatoren zur Polymerisation

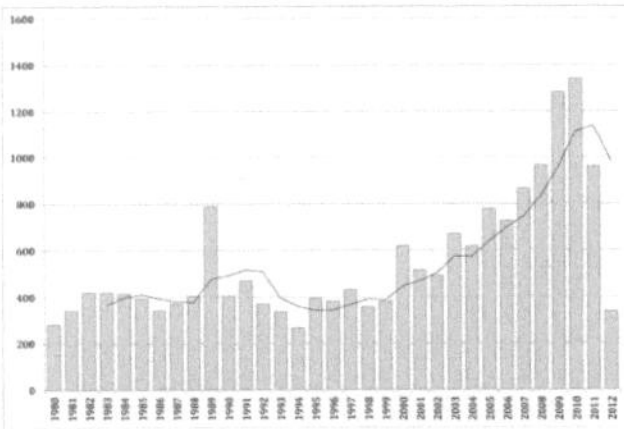

(d) Materialien mit hoher Wärmeleitfähigkeit

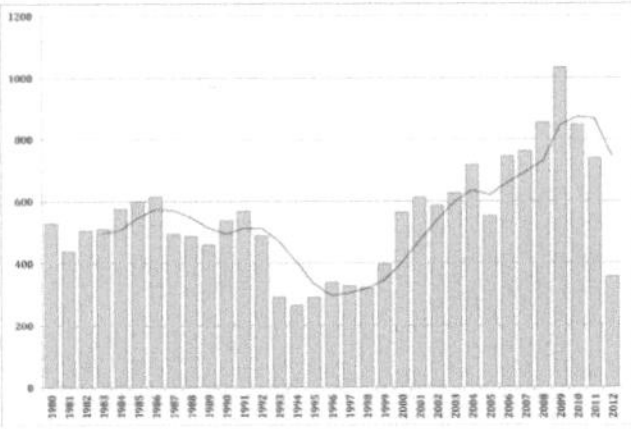

(e) Wirbler, Fliehkraftabscheider

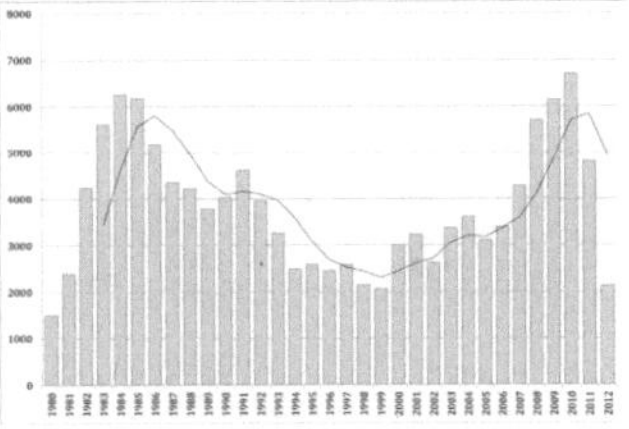

(f) Manipulatoren, Roboter

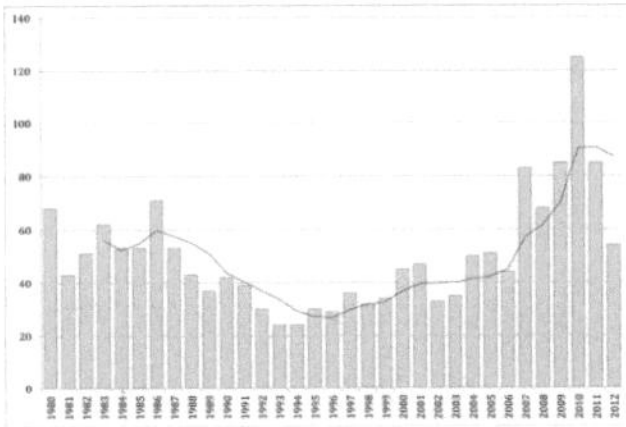

(g) Verpackung zerbrechlicher Artikel

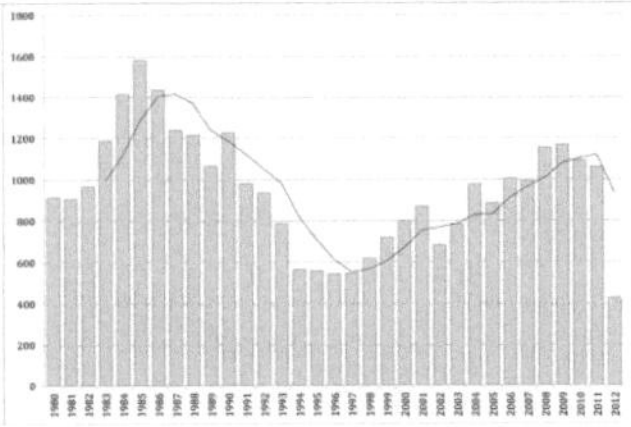

(h) Elektroerosion

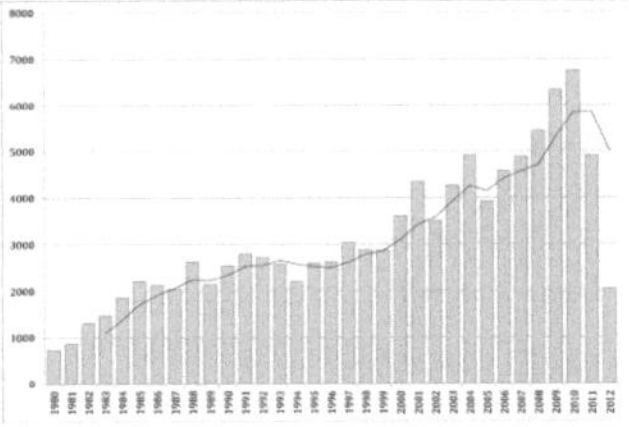

(i) Fertigungslaser

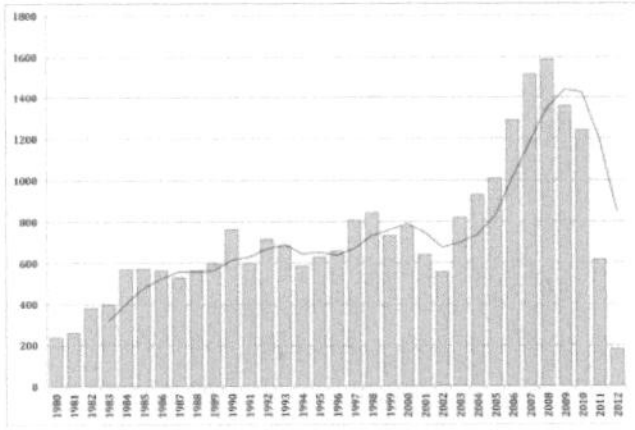

(j) Lagen luftgefüllter Reifen

Abbildung B.2: Doppel-Boom-Muster der weltweiten Patentaktiviät in wissensintensiven Technologiezweigen (2/2). Trendlinien auf Basis gleitender Durchschnitte (4 Jahre), basierend auf eigenen Berechnungen.

B.6 Weitere Ergebnisse

H1: Ergebnisse zum Generality-Index

Tabelle B.7: Zweistichproben-t-Tests der durchschnittlichen Generality-Werte (IPC4, K30) für welt- und europaweite Nano-, IKT- und CE-Patente über den Betrachtungszeitraum und zwischen WORLD- und EU-Gruppen (rechte Spalte). *** (**, *) markieren Signifikanz-Niveaus von 1 % (5 %, 10 %).

GEN	Obs	Mean	StdDev	ICT	CE	EU27
			WORLD			
NANO IPC4	29	0.6641966	0.1032072	0.3501	-1.0292	0.1826
ICT IPC4	29	0.6536655	0.1248327		-1.073	-0.5169
CE IPC4	29	0.7052571	0.0339752			4.4614***
NANO K30	29	0.5338897	0.1143927	-0.0403	3.7965***	-0.9671
ICT K30	29	0.5350828	0.1109072		3.9159***	-0.3279
CE K30	29	0.3481571	0.1241372			-0.1561
			EU27			
NANO IPC4	29	0.6638345	0.1066706	-0.1067	3.5665***	
ICT IPC4	29	0.6665345	0.0848104		4.2438***	
CE IPC4	29	0.5779069	0.0738608			
NANO K30	29	0.5353483	0.1144757	-0.2821	6.7428***	
ICT K30	29	0.5425276	0.0753934		8.7179***	
CE K30	29	0.3539414	0.0888042			

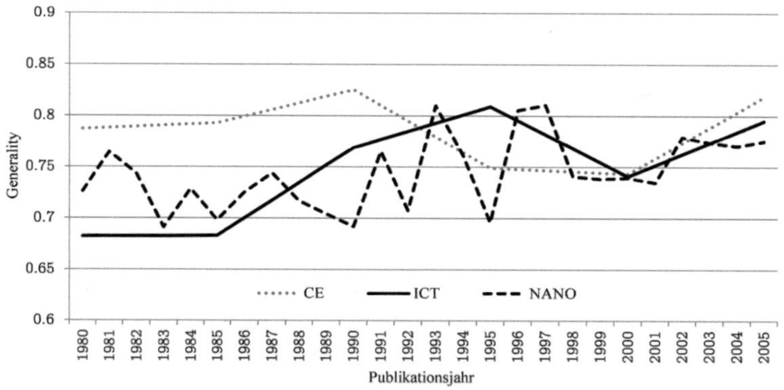

Abbildung B.3: Durchschnittlicher Generality-Index basierend auf Vorwärts-Zitationen der Top10 weltweit zitierten Nano-, IKT- und CE-Publikationen, basierend auf eigenen Berechnungen.

Tabelle B.8: Zweistichproben-t-Tests der durchschnittlichen Generality-Werte (IPC4, K30) für weltweite Nano-, IKT- und CE-Patente über den Betrachtungszeitraum. *** (**, *) markieren Signifikanz-Niveaus von 1 % (5 %, 10 %).

GEN	Obs	Mean	StdDev	ICT	CE
NANO	26	0.7438538	0.0358624	-0.1465	-2.6157**
ICT	6	0.7464833	0.0547539		-1.4996
CE	6	0.7860333	0.0342858		

H1: Ergebnisse zur Technologischen Kohärenz

Tabelle B.9: Zweistichproben-t-Tests der technologischen Kohärenz für Nano-, IKT- und CE-Patente sowie für (vorwärts, fw) zitierende Patente über den Betrachtungszeitraum und zwischen WORLD- und EU-Gruppen (rechte Spalte). *** (**, *) markieren Signifikanz-Niveaus von 1 % (5 %, 10 %).

COH	Obs	Mean	StdDev	ICT	CE	EU27[251]
		WORLD				
NANO	21	0.6304762	0.0594539	-2.4374**	-22.0292***	0.8630
ICT	21	0.6628571	0.0130931		-39.9758***	0.4385
CE	21	0.9514286	0.0303786			-1.0831
NANO fw	21	0.662381	0.0811113	-0.1871	-7.9591***	-0.9516
ICT fw	21	0.6490476	0.0434632		-14.9552***	7.5255***
CE fw	21	0.9066667	0.0512185			-10.4017***
		EU27				
NANO	21	0.62	0.0870057	-2.1688**	-16.8209***	
ICT	21	0.6614286	0.0096363		-39.7650***	
CE	21	0.9619048	0.0332594			
NANO fw	21	0.6447619	0.0955311	1.9996*	-11.6696***	
ICT fw	21	0.6238095	0.0351392		-20.8685***	
CE fw	21	0.817619	0.0279114			

H2: Ergebnisse zur Anzahl Patente / Publikationen

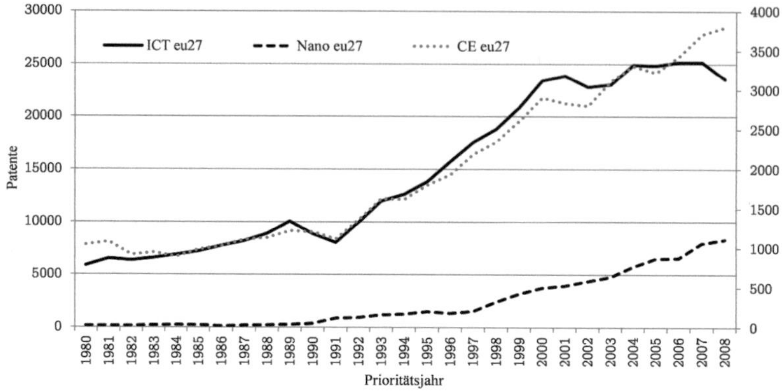

Abbildung B.4: Europaweite Anzahl Nano-, IKT- und CE-Patente pro Jahr. Linke Achse: IKT. Rechte Achse: Nano und CE, basierend auf eigenen Berechnungen.

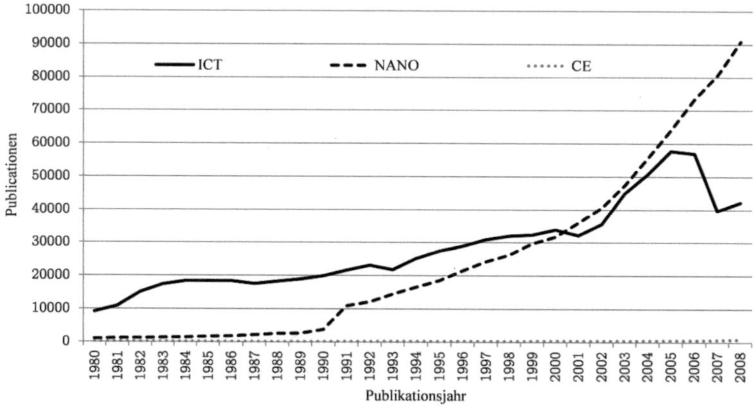

Abbildung B.5: Europaweite Anzahl Nano-, IKT- und CE-Publikationen pro Jahr, basierend auf eigenen Berechnungen.

H2: Ergebnisse zur Entwicklung der Vorwärtszitationen

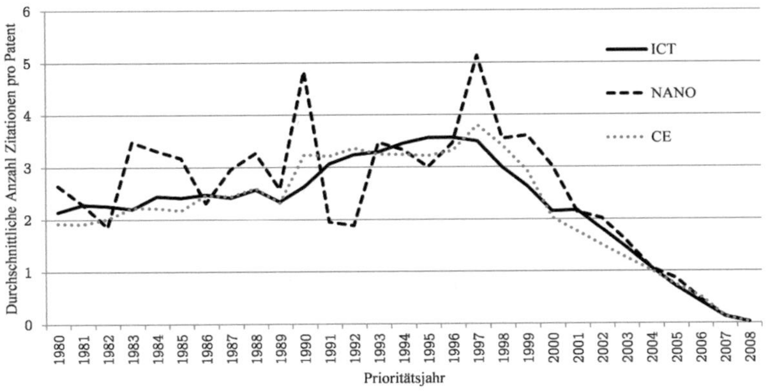

Abbildung B.6: Durchschnittliche Anzahlen Vorwärts-Zitationen pro Patent (europaweit) im Betrachtungszeitraum, basierend auf eigenen Berechnungen.

Tabelle B.10: Zweistichproben-t-Tests der Vorwärtszitationsraten von Nano-, IKT- und CE-Patenten (weltweit, europaweit) über den Betrachtungszeitraum und zwischen WORLD- und EU-Gruppen (rechte Spalte). *** (**, *) markieren Signifikanz-Niveaus von 1 % (5 %, 10 %).

FW CIT	Obs	Mean	Std. Dev.	NANO	ICT	CE	EU27
				WORLD			
ALL	29	1.115862	0.6028534	-7.9619***	-6.3578***	0.5493	-7.3140***
NANO	29	6.044483	3.838107		6.1676***	6.8659***	6.2011***
ICT	29	1.528276	0.9045088			2.1711**	-11.5856***
CE	29	1.098276	0.565149				-11.2240***
				EU27			
ALL	29	1.576207	0.6736172	-6.0523***	-7.5456***	-6.3553***	
NANO	29	2.530345	1.250421		0.9271	1.0510	
ICT	29	2.255172	0.9956571			0.1564	
CE	29	2.213448	1.035734				

Tabelle B.11: Zweistichproben-t-Tests der Vorwärtszitationsraten von Nano-, IKT- und CE-Publikationen (europaweit) über den Betrachtungszeitraum. *** (**, *) markieren Signifikanz-Niveaus von 1 % (5 %, 10 %).

FW CIT	Obs	Mean	Std. Dev.	ICT	CE
NANO	29	23.92207	5.555445	12.682***	9.4701***
ICT	29	9.737241	2.327528		0.3342
CE	29	9.328276	6.164936		

H3: Ergebnisse zur Diffusion

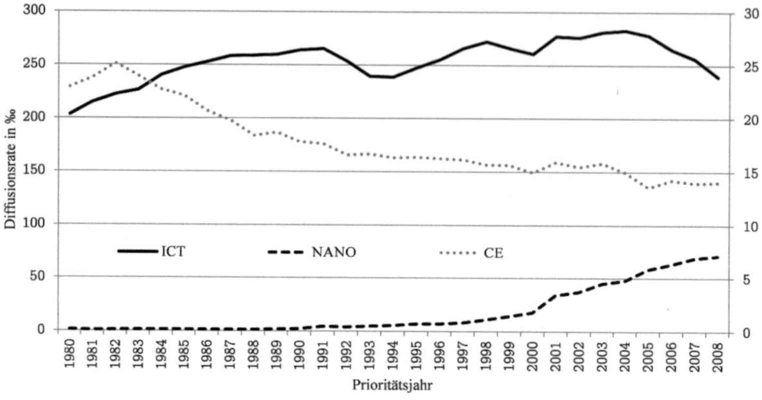

Abbildung B.7: Jährliche Diffusionsraten weltweiter Nano-, IKT- und CE-Patente. Linke Achse: IKT. Rechte Achse: Nano und CE, basierend auf eigenen Berechnungen.

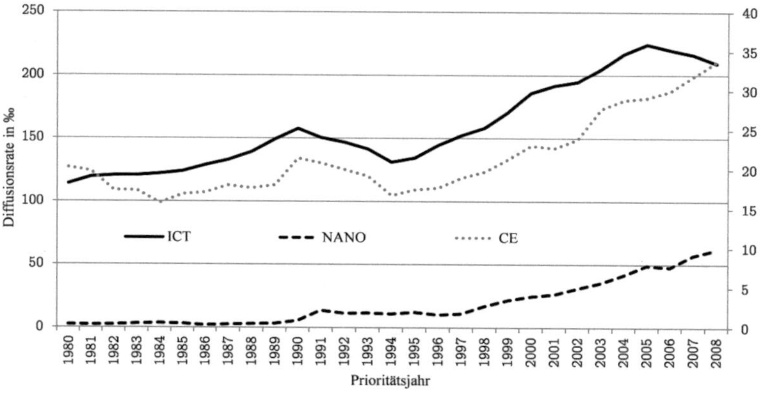

Abbildung B.8: Jährliche Diffusionsraten europaweiter Nano-, IKT- und CE-Patente. Linke Achse: IKT. Rechte Achse: Nano und CE, basierend auf eigenen Berechnungen.

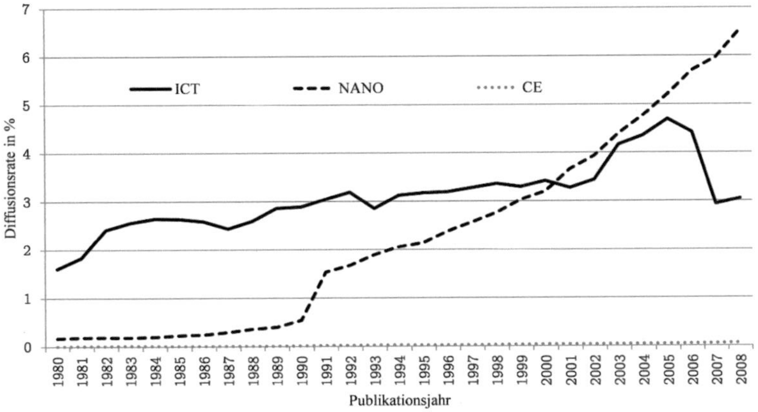

Abbildung B.9: Jährliche Diffusionsraten weltweiter Nano-, IKT- und CE-Publikationen, basierend auf eigenen Berechnungen.

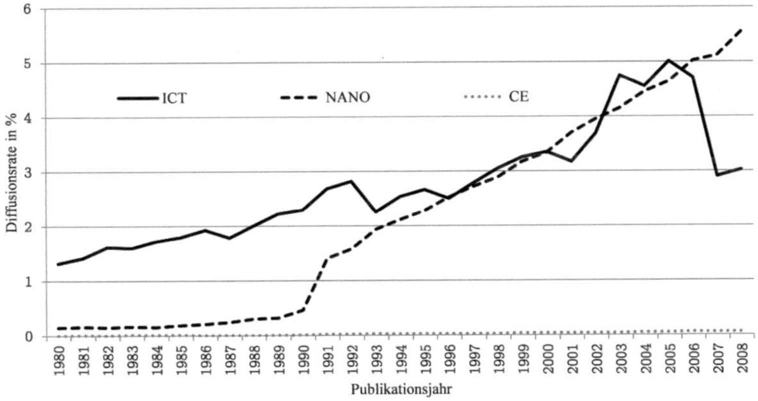

Abbildung B.10: Jährliche Diffusionsraten europaweiter Nano-, IKT- und CE-Publikationen, basierend auf eigenen Berechnungen.

H3: Ergebnisse zum Klassenwachstum

Tabelle B.12: Top10 zitierende IPC4-Klassen (Patente) und zugehörige Anzahlen Zitationen im Betrachtungszeitraum, 1980–2008, basierend auf eigenen Berechnungen.

ICT		NANO		CE	
	Citations		Citations		Citations
H01L	631526	A61K	1474	F02D	76408
G06F	498796	H01L	1302	F02M	71156
G06K	498796	B01J	1067	F02B	69423
H04N	403563	C08K	881	F01N	23545
H04L	361795	G01N	775	B60K	21295
H04B	299603	C08L	764	B01D	13803
H04M	188339	B32B	763	B60W	13064
B41J	156609	C01B	752	G01N	6226
G11C	140580	B82B	720	C23C	2907
G06Q	87122	C08J	712	C12N	811

Tabelle B.13: Top10 zitierende *Subject Areas* (Publikationen) und zugehörige Anzahlen Zitationen im Betrachtungszeitraum, 1980–2010, basierend auf eigenen Berechnungen.

ICT		NANO		CE	
Mathem. Computation. Biology	475	Chemistry	609	Engineering	573
Computer Science	407	Physics	589	Chemistry	556
Engineering	381	Materials Science	577	Environm. Sciences Ecology	521
Biochem. Molecular Biology	334	Science Tech. Other Topics	556	Energy Fuels	445
Physics	294	Engineering	517	Physics	431
Imaging Science Photogr. Tech.	259	Optics	455	Materials Science	334
Optics	249	Electrochemistry	382	Science Tech. Other Topics	330
Telecommunications	249	Instruments Instrumentation	376	Biotech. Applied Microbiology	279
Automation Control Systems	248	Polymer Science	364	Biochem. Molecular Biology	260
Science Tech. Other Topics	248	Biochem. Molecular Biology	345	Thermodynamics	243

Tabelle B.14: Zweistichproben-t-Tests des durchschnittlichen Klassenwachstums (IPC4) für weltweite Top10 Nano-, IKT- und CE-zitierende Klassen über den Betrachtungszeitraum, gewichtet (w) und ungewichtet. *** (**, *) markieren Signifikanz-Niveaus von 1 % (5 %, 10 %).

WITHIN CLASS GR	Obs	Mean	StdDev	ICT	CE	ALL
ALL	28	0.0207143	0.0586849			
NANO	28	0.1010714	0.2817845	0.7634	1.3519	1.5593
ICT	28	0.0571429	0.1153371		1.1243	2.3013**
CE	28	0.0246429	0.1004612			0.2918
NANO w	28	0.0832143	0.2292347	0.6424	1.5860	1.5186
ICT w	28	0.0525	0.1070003		1.6071	2.1767**
CE w	28	0.0085714	0.097324			-0.8766

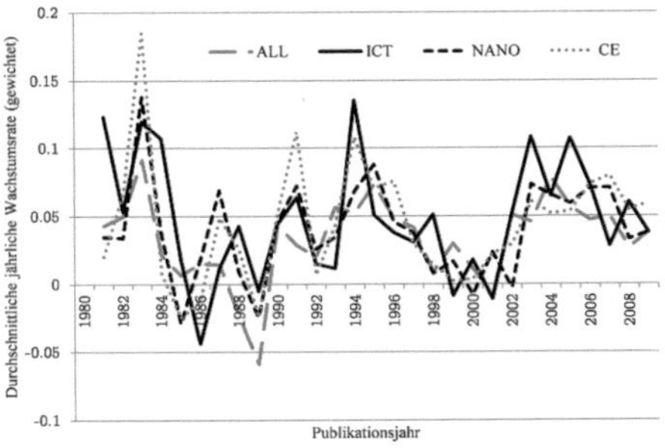

(a) Vergleich aller Technologien

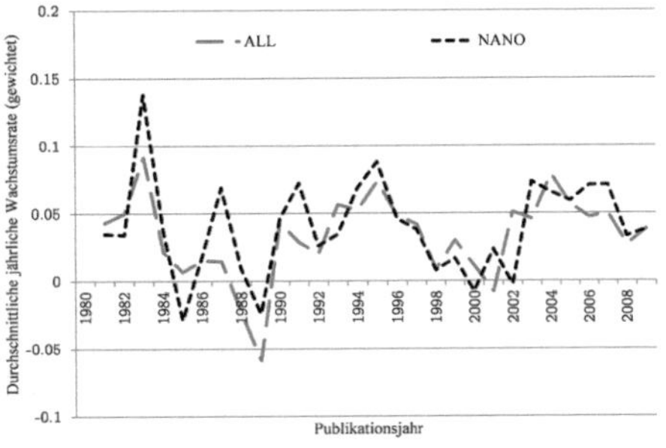

(b) Vergleich Nanoklassen vs. alle Klassen

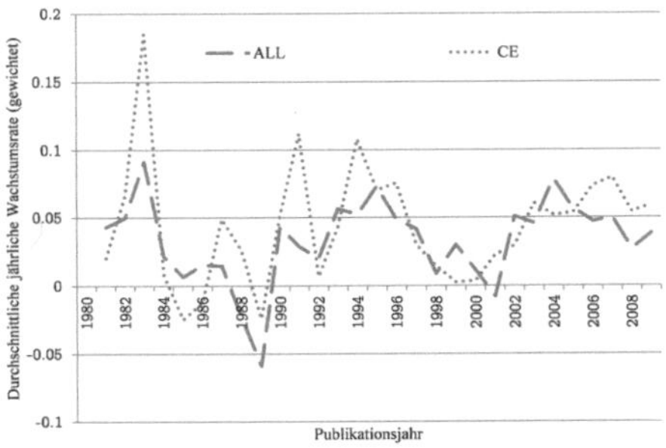

(c) Vergleich CE-Klassen vs. alle Klassen

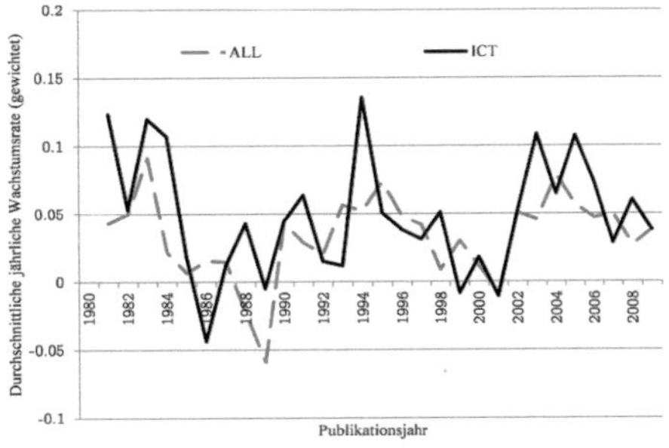

(d) Vergleich IKT-Klassen vs. alle Klassen

Abbildung B.11: Weltweite durchschnittliche Wachstumsraten der Top10-Subject-Areas für Nano-, IKT- und CE-Publikationen, basierend auf eigenen Berechnungen.

Tabelle B.15: Zweistichproben-t-Tests des durchschnittlichen *Subject-Area*-Wachstums für weltweite Top10 Nano-, IKT- und CE-zitierende *Subject-Areas* über den Betrachtungszeitraum, gewichtet (w) und ungewichtet. *** (**, *) markieren Signifikanz-Niveaus von 1% (5%, 10%).

WITHIN CLASS GR	Obs	Mean	StdDev	ICT	CE	ALL
all	28	0.0332143	0.0312758			
NANO	28	0.04	0.0364133	-0.5677	-0.5318	1.3604
ICT	28	0.0460714	0.0433196		0.0307	1.7682*
CE	28	0.0457143	0.0436678			2.0139*
NANO w	28	0.0403571	0.0362586	-0.7189	-0.3311	1.449
ICT w	28	0.0482143	0.0450558		0.3598	1.9729*
CE w	28	0.0439286	0.0440824			1.7012

Ergebnisse zu den Innovatorischen Komplementaritäten

Tabelle B.16: Zweistichproben-t-Tests des Indikators der gewichteteten Innovatorischen Komplementaritäten für Nano-, IKT- und CE-Patente über den Betrachtungszeitraum. *** (**, *) markieren Signifikanz-Niveaus von 1 % (5 %, 10 %).

IC	Obs	Mean	StdDev	ICT	CE
NANO	21	9.959524	1.685869	-13.2914***	-8.5998***
ICT	21	14.87333	0.167551		36.7705***
CE	21	13.13381	0.137567		

Tabelle B.17: Zweistichproben-t-Tests des Indikators der ungewichteteten Innovatorischen Komplementaritäten für Nano-, IKT- und CE-Patente über den Betrachtungszeitraum. *** (**, *) markieren Signifikanz-Niveaus von 1 % (5 %, 10 %).

IC	Obs	Mean	StdDev	ICT	CE
NANO	21	97.44238	49.00649	7.8485***	6.1498***
ICT	21	13.45667	1.750841		-15.7672***
CE	21	31.3481	4.896336		

B.7 Top25-Firmen und -Institutionen

Tabelle B.18: Top25-Firmen des European R&D Investment Scoreboard 2010 weltweit.

Rank					F&E-Investitionen 2009	
EU	Nicht-EU	Gesamt	Firma	ICB Sektor	Land	Millionen Euro
	1	1	Toyota Motor	Automobiles & parts (335)	Japan	6768,46
	2	2	Roche	Pharmaceuticals (4577)	Switzerland	6401,86
	3	3	Microsoft	Software (9537)	USA	6073,20
1		4	Volkswagen	Automobiles & parts (335)	Germany	5790,00
	4	5	Pfizer	Pharmaceuticals (4577)	USA	5404,13
	5	6	Novartis	Pharmaceuticals (4577)	Switzerland	5156,02
2		7	Nokia	Telecom. equipment (9578)	Finland	4997,00
	6	8	Johnson & Johnson	Pharmaceuticals (4577)	USA	4868,87
3		9	Sanofi-Aventis	Pharmaceuticals (4577)	France	4569,00
	7	10	Samsung Electronics	Electronic equipment (2737)	South Korea	4510,01
4		11	Siemens	Electrical components (2733)	Germany	4282,00
	8	12	General Motors	Automobiles & parts (335)	USA	4229,08
	9	13	Honda Motor	Automobiles & parts (335)	Japan	4216,44
5		14	Daimler	Automobiles & parts (335)	Germany	4164,00
6		15	GlaxoSmithKline	Pharmaceuticals (4577)	UK	4084,44
	10	16	Merck	Pharmaceuticals (4577)	USA	4073,66
	11	17	Intel	Semiconductors (9576)	USA	3939,84
	12	18	Panasonic	Leisure goods (374)	Japan	3877,41
	13	19	Sony	Leisure goods (374)	Japan	3723,07
	14	20	Cisco Systems	Telecom. equipment (9578)	USA	3629,70
7		21	Robert Bosch	Automobiles & parts (335)	Germany	3578,00
	15	22	IBM	Computer services (9533)	USA	3445,71
	16	23	Ford Motor	Automobiles & parts (335)	USA	3415,04
	17	24	Nissan Motor	Automobiles & parts (335)	Japan	3410,02
	18	25	Takeda Pharma	Pharmaceuticals (4577)	Japan	3391,78

Das *EU Industrial R&D Investment Scoreboard 2010* enthält die Top-1000 EU-Firmen und 1000 Nicht-EU-Firmen mit Forschungs- und Entwicklungsausgaben 2009. Daten stammen aus den jeweils aktuellen Offenlegungen der Firmen, d.h. entsprechen Angaben des Fiskaljahrs 2009. Sie sind unabhängig von der Lokation des geleisteten Forschungsaufwands. Siehe http://iri.jrc.es/research/scoreboard_2010.htm.

Tabelle B.19: Top25 der wissenschaftlich publizierenden Forschungsinstitutionen weltweit. Quelle: Eigene Erhebungen auf Basis des Web of Science, 2012.

Rang	Institution	Anzahl Publikationen	Anteil (%)
1	HARVARD UNIV	266518	0.94
2	UNIV TEXAS	248197	0.88
3	RUSSIAN ACAD SCI	203296	0.72
4	CHINESE ACAD SCI	176667	0.62
5	UNIV TOKYO	170435	0.60
6	UNIV CALIF LOS ANGELES	165518	0.58
7	UNIV WASHINGTON	151321	0.53
8	UNIV ILLINOIS	150646	0.53
9	UNIV MICHIGAN	149942	0.53
10	UNIV TORONTO	146535	0.52
11	UNIV WISCONSIN	139525	0.49
12	STANFORD UNIV	136827	0.48
13	UNIV MINNESOTA	135662	0.48
14	UNIV CALIF SAN FRANCISCO	125339	0.44
15	KYOTO UNIV	125253	0.44
16	CORNELL UNIV	124639	0.44
17	UNIV PENN	124552	0.44
18	CNRS	122497	0.43
19	UNIV CALIF BERKELEY	121505	0.43
20	JOHNS HOPKINS UNIV	121262	0.43
21	UNIV CALIF SAN DIEGO	117567	0.42
22	UNIV FLORIDA	112268	0.40
23	UNIV MARYLAND	109976	0.39
24	YALE UNIV	108754	0.38
25	OSAKA UNIV	108723	0.38

Literaturverzeichnis

Abernathy, W.: 1991, *The Productivity Dilemma*, John Hopkins University Press, Baltimore.

Abramovitz, M.: 1956, Resource and Output Trends in the U.S. since 1870, *American Economic Review* **46**, 5–23.

Acemoglu, D.: 2009, *Introduction to Modern Economic Growth*, Princeton University Press, Princeton.

Acemoglu, D. und Cao, D. V.: 2010, Innovation by Entrants and Incumbents. NBER Working Papers 16411, National Bureau of Economic Research.

Acemoglu, D. und Guerrieri, V.: 2008, Capital Deepening and Nonbalanced Economic Growth, *Journal of Political Economy* **116**(3), 467–498.

Aghion, P. und Howitt, P.: 1992, A Model of Growth through Creative Destruction, *Econometrica* **60**, 155–173.

Aghion, P. und Howitt, P.: 1994, Growth and Unemployment, *The Review of Economic Studies* **61**(3), 477–494.

Aghion, P. und Howitt, P.: 1998, On the Macroeconomic Effects of Major Technological Change, *in* E. Helpman (Hg.), *General Purpose Technologies and Economic Growth*, MIT Press, Cambridge, Massachussets, S. 121–144.

Aghion, P. und Howitt, P.: 2002, Wage Inequality and the New Economy, *Oxford Review of Economic Policy* **18**(3), 306–323.

Aghion, P. und Howitt, P.: 2009, *The Economics of Growth*, MIT Press, Cambridge, Massachussets.

Aghion, P., Howitt, P., Brant-Collett, M. und García-Peñalosa, C.: 1998, *Endogenous Growth Theory*, MIT Press, Cambridge, Massachussets.

Arrow, K. J.: 1962, The Economic Implications of Learning by Doing, *Review of Economic Studies* **29**, 155–172.

Arrow, K. J.: 1964, The Role of Securities in the Optimal Allocation of Risk-bearing, *The Review of Economic Studies* **31**(2), 91–96.

Bahk, B.-H. und Gort, M.: 1993, Learning by Doing in New Plants, *Journal of Political Economy* **101**(4), 561–583.

Baily, M. N. und Gordon, R. J.: 1988, The Productivity Slowdown, Measurement Issues, and the Explosion of Computer Power, *Brookings Papers on Economic Activity* **19**(2), 347–432.

Baldwin, R. E. und Forslid, R.: 2000, The Core-Periphery Model and Endogenous Growth: Stabilizing and Destabilizing Integration, *Economica* **67**(267), 307–324.

Barro, R. und Sala-i-Martin, X.: 2004, *Economic Growth*, 2. Aufl., MIT Press, Cambridge, Massachussets.

Bartelsman, E. J. und Doms, M.: 2000, Understanding Productivity: Lessons from Longitudinal Microdata, *Journal of Economic Literature* **XXXVIII**, 569–594.

Bass, F. M.: 1969, A New Product Growth for Model Consumer Durables, *Management Science* **15**(5), 215–227.

Basu, S. und Fernald, J.: 2007, Information and Communications Technology as a General-Purpose Technology: Evidence from US Industry Data, *German Economic Review* **8**, 146–173.

Basu, S., Fernald, J. G., Oulton, N. und Srinivasan, S.: 2003, The Case of the Missing Productivity Growth: Or, Does Information Technology Explain Why Productivity Accelerated in the United States but not the United Kingdom?, *Working Paper Series WP-03-08*, Federal Reserve Bank of Chicago.

Bawa, R.: 2004, Nanotechnology Patenting in the US, *Nanotechnology Law & Business* **1**(1), 1–21.

BCC: 2010a, Carbon Nanotubes: Technologies and Global Markets, *Market Report Abstract*, BCC Research Inc.

BCC: 2010b, Microscopy: The Global Market, *Market Report Abstract*, BCC Research Inc.

BCC: 2010c, Nanotechnology: A Realistic Market Assessment, *Market Report Abstract*, BCC Research Inc.

BCC: 2010d, Nanotechnology in Coatings and Adhesive Applications: Global Markets, *Market Report Abstract*, BCC Research Inc.

Beaudry, C. und Schiffauerova, A.: 2009, Who's Right, Marshall or Jacobs? The Localization versus Urbanization Debate, *Research Policy* **38**(2), 318–337.

Beaudry, C. und Schiffauerova, A.: 2011, Impacts of Collaboration and Network Indicators on Patent Quality: The Case of Canadian Nanotechnology Innovation. European Management Journal, Article in Press.

Bellman, R.: 1957, *Dynamic Programming*, Princeton University Press, Princeton, NJ, USA.

Berggren, L., Borwein, J. und Borwein, P.: 2000, *Pi, a Source Book*, Springer, New York, Berlin, Heidelberg [u.a.].

Berry, T.: 1988, *Production and Population Since 1789: Revised GNP Series in Constant Dollars*, Bostwick Paper, Bostwick Press.

Bessen, J. E.: 2003, Patent Thickets: Strategic Patenting of Complex Technologies. Boston University School of Law – Working Paper Series, Law and Economics.

Bhattacharjya, A. S.: 1996, Composition of R&D and Technological Cycles, *Journal of Economic Dynamics and Control* **20**(1–3), 445–470.

BMBF: 2010a, Ideen, Innovation, Wachstum – Hightech-Strategie 2020 für Deutschland, *Strategiepapier*, Bundesministerium für Bildung und Forschung.

BMBF: 2010b, *Nano-Initiative – Aktionsplan 2015*, Bundesministerium für Bildung und Forschung.

BMBF: 2011, nano.DE-Report 2011 – Status Quo der Nanotechnologie in Deutschland, *Strategiepapier*, Bundesministerium für Forschung und Entwicklung.

BMBF: 2014, Ausgaben des BMBF für Wissenschaft, Forschung und Entwicklung nach Förderbereichen und Förderschwerpunkten. Auswertung aus der ICE-Datenbank des BMBF, [Online, Stand: 11. Februar 2014].
URL: *www.datenportal.bmbf.de*

Bodenburg, S.: 2012, *Softwarepatente in Deutschland und der EU: Rechtslage, Funktion, Interessenkonflikte*, AV Akademikerverlag, Saarbrücken.

Bowman, D. und Gilligan, G.: 2008, 'Netting Nano': Regulatory Challenges of the Internet and Nanotechnologies, *International Review of Law, Computers & Technology* **22**(3), 231–246.

Bozeman, B., Hardin, J. und Link, A. N.: 2008, Barriers To The Diffusion Of Nanotechnology, *Economics of Innovation and New Technology* **17**(7), 749–761.

Brakman, S., Garretsen, H. und van Marrewijk, C.: 2009, *The New Introduction to Geographical Economics*, 2. Aufl., Cambridge University Press, Cambridge, UK.

Braun, E. und MacDonald, S.: 1992, *Revolution in Miniature: The History and Impact of Semiconductor Electronics*, 2. Aufl., Cambridge University Press, Cambridge, UK.

Breschi, S., Lissoni, F. und Malerba, F.: 2003, Knowledge-Relatedness in Firm Technological Diversification, *Research Policy* **32**, 69–87.

Bresnahan, T. F.: 1986, Measuring the Spillovers from Technical Advance: Mainframe Computers in Financial Services, *The American Economic Review* **76**(4), 742–755.

Bresnahan, T. F.: 1999, Computerization and Wage Dispersion: An Analytical Reinterpretation, *The Economic Journal* **109**, F390–F415.

Bresnahan, T. F.: 2010, General Purpose Technologies, *in* B. Hall und N. Rosenberg (Hg.), *Handbook of Economics of Innovation*, Band 2, Elsevier, S. 763–791.

Bresnahan, T. F., Brynjolfsson, E. und Hitt, L. M.: 2002, Information Technology, Workplace Organization, and the Demand for Skilled Labor: Firm Level Evidence, *The Quarterly Journal of Economics* **117**(1), 339–376.

Bresnahan, T. F. und Gambardella, A.: 1998, The Division of Labor and the Extent of the Market, *in* E. Helpman (Hg.), *General Purpose Technologies and Economic Growth*, MIT Press, Cambridge, MA, S. 253–281.

Bresnahan, T. F. und Greenstein, S.: 1999, Technological Competition and the Structure of the Computer Industry, *The Journal of Industrial Economics* **XLVII**(1), 1–40.

Bresnahan, T. F. und Greenstein, S.: 2001, The Economic Contribution of Information Technology: Towards Comparative and User Studies, *Journal of Evolutionary Economics* **11**, 95–118.

Bresnahan, T. F. und Reiss, P. C.: 1987, Do Entry Conditions Vary across Markets?, *Brookings Papers on Economic Activity* **3**, 833–881.

Bresnahan, T. F. und Reiss, P. C.: 1990, Entry in Monopoly Markets, *Review of Economic Studies* **57**, 531–533.

Bresnahan, T. F. und Reiss, P. C.: 1991, Entry and Competition in Concentrated Markets, *Journal of Political Economy* **99**(5), 977–1009.

Bresnahan, T. F. und Trajtenberg, M.: 1995, General Purpose Technologies: 'Engines of Growth'?, *Journal of Econometrics* **65**, 83–108.

Bresnahan, T. F. und Yin, P.-L.: 2010, Reallocating Innovative Ressources around Growth Bottlenecks, *Industrial and Corporate Change* **19**(5), 1589–1627.

Bulow, J. I., Geanakoplos, J. D. und Klemperer, P. D.: 1985, Multimarket Oligopoly: Strategic Substitutes and Complements, *Journal of Political Economy* **93**(3), 488–511.

Bush, V.: 1945, Science – The Endless Frontier: Learning from the Past, Designing for the Future. Public Affairs Press, Washington, DC.

Caballero, R. J. und Jaffe, A. B.: 1993, How High Are the Giants' Shoulders: An Empirical Assessment of Knowledge Spillovers and Creative Destruction in a Model of Economic Growth, *NBER Macroeconomics Annual* **8**, 15–74.

Cantner, U. und Vannuccini, S.: 2012, A New View of General Purpose Technologies, *Jena Economic Research Papers* **2012–054**, 1–20.

Carlaw, K. I. und Lipsey, R. G.: 2002, Externalities, Technological Complementarities and Sustained Economic Growth, *Research Policy* **31**(8–9), 1305–1315.

Carlaw, K. I. und Lipsey, R. G.: 2006a, GPT-Driven Endogeneous growth, *The Economic Journal* **116**, 155–174.

Carlaw, K. I. und Lipsey, R. G.: 2006b, Gpt-driven, endogenous growth*, *The Economic Journal* **116**(508), 155–174.
URL: *http://dx.doi.org/10.1111/j.1468-0297.2006.01051.x*

Carlaw, K. I. und Lipsey, R. G.: 2011, Sustained Endogenous Growth Driven by Structured and Evolving General Purpose Technologies, *Journal of Evolutionary Economics* **21**, 563–593.

Carlaw, K. I., Oxley, L., Walker, P., Thorns, D. und Nuth, M.: 2006, Beyond the Hype: Intellectual Property and the Knowledge Society / Knowledge Economy, *Journal of Economic Surveys* **20**(4), 634–690.

Carpenter, M. P., Narin, F. und Woolf, P.: 1981, Citation Rates to Technologically Important Patents, *World Patent Information* **3**(4), 160–163.

Caselli, F.: 1999, Technological Revolutions, *American Economic Review* **89**(1), 78–102.

Cedervall, T., Hansson, L.-A., Lard, M., Frohm, B. und Linse, S.: 2012, Food Chain Transport of Nanoparticles Affects Behaviour and Fat Metabolism in Fish, *PLOS One Open Access* S. 1–6.

Chamberlin, E.: 1933, *The Theory of Monopolistic Competition*, Harvard Economic Studies, Harvard University Press, Cambridge, Massachussets.

Coase, R.: 1960, The Problem of Social Cost, *The Journal of Law and Economics* **III**, 1–44.

Crafts, N.: 2004, Steam as a General Purpose Technology: A Growth Accounting Perspective, *Economic Journal* **114**(495), 338–351.

Cullison, W. E.: 1989, The U.S. Productivity Slowdown: What the Experts Say, *FRB Richmond Economic Review* **75**(4), 10–21.

Dana, D.: 2011, *The Nanotechnology Challenge: Creating Legal Institutions for Uncertain Risks*, Cambridge University Press, Cambridge, UK.

Darby, M. R. und Zucker, L. G.: 2005, Socio-Economic Impact of Nanoscale Science: Initial Results and Nanobank. NBER Working Papers 11181, National Bureau of Economic Research.

Dasgupta, P. und Stiglitz, J. E.: 1980, Industrial Structure and the Nature of Innovative Activity, *The Economic Journal* **90**(358), 266–293.

David, P. A.: 1990, The Dynamo and the Computer: An Historical Perspective on the Modern Productivity Paradox, *American Economic Review* **80**(2), 355–61.

David, P. A.: 1991, Computer and Dynamo: The Modern Productivity Paradox in a Not-too-Distant Mirror, *Technology and Productivity: The Challenge for Economic Policy* S. 315–347.

David, P. A. und Wright, G.: 2003, General Purpose Technologies and Surges in Productivity: Historical Reflections on the Future of the ICT Revolution, *in* P. A. David und M. Thomas (Hg.), *The Economic Future in Historical Perspective*, Oxford University Press, Oxford, UK, S. 135–166.

de Solla Price, D.: 1963, *Little Science, Big Science*, Columbia University Press, New York.

Deng, Z., Lev, B. und Narin, F.: 1999, Science and Technology as Predictors of Stock Performance, *Financial Analysts Journal* **55**(3), 20–32.

destatis: 2011, Export, Import, Globalisierung – Deutscher Außenhandel, *Kennzahlenbericht*, Statistisches Bundesamt, Wiesbaden.

destatis: 2014, Volkswirtschaftliche Gesamtrechnungen – Bruttoinlandsprodukt ab 1970, Vierteljahres- und Jahresergebnisse. [Online, Stand: 15. Mai 2014].
URL: *https://www.destatis.de/DE/ZahlenFakten/GesamtwirtschaftUmwelt/VGR/-Inlandsprodukt/Tabellen/BruttoinlandVierteljahresdaten.xlsx*

Devezas, T. C. und Corredine, J. T.: 2001, The Biological Determinants of Long-Wave Behavior in Socioeconomic Growth and Development, *Technological Forecasting and Social Change* **68**(1), 1–57.

Dixit, A. K. und Stiglitz, J. E.: 1977, Monopolistic Competition and Optimum Product Diversity, *American Economic Review* **67**(3), 297–308.

Dosi, G.: 1982, Technological Paradigms and Technological Trajectories, *Research Policy* **11**, 147–162.

Drexler, K. E.: 1986, *Engines of Creation – The Coming Era of Nanotechnology*, Anchor Library of Science, New York.

Drexler, K. E., Randall, J., Corchnoy, S., Kawczak, A. und Steve, M. L.: 2007, Productive Nanosystems, *Technology Roadmap*, Battelle Memorial Institute and Foresight Nanotech Institute.

Enquete-Kommission: 2013, Schlussbericht der Enquete-Kommission „Wachstum, Wohlstand, Lebensqualität – Wege zu nachhaltigem Wirtschaften und gesellschaftlichem Fortschritt in der Sozialen Marktwirtschaft“. Deutscher Bundestag, 17. Wahlperiode.

EU-Kommission: 2012, Communication from the Commission to the Council and the European Parliament on the Comprehensive Risk and Safety Assessments (Stress Tests) of Nuclear Power Plants in the European Union and Related Activities.

Fagerberg, J.: 1996, Technology and Competitiveness, *Oxford Review of Economic Policy* **12**(3), 39–51.

Feldman, M. P.: 1994, *The Geography of Innovation*, Springer, Boston.

Feldman, M. P. und Yoon, J. W.: 2011, An Empirical Test for General Purpose Technology: An Examination of the Cohen-Boyer rDNA Technology, *Industrial and Corporate Change* **21**(2), 249–275.

Feynman, R. P.: 1960, There's Plenty of Room at the Bottom, *Engineering and Science* S. 22–36.

Field, A. J.: 2008, Does Economic History Need GPTs? [Online, Stand 9. Februar 2014]. **URL:** *http://ssrn.com/abstract=1275023 or http://dx.doi.org/10.2139/ssrn.1275023*

Franke, R.: 1909, Geschichte der Fernmeldetechnik und Nachrichtentechnik an der TH/TU Berlin. [Online, Stand 9. Februar 2014].
URL: *http://www.nue.tu-berlin.de/menue/home/geschichte/*

Freedonia: 2010, World Nanomaterials (Industry Forecasts for 2013, 2018 & 2025), *Market Report Abstract*, Freedonia Group, Inc.

Freeman, C., Clarc, J. und Soete, L.: 1982, *Unemployment and Technical Innovation; A Study of Long Waves and Economic Development*, Greenwood Press, Westport, Connecticut.

Freeman, C. und Louçã, F.: 2001, *As Time Goes By : From the Industrial Revolutions to the Information Revolution*, Oxford University Press, Oxford.

Freeman, C. und Perez, C.: 1988, Structural Crises of Adjustment: Business Cycles and Investment Behaviour, *in* G. Dosi, C. Freeman, R. R. Nelson, G. Silverberg und L. L. G. Soete (Hg.), *Technical Change and Economic Theory*, Pinter Publishers, London and New York.

Frietsch, R., Schmoch, U., Neuhäusler, P. und Rothengatter, O.: 2011, Patent Applications – Structures, Trends and Recent Development, Studie zum Deutschen Innovationssystem Nr. 9-2011.

Galor, O.: 2005, From Stagnation to Growth: Unified Growth Theory, *in* P. Aghion und S. Durlauf (Hg.), *Handbook of Economic Growth*, Elsevier North-Holland, Amsterdam.

Gambardella, A., Giuri, P. und Luzzi, A.: 2007, The Market for Patents in Europe, *Research Policy* **36**(8), 1163–1183.

Garfield, E.: 1972, Citation Analysis as a Tool in Journal Evaluation, *Science* **178**, 471–479.

Gigerenzer, G. und Selten, R.: 2002, *Bounded Rationality: The Adaptive Toolbox*, 2. Aufl., MIT Press, Cambridge, Massachussets.

Glaeser, E., Kallal, H., Scheinkman, J. und Shleifer, A.: 1992, Growth in Cities, *Journal of Political Economy* **100**(6), 1126–1152.

Glänzel, W., Meyer, M., du Plessis, M., Thijs, B., Magerma, T., Schlemmer, K., Debackere, K. und Veugelers, R.: 2003, Nanotechnology Analysis of an Emerging Domain of Scientific and Technological Endeavour, *Steuntpunt O&O Statistieken* .

Goos, B. und Ott, I.: 2005, KMU zur Beseitigung von Koordinationsmängeln in der Nanotechnologie, *in* R. Schulte (Hg.), *Ergebnisse der MittelstandsForschung*, LIT Verlag, Münster, S. 287–306.

Gordon, R. J.: 1996, [Can Technology Improvements Cause Productivity Slowdowns?]: Comment, *NBER Macroeconomics Annual* **11**, 259–267.

Gordon, R. J.: 2005, The 1920s and the 1990s in Mutual Reflection, *NBER Working Papers 11778*, National Bureau of Economic Research.

Graham, S. J. H. und Iacopetta, M.: 2010, Nanotechnology and the Emergence of a General Purpose Technology. Annales d'Economie et Statistiques.

Griliches, Z.: 1957, Hybrid Corn: An Exploration in the Economics of Technological Change, *Econometrica* **25**(4), 501–522.

Griliches, Z.: 1969, Capital-Skill Complementarity, *The Review of Economics and Statistics* **51**(4), 465–468.

Griliches, Z.: 1990, Patent Statistics as Economic Indicators: A Survey, *Journal of Economic Literature* **28**, 1661–1707.

Griliches, Z.: 1998, Productivity, R&D, and the Data Constraint, *in* Z. Griliches (Hg.), *R&D and Productivity: The Econometric Evidence*, University of Chicago Press, S. 347–374.

Griliches, Z. und Schmookler, J.: 1963, *Inventing and Maximizing*, Center for Mathematical Studies in Business and Economics Reprint Series / Department of Economics of the University of Chicago, Madison.

Grossman, G. M. und Helpman, E.: 1991a, *Innovation and Growth in the Global Economy*, The MIT Press.

Grossman, G. M. und Helpman, E.: 1991b, Quality Ladders in the Theory of Growth, *Review of Economic Studies* **58**, 43–61.

Grossman, G. M. und Helpman, E.: 1993, *Innovation and Growth in the Global Economy*, MIT Press, Cambridge, Massachussets.

Grupp, H.: 1998, *Foundations of the Economics of Innovation. Theory, Measurement and Practice*, Edward Elgar, Cheltenham, UK.

Hall, B.: 2002, A Note on the Bias in the Herfindahl Based on Count Data, *in* A. Jaffe und M. Trajtenberg (Hg.), *Patents, Citations, and Innovation*, MIT Press, Cambridge, Massachussets.

Hall, B. H.: 2004, Exploring the Patent Explosion. National Bureau of Economic Research, NBER Working Paper 10605.

Hall, B. H., Jaffe, A. und Trajtenberg, M.: 2005, Market Value and Patent Citations, *RAND Journal of Economics* **36**(1), 16–38.

Hall, B. H. und Ziedonis, R. H.: 2001, The Patent Paradox Revisited – Determinants of Patenting in the U.S. Semiconductor Industry, 1980-94, *The RAND Journal of Economics* **32**(1), 101–128.

Hall, B. und Trajtenberg, M.: 2004, Uncovering GPTs with Patent Data, *NBER Working Paper* **10901**.

Hall, B. und Trajtenberg, M.: 2006, Uncovering GPTs with Patent Data, *in* B. Hall und M. Trajtenberg (Hg.), *New Frontiers in the Economics of Innovation and New Technology: Essays in Honor of Paul A. David*, Edward Elgar, Northhampton, Massachussets.

Harris, R. G.: 1998, The Internet as a GPT: Factor Market Implications, *in* E. Helpman (Hg.), *General Purpose Technologies and Economic Growth*, MIT Press, Cambridge, Massachussets, S. 145–166.

Heinze, T.: 2004, Nanoscience and Nanotechnology in Europe: Analysis of Publications and Patent Applications including Comparisons with the United States, *Nanotechnology Law & Business* **1**, 1–20.

Helpman, E. (Hg.): 1998, *General Purpose Technologies and Economic Growth*, The MIT Press, Cambridge, MA.

Helpman, E. und Rangel, A.: 1999, Adjusting to a New Technology: Experience and Training, *Journal of Economic Growth* **4**(4), 359–83.

Helpman, E. und Trajtenberg, M.: 1994, A Time to Sow and a Time to Reap: Growth Based on General Purpose Technologies, *Working Paper 4854*, National Bureau of Economic Research.

Helpman, E. und Trajtenberg, M.: 1998a, A Time to Sow and a Time to Reap, *in* E. Helpman (Hg.), *General Purpose Technologies and Economic Growth*, MIT Press, Cambridge, Massachussets, S. 55–83.

Helpman, E. und Trajtenberg, M.: 1998b, Diffusion of General Purpose Technologies, *in* E. Helpman (Hg.), *General Purpose Technologies and Economic Growth*, MIT Press, Cambridge, Massachussets, S. 85–119.

Henderson, R., Trajtenberg, M. und Jaffe, A.: 1997, University Versus Corporate Patents: A Window On The Basicness Of Invention, *Economics of Innovation and New Technology* **5**(1), 19–50.

Hilbert, M. und López, P.: 2011, The World's Technological Capacity to Store, Communicate, and Compute Information. In: Science 332 (6025), 60–65; [Online, Stand: 14. Juni 2014]. **URL:** *http://www.sciencemag.org/content/332/6025/60*

Hinze, S., Reiss, T. und Schmoch, U.: 1997, Statistical Analysis on the Distance between Fields of Technology, *Report for European Commission TSER Project – Technological Entry: Diversification vs. New Innovators*.

Hinze, S. und Schmoch, U.: 2004, Opening the Black Box. Analytical Approaches and Their Impact on the Outcome of Statistical Patent Analyses, *in* H. Moed, W. Glänzel und U. Schmoch (Hg.), *Handbook of Quantitative Science and Technology Research*, Kluwer Academic Publishers, Dordrecht, NL, S. 215–236.

Hobijn, B. und Jovanovic, B.: 2001, The Information-Technology Revolution and the Stock Market: Evidence, *The American Economic Review* **91**(5), 1203–1220.

Hopkins, M. M., Martin, P. A., Nightingale, P., Kraft, A. und Mahdi, S.: 2007, The Myth of the Biotech Revolution: An Assessment of Technological, Clinical and Organisational Change, *Research Policy* **36**(4), 566–589.

Hornstein, A. und Krusell, P.: 1996, Can Technology Improvements Cause Productivity Slowdowns?, *NBER Macroeconomics Annual 1996, Volume 11*, NBER Chapters, National Bureau of Economic Research, S. 209–276.

Huang, C., Notten, A. und Rasters, N.: 2010, Nanoscience and Technology Publications and Patents: A Review of Social Science Studies and Search Strategies, *Journal of Technology Transfer* **35**, 1–28.

Hullmann, A.: 2007, Measuring and Assessing the Development of Nanotechnology, *Scientometrics* **70**, 739–758.

iRAP: 2009, Nanolithography Equipment for IT, Electronics and Photonics – a Technology, Industry and Global Market Analysis, *Market report abstract*, Innovative Research and Products Inc.

Islam, N. und Miyazaki, K.: 2010, An Empirical Analysis of Nanotechnology Research Domains, *Technovation* **30**(4), 229–237.

Jacobs, J.: 1969, *The Economy of Cities*, Random House, New York.

Jensen, P. H., Palangkaraya, A. und Webster, E.: 2005, Patent Application Outcomes across the Trilateral Patent Offices. Intellectual Property Research Institute of Australia, Working Paper 06/05.

Jones, C. I.: 1995a, R&D-Based Models of Economic Growth, *The Journal of Political Economy* **103**(4), 759–784.

Jones, C. I.: 1995b, Time Series Tests of Endogenous Growth Models, *The Quarterly Journal of Economics* **110**(2), 495–525.

Jordan, C. C., Kaiser, I. N. und Moore, V. C.: 2012, Nanotechnology Patent Survey: Who Will Be the Leaders in the Fifth Technology Revolution?, *Nanotechnology Law & Business* **122**, 122–132.

Jorgenson, D. W.: 2005, Accounting for Growth in the Information Age, *in* P. Aghion und S. Durlauf (Hg.), *Handbook of Economic Growth*, Band 1A, Elsevier, Amsterdam, S. 743–815.

Jovanovic, B. und Nyarko, Y.: 1996, Learning by Doing and the Choice of Technology, *Econometrica* **64**(6), 1299–1310.

Jovanovic, B. und Rousseau, P.: 2005, General Purpose Technologies, *in* P. Aghion und S. Durlauf (Hg.), *Handbook of Economic Growth*, Band 1B, Elsevier, Amsterdam, S. 1181–1224.

Judd, K. L.: 1985, On the Performance of Patents, *Econometrica* **53**, 567–585.

Kendrick, J. W.: 1961, *Productivity Trends in the United States*, NBER Books, National Bureau of Economic Research.

Kim, J. und Marschke, G.: 2004, Accounting for the Recent Surge in U.S. Patenting: Changes in R&D Expenditures, Patent Yields, and the High Tech Sector, *Economics of Innovation and New Technology* **13**(6), 543–558.

Kleinknecht, A.: 1990, Are There Schumpeterian Waves of Innovations?, *Cambridge Journal of Economics* **14**(1), 81–92.

Klette, T. J. und Kortum, S.: 2004, Innovating Firms and Aggregate Innovation, *Journal of Political Economy* **112**(5), 986–1018.

Knight, F.: 1921, *Risk, Uncertainty and Profit*, Beard Books (Reprint 2002), Washington, D.C.

Kondratieff, N. D.: 1935, The Long Waves in Economic Life, *The Review of Economics and Statistics* **17**(6), 105–115. Übersetzung von Wolfgang F. Stolper.

Korotayev, A. V. und Tsirel, S. V.: 2010, A Spectral Analysis of World GDP Dynamics: Kondratieff Waves, Kuznets Swings, Juglar and Kitchin Cycles in Global Economic Development, and the 2008–2009 Economic Crisis, *Structure and Dynamics: eJournal of Anthropological and Related Sciences* **4**(1), 1–55. University of California, Irvine.

Kortum, S. und Lerner, J.: 1998, Stronger Protection or Technological Revolution: What is behind the Recent Surge in Patenting?, *Carnegie-Rochester Conference Series on Public Policy* **48**, 247–304.

Kortum, S. und Lerner, J.: 1999, What is Behind the Recent Surge in Patenting?, *Research Policy* **28**, 1–22.

Kreuchauff, F. und Teichert, N.: 2013, Nanotechnology as General Purpose Technology, *in* J. Gorraiz, E. Schiebel, C. Gumpenberger, M. Hörlesberger und H. Moed (Hg.), *Proceedings of the 14th International Society of Scientometrics and Informetrics (ISSI) conference*, Band II, AIT Austrian Institute of Technology, Facultas Verlags- und Buchhandels AG, Vienna, S. 1291–1306.

Krugman, P.: 1991a, *Geography and Trade*, MIT Press, Cambridge, Massachussets.

Krugman, P.: 1991b, Increasing Returns and Economic Geography, *Journal of Political Economy* **99**, 483–499.

Krugman, P. und Venables, A. J.: 1990, Integration and the Competitiveness of Peripheral Industry, *CEPR Discussion Papers 363*, Centre for Economic Policy Research.

Kucsko, G., Maurer, P. C., Yao, N. Y., Kubo, M., Noh, H. J., Lo, P. K., Park, H. und Lukin, M. D.: 2013, Nanometer Scale Quantum Thermometry in a Living Cell, *Technical Report arXiv:1304.1068.*

Kuznets, S.: 1940, Schumpeter's Business Cycles, *The American Economic Review* **30**(2), 257–271.

Kydland, F. E. und Prescott, E. C.: 1982, Time to Build and Aggregate Fluctuations, *Econometrica* **50**(6), 1345–1370.

Landes, D. S.: 1969, *The Unbound Prometheus: Technological Change and Industrial Development in Western Europe from 1750 to the Present*, Cambridge University Press, Cambridge, UK.

Lemley, M. A.: 2005, Patenting Nanotechnology, *Stanford Law Review* **58**, 601–630.

Leten, B., Belderbos, R. und van Looy, B.: 2007, Technological Diversification, Coherence and Performance of Firms, *Journal of Product Innovation Management* **24**(6), 567–579.

Li, X., Chen, H., Dang, Y., Lin, Y., Larson, C. A. und Roco, M. C.: 2008, A Longitudinal Analysis of Nanotechnology Literature: 1976–2004, *Journal of Nanoparticle Research* **10**, 3–22.

Lieberman, M. B.: 1984, The Learning Curve and Pricing in the Chemical Processing Industries, *RAND Journal of Economics* **15**(2), 213–228.

Linde, R.: 2000, *Allokation, Wettbewerb und Verteilung: Theorie*, Unibuch Verlag, Lüneburg.

Linden, A. und Fenn, J.: 2003, Understanding Gartner's Hype Cycles, Strategic Analysis Report.

Lipsey, R., Bekar, C. und Carlaw, K.: 1998a, The Consequences in Changes of GPTs, *in* E. Helpman (Hg.), *General Purpose Technologies and Economic Growth*, MIT Press, Cambridge, Massachussets, S. 193–218.

Lipsey, R. G., Bekar, C. T. und Carlaw, K. I.: 1998b, What Requires Explanation?, *in* E. Helpman (Hg.), *General Purpose Technologies and Economic Growth*, MIT Press, Cambridge, Massachussets, S. 15–54.

Lipsey, R. G. und Carlaw, K. I.: 2004, Total Factor Productivity and the Measurement of Techonlogical Change, *Canadian Journal of Economics* **37**(4), 1118–1150.

Lipsey, R. G., Carlaw, K. I. und Bekar, C. T.: 2005, *Economic Transformations: General Purpose Technologies and Long Term Economic Growth*, Oxford University Press, Oxford.

Llordés, A., Garcia, G., Gazquez, J. und Milliron, D. J.: 2013, Tunable Near-Infrared and Visible-Light Transmittance in Nanocrystal-in-Glass Composites, *Nature* **500**, 323–326.

Lucas, R.: 1988, On the Mechanics of Economic Development, *Journal of Monetary Economics* **22**, 3–42.

Lux Research: 2006, The Nanotech Report – Investment Overview and Market Research for Nanotechnology, *Market Report*, Lux Research Inc.

Lux Research: 2007, The Nanotech Report – Investment Overview and Market Research for Nanotechnology, *Market Report*, Lux Research Inc., New York.

Mahajan, V., Muller, E. und Bass, F. M.: 1990, New Product Diffusion Models in Marketing: A Review and Directions for Research, *Journal of Marketing* **54**(1), 1–26.

March, J.: 1991, Exploration and Exploitation in Organizational Learning, *Organization Science* **2**(1), 71–87.

Marchant, G. E., Sylvester, D. J. und Abbot, K. W.: 2008, Risk Management Principles for Nanotechnology, *Nanoethics* **2**, 43–60.

Maskin, E. und Tirole, J.: 1987, A Theory of Dynamic Oligopoly III: Cournot Competition, *European Economic Review* **31**, 947–968.

Matsuyama, K.: 2001, Growing through Cycles in an Infinitely Lived Agent Economy, *Journal of Economic Theory* **100**, 220–234.

Max-Planck-Institut für Plasmaphysik (IPP): 2010, 50 Jahre Max-Planck-Institut für Plasmaphysik – Forschung fuer die Energie der Zukunft, *Festschrift*, Max-Planck-Institut für Plasmaphysik (IPP), Garching und Greifswald.

Medonça, S., Pereira, T. und Godinho, M.: 2004, Trademarks as an Indicator of Innovation and Industrial Change, *Research Policy* **33**, 1385–1404.

Mensch, G.: 1975, *Das technologische Patt: Innovationen überwinden die Depression*, Umschau Verlag, Frankfurt a. M.

Menz, N. und Ott, I.: 2011, On the Role of General Purpose Technologies within the Marshall-Jacobs Controversy: The Case of Nanotechnologies, *Working Paper Series in Economics 18*, Karlsruhe Institute of Technology (KIT).

Menz, W. und Mohr, J.: 1997, *Mikrosystemtechnik für Ingenieure*, 2. Aufl., Wiley VCH Verlag GmbH, Weinheim.

Metz, R.: 2011, Do Kondratieff Waves Exist? How Time Series Techniques Can Help to Solve the Problem, *Cliometrica* **5**(3), 205–238.

Meyer, M.: 2000, Patent Citations in a Novel Field of Technology – What Can They Tell about Interactions between Emerging Communities of Science and Technology?, *Scientometrics* **48**(2), 151–178.

Meyer, M.: 2007, What Do We Know About Innovation in Nanotechnology? Some Propositions About an Emerging Field Between Hype and Path Dependency, *Scientometrics* **70**, 779–810.

Mitroff, S.: 2012, Intel's First Microprocessor Turns 40!, *PC World* **30**(2), 18.

Mogoutov, A. und Kahane, B.: 2007, Data Search Strategy for Science and Technology Emergence: A Scalable and Evolutionary Query for Nanotechnology Tracking, *Research Policy* **36**, 893–903.

Mokyr, J.: 1990, *The Lever of Riches: Technological Creativity and Economic Progress*, Oxford Paperbacks, Oxford University Press, Oxford.

Mokyr, J.: 2002, Thinking about Technology and Institutions, presented at the Macalester International College Roundtable, „Prometheus's Bequest: Technology and Change". October 10–12.

Mokyr, J.: 2010, The Contribution of Economic History to the Study of Innovation and Technical Change: 1750–1914, *Handbook of the Economics of Innovation*, Band 1, Elsevier, Amsterdam, S. 11–50.

Moretti, E.: 2004, Estimating the Social Return to Higher Education: Evidence from Longitudinal and Repeated Cross-Sectional Data, *Journal of Econometrics* **121**, 175–212.

Moser, P. und Nicholas, T.: 2004, Was Electricity a General Purpose Technology? Evidence from Historical Patent Citations, *American Economic Review, Papers and Proceedings* **94**(2), 388–394.

Nefiodow, L. A.: 2005, Der sechste Kondratieff – der Gesundheitsmarkt als Triebkraft für die zukünftige wirtschaftliche Entwicklung?, *in* W. Niederlag, H. U. Lemke, L. A. Nefiodow und D. H. W. Grönemeyer (Hg.), *Hochtechnologiemedizin im Spannungsfeld zwischen Ökonomie, Politik, Recht und Ethik*, Health Academy, Dresden.

Nelson, R. R. und Phelps, E. S.: 1966, Investment in Humans, Technological Diffusion, and Economic Growth, *The American Economic Review* **56**(1), 69–75.

Nelson, R. R. und Winter, S.: 1982, *An Evolutionary Theory of Economic Change*, Oxford University Press, New York.

Nikulainen, T.: 2007, Identifying Nanotechnological Linkages in the Finnish Economy – An Explorative Study, *The Research Institute of the Finnish Economy – ETLA Discussion Paper* **1101**, 1–31.

Nikulainen, T. und Kulvik, M.: 2009, How General Are General Purpose Technologies? Evidence from Nano-, Bio- and ICT-Technologies in Finland, *The Research Institute of the Finnish Economy – ETLA Discussion Paper* **1208**, 1–20.

Nonaka, I. und Takeuchi, H.: 1997, *Die Organisation des Wissens: Wie japanische Unternehmen eine brachliegende Ressource nutzbar machen*, Campus Verlag, Frankfurt.

Noyons, E., van Raan, A., Grupp, H. und Schmoch, U.: 1994, Exploring the Science and Technology Interface: Inventor-Author Relations in Laser Medicine Research, *Research Policy* **23**, 443–457.

OECD: 2000, *Die Weltwirtschaft von morgen: Ein neues goldenes Zeitalter?*, OECD Publishing, Paris.

O'Hara, P. A.: 1994, An Institutionalist Review of Long Wave Theories: Schumpeterian Innovation, Modes of Regulation, and Social Structures of Accumulation, *Association for Evolutionary Economics – Journal of Economic Issues* **28**(2), 489–500.

Ott, I. und Papilloud, C.: 2006, Converging Institutions. Shaping the Relationships Between Nanotechnologies, Economy and Society. University of Lüneburg – Working Paper Series in Economics 32.

Ott, I. und Papilloud, C.: 2008, Convergence or Mediation? Experts of Vulnerability and the Vulnerability of Experts' Discourses on Nanotechnologies – A Case Study, *Innovation: The European Journal of Social Science Research* **21**(1), 41–64.

Ott, I., Papilloud, C. und Zülsdorf, T.: 2009, What Drives Innovation? Causes of and Consequences for Nanotechnologies, *Managing Global Transitions* **7**(1), 5–26.

Ott, I., Zülsdorf, T. und Papilloud, C.: 2010, Nanotechnologie in Deutschland – Eine Bestandsaufnahme aus Unternehmensperspektive. University of Lüneburg – Working Paper Series in Economics 175.

Palmberg, C., Dernis, H. und Miguet, C.: 2009, Nanotechnology: An Overview Based on Indicators and Statistics, *OECD STI Working Paper* **7**, 1–112.

Palmberg, C. und Nikulainen, T.: 2006a, Industrial Renewal and Growth through Nanotechnology? An Overview with Focus on Finland. The Research Institute of the Finnish Economy – ETLA Discussion Paper 1020.

Palmberg, C. und Nikulainen, T.: 2006b, Nanotechnology as a General Purpose Technology of the 21st Century? - An Overview with Focus on Finland, *DIME Second Research Activity Line (RAL2) – The Creation, Accumulation and Exchange of Knowledge in Networks, Sectors and Regions – Working Paper Series.*

Paschen, H., Coenen, C., Fleischer, T., Grünwald, R., Oertel, D. und Revermann, C.: 2003, *Nanotechnologie*, Büro für Technikfolgen-Abschätzung beim Deutschen Bundestag (TAB), Berlin.

Pavitt, K.: 1985, Patent Statistics as Indicators of Innovative Activities: Possibilities and Problems, *Scientometrics* **7**(1–2), 77–99.

Peneder, M.: 2010, Technological Regimes and the Variety of Innovation Behaviour: Creating Integrated Taxonomies of Firms and Sectors, *Research Policy* **39**, 323–334.

Perez, C.: 1983, Structural Change and Assimilation of New Technologies in the Economic and Social Systems, *Futures* **15**(5), 357–375.

Petsas, I.: 2003, The Dynamic Effects of General Purpose Technologies on Schumpeterian Growth, *Journal of Evolutionary Economics* **13**(5), 577–605.

Porter, A., Youtie, J. und Shapira, P.: 2008, Nanotechnology Publications and Citations by Leading Countries and Blocs, *Journal of Nanoparticle Research* **10**, 981–986.

Porter, A., Youtie, J., Shapira, P. und Schoeneck, D.: 2008, Refining Search Terms for Nanotechnology, *Journal of Nanoparticle Research* **10**, 712–728.

Quillen, C. D., Webster, O. H. und Eichmann, R.: 2002, Continuing Patent Applications and Performance of the U.S. Patent and Trademark Office – Extended, *The Federal Circuit Bar Journal* **12**(1), 35–55.

Reati, A. und Toporowski, J.: 2004, An Economic Policy for the Fifth Long Wave, *BNL Quarterly Review* **231**, 395–437.

Reuning, A.: 2009, Nanoteilchen in der Lunge – Gefahren und Chancen der Winzlinge, Forschung Aktuell. Sendung vom 26. Oktober 2009. [Online, Stand 3. Februar 2014].
URL: *http://www.dradio.de/dlf/sendungen/forschak/1057747/*

Rivera-Batiz, L. A. und Romer, P. M.: 1991, Economic Integration and Endogenous Growth, *Quarterly Journal of Economics* **106**, 531–555.

Roblegg, E., Sinner, F. und Zimmer, A.: 2006, Gesundheitsrisiken der Nanotechnologie. nanoGesund 1–14.

Roco, M. C.: 2005, International Perspective on Government Nanotechnology Funding in 2005, *Journal of Nanoparticle Research* **7**, 707–712.

Roco, M. C. und Bainbridge, W. S.: 2005, Societal Implications of Nanoscience and Nanotechnology: Maximizing Human Benefit, *Journal of Nanoparticle Research* **7**, 1–13.

Roco, M. C., Mirkin, C. A. und Hersam, M. C.: 2010, Nanotechnology Research Directions for Societal Needs in 2020 – Retrospective and Outlook, *WTEC Panel Report*, World Technology Evaluation Center (WTEC).

Roller, M.: 2008, Untersuchungen zur krebserzeugenden Wirkung von Nanopartikeln und anderen Stäuben, *Abschlussbericht zum Projekt F 2083*, Bundesanstalt für Arbeitsschutz und Arbeitsmedizin, Dortmund, Berlin, Dresden.

Romer, P. M.: 1986, Increasing Returns and Long-Run Growth, *Journal of Political Economy* **94**(5), 1002–1037.

Romer, P. M.: 1987, Growth Based on Increasing Returns Due to Specialization, *The American Economic Review* **77**(2), 56–62.

Romer, P. M.: 1990, Endogenous Technological Change, *Journal of Political Economy* **98**(5), S71–S102.

Rosenberg, N.: 1976, *Perspectives on Technology*, Cambridge University Press, Cambridge, UK.

Rosenberg, N.: 1982, *Inside the Black Box: Technology and Economics*, Cambridge University Press, Cambridge, UK.

Rosenberg, N.: 1998, Chemical Engineering as a General Purpose Technology, *in* E. Helpman (Hg.), *General Purpose Technologies and Economic Growth*, MIT Press, Cambridge, Massachussets, S. 167–192.

Rousseau, P. L.: 2008, General Purpose Technologies, *in* S. N. Durlauf und L. E. Blume (Hg.), *The New Palgrave Dictionary of Economics*, Palgrave Macmillan, Basingstoke.

Schmoch, U.: 1993, Tracing the Knowledge Transfer from Science to Technology as Reflected in Patent Indicators, *Scientometrics* **26**(1), 193–211.

Schmoch, U.: 2007, Double-Boom Cycles and the Comeback of Science-Push and Market-Pull, *Research Policy* **36**(7), 1000–1015.

Schmoch, U., Laville, F., Patel, P. und Frietsch, R.: 2003, Linking Technology Areas to Industrial Sectors, Final Report to the European Commission, DG Research.

Schmoch, U., Michels, C., Schulze, N. und Neuhäusler, P.: 2012, Performance and Structures of the German Science System 2011, *Studien zum deutschen Innovationssystem 9–2012*, Fraunhofer ISI.

Schmoch, U. und Thielmann, A.: 2012, Cyclical Long-Term Development of Complex Technologies – Premature Expectations in Nanotechnology?, *Research Evaluation* **21**, 126–135.

Schmookler, J.: 1965, Technological Change and Economic Theory, *The American Economic Review* **55**(1/2), 333–341.

Schmookler, J.: 1966, *Invention and Economic Growth*, Harvard University Press.

Schnorr, J. M. und Swager, T. M.: 2011, Emerging Applications of Carbon Nanotubes, *Chemistry of Materials Review* **23**, 646–657.

Schultz, L. und Joutz, F.: 2010, Methods for Identifying Emerging General Purpose Technologies: A Case Study, *Scientometrics* **85**, 155–170.

Schumpeter, J.: 1912, *Theorie der wirtschaftlichen Entwicklung*, Duncker & Humblot. Neuausgabe hrgg. von Jochen Röpke und Olaf Stiller, Berlin 2006.

Schumpeter, J.: 1939, *Business Cycles: A Theoretical, Historical, and Statistical Analysis of the Capitalist Process*, McGraw-Hill Book Company, NYC.

Schumpeter, J.: 1946, *Kapitalismus, Sozialismus und Demokratie*, Francke, Bern.

Scotchmer, S.: 2005, *Innovation and Incentives*, MIT Press, Cambridge, Massachussets.

Shea, C., Grinde, R. und Elmslie, B.: 2011, Nanotechnology as General-Purpose Technology: Empirical Evidence and Impliations, *Technology Analysis & Strategic Management* **23**(2), 175–192.

Siemon, C.: 2007, Innovationspolitik im 6. Kondratieff: Hinterherlaufen oder Vorauseilen?, *Wirtschaftsdienst – Zeitschrift für Wirtschaftspolitik (1998–2007)* **87**(7), 450–457.

Silverberg, G. und Verspagen, B.: 2003, Breaking the Waves: A Poisson Regression Approach to Schumpeterian Clustering of Basic Innovations, *Cambridge Journal of Economics* **27**, 671–693.

Simon, H. A.: 1959, Theories of Decision-Making in Economics and Behavioral Science, *The American Economic Review* **49**(3), 253–283.

Simonyi, K.: 2001, *Kulturgeschichte der Physik*, Wissenschaftlicher Verlag Harri Deutsch, Frankfurt a.M.

Solow, R.: 1956, A Contribution to the Theory of Economic Growth, *Quarterly Journal of Economics* **70**(1), 65–94.

Solow, R.: 1957, Technical Change and the Aggregate Production Function, *Review of Economics and Statistics* **39**(3), 312–320.

Solow, R. M.: 1987, We'd Better Watch Out, *New York Times Book Review* S. 36.

Spence, M.: 1976, Product Selection, Fixed Costs, and Monopolistic Competition, *The Review of Economic Studies* **43**(2), 217–235.

Steger, T. M.: 2014, Growth Theory with Mathematica: Some Examples. [Online, Stand 3. Februar 2014].
URL: *http://www.cer.ethz.ch/resec/people/tsteger/econ_growth_mathematica_some_examples*

Swan, T.: 1956, Economic Growth and Capital Accumulation, *The Economic Record* **32**, 334–361.

TAB: 2011, Wettbewerbsfähigkeit der europäischen Wirtschaft im Hinblick auf die EU-Beihilfepolitik – am Beispiel der Nanoelektronik, *Innovationsreport des Ausschusses für Bildung, Forschung und Technikfolgenabschätzung für den Deutschen Bundestag*, Technikfolgenabschätzung (TA).

Taniguchi, N.: 1974, On the Basic Concept of 'Nano-Technology', S. 18–23.

Teichert, N.: 2012, *Innovation in General Purpose Technologies : How Knowledge Gains when It Is Shared*, KIT Scientific Publishing, Karlsruhe.

Temple, J.: 2003, The Long-Run Implications of Growth Theories, *Journal of Economic Surveys* **17**(3), 497–510.

Tijssen, R. J. W.: 2001, Global and Domestic Utilization of Industrial Relevant Science: Patent Citation Analysis of Science–Technology Interactions and Knowledge Flows, *Research Policy* **30**, 35–54.

Tirole, J.: 1988, *The Theory of Industrial Organization*, MIT Press, Cambridge, Massachussets.

Trajtenberg, M.: 1990, A Penny for your Quotes: Patent Citations and the Value of Innovations, *RAND Journal of Economics* **21**(1), 172–187.

Trajtenberg, M., Jaffe, A. und Henderson, R.: 1997, University vs. Corporate Patents: A Window on the Business of Innovations, *Economics of Innovations and New Technology* **5**(2), 19–50.

Utterback, J. M. und Abernathy, W. J.: 1975, A Dynamic Model of Process and Product Innovation, *Omega – The International Journal of Management Science* **3**(6), 639–656.

van de Kerkhof, S. und Ziegler, D.: 2006, *Unternehmenskrisen und ihre Bewältigung im 20. Jahrhundert*, Jahrbuch für Wirtschaftsgeschichte 2/2006, Akademie Verlag, Berlin.

van Duijn, J. J.: 1983, *The Long Wave in Economic Life*, George Allen & Unwin, London.

Verspagen, B., van Moergastel, T. und Slabbers, M.: 1994, MERIT Concordance Table: IPC-ISIC (rev. 2), *Research Memorandum 2/94-004*, Maastricht Economic Research Institute on Innovation and Technology, University of Limburg, Maastricht.

Vuijlsteke, M., Guerrieri, P. und Padoan, P. C.: 2007, Modelling ICT as a General Purpose Technology – Evaluation Models and Tools for Assessment of Innovation and Sustainable Development at the EU Level, *Collegium – Special Edition 35*, College of Europe.

Wang, G. und Guan, J.: 2012, Value Chain of Nanotechnology: A Comparative Study of Some Major Players, *Journal of Nanoparticle Research* **14**(2), 1–14.

Wiener, N.: 1965, *Cybernetics Or Control and Communication in the Animal and the Machine*, MIT Press, Cambridge, Massachussets.

Wilson, J. W. und Jones, C. P.: 2002, An Analysis of the S&P 500 Index and Cowles's Extensions: Price Indexes and Stock Returns, 1870–1999, *The Journal of Business* **75**(3), 505–533.

WIN-Gallup International: 2011, Global Barometer of Views on Nuclear Energy after Japan Earthquake. Volume 1: Tabular Presentation of All 8 Questions Country-Wise, *Global Survey*, WIN-Gallup International. [Online, Stand 3. Februar 2014].
URL: *http://www.gallup.com.pk/JapanSurvey2011/TabularPresentation.pdf*

WIPO: 2011, The Surge in Worldwide Patent Applications, *Study prepared by the International Bureau*, World Intellectual Property Organization – Patent Cooperation Treaty (PCT) Working Group.

Wolfe, J.: 2004, Nanotechnology's Disruptive Future. [Online, Stand 3. Februar 2014].
URL: *http://www.forbes.com/2004/10/21/cz_jw_1021soapbox.html*

Womack, J., Jones, D. und Roos, D.: 2007, *The Machine That Changed the World: The Story of Lean Production*, Free Press, New York, NY.

Wong, P., Ho, Y. und Chan, C.: 2007, Internationalization and Evolution of Application Areas of an Emerging Technology: The Case of Nanotechnology, *Scientometrics* **70**(3), 715–737.

Wong, T.-S., Kang, S. H., Tang, S. K. Y., Smythe, E. J., Hatton, B. D., Grinthal, A. und Aizenberg, J.: 2011, Bioinspired Self-Repairing Slippery Surfaces with Pressure-Stable Omniphobicity, *Nature* **477**, 443–447.

Wonglimpiyarat, J.: 2005, The Nano-Revolution of Schumpeter's Kondratieff Cycle, *Technovation* **25**, 1349–1354.

Wood, S., Jones, R. und Geldart, A.: 2003, The Social and Economic Challenges of Nanotechnology, *ESRC – Economic & Social Research Council*.

Wright, G.: 2000, General Purpose Technologies and Economic Growth (Book Review), *Journal of Economic Literature* **38**(1), 161–162.

Wydra, S.: 2010, *Produktions- und Beschäftigungseffekte neuer Technologien: am Beispiel der Biotechnologie*, Hohenheimer volkswirtschaftliche Schriften, Verlag Peter Lang.

Yamamura, E.: 2012, Experience of Technological and Natural Disasters and their Impact on the Perceived Risk of Nuclear Accidents after the Fukushima Disaster in Japan 2011: A Cross-Country Analysis, *The Journal of Socio-Economics* **41**, 360–363.

Youtie, J., Iacopetta, M. und Graham, S.: 2008, Assessing the Nature of Nanotechnology: Can We Uncover an Emerging General Purpose Technology?, *Journal of Technology Transfer* **33**, 315–329.

Zawislak, P. A., Marques, L. F., Esteves, P. und Rublescki, F.: 2010, Technological Trajectories and Multidimensional Impacts: Further Remarks on the Nanotechnology Industry, *Journal of Business Chemistry* **7**(1), 47–64.

ZEW: 2009, Deutsche Wirtschaft in der Rezession – Talfahrt auch im Mittelstand, *Mittelstands-Monitor 2009 – Jährlicher Bericht zu Konjunktur- und Strukturfragen kleiner und mittlerer Unternehmen*, KfW, Creditreform, IfM, RWI, ZEW (Hrg., Frankfurt am Main.

ZEW: 2014a, Innovationserhebung 2013 für Deutschland – Steigende Innovationsausgaben bei weiter nachlassender Innovationsbeteiligung, Pressemitteilung. [Online, Stand: 14.01.2014]. **URL:** *http://www.zew.de/de/presse/2534/innovationserhebung-2013-fuer-deutschland*

ZEW: 2014b, Innovationsverhalten der deutschen Wirtschaft, *Indikatorenbericht zur Innovationserhebung 2013*, Zentrum für Europäische Wirtschaftsforschung (ZEW), Mannheim.

Ziedonis, R. H.: 2004, Don't Fence Me In: Fragmented Markets for Technology and the Patent Acquisition Strategies of Firms, *Management Science* **50**(6), 804–820.

Zimmer, R., Hertel, R. und Böl, G.-F.: 2008, Wahrnehmung der Nanotechnologie in der Bevölkerung, *Repräsentativerhebung und morphologisch-psychologische Grundlagenstudie*, Bundesinstitut für Risikobewertung, Berlin.